国家出版基金项目
NATIONAL PUBLICATION FOUNDATION

家 事 法 评 注 丛 书

中华人民共和国继承法评注
法定继承

王歌雅 任 江 著

撰稿人及其分工：

王歌雅（第一章至第四章）
任 江（第五章至第九章）

厦门大学出版社
XIAMEN UNIVERSITY PRESS
国家一级出版社
全国百佳图书出版单位

图书在版编目(CIP)数据

中华人民共和国继承法评注.法定继承/王歌雅,任江著.—厦门:厦门大学出版社,2019.10

(家事法评注丛书)

ISBN 978-7-5615-7147-7

Ⅰ.①中⋯　Ⅱ.①王⋯②任⋯　Ⅲ.①继承法—法律解释—中国　Ⅳ.①D923.55

中国版本图书馆 CIP 数据核字(2018)第 232745 号

出 版 人	郑文礼
责任编辑	李　宁

出版发行　厦门大学出版社

社　　址	厦门市软件园二期望海路 39 号
邮政编码	361008
总　　机	0592-2181111　0592-2181406(传真)
营销中心	0592-2184458　0592-2181365
网　　址	http://www.xmupress.com
邮　　箱	xmup@xmupress.com
印　　刷	厦门集大印刷厂

开本	787 mm×1 092 mm　1/16
印张	14
插页	2
字数	345 千字
版次	2019 年 10 月第 1 版
印次	2019 年 10 月第 1 次印刷
定价	68.00 元

厦门大学出版社
微信二维码

厦门大学出版社
微博二维码

总　序

　　"家事法评注丛书"是一套以《中华人民共和国婚姻法》《中华人民共和国继承法》为主干,精准、全面、深入解析现行婚姻家庭法律的系列著作。

　　为拓展婚姻家庭法学研究的广度,加深其深度,方便法律人更好地理解、适用婚姻家庭和继承法律,中国婚姻家庭法学研究会和厦门大学出版社共同策划、组织出版"家事法评注丛书"。该丛书借鉴《德国法典评注》的体例,按照现行《中华人民共和国婚姻法》《中华人民共和国收养法》《中华人民共和国继承法》等法案的结构,逐章、逐条地予以评注。本评注详细讲解、透彻分析法律中的每一个法条,释明法条的由来、意义和内涵,以及法条与相关法条之间、法条与最高人民法院相关司法解释之间的关系,引述重要或者关键性的法院判例、学术观点等。

　　"家事法评注丛书"的出版在中国大陆尚属首次,意义重大。中国婚姻家庭法学研究会依托其雄厚的学术资源,邀请教学经验丰富和科研能力强的资深教授担任主编,并约请本领域的专家、学者共同撰稿,作者阵容强大,著述权威。中国婚姻家庭法学研究会会长、中国政法大学民商经济法学院夏吟兰教授,中国婚姻家庭法学研究会常务副会长、中国人民大学法学院龙翼飞教授担任总主编,中国婚姻家庭法学研究会副会长、厦门大学法学院蒋月教授担任执行总主编。我们期望本丛书作为高端法学学术精品,以高质量、高品位服务于法学教育、法学研究和法律实践,成为读者查找、理解和适用家事法律的专业工具书,并在民法法典化的进程中为相关法律制度的修改与完善提供重要参考。

　　编撰和出版本评注丛书历时多年。2011年11月,中国法学会婚姻法学研究会年会暨中国婚姻家庭法学研究会第一次会员代表大会在厦门大学举行。在此期间,中国婚姻家庭法学研究会与厦门大学出版社经深入磋商,双方达成合作协议。中国婚姻家庭法学研究会组织本学会知名专家、学者潜心撰写本丛书,由厦门大学出版社精心组织出版。

　　"家事法评注丛书"共计11卷,各卷分别如下:《中华人民共和国婚姻法评注·总则》《中华人民共和国婚姻法评注·结婚》《中华人民共和国婚姻法评注·夫妻关系》《中华人民共和国婚姻法评注·家庭关系》《中华人民共和国婚姻法评注·离婚》《中华人民共和国婚姻法评注·救助措施与法律责任》《中华人民共和国收养法评注》《中华人民共和国继承法评注·总则》《中华人民共和国继承法评注·法定继承》《中华人民共和国继承法评注·遗嘱继承和遗赠》《中华人民共和国继承法评注·遗产的处理》。

中国婚姻家庭法学研究会名誉会长、中国人民大学法学教授杨大文先生是"家事法评注丛书"的学术顾问之一,非常关心本丛书的出版,但在丛书付梓出版之际,杨教授已仙逝。我们仅以本丛书向我们尊敬和爱戴的名誉会长杨大文教授表示崇高的敬意和深切的缅怀!

推动婚姻家庭法和继承法的教学、科研和法律服务之进步,推进婚姻家庭法治事业之发展,是我们的责任与使命,是我们的光荣与梦想。我们期待本评注丛书在我国依法治国及家庭建设的进程中发挥积极的作用。

"家事法评注丛书"编委会

2017 年 6 月

目录

第一章
法定继承制度概述

法定继承(Succession Legal),又称无遗嘱继承,是指在被继承人死亡后,没有遗赠扶养协议和没有遗嘱继承的情况下,直接依据法律规定的继承人范围、顺序和继承份额以及遗产分配的准则,将被继承人的遗产转移给继承人所有的继承方式。[①] 这里所说的没有遗赠扶养协议,是指死者生前没有与他人订立合法有效的遗赠扶养协议,或所订立的遗赠扶养协议并未处分全部财产;这里所说的没有遗嘱继承,是指死者生前没有立遗嘱,或所立遗嘱无效、失效和不生效,或遗嘱并未处理全部遗产。[②] 法定继承始于罗马法,原意为"无遗嘱继承",其渊源可以追溯至《十二铜表法》,该法第 5 表 4 规定:"死者未立遗嘱指定其继承人,又无正统继承人,其遗产由最近的族亲继承。"第 5 表 5 规定:"如无族亲,由宗亲继承。"大陆法系各国主要继受罗马法,大多以法定继承为主。

第一节　法定继承的含义

法定继承,具有独特的内涵与特征。关注其含义与适用范围,有助于准确把握法定继承及其适用。

一、法定继承的概念及特征

法定继承,是指将被继承人的遗产按照法律规定的继承人的范围、继承顺序、遗产分配原则转移给继承人所有的一种继承方式。[③] 按照我国《继承法》[④]对于法定继承的规定,其基本特征主要表现在以下四个方面:

1. 法定继承人的范围由法律直接规定。按照继承法规定的继承人的范围,确认遗产的继承人,是法定继承区别于遗嘱继承的首要特征。

2. 法定继承人的继承顺序由法律规定。列入法定继承人范围的各个继承人,依法律规定的先后顺序依次取得遗产,是法定继承区别于遗嘱继承的又一显著特点。

3. 法定继承人的遗产份额依照法律规定的遗产分配原则确定。对于被继承人的遗产,必须遵守法律规定的原则分配给继承人,不得任意违反,这是法定继承区别于遗嘱继承的又一基本特征。

4. 法定继承的适用受遗嘱继承的限制。法定继承并非唯一的遗产继承方式,只有在被

---

① 王歌雅主编:《婚姻家庭继承法学》,中国人民大学出版社 2013 年第 2 版,第 196 页。
② 刘春茂主编:《中国民法学·财产继承》,人民法院出版社 2008 年版,第 155 页。
③ 蓝承烈、杨震主编:《继承法新论》,黑龙江教育出版社 1993 年版,第 75 页。
④ 1985 年 10 月 1 日施行的《中华人民共和国继承法》,简称《继承法》。

继承人未留遗嘱或遗嘱无效或遗嘱继承人先于被继承人死亡、丧失继承权、放弃继承权等情况下，才能适用法定继承。

二、法定继承的适用

法定继承的适用，应区分一般情形和具体情形。关注法定继承的适用规则，才能有效处理继承问题。

（一）法定继承适用的一般情形

我国《继承法》第5条对适用法定继承的一般情形作了规定："继承开始后，按照法定继承办理；有遗嘱的按照遗嘱继承或者遗赠办理；有遗赠扶养协议的，按照协议办理。"《继承法》的这一规定，体现了遗嘱在先原则，明确了遗赠扶养协议和遗嘱继承的效力高于法定继承。

（二）法定继承适用的特殊情形

我国《继承法》第27条对适用法定继承的特殊情形作了规定，即有下列情形之一的，遗产中的有关部分按照法定继承办理：

1. 遗嘱继承人放弃继承或者受遗赠人放弃受遗赠。遗嘱继承人于继承开始后、遗产分割前表示放弃继承的，遗嘱中指定由该继承人继承的遗产只能按照法定继承办理。受遗赠人表示放弃受遗赠的，遗嘱中指定由该受遗赠人取得的遗产由被继承人的法定继承人按照法定继承原则继承。

2. 遗嘱继承人丧失继承权。遗嘱继承人丧失继承权时，遗嘱中指定由该继承人继承的遗产，即应按照法定继承的原则，由被继承人的其他法定继承人继承。

3. 遗嘱继承人、受遗赠人先于遗嘱人死亡。遗嘱继承人先于被继承人死亡时，由于其民事主体资格丧失，遗嘱中指定由其继承的遗产，只能按法定继承的原则处理。但该遗嘱继承人如系被继承人的子女，其晚辈直系血亲则可以依代位继承制度参加该部分遗产的继承。受遗赠人先于被继承人死亡时，遗嘱中指定由其受遗赠的那部分遗产，应当由被继承人的继承人按照法定继承的原则继承。

4. 遗嘱无效部分所涉及的遗产。遗嘱无效可以分为全部无效和部分无效两种情况。遗嘱全部无效时，被继承人的全部遗产均按法定继承原则处理。如果遗嘱部分无效时，只是无效部分所涉及的遗产按法定继承办理。

5. 遗嘱未处分的遗产。对遗嘱未加处分的遗产，则按法定继承的原则分配。[①]

第二节　法定继承人的范围

继承人，是指依法享有继承权且可直接取得被继承人遗产的人。继承人可分为法定继承人和遗嘱继承人两种。法定继承人，是指根据法律规定而享有继承权的人。遗嘱继承人，则是指根据被继承人所立遗嘱而享有继承权的人。本节仅就法定继承人的范围加以说明。

---

① 蓝承烈、杨震主编：《继承法新论》，黑龙江教育出版社1993年版，第79～80页。

一、确定法定继承人范围的依据

法定继承人的范围,是指在适用法定继承方式时,哪些人有资格作为被继承人遗产的继承人。法定继承人的范围,由法律直接规定,而非由被继承人生前自己决定。因此,其具有不可任意变更的性质。《继承法》关于法定继承人范围的规定,其主要依据是继承人与被继承人之间既存的婚姻关系、血缘关系和扶养关系。

二、《继承法》所确定的法定继承人的范围

依据《继承法》第 10 条至第 12 条的规定,法定继承人的范围是:配偶、子女、父母、兄弟姐妹、祖父母、外祖父母、孙子女外孙子女及其晚辈直系血亲。此外,如果丧偶儿媳和丧偶女婿对公、婆或岳父母尽了主要赡养义务,也可以作为第一顺序法定继承人。

（一）配偶

配偶,是指被继承人死亡时,与被继承人保持夫妻关系的人。确认配偶的继承权,涉及如下问题:[①]

1. 男女登记结婚后尚未共同生活时一方死亡,生存一方有权以配偶的身份继承死者的遗产。

2. 如果男女双方未履行结婚登记手续即以夫妻名义共同生活,符合事实婚姻条件的,一方死亡时,生存一方有权以配偶身份继承遗产。如果不符合事实婚姻的条件,一方死亡时,另一方不得以配偶的身份继承遗产。但若双方共同生活时间较长,又符合《继承法》第 14 条规定的条件,一方死亡时,可以酌情分给生存一方适当的遗产。

3. 1950 年《婚姻法》[②]颁布之前形成的一夫多妻家庭,丈夫与妻、妾具有同等的夫妻权利义务关系。当丈夫或妻、妾死亡时,对方都有权以配偶的身份继承死者的遗产。

4. 配偶一方在离婚诉讼过程中或离婚判决生效前死亡的,因双方仍存在合法的夫妻关系,生存一方有权以配偶的身份继承死者的遗产。

（二）子女

子女,是父母的血缘关系最近的晚辈直系血亲。子女无论已婚未婚,不管是儿是女,都享有平等的继承权。《继承法》第 10 条规定:"本法所说的子女,包括婚生子女、非婚生子女、养子女和有扶养关系的继子女。"

1. 婚生子女

婚生子女,是指有合法婚姻关系的男女所生育的子女。在确认婚生子女的继承权时,必须坚持男女平等的原则。

2. 非婚生子女

非婚生子女,是指没有合法婚姻关系的男女所生育的子女。非婚生子女与婚生子女享有同等的继承权。任何人不得歧视或干涉。

---

① 王歌雅主编:《婚姻家庭继承法学》,中国人民大学出版社 2013 年第 2 版,第 197～198 页。
② 《中华人民共和国婚姻法》,以下简称《婚姻法》。

3. 养子女

养子女,是指因收养关系成立而与养父母发生拟制血亲关系的子女。收养关系一经成立,养子女便取得了与婚生子女同等的法律地位,有权继承其养父母的遗产。养子女与养父母的关系确立后,养子女对其生父母遗产的继承权随之消灭。

4. 有扶养关系的继子女

继子女,是指妻与前夫或夫与前妻所生的子女。继子女与继父母是拟制血亲关系。继子女原则上只能继承其生父母的遗产,一般不能继承继父母的遗产。只有在继子女与继父母之间实际形成了抚养教育关系时,彼此之间才相互享有继承权。①

(三)父 母

父母,是子女的血缘关系最近的长辈直系血亲,有权继承子女的遗产。父母,包括生父母、养父母和有抚养教育关系的继父母。

1. 生父母对其亲生子女的遗产享有继承权

亲生子女依生父母之间是否存在合法的婚姻关系,可以分为婚生子女与非婚生子女。婚生子女与其生父母之间的权利义务一般比较稳定,生父母对其婚生子女的遗产继承权通常不会发生争议。对于非婚生子女,在非婚生子女由生父或生母抚养或者由祖父母、外祖父母等其他亲属代为抚养时,生父母对其遗产应当享有继承权。如果该非婚生子女由他人收养,生父母则无权继承其遗产。

2. 养父母对其养子女的遗产享有继承权

收养关系一经成立,养父母与养子女之间便形成了与生父母与亲生子女间相同的权利义务关系。因此,养父母对其养子女的遗产享有继承权。

3. 形成抚养教育关系的继父母对继子女的遗产享有继承权

在实际形成抚养教育关系的情况下,继父母有权继承其继子女的遗产。否则,彼此之间不发生父母与子女间的权利义务关系,继父母也无权继承该继子女的遗产。

(四)对公、婆或岳父母尽了主要赡养义务的丧偶儿媳或丧偶女婿

儿媳与公婆、女婿与岳父母之间属于姻亲关系。《继承法》第12条明确规定:"丧偶儿媳对公婆、丧偶女婿对岳父母,尽了主要赡养义务的,作为第一顺序继承人。"主要的赡养义务,是指丧偶儿媳或丧偶女婿为公、婆或岳父母的生活提供了主要经济来源,或者在日常生活方面为公婆或岳父母提供了主要的劳务扶助和精神抚慰。

(五)孙子女、外孙子女及其晚辈直系血亲

根据《继承法》第11条的规定:孙子女、外孙子女及其晚辈直系血亲是法定的代位继承人。按照这一规定,被继承人的孙子女、外孙子女除依代位继承制参加继承外,不能以自己独立的继承顺序继承其祖父母或外祖父母的遗产。

---

① 王歌雅主编:《婚姻家庭继承法学》,中国人民大学出版社2013年第2版,第198页。

（六）兄弟姐妹

兄弟姐妹之间存在较为密切的关系,是旁系血亲中最近的亲属。依照《继承法》的规定,兄弟姐妹主要包括亲生的兄弟姐妹、养兄弟姐妹及有扶养关系的继兄弟姐妹。

（七）祖父母、外祖父母

祖父母、外祖父母与孙子女、外孙子女之间是除父母子女以外最近的直系血亲,彼此之间的血缘关系较为密切。祖父母、外祖父母作为孙子女、外孙子女的法定继承人时,其范围不但包括祖父母和外祖父母,而且包括养祖父母和养外祖父母以及形成了实际扶养关系的继祖父母和继外祖父母。

（八）关于胎儿在继承中的法律地位

《继承法》并没有规定胎儿具有继承人的资格,但是《继承法》第 28 条规定,"遗产分割时,应当保留胎儿的遗产份额。胎儿出生时是死体的,保留的份额按照法定继承办理"。《民法总则》[1]第 16 条规定:"涉及遗产继承、接受赠与等胎儿利益保护的,胎儿视为具有民事权利能力。但胎儿娩出时为死体的,其民事权利能力自始不存在。"

三、继承顺序的概念及特征

法定继承人的继承顺序,是指由继承法规定的法定继承人继承遗产的先后次序。继承顺序具有如下特征:

1. 继承顺序是由法律直接规定的,具有强制性。
2. 继承顺序是对法定继承人取得继承既得权的必要限制,具有次序性。
3. 继承顺序只适用于法定继承,其适用范围具有限定性。

《继承法》确定各法定继承人继承顺序的依据主要有三:一是各法定继承人与被继承人之间的亲疏远近;二是各法定继承人与被继承人之间在家庭生活方面的相互依赖程度;三是民族传统与风俗习惯。[2]

第三节　代位继承

一、代位继承的概念

根据《继承法》第 11 条的规定,代位继承,是指被继承人的子女先于被继承人死亡的,由被继承人子女的晚辈直系血亲代位继承他的父亲或母亲有权继承的遗产份额。代位继承中留下遗产的人为被继承人;先于被继承人死亡的子女为被代位人;代位继承遗产的被代位人的晚辈直系血亲为代位继承人。[3]

---

① 《中华人民共和国民法总则》,以下简称《民法总则》。
② 蓝承烈、杨震主编:《继承法新论》,黑龙江教育出版社 1993 年版,第 92～94 页。
③ 王歌雅主编:《婚姻家庭继承法学》,中国人民大学出版社 2013 年第 2 版,第 199～200 页。

二、代位继承应当具备的条件

代位继承,只有在法定条件下才能产生。故关注代位继承产生的条件,才能准确把握代位继承制度。

(一)被代位人的范围仅限于被继承人的子女

根据《继承法》第11条的规定,被代位人的范围仅限于"被继承人的子女",故在下列情况下不发生代位继承:第一,被继承人的配偶先于被继承人死亡的;第二,被继承人的父母、祖父母、外祖父母等长辈直系血亲先于被继承人死亡的;第三,被继承人的兄弟姐妹等旁系血亲先于被继承人死亡的。

(二)代位继承的法定事由仅限于被代位人先于被继承人死亡

代位继承关系的确立,必须以某种特定法律事实的发生为依据。在我国的代位继承制度中,代位继承的法定事由仅限于被继承人的子女先于被继承人死亡。"死亡",包括自然死亡和宣告死亡。根据《继承法》的规定,下列情况均不发生代位继承:

第一,被继承人的子女丧失继承权的,不发生代位继承。

第二,被继承人的子女在继承开始后、遗产分割前表示放弃继承权的,其应继份额应当由其他继承人取得,不能由其晚辈直系血亲代位继承。

第三,被继承人的子女被有效遗嘱取消继承权的,被继承人的遗产则应当按照遗嘱的规定由遗嘱继承人或受遗赠人取得,该子女的晚辈直系血亲不能代位继承。

第四,被继承人的子女在继承开始后、遗产分割前死亡的,不发生代位继承,应适用转继承。

(三)代位继承人的范围仅限于被代位人的晚辈直系血亲

代位继承人的范围仅限于被代位人的晚辈直系血亲,即只有被继承人的子女的晚辈直系血亲才能取得代位继承权。故被代位人的配偶、父母、兄弟姐妹、祖父母、外祖父母均不能成为代位继承人。

被代位人的晚辈直系血亲既包括自然血亲也包括拟制血亲。即被代位人的婚生子女、非婚生子女、养子女和有扶养关系的继子女及其晚辈直系血亲,均可以成为代位继承人。

三、代位继承中的遗产分配原则

代位继承中的遗产分配原则,须兼顾一般与特殊。充分考量遗产分配的具体情形,才能保障继承人的合法权益。

(一)一般情况下按股数分配的原则

《继承法》采取了代位继承制度中通行的遗产分配原则——代位继承人一般只能继承他的父亲或者母亲有权继承的遗产份额。即遗产按股数进行分配,而不是按人数进行分配。

（二）特殊情况下适当增加或减少的原则

代位继承人有下列情形之一的,其继承份额可适当增加或减少:

第一,对缺乏劳动能力又没有生活来源的代位继承人,应当保留必要的遗产份额。"必要的遗产份额",是指维持该代位继承人的基本生活需要所必不可少的遗产份额。

第二,对生活有特殊困难的缺乏劳动能力的代位继承人,分配遗产时,应当予以照顾。

第三,对被继承人尽了主要赡养义务或者与被继承人共同生活的代位继承人,分配遗产时可以多分。

第四,应当对被继承人履行赡养义务且有赡养能力和赡养条件的代位继承人,不尽赡养义务的,分配遗产时,应当不分或者少分。

第五,继承人协商同意时,代位继承人的继承份额也可适当增加或减少。[1]

第四节　转继承

转继承,是我国法定继承制度中的重要组成部分。关注转继承的含义与适用,有助于保障继承人的合法权益。

一、转继承的概念和特征

转继承,是指继承人在被继承人死亡后、遗产分割前死亡,其所应继承的遗产份额转由其合法继承人继承的一种制度。

转继承又称再继承或第二次继承。在转继承法律关系中,最初留有遗产的人为被继承人;在被继承人死亡之后尚未实际取得遗产之前死亡的继承人为被转继承人;有权承受被转继承人遗产份额的人为转继承人。转继承的特征主要表现在以下方面:

（一）被转继承人可以是被继承人的任何继承人

无论是第一顺序继承人,还是第二顺序继承人,也无论是法定继承人,还是遗嘱继承人,只要是在继承开始后取得继承既得权的实际继承人,如果其在遗产分割前死亡,即可以成为被转继承人。

（二）转继承人可以是被转继承人的任何继承人

转继承的实质,是由于被继承人和继承人的先后死亡而发生多次继承。在转继承关系中,被转继承人同时具有继承人和被继承人的双重身份和地位。作为继承人,其有权继承被继承人的遗产。作为被继承人,其应当将其遗产(包括原有遗产和继承所得的遗产)转由他的继承人继承。这里所说的"继承人",既可以是被转继承人的法定继承人,也可以是被转继承人的遗嘱继承人。

---

① 王歌雅主编:《婚姻家庭继承法学》,中国人民大学出版社 2013 年第 2 版,第 200 页。

（三）转继承的法定事由是被转继承人在被继承人死亡后、遗产分割前死亡

被继承人的继承人死亡,是转继承关系发生的基本事实依据。对此,必须明确以下几点:第一,该继承人必须在继承开始时尚生存;第二,该继承人必须在继承开始后取得继承既得权,成为实际继承人;第三,该继承人必须在遗产分割前死亡。

（四）转继承的客体是被转继承人的遗产

在转继承关系中,从形式上看,似乎是转继承人直接从被继承人处取得遗产。而从实质上看,有权继承被转继承人遗产的是被转继承人,转继承人只能继承被转继承人的遗产。转继承的客体本质上应当是被转继承人的遗产。

（五）转继承人在分割遗产中地位平等

转继承的性质是二次继承或多次继承。因此,法定继承、遗嘱继承及遗产处理的有关规定,可以直接适用于转继承。

（六）转继承可以适用于法定继承或遗嘱继承

在继承人后于被继承人死亡时,无论其是法定继承人还是遗嘱继承人,其继承期待权均已转化为继承既得权,并且在该继承人未放弃或丧失继承权的情况下,即应视为从继承开始时起该继承人就已取得其应继份的财产所有权。因此,他所享有的遗产份额,自然可以由他的法定继承人继承,或由他生前指定的遗嘱继承人继承。[①]

二、转继承与代位继承的区别

转继承和代位继承是我国继承制度中的两种特殊继承方式。从形式上看,二者虽然都是按照法律规定的继承人的范围、继承顺序和应继份额直接或间接从被继承人处取得遗产,但二者仍有许多区别。主要表现在以下方面:

（一）被转继承人与被代位人的范围不同

在代位继承中,被代位人只限于被继承人的子女;而在转继承中,被转继承人却不限于被继承人的子女,被继承人的其他法定继承人或遗嘱继承人均可作为被转继承人。

（二）转继承人与代位继承人的范围不同

代位继承人只限于被代位人的晚辈直系血亲;转继承人可以是被转继承人的任何继承人,包括被转继承人的配偶、父母和兄弟姐妹、祖父母、外祖父母。在被转继承人没有第一顺序继承人时,可由第二顺序继承人继承。

（三）转继承与代位继承的客体不同

代位继承的客体,是被继承人的遗产;而在转继承中,转继承的客体是被转继承人的

---

① 王歌雅主编:《婚姻家庭继承法学》,中国人民大学出版社 2013 年第 2 版,第 201 页。

遗产。

（四）转继承与代位继承的遗产分配原则不同

在代位继承中,代位继承人无论有多少,一般只能共同继承被代位人有权继承的遗产份额,不能与其他继承人均等分配遗产。故在代位继承中,不适用同等条件下均等分配等法定继承中通行的遗产分配原则。但在转继承中,同一继承顺序的转继承人继承遗产的份额一般应均等。

（五）转继承与代位继承的适用范围不同

转继承不但在法定继承中可以适用,而且在遗嘱继承中也可以适用;代位继承只能依据法律的特别规定而发生,即仅在法定继承的情况下适用。[1]

第五节 法定继承中的遗产分配

遗产分配,是法定继承中的一个重要环节。只有关注遗产分配原则,才能妥善处理遗产继承与遗产分配问题。

一、遗产分配原则

依《继承法》第 13 条、第 15 条的规定,遗产分配应当遵循四项原则:

（一）同等条件下均等分配原则

继承人的条件是否同等,可以从三个方面考察:第一,继承人必须是《继承法》规定的继承顺序中的同一顺序继承人;第二,继承人的经济条件基本同等;第三,继承人对被继承人所尽扶养义务基本相同。

（二）特殊情况予以照顾原则

该原则的具体要求主要有以下方面:第一,对生活有特殊困难的缺乏劳动能力的继承人,分配遗产时应当予以照顾;第二,对缺乏劳动能力又没有生活来源的继承人,应当保留其必要的遗产份额;第三,对继承人以外的依靠被继承人扶养的缺乏劳动能力又没有生活来源的人可以分给他们适当的遗产。

（三）考虑其对被继承人所尽义务大小原则

该项原则充分体现了《继承法》权利与义务相一致的原则。适用此项原则时应注意以下几种情况:第一,对被继承人尽了主要扶养义务或者与被继承人共同生活的继承人,分配遗产时,可以多分;第二,有扶养能力和有扶养条件的继承人,不尽扶养义务的,分配遗产时,应当不分或少分;第三,对继承人以外的对被继承人扶养较多的人,可以分给其适当的遗产。

---

[1] 蓝承烈、杨震主编:《继承法新论》,黑龙江教育出版社 1993 年版,第 110～111 页。

(四)继承人协商同意原则

对继承人在自愿协商的基础上达成的遗产分配协议,法律尊重其效力。即只要继承人协商一致,在同等条件下继承份额可以不均等;在条件不同等时,继承份额也可以均等。但对缺乏劳动能力又没有生活来源的继承人,则应保留其必要的遗产份额。

在《继承法》中,通常以同等条件下均等分配原则为基础,以其他三项原则为必要补充,共同构成适合我国国情的遗产分配原则体系。①

二、遗产份额的确定

遗产份额的确定,关涉法定继承人权益的保障,也关涉法定继承顺序、纠纷解决机制等的具体适用。

(一)确定遗产份额可以采取的方法

《继承法》第 15 条规定:"继承人应当本着互谅互让、团结和睦的精神,协商处理继承问题。遗产分割的时间、办法和份额由继承人协商确定。协商不成的,可以由人民调解委员会调解或向人民法院起诉。"依据该规定,可采取三种方式确定遗产份额:

第一,由各继承人协商确定遗产份额;

第二,请求人民调解委员会调解确定遗产份额;

第三,请求人民法院依审判程序确定遗产份额。

(二)确定遗产份额应注意的问题

在确定遗产份额时,应严格遵守《继承法》规定的遗产分配原则。同时,应注意以下两个问题:第一,考虑同时设定于遗产上的各种权利的效力,以确定遗产取得的先后顺序;第二,确定法定继承人应当继承的遗产份额时,首先应考虑生活有特殊困难的缺乏劳动能力的继承人的应继份额。②

第六节　遗产酌分请求权

遗产酌分请求权,是《继承法》中一项独特的制度。关注其制度的含义、种类、效力等,有助于进一步把握该制度的适用与完善。

一、遗产酌分请求权的概念及特征

遗产酌分请求权,是指继承人以外的人,由于与被继承人生前形成某种扶养关系,依法可以分得适当遗产的权利。遗产酌分请求权的特征,主要表现在以下方面:

---

① 王歌雅主编:《婚姻家庭继承法学》,中国人民大学出版社 2013 年第 2 版,第 202～203 页。
② 王歌雅主编:《婚姻家庭继承法学》,中国人民大学出版社 2013 年第 2 版,第 203 页。

（一）遗产酌分请求权的主体

遗产酌分请求权的主体,包括权利主体及义务主体。权利主体,是继承人以外的与被继承人形成某种扶养关系的人。该扶养关系包括两种情况:一是指依靠继承人生前扶养的人,其只能是自然人;二是指对被继承人扶养较多的人,可以是自然人、法人。义务主体,则是享有继承既得权的全体继承人。

（二）遗产酌分请求权的客体范围与形式

在遗产酌分请求权关系中,被继承人的遗产是酌分权人的权利及继承人的义务共同指向的对象,是酌分权的客体。继承人可以遗产原物向酌分权人为给付,也可以遗产的对价为给付,选择何种形式给付由继承人决定。

（三）遗产酌分请求权的内容与性质

遗产酌分请求权由三部分权能构成,即给付请求权、给付受领权和保护请求权。与酌分权相对应的继承人的义务,则为按适当数额向酌分权人交付遗产。

遗产酌分请求权的法律性质,则属于财产权、对人权、请求权。

（四）遗产酌分请求权的法律效力

遗产酌分请求权的法律效力,是指酌分权的法律约束力。酌分权的行使次序,是酌分权法律效力的主要表现。酌分权作为法定遗产债权,其效力不但应当优先于法定继承人的继承权,而且应当优先于遗嘱继承人的继承权和普通受遗赠人的受遗赠权。[1]

二、遗产酌分请求权的种类

根据遗产酌分请求权人与被继承人之间扶养关系的不同,可以将酌分权分为受扶养人的酌分权和扶养人的酌分权。

（一）受扶养人的遗产酌分请求权

受扶养人的遗产酌分请求权,是指继承人以外的依靠被继承人扶养的缺乏劳动能力又没有生活来源的人所享有的遗产酌分请求权。

受扶养人的遗产酌分请求权的构成要件包括:第一,受扶养人必须是继承人以外的人;第二,受扶养人依靠被继承人扶养的事实状态必须持续到继承开始时;第三,受扶养人缺乏劳动能力;第四,受扶养人没有生活来源;第五,受扶养人未受相当的遗赠。

继承人以外的受扶养人符合上述条件的,即可以取得遗产酌分请求权。至于受扶养人酌分遗产的份额,主要取决于受扶养人的生活、学习等实际需要和被继承人遗产的数额。

（二）扶养人的遗产酌分请求权

扶养人的遗产酌分请求权,是指继承人以外的对被继承人扶养较多的人所享有的遗产

---

[1]　王歌雅主编:《婚姻家庭继承法学》,中国人民大学出版社 2013 年第 2 版,第 204 页。

酌分请求权。根据《继承法》第 14 条的规定,扶养人的遗产酌分请求权的构成要件包括四个方面:第一,扶养人必须是继承人以外的人;第二,扶养人对被继承人进行了事实上的扶养;第三,扶养人对被继承人尽的扶养义务较多;第四,扶养人未受到相当的遗赠。

扶养人的遗产酌分数额,应斟酌以下因素确定,即扶养人对被继承人所尽义务的大小及被继承人遗产的数额。①

三、遗产酌分请求权的放弃与保护

继承开始后,遗产酌分请求权人或其代理人可以向继承人提出酌分遗产的请求,自继承人交付遗产时起,酌分权人取得对该部分遗产的所有权。参照《继承法》第 25 条的规定和《继承法意见》第 32 条的解释,②扶养人应当在继承开始后、遗产分割前作出接受或放弃酌分权的表示。在遗产分割时,扶养人明知而未主张权利的,可以视为放弃酌分权。但对不知遗产被分割,后来才知道遗产被分割的扶养人,不得认为其放弃酌分权。

根据《继承法意见》第 32 条的规定,遗产酌分请求权人在其依法取得被继承人遗产的权利受到侵犯时,有权以独立的诉讼主体资格向人民法院提起诉讼。最高人民法院的这一司法解释,不但明确了遗产酌分请求权是酌分权人对被继承人遗产所享有的一项独立权利,而且明确了遗产酌分请求权包括遗产酌分保护请求权。当酌分权人的该项权利受到侵害时,酌分权人可以独立诉讼主体的资格,请求人民法院对其该项权利提供强制保护。③

---

① 王歌雅主编:《婚姻家庭继承法学》,中国人民大学出版社 2013 年第 2 版,第 204 页。

② 1985 年 9 月 11 日发布的《最高人民法院关于贯彻执行〈中华人民共和国继承法〉若干问题的意见》,简称《继承法意见》。

③ 王歌雅主编:《婚姻家庭继承法学》,中国人民大学出版社 2013 年第 2 版,第 204～205 页。

第二章
法定继承的价值定位与制度追求

我国《继承法》坚持法定继承与遗嘱继承明确区分的立法传统,在制度设置上满足了继承法调整继承关系,维护家庭职能,发展社会经济的要求。由于《继承法》在制定之时受当时社会生产力不发达、公民生活财富较少等情形的限制,加之现今我国经济的迅速发展、家庭结构的变迁,使得我国法定继承制度的不足逐渐显现。现行《继承法》关于法定继承制度的立法设计仅 7 个条文,对一些新问题缺乏必要的回应与解决路径,在立法技术上也存在进一步完善的必要。故在《民法总则》已经实施的背景下,我国《民法典·继承编》中的法定继承制度应更加严谨、科学与完善,以体现现代法定继承制度的价值追求。

第一节 法定继承的价值追求

法定继承,在人类历史的发展进程中,承载着传承遗产、延续家族、扶助贫弱、和谐亲族的功能。时代不同,国别不同,法定继承的价值追求也不同。探寻法定继承的价值追求,可感受其制度的演变、立法的发展、观念的前行、民俗的变迁。

一、法定继承的传统定位

法定继承,即非遗嘱继承,是人类继承史上最为传统、最为原初的继承方式。在我国,法定继承具有独特的价值定位与功能展现。因为,古代的中国,法定继承是主要的继承方式,秉持男尊女卑、传宗接代的价值观念,承载着"齐家、治国、平天下"的政治追〔求〕。

(一)父权制约的法定继承

"稽之中国古籍,继承亦称承继,或简称继,承接先人遗业之谓也。"[①]我〔国的〕继承,以当下的学理语言来表达,属于"概括继承",即继承人不仅继承积极财〔产,也继承消极〕财产(义务),也继承且主要继承的是身份。基于身份继承而形成的宗祧继〔承,是〕法律地位与社会地位,并由此产生我国历史上两大基本的继承原则:一为辈行制,即由同辈兄、弟继承财产与权利;二为嫡长制,即嫡长子(孙)有优先的继承权。例如,"有子立嫡,无子立嗣""立嫡以长不以贤""立子以贵不以长"。上述原则成为宗法制度确认的继承制度与继承习惯。依上述原则,财产只能由男性直系卑亲属承继,没有男性直系卑亲属,则应立嗣。只有绝户财产,才能由女性承继。当然,女性没有宗祧继承资格,出嫁女因已被俗称"泼出去之水",不能与娘家兄弟一起继承财产。只有在室女,才能在遗产继承中获得相应的嫁资与妆奁。

---

① 刘素萍:《继承法》,中国人民大学出版社 1988 年版,第 8 页。

(二)男权至上的法定继承

父权制约的法定继承,以"男尊女卑"为继承文化,以宗祧继承为制度核心。在我国漫长的封建社会中,男权本位的继承文化渗透到社会的各个领域,其不仅通过独尊儒教而成为不可撼动的道德行为准则,也通过社会制度设计尤其是法律制度设计以及生活习俗方式,实现其对法定继承的性别控制。在男权至上的法定继承中,女性实无继承权可言。女性继承权被"男尊女卑"所遮蔽。男性至上的法定继承,成为"天道"。

男权至上的法定继承,源于"三纲五常""三从四德"的价值判断与道德准则。而女性则在出生伊始,就被完全笼罩在具有性别歧视的价值观念之中。当女性的主体意识被完全剥夺,自然也就失却了财产权益的保障能力,对法定继承的追求也就成为幻影。因此,在"父死子继""兄终弟及""嫁出去的女儿泼出去的水"等宗法观念与继承思想的束缚下,虽然女性在特定条件下可以承继一定的财产,但是在我国几千年的封建历史进程中,法定继承的条件也极为苛刻,女性的继承地位几乎是缺失的。虽然清末直至民国时期,法定继承发生了若干变化,但是男尊女卑的法定继承制度、继承习惯依然未发生本质的改变。

二、法定继承的价值解读

法定继承,伴随着继承观念、性别观念的变化而发生渐次改变。其中,立法主义、性别主义的演化成为法定继承价值转化的主要因素。

(一)性别解构的法定继承

1926 年,国民党召开全国第二次代表大会,颁布了《第二次全国代表大会妇女运动决议案》。该议案的核心在于促进女性权益的保障与发展,要求在经济、教育、社会地位等各方面确立男女平等原则,并要通过立法,在法律层面赋予女性与男性平等的法律地位,在继承法上,明确规定女性享有财产继承的权利。这一决议内容直接影响了 1929 年成立的南京国民政府民法起草委员会。该委员会于 1930 年公布了《民法继承编》,并于次年实施;同时施行的还有《继承编施行法》。南京国民政府的《民法继承编》,确立了男女享有平等的继承权的立法理念。至此,存在数千余年的男女不平等的法定继承观念,在法律层面遭遇解构,性别平等的法定继承权在国家立法层面被确认。

然而,性别平等的法定继承权并没有真正转化为实际的权利。虽然南京国民政府规定了男女继承权平等,但是女性的法定继承权与男性相比尚有差距。即女性继承的并非财产的所有权,且不享有占有、使用、收益与处分权能。因为,1926 年通过的《第二次全国代表大会妇女运动决议案》中虽使用了女性应享有"女子财产继承权",但"女子继承权"实际上是当局政府为了稳定社会,减少女性参加革命的"妇女运动适用的口号"。[①] 国民党当局为了团结女性于其旗帜下,防止更多的女性被革命运动所感召,争取当时大多数尚未参加革命的中国女性,在这种政治背景下,只好赋予女性以财产继承权。[②] 女性财产继承权的获得,并不是社会自然演进的结果,而是政治运动的产物。尽管如此,女性继承权的获得,解构了传统

---

① 何勤华:《民国法学论文集粹(第 3 卷)》,法律出版社 2004 年版,第 424 页。
② 台湾"司法行政部":《中华民国民法制定史料汇编》,1976 年版,第 317～320 页。

的法定继承制度,使法定继承融合了性别平等的色彩。

（二）人格平等的法定继承

中华人民共和国成立后,《宪法》[①]等相关法律确立了男女平等、人格平等的原则,为性别平等、继承人法律地位平等的继承立法奠定了观念基础。《继承法》在制定时,吸纳了男女平等、人格平等的法制思想。例如其第 9 条明确规定:"继承权男女平等。"人格平等之下的法定继承,内蕴如下法律价值:

1. 推定被继承人的意志

法定继承适用的前提,是无遗嘱或遗嘱无效。法定继承的范围及继承顺序的界定与选择,就其实质,是推定了被继承人的意志。即法定继承——推定被继承人将其遗产遗留给其法定继承人,以延续财产利益、承担赡老扶幼的职责。

2. 满足继承人的需要

法定继承的意义,在于延续财产、赡老育幼。如何通过继承满足继承人的财产需求与生存需求,是传统继承法以及现当代继承法的主要价值考量。为实现这一继承立法目的,《继承法》将近亲属纳入法定继承人的范围,将孙子女、外孙子女作为代位继承人,以实现继承人的继承需求。

3. 实现遗产的价值

遗产,既具有物质价值,也具有精神价值。遗产继承,并非仅为财产所有权主体的更换,更是财产价值的体现与传承。有关物质财产的继承,体现了对财产的占有、使用、收益与处分;有关精神财产的继承,体现了人格利益的传承与延续。基于法定继承的财产性特点,法定继承的价值在于实现遗产的物质价值与精神价值。

第二节　法定继承的立法沿革

法定继承,最早源于两千多年前罗马法的"successio adintesta-to",原意为无遗嘱继承。在《汉穆拉比法典》中,虽未出现法定继承这一概念,却已建立了法定继承的雏形。罗马法时期,特别是公元 6 世纪,法定继承从《十二铜表法》到查士丁尼法典的编纂,经历了较长的演变过程,形成了一系列重要的法定继承原则。[②] 例如,法定继承,由亲族继承发展到血统继承;由父权制约、男权至上的继承发展为性别平等、人格平等的继承;由"代表权说"的代位继承拓展到"固有权说"的代位继承;由继承份额的均分继承到继承份额的差等继承等。上述法定继承制度的变迁,既是继承立法的必然路径,也是继承习惯的自然裂变。

一、我国古代的法定继承

中国古代,重农抑商,商品经济不发达。中国古代的法律,诸法合体、民刑不分。有关古代法定继承的规定,集中体现在礼制与刑律之中。时代不同,法定继承虽有若干差异,但其本质特征没有改变。

---

① 《中华人民共和国宪法》,以下简称《宪法》。
② 蓝承烈、杨震主编:《继承法新论》,黑龙江教育出版社 1993 年版,第 75 页。

（一）嫡长子继承制

嫡长子继承制，是中国古代法定继承制度的基础与核心。继承的客体，包括身份与财产。身份继承与财产继承相统一。早在殷代，君位多半是兄终弟继。即"以嫡长子及武王以属天下，保持天下的大一统。从此嫡长子继承制度便以法确定下来"[①]。

（二）继承客体种类多元

秦代，继承的客体较为多元，并以此产生了继承种类：皇位继承、官职继承、爵位继承、财产继承。继承的方式有法定继承与遗嘱继承。法定继承依法确认法定继承人和指定继承人。法定继承人，往往继的是财产；指定继承人，往往继承的是皇位、官职、爵位。为确保继承的效力，秦代的继承必须履行一定的程序。例如须以一定的仪式向社会公布，以得到社会的承认；有的继承人须到官府进行登记，以得到法律的确认。[②]

在汉代，私有财产继承实行族内继承。即男性后裔有权继承父辈留下的遗产，以此维系家族内部的私有财产权，但尚未形成严密的法定继承制度。[③]

在唐代，《唐律》对家庭财产的继承与分割有相应的规定。例如兄弟有均平析产的继承权。"均平的内容还包括各兄弟妻家陪送的财物不得参与分配，以及兄弟死亡其子代位继承……析产不均视为刑事犯罪，以坐赃论，这是典型的民刑合体法律制度的反映。"[④]

在宋代，法定继承的规定较复杂。在北宋，法定继承包括绝户产、义男（养子）、接脚夫、入舍婿（赘婿）、寡妇等的继承。在南宋，法定继承包括亲子、祖孙、夫妻之间的继承。[⑤]

在元代，母亲、妻子无权继承家庭财产，只有管理财产的权利且无处分权。家庭财产归子女继承，无子女可由侄子女继承，无侄子女即为绝户产。婚生、非婚生儿子均有继承权，但嫡、庶、非婚生有严格的等级。在无子的情况下，赘婿、侄子有继承权；无子寡妇有权占有已故丈夫的财产，丈夫家族兄弟不得分割，寡妇也不得非理破财销用。[⑥]

在明代，爵位继承与财产继承更加法定化、明确化。其中，爵位继承，依明律规定采取嫡长子孙继承制，如无嫡长子孙，则嫡次子孙荫袭。财产继承，采取诸子均分制。无子，须立嗣。寡妇无子守志者，可承夫份。赘婿与养子的继承利益，得到适当的照顾。非婚生子的继承权得到法律的承认。[⑦]

在清代，财产继承依然坚持诸子均分的原则，一般不考虑女性。倘如无子，需要立嗣。[⑧]其他继承事项，与明代有相似之处。

虽然法定继承客体的种类多元，但是法定继承有着共同的特征。即男性继承权优于女性继承权；身份继承与财产继承相统一。

[①] 孔庆明、胡留元、孙季平编著：《中国民法史》，吉林人民出版社 1996 年版，第 8 页。

[②] 孔庆明、胡留元、孙季平编著：《中国民法史》，吉林人民出版社 1996 年版，第 92～93 页。

[③] 孔庆明、胡留元、孙季平编著：《中国民法史》，吉林人民出版社 1996 年版，第 132 页。

[④] 孔庆明、胡留元、孙季平编著：《中国民法史》，吉林人民出版社 1996 年版，第 330 页。

[⑤] 孔庆明、胡留元、孙季平编著：《中国民法史》，吉林人民出版社 1996 年版，第 454 页。

[⑥] 孔庆明、胡留元、孙季平编著：《中国民法史》，吉林人民出版社 1996 年版，第 50～50 页。

[⑦] 孔庆明、胡留元、孙季平编著：《中国民法史》，吉林人民出版社 1996 年版，第 565 页。

[⑧] 孔庆明、胡留元、孙季平编著：《中国民法史》，吉林人民出版社 1996 年版，第 688 页。

二、我国近代的法定继承

1840 年鸦片战争后,我国进入半殖民地半封建时代。基于变法图存的考虑,我国的继承立法发生了改变,且该变化以近代法典化的改革为基础,以中国民法近代化为主旋律。

(一)《大清民律草案》中的法定继承

1906 年,《大清民律草案》进入起草准备阶段。1911 年,《大清民律草案》完成编纂。在编纂过程中,得到日本专家松冈义正的协助;在编纂体例上,参考了德国、瑞士、日本等国的民法,深受潘德克顿模式的影响;兼顾了当时对各省民俗的调查报告。《大清民律草案》共计五编,1569 条。其中,《继承编》共六章:通则、继承、遗嘱、特留财产、无人承认之继承、债权人或受遗人之权利,共计 110 条。从章制设计来看,并未单独设立法定继承,但有关法定继承的内容融合在通则、继承等相应章节之中。

1. 法定继承顺序

法定继承顺序,凸显对死者卑亲属继承权的优先保护。即"所继人之直系卑属,关于遗产继承,以亲等近者为先。若亲等同,则同为继承人"[1]。在无卑亲属及代位继承人的前提下,遗产继承按法定顺序继承。即"无前二条之继承人者,依下列次序定应承受遗产之人:(一)夫或妻;(二)直系尊属;(三)亲兄弟;(四)家长;(五)亲女。直系尊亲属应承受遗产,以亲等近者优先"[2]。

2. 代位继承

《大清民律草案》有关代位继承的规定,融合了固有权说和代表权说。即直系卑亲属的代位继承权采固有权说;丧偶女性守志者采代表权说。其第 1467 条规定:"继承人若在继承前死亡,或失继承之权利者,其直系卑属承其应继之分,为继承人。妇人夫亡无子守志者,得承其夫应继之分,为继承人。"上述规定表明,女性代位继承权的享有应符合相关条件。

3. 应继份

同一顺序的继承人,继承遗产的份额一般均等。即"继承人有数人时,不论嫡子、庶子,均按人数平分。私生子依子量与半分[3]。私生子与嗣子继承遗产的份额一般也均等。即"私生子外别无子,立应继之人为嗣,其遗产,私生子与嗣子均分。无应继之人,方许私生子承继全分"[4]。

上述规定表明,《大清民律草案》深受宗法家族制度的影响,具有维护封建家族制度的立法目的;仍以男尊女卑、长幼尊卑等人格差等为立法精神;延续以义务为本位的立法传统。

(二)《民国民律草案》中的法定继承

《大清民律草案》虽未施行,但具有立法意义。1918 年,民国政府设立修订法律馆,在 1925 年至 1926 年间,完成了中国历史上第二个民法典草案的编纂,即《民国民律草案》。该

---

[1] 《大清民律草案》第 1466 条。
[2] 《大清民律草案》第 1468 条。
[3] 《大清民律草案》第 1474 条。
[4] 《大清民律草案》第 1475 条。

草案依然采总则、债、物权、亲属、继承五编。《继承编》共七章:总则、宗祧继承、遗产继承、继承人未定及无人承诺之继承、遗嘱、特留财产、债权人或受遗人之权利,共计 225 条。

1. 宗祧继承

宗祧继承,是《民国民律草案》中的重要一章,属身份继承、法定继承。宗祧继承人的选择有严格的条件及程序限制,其目的在于传宗接代。其第 1308 条规定:"所继人之直系卑属,关于宗祧继承,以亲等近者为先,若亲等同则同为继承人。"其第 1309 条规定:"已婚之成年男子,无前条所定之继承人者,得立宗亲中亲等最近之兄弟之子为嗣子。亲等相同,由本人择立之。若本人不欲立亲等最近之人,得择立贤能或所亲爱者为嗣子,以承宗祧。若宗亲中实无相当之人可为嗣子者,得立嗣孙以承宗祧。"有关宗祧继承的规定,与《大清民律草案》相比,封建色彩更为浓郁。

2. 法定继承顺序

《民国民律草案》关于法定继承顺序的规定,依遵宗祧继承的有关规定。即宗祧继承人先行继承遗产。例如"妇人夫亡无子守志者,在立继以前,得代应继之人,承其夫分,管理财产"。[①] "无前二条之继承人者,依下列次序定应继承遗产之人:第一,妻;第二,直系尊属;第三,亲兄弟;第四,家长;第五,亲女。直系尊属应继承遗产时,以亲等近者为先,亲等同,则同为承受人。"[②]

3. 酌定继承份额

《民国民律草案》对被继承人的相关亲属规定了酌定继承份额:一是亲女。"所继人之亲女,无论已嫁与否,于继承开始时,得请求酌给遗产归其继承。"[③]二是养子与赘婿。"养子与赘婿素与相为依倚者,于继承开始时,得酌给财产,使其继承。"[④]三是妻子。"所继人之妻,于继承开始时,得按遗产总额及其本人与遗产继承人之需要情形,酌提遗产,以供养赡之用。"[⑤]

上述规定表明,《民国民律草案》之继承编,具有维护封建宗族利益、男尊女卑等特征。与《大清民律草案》相比,有立法观念倒退之嫌。

(三)《中华民国民法》中的法定继承

1927 年,南京国民政府建立后,依孙中山先生的五权分立原则建立了五院制政府。1928 年,成立立法院。1929 年 1 月,成立民法起草委员会,准备起草民法典。民法典采取分编起草的方式,并采纳了德国立法例,即总则、债、物权、亲属、继承五编制,共计 1225 条。《继承编》共三章:遗产继承人、遗产之继承、遗嘱,共计 88 条。

1. 法定继承顺序

《中华民国民法》第 1138 条规定:"遗产继承人,除配偶外,依左(下)列顺序定之:一、直系血亲卑亲属。二、父母。三、兄弟姊妹。四、祖父母。"其第 1139 条规定:"前条所定第一顺

---

① 《民国民律草案》第 1338 条。
② 《民国民律草案》第 1339 条。
③ 《民国民律草案》第 1340 条。
④ 《民国民律草案》第 1341 条。
⑤ 《民国民律草案》第 1342 条。

序之继承人,以亲等近者为先。"

2. 代位继承

代位继承是法定继承的应有内涵。《中华民国民法》第 1140 条规定:"第 1138 条所定第一顺序之继承人,有于继承开始前死亡或丧失继承权者,由其直系血亲卑亲属代位继承其应继分。"

3. 继承份额

直系卑亲属,继承份额原则均等。特殊情况,继承份额略有差异。即"同一顺序之继承人有数人时,按人数平均继承。但法律另有规定者,不在此限"①。特殊情况包括:一是养子女。"养子女之继承顺序,与婚生子女同。养子女之应继分,为婚生子女之二分之一。但养父母无直系血亲卑亲属为继承人时,其应继分与婚生子女同。"二是指定继承人。"无直系血亲卑亲属者,得以遗嘱就其财产之全部或一部指定继承人。但以不违反关于特留分之规定为限。"②三是配偶。"一、与第 1138 条所定第一顺序之继承人同为继承时,其应继分与他继承人平均。二、与第 1138 条所定第二顺序或第三顺序之继承人同为继承时,其应继分为遗产二分之一。三、与第 1138 条所定第四顺序之继承人同为继承时,其应继分为遗产三分之二。四、无第 1138 条所定第一顺序至第四顺序之继承人时,其应继分为遗产全部。"③

上述规定表明,《中华民国民法》之继承编,废除了封建宗祧继承制度,破除了女性继承权受歧视、受遮蔽的立法传统与继承习惯,赋予男女以平等的继承权,确立了限定继承原则,体现了个人主义的继承立法精神。

三、我国现代的法定继承

我国现代的法定继承制度,当以《继承法》为考察范例。1985 年 10 月 1 日,《继承法》实施。该法共五章:总则、法定继承、遗嘱继承与遗赠、遗产的处理、附则,共计 37 条。其中,法定继承,共计 7 条。为深入贯彻《继承法》,最高人民法院于 1985 年 9 月 11 日发布了《关于贯彻执行〈继承法〉若干问题的意见》(以下简称《继承法意见》),共计 64 条,关于法定继承部分,共计 16 条。

(一)法定继承的范围及继承顺序

《继承法》关于法定继承范围及继承顺序的规定,体现了男女平等的精神,采取了个人主义的立法模式。其第 10 条第 1 款规定:"遗产按照下列顺序继承:第一顺序:配偶、子女、父母。第二顺序:兄弟姐妹、祖父母、外祖父母。"为体现权利与义务相一致的精神,倡导亲属间的扶养与扶助,其第 12 条规定:"丧偶的儿媳对公、婆,丧偶的女婿对岳父、岳母,尽了主要赡养义务的,作为第一顺序继承人。"

(二)代位继承

《继承法》有关代位继承的规定,采代表权说。即"被继承人的子女先于被继承人死亡

---

① 《中华民国民法》第 1141 条。

② 《中华民国民法》第 1143 条。

③ 《中华民国民法》第 1144 条。

的,由被继承人的子女的晚辈直系血亲代位继承。代位继承一般只能继承他的父亲或者母亲有权继承的遗产份额"①。

(三)继承份额

基于人格平等精神,《继承法》第13条规定:"同一继承顺序继承人继承遗产的份额,一般应当均等。对生活有特殊困难的缺乏劳动能力的继承人,分配遗产时,应当予以照顾。对被继承人尽了主要扶养义务或者与被继承人共同生活的继承人,分配遗产时,可以多分。有扶养能力和有扶养条件的继承人,不尽扶养义务的,分配遗产时,应当不分或者少分。继承人协商同意的,也可以不均等。"

(四)遗产酌分请求权

《继承法》第14条规定:"对继承人以外的依靠被继承人扶养的缺乏劳动能力又没有生活来源的人,或者继承人以外的对被继承人扶养较多的人,可以分给他们适当的遗产。"

上述规定表明,《继承法》贯彻了男女平等、人格平等的立法精神;融合了亲属相互扶养的义务倡导;确立了同一继承顺序均分遗产的原则。同时,体现了特殊照顾、相互协商的追求;关注了遗产酌分请求权人的权益诉求。

第三节　法定继承的制度发展

法定继承的制度发展,不仅意味着继承立法的发展与继承制度的完善,更意味着法定继承的学术发展与观念更新。其中,法定继承的学术发展,推动着法定继承的立法发展与制度完善,从而指导继承司法、矫正继承观念。关注法定继承的学术发展,即关注法定继承的前行。

在国外,伴随着私权的发达、法典化与判例法的交互作用,大陆法系与英美法系诸国的法定继承制度均发生了若干变化,该变化不仅体现在法定继承的范围与顺序的界定层面,也体现在代位继承制度的设计环节。

在我国,法定继承的学术发展,经历了三个主要的发展进程。一是《继承法》的解读时期。即1985年《继承法》颁行后,我国民法学界围绕《继承法》的贯彻,对《继承法》的颁行意义、规范内涵、司法适用等进行了解读,并形成了相关的继承法研究成果。二是《继承法》的修正时期。即在21世纪前后,围绕《继承法》适用中存在的问题及立法问题,民法学界对《继承法》的修正,提出了《继承法》修正草案建议稿,并形成了一系列具有学术内涵、立法价值、司法指导意义的研究成果。三是《民法典·继承编》的编纂时期。十八届四中全会后,法律界围绕《民法典》的编纂献计献策,并形成了《民法典·继承编》专家建议稿。伴随着《民法典·继承编》的编纂,法定继承立法的完善提到了议事日程,民法界进而展开学术研讨,并形成了相应的学术观点与学术成果。综合法定继承的学术发展进程,法定继承的主要学术思想凝结在以下方面。

---

① 《继承法》第11条。

一、法定继承人范围的扩张

关于法定继承人范围的确定,现代各国继承立法虽以血缘关系和婚姻关系为依据,却采取了两种不同的立法体例:一是采取"亲属继承无限制主义",即法定继承人不受亲等的限制,如德国民法;二是采取"亲属继承限制主义",即法定继承人只限于一定亲等内的亲属。我国采取的是"亲属继承限制主义",法定继承人的范围较窄。

(一)法定继承人范围的扩大

伴随着时代的发展、观念的更新,法定继承人的范围逐渐扩大。而将遗产最大化地移转给被继承人的近亲属乃至一定范围的亲属,是现当代以来继承观念的核心内涵,也是继承立法的发展方向。

1. 大陆法系国家主要立法例

《德国民法典》第 1924 条至第 1932 条规定的法定继承人范围包括:配偶,被继承人的直系卑血亲,被继承人的父母及其直系卑血亲,被继承人的祖父母、外祖父母及其直系卑血亲,被继承人的曾祖父母及其直系卑血亲,比曾祖父母更远亲等的祖父母及其直系卑血亲。在世界范围内,《德国民法典》关于法定继承人范围的规定可谓最宽,因德国法采"继承无限制主义",法定继承人的范围宽泛到涵盖了所有与被继承人有血缘关系的生者。无论是直系血亲还是旁系血亲均无亲等限制,即"有血缘可寻之处,即有继承权存在"。

《法国民法典》第 741 条至第 743 条规定的法定继承人范围包括:配偶,被继承人的子女及其直系卑血亲,直系尊血亲,兄弟姐妹或其直系卑血亲、其他六亲等以内的旁系血亲(但在死者并非无能力立遗嘱,也未被剥夺公民权时,十二亲等以内的旁系血亲有继承权)。法国法关于法定继承人范围的规定要窄于德国法,法国法对直系血亲的规定同德国法一样,没有亲等的限制,但是在旁系血亲的规定上,一般则限制在六亲等以内。

《日本民法典》第 887 条至第 890 条规定的法定继承人范围包括:配偶,被继承人的子女及其直系卑血亲(为代位继承人),直系尊血亲,兄弟姐妹及其子女。关于法定继承人范围的规定,日本法比法国法要更窄一些,日本法对被继承人的直系尊血亲并无亲等限制,但对于直系卑血亲只包括被继承人的子女及孙子女、外孙子女,其中孙子女和外孙子女是通过代位继承的方式继承遗产的,这一点同我国的《继承法》比较相似。在旁系血亲方面,日本法将兄弟姐妹及其子女(侄、外甥)纳入法定继承人的范围,但没有将伯叔姑舅姨纳入其中,这就产生了伯叔姑舅姨同侄、外甥之间权利义务的不对等。

此外,为避免无人继承遗产情形的出现,也为降低遗产收归国有的概率,《俄罗斯联邦继承法》第 1142 条至第 1145 条规定了八个继承顺序。八个继承顺序涵盖的继承人范围相当广泛,包括被继承人扶养的并与其共同生活不少于一年的无劳动能力的人。既扩大了保障公民财产继承权的途径,也遵循了保障公民财产神圣不可侵犯的基本原则。[①]

2. 英美法系国家的主要立法例

美国《统一遗嘱检验法典》规定的法定继承人范围包括:配偶、直系卑血亲、父母、兄弟姐妹及其直系卑血亲,祖父母、外祖父母及其直系卑血亲。在美国法定继承人范围的规定中,

---

① 王歌雅:《俄罗斯联邦继承法的私权守望与价值追求》,载《俄罗斯中亚东欧研究》2009 年第 5 期。

对于被继承人的直系卑血亲无亲等限制,对于被继承人的直系尊血亲最远亲等的界定为祖父母、外祖父母。旁系血亲限于兄弟姐妹及其直系卑血亲,并且没有亲等的限制。将直系尊血亲限制在祖父母、外祖父母这一亲等的立法,较之无亲等限制的直系尊血亲的规定更为合理。其原因在于前者可以使被继承人的遗产尽量向其后辈的方向流转,防止其遗产流出其家庭支系,符合被继承人的生前意愿。

英国遗产管理制度规定的法定继承人范围包括:配偶、直系卑血亲、父母、全血缘及半血缘的兄弟姐妹及其直系卑血亲,祖父母、外祖父母,全血缘及半血缘的叔、伯、姑、舅、姨及其直系卑血亲。从英国遗产管理制度的规定可以看出,在直系血亲的规定上,英国法和美国法的规定没有差别,都采取了对于被继承人的直系卑血亲无亲等限制,而对于被继承人的直系尊血亲最远亲等的界定为祖父母、外祖父母这一立法例。只是在旁系血亲方面,英国法除了允许全血缘的兄弟姐妹及其直系卑血亲享有法定继承人的资格外,还允许半血缘的兄弟姐妹及其直系卑血亲和全血缘及半血缘的伯、叔、姑、舅、姨及其直系卑血亲也享有法定继承人资格。

(二)我国法定继承人范围的审视

《继承法》关于法定继承人范围的规定,在不同的时代背景下,对其评价不一。关注其优点与不足,可进一步完善我国的法定继承制度。

1. 法定继承人范围的局限

按照《继承法》第10条至第12条的规定,法定继承人的范围包括:被继承人的配偶、子女、父母、兄弟姐妹、祖父母、外祖父母。此外,对公婆尽了主要赡养义务的丧偶儿媳,对岳父母尽了主要赡养义务的丧偶女婿,视为第一顺序法定继承人。被继承人的子女先于被继承人死亡的,其死亡子女的晚辈直系血亲为代位继承人。其中,子女包括婚生子女、非婚生子女、养子女和形成了抚养教育关系的继子女;父母包括生父母、养父母和形成了抚养教育关系的继父母;兄弟姐妹包括同父母的兄弟姐妹、同父异母或者同母异父的兄弟姐妹、养兄弟姐妹、形成了抚养教育关系的继兄弟姐妹。

从上述规定可知,《继承法》规定的法定继承人的范围相对较窄,即除配偶外仅限于二亲等以内的亲属;仅在代位继承时,代位继承人才可能超出二亲等。诚如有学者指出,一方面,我国对法定继承人范围规定得过窄,仅限于近亲属;另一方面,又将对公婆或岳父母尽了主要赡养义务的丧偶的儿媳或女婿列入法定继承人范围,又失之过宽。[①] 加之我国长期实行计划生育政策,家庭关系和亲属关系日趋简单,如果仍坚持现行的法定继承人范围,将面临更多的遗产无人继承的情形。为避免遗产无人继承,有关法定继承人范围的界定,应以确保遗产由死者的继承人(近亲属)继承为原则,避免将其遗产收归国家或集体所有。因此,应适当扩大法定继承人的范围。

2. 法定继承人范围规定的启示

由国外立法例可知,法定继承人范围的确定体现了两个原则:一是尊重私人财产所有权。即尽可能通过法律规定展现死者本来意愿,避免出现较多的无人继承的遗产,减少国家与民众争利的现象,充分发挥遗产对死者家庭近亲属的扶养作用。二是防止与死者关系较

---

① 郭明瑞、房绍坤、关涛:《继承法研究》,中国人民大学出版社2003年版,第63页。

远的亲属取得遗产。即通过将财产收归国有的方式发挥遗产的社会功用。

当然,直系血亲"继承无限制主义"的立法例并不可取。根据前述德国法和法国法的规定,关于被继承人的直系尊血亲还是直系卑血亲,均没有亲等的限制。这种立法例不利于遗产向死者后辈的方向流转,不利于防止遗产流出死者的家庭支系,甚至可能与被继承人的生前意愿相违背。同时,有关旁系血亲的亲等规定也不应过宽。例如在英国法上,除了允许全血缘的兄弟姐妹及其直系卑血亲享有法定继承人资格外,还允许半血缘的兄弟姐妹及其直系卑血亲、全血缘及半血缘的伯、叔、姑、舅、姨及其直系卑血亲享有法定继承人资格。这一规定,也使得旁系血亲的法定继承人范围过于宽泛,会使被继承人的遗产流向与被继承人完全不熟悉的亲属家庭,违背被继承人生前的真实意愿。相比较而言,美国法规定的旁系血亲的法定继承人的范围仅包括亲兄弟姐妹及其直系卑血亲的立法例则比较合宜。因为,继承遗产的旁系血亲与被继承人的关系可能较为密切,似更符合被继承人的真实意愿。

我国继承立法应结合历史传统及社会实际,将法定继承人的范围扩大至三代以内的旁系血亲,且该旁系血亲的晚辈直系血亲可作为代位继承人。具体而言,我国法定继承人的范围应包括:配偶、子女、父母、祖父母、外祖父母、孙子女、外孙子女以及其他三代以内的旁系血亲。

二、法定继承顺序的调整

继承开始后,适用法定继承时,并非所有的法定继承人同时参与继承,而是按照法律规定的先后顺序继承。只有在先顺序的法定继承人死亡或丧失继承权、放弃继承权时,后一顺序的法定继承人方可继承。

法定继承顺序具有以下特征:(1)法定性。即法定继承人的继承顺序是由法律直接规定的,继承人自身无权决定。(2)强制性。即法律关于法定继承顺序的规定为强制性规定,除被继承人通过遗嘱加以改变外,任何人无权对法定继承顺序加以变更,即使是在先顺序的法定继承人将自己变更为在后顺序的法定继承人亦不可。(3)排他性。即指前一继承顺序排斥后一继承顺序,只要在先顺序的法定继承人存在,在后顺序的法定继承人就不能参与继承。(4)限定性。即指法律关于法定继承顺序的规定,仅适用于法定继承。[1]

(一)我国法定继承顺序的欠缺

《继承法》第10条、第12条对法定继承顺序的规定,具有一定的历史原因。即《继承法》制定之时,我国民众的家庭财产不多,社会保障体系也未健全,公民继承遗产主要是为了实现养老育幼的家庭职能。伴随着社会的发展、民众个人财产的日益增多,法定继承顺序则会显现出相应的问题:

第一,民众继承习惯的变化。根据对我国民间继承习惯的调查,民众一般都希望配偶为第一顺序的继承人,其次为子女,再次为父母。[2]

第二,继承立法对配偶的保护力度不够。配偶既是最主要的生活照料者,也是遗产的主

---

① 张平华、刘耀东:《继承法原理》,中国法制出版社2009年版,第182页。
② 陈苇:《当代中国民众继承习惯调查实证研究》,群众出版社2008年版,第139页、第442页、第538～539页。

要贡献者,其继承地位应得到加强。

第三,遗产继承具有向被继承人家庭外部移转的倾向。当被继承人死亡时,遗产之部分被父母继承;在父母死亡时,父母的遗产就由父母的父母(被继承人的祖父母)和父母的子女(被继承人的兄弟姐妹)继承。于是,导致遗产向被继承人的旁系血亲分散,也使遗产从被继承人家庭内部流向家庭外部。这种遗产分配格局不符合我国民众长期以来形成的继承习惯,即大多数人的愿望是把自己的遗产尽量留给子孙,而不是流到家庭外部。① 同理,兄弟姐妹与祖父母、外祖父母为同一继承顺序,也有悖于多数民众的内心需求和民间长期形成的继承习惯。此外,《继承法》第12条的规定虽是为了鼓励丧偶儿媳或丧偶女婿赡养老人,实现老有所养,但这种立法不利于遗产在直系血亲间的流动。即在被继承人的第一顺序继承人均死亡或丧失继承权且无代位继承人的情况下,其全部遗产将由丧偶的儿媳或女婿一人继承。如其再婚,该遗产则由"外人"与之共同共有,不仅有违"财产尽可能留在本家族内"的继承传统,也与当今世界各国均否认姻亲有继承权的立法例相左。

(二)我国法定继承顺序的调整

依法定继承顺序的多寡,现代继承立法例可分为两类:一是法定继承顺序较少。例如《日本民法典》规定的法定继承顺序有三:第一顺序,子女。子女先于被继承人死亡或丧失继承权时,由其子女代位继承。第二顺序,直系尊亲属。在亲等不同者之间,以亲等近者优先。第三顺序,兄弟姐妹,其子女可代位继承。配偶作为继承人,可以和任何顺序的血亲继承人一起继承遗产。② 二是法定继承顺序较多。例如《德国民法典》规定的法定继承顺序有五个:第一顺序,直系卑血亲。以亲等近者优先。如亲等近者有人于继承开始前死亡,则由其直系卑血亲代位继承。第二顺序,父母及其直系卑血亲。第三顺序,祖父母及其直系卑血亲。第四顺序,曾祖父母及其直系卑血亲。第五及更远顺序的法定继承人为被继承人的远亲祖辈及其晚辈直系血亲。配偶无固定继承顺序,可以与任一顺序的继承人共同继承,其份额视其参与哪一个继承顺序而定。③《美国统一继承法典》第2条至第103条规定,配偶的继承权置于首位。除配偶外,血亲的继承顺序依次为直系血亲卑亲属、父母、兄弟姐妹及其直系卑亲属、祖父母(父系、母系)及其直系卑亲属、曾祖父母(父系、母系)及其直系卑亲属。

从我国香港、澳门、台湾地区的立法例来看,香港特区《无遗嘱者遗产条例》规定的法定继承顺序有六个:第一顺序是配偶、妾、子女(如无子女则父母也列入第一顺序继承人)。第二顺序是父母。第三顺序是兄弟姐妹。第四顺序是侄子女、外甥子女。第五顺序是祖父母、外祖父母。第六顺序是叔、伯、姑、舅、姨。配偶作为继承人,可以同子女、父母、兄弟姐妹及其后嗣一起继承遗产。《澳门民法典》第1973条规定的法定继承顺序也有六个,依次为配偶、直系卑血亲;配偶、直系尊血亲;与死者有事实婚关系之人;兄弟姐妹及其直系卑血亲;四亲等以内的其他旁系血亲;在经确认被继承人无任何种类的继承人的情况下,法院宣布其遗产归澳门特区所有。台湾地区"民法"第1138条规定的法定继承顺序有四个:第一顺序,直系卑血亲。以亲等近者为先。第二顺序,父母。包括生父母和养父母。第三顺序,兄弟姐

---

① 陈苇、杜江涌:《我国法定继承制度的立法构想》,载《现代法学》2002年第3期。
② 《日本民法典》第887条至第890条。
③ 《德国民法典》第1924条至第1929条。

妹。包括全血缘的和半血缘的兄弟姐妹。第四顺序,祖父母、外祖父母。养子女为继承人时,其养父母的父母也是第四顺序的继承人。配偶可以和任何顺序的血亲共同继承遗产。

国外和我国港、澳、台地区的立法例有两个共同点:一是将死者的直系卑血亲列为第一顺序法定继承人,而将父母列于直系卑血亲之后作为第二顺序法定继承人。该继承顺序有利于遗产保留在直系卑血亲家族内部。二是在生存配偶与第一顺序继承人一起继承遗产时,生存配偶不列入固定的继承顺序,而是和某一继承顺序或所有继承顺序的血亲继承人共同继承。如此规定,对配偶及血亲继承人均有利。当然,对配偶的继承顺序"采无固定顺序的立法例为宜"[1]的主张,需要研讨。因为,该立法例难与我国近 30 年的继承司法实践相结合,也较难被民众所接受,尽管配偶继承权确有加强保护之必要。而将配偶作为第一顺序法定继承人,仍有一定的现实意义。

三、配偶法定继承权的保障

从现代继承法的发展轨迹来看,配偶的继承地位已经普遍得到加强。在欧洲,优待配偶的继承权利已经成为法定继承中的又一发展趋势。[2] 但在我国的《继承法》中,配偶继承权的保护则存在不足。虽然已将配偶作为第一顺序法定继承人,但是仍需对配偶的利益予以特别保护。

（一）国外对配偶继承权益的保障

国外对配偶继承权益的保障,不但通过法定继承顺序的规定加以实现,而且也通过其他权益的保障加以完善。

1. 给予配偶先取权

配偶先取权,指配偶除作为法定继承人继承遗产外,还有优先获得满足日常生活需要的家常用品和其他必需用品的权利。"其立法目的在于保障生存配偶不因配偶一方死亡而在生活上受到较大影响,而使其能够继续保持一贯的生活方式。"[3]

英美法系国家和地区对配偶先取权予以保障。例如,按照《美国统一继承法典》的规定,继承开始后,配偶有权先取得价值 5000 美元的宅院特留份和价值不超过 3500 美元的不受遗产债权人追索的豁免财产,如配偶系受被继承人扶养之人还可以从现款中取得合理的家庭特留份,以保证在遗产管理期间维持其生活。如死者留有和生存配偶共同所生的子女及其直系卑亲属或虽无直系卑亲属,但有父母时,配偶先取得 5 万美元然后继承剩余遗产的一半;如配偶和非自己所生的子女一起继承时仅得遗产的一半,死者无直系卑亲属和父母,配偶得全部遗产。[4] 英国《遗产管理法》规定,当死者遗有子女时,配偶享有以下权利:可取得全部人生动产,即指家常用品或个人使用或装饰的物品,如衣物、珠宝、家具、机动车和家畜之类;取得法定遗赠物 25000 英镑且此款项免税;获得死者去世时到分得遗产期间的以每年 4% 利率计算的法定遗产利息。此外,配偶还享有一些变通或优先的权利,如享有终身定金

---

①　张华贵、冉启玉:《论配偶继承权的法律保护》,载《西南政法大学学报》2005 年第 2 期。
②　Arthul Haitkam,*Towards United European Eivil Code*,Kluwer Law International,edition,p.179.
③　张玉敏:《继承法律制度研究》,法律出版社 1999 年版,第 333 页。
④　张玉敏:《继承法律制度研究》,法律出版社 1999 年版,第 218 页。

的配偶在有子女的情况下有权要求遗产管理人或执行人支付遗产本金以取代终身定金。①
我国香港特区《无遗嘱者遗产条例》规定:无遗嘱者死亡时遗下配偶和子女,则应首先从遗产
中拨出 50 万港币归配偶,并应即时给付,若迟延给付,应将此款连同法定利息归配偶;余下
遗产的 1/2 归配偶,其余的 1/2 由子女按房均分。②

大陆法系国家也有遗产先取权制度,以保护配偶的继承地位。《德国民法典》第 1932 条
规定:"如果生存配偶与第二顺序亲属或祖父母同为法定继承人,则继承份额外,生存配偶对
婚姻家庭中所属的物品(以其并非土地附属物为限)以及在结婚时收受的赠与物;生存配偶
与第一顺序血亲亲属并列为法定继承人者,以上物件为其适当的家庭生活所需要者为限,上
述物件归属于该生存配偶。对于先取权适用关于遗赠的规定。"

2. 保护配偶用益权

在继承领域,各国多采取法定措施对配偶给予优待地位。因为,配偶基于婚姻关系而享
有法定继承权,配偶关系不同于亲属关系;配偶之间具有法定的扶养义务,不因一方的离去
而使另一方的生活水平显著下降甚至无家可归、流离失所。毕竟家庭财产由夫妻共同劳动
所创造,配偶理应在继承遗产方面享有优势地位。在现当代,已有一些国家通过修改法律进
一步提高了配偶的继承地位,重视配偶继承利益已成为各国继承立法的主要潮流。

日本在 1980 年通过修改民法大幅度提高了配偶的应继份额:将配偶的应继份额由原来
与子女共同继承时为遗产的 1/3 提升到 1/2;配偶与直系尊亲属继承时其应继份额从 1/2
提高到 2/3。

在以色列新颁布的继承法中,配偶的继承份额由原来的 1/4 增至 5/6;如果死者未曾有
近亲属,则配偶继承全部遗产。③

英国继承法规定,生存配偶取得死者的动产所有权及为遗产负担之 1000 英镑债权,就
其他遗产取得终身用益权:其数额为与子女同为继承时有遗产之 1/2,与其他血亲同为继承
时有遗产全部之用益权。没有继承权之血亲取得遗产之全部所有权。④ 生存配偶享有终身
受益权时,在死者也遗有后代的情况下,该配偶有权要求遗产管理人以一次性金钱支付替代
终身受益权。配偶有权通过书面通知要求遗产管理人把该住房转让给他,以折抵他对无遗
嘱遗产的任何绝对权,或折抵该配偶已选择的偿付其终身受益权的资金。因此,配偶可以在
上述基础上做一选择,然后通过要求转让房屋来实现那笔资产权。⑤

1981 年,荷兰政府提出生存配偶将享有一项法定用益权,通常包括处分财产的权利,并
且优于子女应有份。此外,应有份将从一项财产权转变为金钱上的请求权。如果遗嘱人在
其遗嘱中剥夺了生存配偶的此项权利,后者仍然可以请求对遗产行使用益权,只要对维系他
的生存来说是必要的。⑥

---

① 《外国民法资料选编》,法律出版社 1982 年版,第 592 页。
② 赵秉志:《香港法律制度》,中国人民公安大学出版社 1997 年版,第 531～532 页。
③ 李春茂、陈跃东:《配偶法定继承权的法律思考》,载《中央政法管理干部学院学报》1994 年第 5 期。
④ 史尚宽:《继承法论》,中国政法大学出版社 2000 年版,第 71 页。
⑤ 中国人民大学法律系:《外国民法论文选(二)》(校内用书),1984 年版,第 595 页。
⑥ [荷兰]亚瑟·S.哈特坎普:《荷兰民法典的修订:1947—1992》,汤欣译,载《外国法译评》1998 年第
1 期。

（二）我国对配偶继承权益的保障

《继承法》对配偶继承权益的制度保障,虽初具规模,但仍有提升的空间。为此,学界进行了相应的探讨,有助于继承立法的完善。

1. 配偶继承权益保障的不足

《继承法》规定配偶与子女、父母同为第一顺序继承人。同时,为了鼓励民众发扬孝敬父母的传统美德,其第 12 条规定丧偶的儿媳对公婆、丧偶的女婿对岳父母尽了主要赡养义务的,可以作为第一顺序继承人;其第 14 条规定对继承人以外的依靠被继承人生前扶养的缺乏劳动能力又没有生活来源的人,或者继承人以外的对被继承人扶养较多的人,可以分给他们适当的遗产。上述规定在立法之初,能够满足时代背景、经济基础的要求,但随着我国国情的不断发展变化尤其是经济基础的巨大变化,这些规定已逐渐暴露出不足。

首先,各国设计法定继承制度的依据是推定死者意思。即将自己的财产留给自己最亲近的人,[①]而《继承法》将父母、子女与配偶同时规定为第一顺序继承人,则会导致父母继承的遗产流向旁系亲属,与被继承人的意愿不符。同时,我国自 20 世纪 50 年代开始实施的父母与子女同为第一顺序法定继承人的规定,在几十年的实践中并没有改变历来晚辈血亲优先于父母的继承习惯。[②]

其次,我国现代家庭已突破了传统社会中四世同堂或五世同堂的共同生活模式,其结构越来越简单。而且随着男女平等原则的深入人心,女性在经济、社会、政治等领域的地位相应提高,配偶之间不但在情感上相互抚慰,而且在经济上相互依赖,进而形成一个与外界相对独立的生活和情感的共同体。即配偶在成为现代家庭中最为重要的亲属关系的同时,也成为其他亲属关系的构建基础。因而,《继承法》规定的第一顺序继承人过多的状态已不再适应我国的当今国情。

最后,将对公婆、岳父母尽了主要赡养义务的丧偶儿媳、丧偶女婿规定为第一顺序继承人,在国外立法没有先例,可称得上是中国特色,且这一规定受到了许多学者的批评。有学者认为该规定违反了权利义务相一致的原则。如根据《继承法》第 12 条的规定,未丧偶的儿媳或女婿对公婆或岳父母尽了主要赡养义务的,则没有继承权;夫妻离异后,一方仍对以前的公婆、岳父母承担较多赡养义务的,也没有继承权。他们只能依据《继承法》第 14 条的规定,以遗产酌分请求人的身份适当分得遗产,显然违反权利义务相一致的原则。[③] 还有学者认为,该条规定有违公平原则。在我国,遗产继承是按支进行的。如果父母有两个子女,两个子女都已结婚生子,而其中一个子女早于父母死亡,若其配偶尽了主要赡养义务,便可成为第一顺序继承人,并且不影响其子女依代位继承。这样,丧偶一方的家庭即可取得两份遗产,不仅违背按支继承的习俗,对未丧偶的一方也有欠公平。[④]

2. 配偶继承权益保障的完善

如何保障配偶的继承权,是继承立法与继承司法需要密切关注的问题。而回应社会需

---

① 史尚宽:《继承法》,中国政法大学出版社 2000 年版,第 4 页。

② 张玉敏:《继承法律制度研究》,法律出版社 1999 年版,第 345 页。

③ 李红玲:《继承人范围两题》,载《法学》2002 年第 4 期。

④ 李双元、温世扬:《比较民法学》,武汉大学出版社 1998 年版,第 1035 页。

要,满足主体需求,也是继承制度应着重考虑的问题。学界的相关思考如下:

(1)配偶应为第一顺序继承人

之所以将配偶作为第一顺序继承人,其主要考虑在于:一是配偶对于家庭财产所作出的巨大贡献;二是在被继承人死亡后,若将遗产由配偶继承,则有利于实现对被继承人子女的未来生活照顾。

(2)赋予配偶对生活用品的先取权和对生活住房的用益权

在将配偶作为唯一第一顺序继承人的基础上,赋予配偶对生活用品的先取权和对生活住房的用益权,其目的在于更好地保护配偶继承权的优先地位。配偶双方在共同生活中,对生活用品和住房都享有合法的使用权和居住权,规定这两种权利是对生存一方业已存在权利的法律确认。同时,我国的继承习惯存在着配偶一方死亡后并不立即分割遗产,而是在配偶双方都死亡时才分割遗产的传统。因此,有关先取权和用益权的规定,可最大限度地发挥遗产的利用效益,给予生存配偶以维持生活的保障,全面提升配偶的法律地位。尤其在我国《物权法》没有规定居住权的情况下,通过《继承法》规定配偶对生活住房的用益权,既可解除子女担心父母再婚导致房产外流的忧虑,稳定家庭关系,又可使丧偶老人能够老有所居,贯彻《继承法》养老育幼的原则。同时,《继承法》规定配偶对生活住房的用益权,更有利于回避该权利属物权还是债权的理论争议,完全可准用物权保护的相关规定对其权利加以保障,避免不必要的理论争议而影响立法进程。

当然,配偶对生活用品的先取权和对生活住房的用益权可能在短时间内难以被立法者所接受,亦可能引起学界较多的争议,但为加快我国《继承法》的修正进度以及《民法典·继承编》的编纂,此两项权益可通过广泛的学术讨论,形成更为完善的制度架构,为完善我国《继承法》的立法思考贡献智慧。

四、代位继承制度的完善

代位继承与本位继承相对应,是法定继承的一种特殊情况。即指一定范围的法定继承人先于被继承人死亡或因其他原因不能继承时,依法由其直系卑亲属按照其继承顺序和份额进行继承的制度,又称间接继承、承租继承。[①]

(一)代位继承权的性质

关于代位继承权的性质,学界一直存在争议,且主要有两种学说:

1. 代表权说

代表权说,即代位继承人代表被代位继承人参加继承,而不是基于自己本身固有的权利而继承。依此学说,被代位人的继承权是代位人继承权的根据和基础,当被代位人丧失继承权或拒绝继承时,则不发生代位继承。法国采此学说,如《法国民法典》第793条规定:"代位继承为法律的拟制,其效果为使代位继承人取代被代位人的地位、亲等和权利。"我国《继承法》第11条、《继承法意见》第28条的规定亦表明,《继承法》采代表权说。认为代位继承人之所以可以取得与被代位人一致的法律地位,是因为他是被代位人的代表,若代位人是基于自己的固有权利而继承,那么他就有权取得与其他继承人同等的继承份额,而不是继承被代

---

① 赖廷谦:《婚姻与继承法学》,四川大学出版社2004年版,第175页。

位人的应继份额。

2. 固有权说

固有权说，主张代位继承人参加继承是其本身固有的权利，代位继承人是基于自己的权利继承被继承人的遗产，并不以被代位人是否有继承权为转移。即使被代位继承人丧失继承权或抛弃继承权，代位继承人也能依据自己的权利直接继承被继承人的遗产。德国、意大利、瑞士、日本以及我国台湾地区的"民法"均采此说。例如《瑞士民法典》第 541 条规定："无继承资格人的直系卑亲属，按无继承资格人先于被继承人死亡的情况继承被继承人的财产。"《意大利民法典》第 467 条规定，代位继承人在其父或母不能继承或不想继承时，仍允许代位继承。

有学者主张，代表权说不能解释为什么法律规定某些继承人先于被继承人死亡，其直系卑亲属可以代位继承，而另一些继承人先于被继承人死亡，则其直系卑亲属不能代位继承。而按照固有权说，代位继承人本来就是法定继承人范围以内的人，只不过在被代位人生存时，按照"亲等近者优先"的继承原则，他们被排斥于继承之外，当被代位人先于被继承人死亡或丧失继承权时，他们则基于自己的继承人资格和权利，按照被代位人的继承顺序和应继份，直接继承被继承人的财产。

从制度来考察，代位继承是由亲系继承和按支继承组成的继承。亲系继承，反映的是某个亲系的血缘亲属应当优先于其他血缘亲属继承的观念；按支继承，反映的是在每一亲系中，应当按支而不是按人分配遗产的观念。基于按支继承，某一支中与被继承人亲等最近者如先于被继承人死亡，其应继份应留在该支内由其直系卑亲属代位继承，而不是转归他支。这是固有权说合理性之所在。[①] 即代位继承人是基于自己的法定继承权而取得遗产。因此，无论被代位人先于被继承人死亡还是丧失继承权时，代位继承人都可基于自己固有的继承人资格参与继承。[②]

3. 我国法的选择

如根据我国《继承法》采"代表权说"的规定看，当父母存在丧失继承权事由时，孙子女、外孙子亦即丧失了代位继承权，这既与我国保护未成年人合法权益的精神相违背，也违反责任自负原则的本意。与此同时，《继承法》规定祖父母、外祖父母对孙子女、外孙子女的遗产享有继承权，且不因其子女是否丧失继承权而受到影响，故基于利益平衡的考虑，现有规定显然有失公平。此外，按照"代表权说"的规定，如果被代位人丧失了继承权，其直系血亲就无权代位继承，在此情形下，如果又无第一顺序的其他法定继承人，死者的遗产则要被收归国家或集体所有，既有违被继承人要将遗产留给其最亲近之人的意志，也不利于对私有财产的保护。因此，在我国制定《民法典·继承编》时，应将代位继承权的性质改为"固有权"说。

(二)代位继承发生的原因

如何规定代位继承的原因，各国立法例不同。而找寻科学的立法路径，有助于继承制度的完善。

1. 立法例分析

关于代位继承的原因，主要有三种立法例：一是以继承人先于被继承人死亡为代位继承

---

①　张玉敏：《代位继承比较研究》，载《中央政法干部管理学院学报》1997 年第 3 期。

②　张玉敏：《继承法教程》，中国政法大学出版社 1998 年版，第 226～228 页。

发生的唯一原因。《法国民法典》第 744 条规定,任何人不得替代生存之人,而取得其继承的地位,代位继承人仅得替代自然的或民事上的死亡者的地位。二是以继承人先于被继承人死亡或丧失继承权为代位继承发生之原因。我国台湾地区"民法典"第 1140 条规定:第 1138 条所定第一顺序之继承人,有于继承开始前死亡或丧失继承权者,由其直系血亲卑亲属代位继承其应继份。三是以继承人先于被继承人死亡、放弃继承权或丧失继承权为代位继承发生之原因。例如德国民法以死亡、拒绝继承、丧失继承权和依要约抛弃继承等作为代位继承发生的原因。①

2. 我国法的选择

按照固有权说,《继承法》关于代位继承发生原因的规定应进一步扩充,而不应仅限于继承人先于被继承人死亡这一唯一原因。即基于代位人本身固有的法定继承权,当被代位人丧失对被继承人的继承权时,并不影响代位人的继承权。至于继承人放弃继承权,根据我国现有的继承法理论,放弃继承权应在继承开始后、遗产分割前作出意思表示才具有效力,继承人放弃继承权后其继承份额当然归属于同一顺序的其他法定继承人,无代位继承的可能性。如史尚宽先生认为,继承之抛弃,理论上唯在继承开始后始为可能,其效力虽溯及继承开始之时,然民法明定其应继份应归属于其他同一顺序之继承人,故不适用代位继承。唯被继承人之第一顺序直系血亲卑亲属继承人最先顺序全部抛弃继承时,则由次顺序者继承,然此系后顺序者以固有继承之顺序为继承,应按人均分,而非如代位继承应按股分割。②

---

① 《德国民法典》第 1924 条至第 1926 条、第 1953 条、第 2344 条、第 2346 条。

② 史尚宽:《继承法论》,中国政法大学出版社 2000 年版,第 87 页。

第三章
男女继承权平等评注

> ➡ 第九条　继承权男女平等。

《继承法》第9条是关于男女继承权平等原则的规定,是《宪法》第48条确立的两性平等原则在《民法通则》[①]、《民法总则》、《继承法》上的延伸与体现,故学界将其表述为"继承法原则"之一。[②]

作为继承权主体,无论是男性还是女性,均享有平等的继承权。依据该原则,女性无论是已婚、未婚、再婚、离婚、单身,也无论其是否参加社会工作,都与男性享有平等的继承权。因此,继承权男女平等原则,具有较强的实践特点。尤其在我国广大农村地区,女性继承权益尤其是出嫁女的继承权益,迄今仍存在被限制、被剥夺的侵权现象,这反映出贯彻继承权男女平等原则的必要性。

继承权男女平等原则,可从以下层面理解:在继承法律关系中,配偶的法律地位平等,有相互继承遗产的权利。即女性可以继承丈夫的遗产,也可携带其继承的遗产再婚,他人不得阻挠、干涉;在确定法定继承人范围时,《继承法》不因男性与女性的性别差异而存在差别对待;同一顺序的法定继承人,男女两性均享有平等的继承权;继承人继承遗产的份额,不因男女性别而有所差异;在代位继承和转继承时,男女平等。即代位继承权和转继承权,男女平等。

第一节　立法目的

"近现代以来,性别平等已经在法律文本中得以解决,但性别歧视的观念以及性别等级的模式却依然顽固地存在,而这在不同国家和不同民族中都不同程度地存在。"[③]"尽管法律常常以中立自居,但却包含了性别歧视的内容,并且也正是中立的标准才使得社会性别的结果在法律上得以正当化。"[④]"法律,从实在法的角度论,倾向于反映现存的权力结构,因此,法律更多的是男权力量的宣言。因为,'在每一个我们所知道的社会,这些义务都是由男性

---

① 《中华人民共和国民法通则》,以下简称《民法通则》。
② 任江:《民法典视角下的继承原则重构——兼评杨立新、杨震〈中华人民共和国继承法〉修正草案建议稿〉》,载《北方法学》2014年第6期。
③ 周安平:《性别与法律》,法律出版社2007年版,第33页。
④ 周安平:《性别与法律》,法律出版社2007年版,第34页。

建构的.'"①于是,在尘封的中外继承立法中,女性继承权处于被颠覆、被疏离、被歧视的状态。超越性别歧视,建构性别平等的继承立法与继承司法,是女性继承权得以实现的制度保障。

一、关注女性继承权的疏离

在尘封的历史中,女性继承权与男尊女卑的性别观念相始终,与宗法制度相表里。在男尊女卑观念的制约下,女性继承权与男性继承权发生疏离,与男女两性平等的继承权发生疏离。② 该疏离在特定的历史背景下,被认为是合乎伦理且符合德性的。

(一)德性追求导致疏离

在我国,由于周代之时即已确立嫡长子继承制,故女性继承权的享有,最初是源于诸子均分的德性考虑,以体现父慈子孝及对子辈个体权利的平等保护。③ 如"汉代财产继承制度较之西周有明显进步……尤其是对庶子、女儿继承权的法律规定,反映了私有制下对个体权利的重视。"④随着时代的推移,女性继承权的享有也逐步附着了尽孝、传宗、守节等德性要求。"开成元年(836 年)七月五日敕节文:'自今后,如百姓及诸色人死绝无男,有女已出嫁者,令女合得资产。其间如有心怀觊望,孝道不全,与夫合谋有所侵夺者,委所在长吏严加纠察,如有此色,不在给与之限'。"⑤即出嫁女在娘家无男性继承人时可承继遗产。而尽孝道又不侵夺遗产,是应当提倡的德性。《大明令·户令》载:"凡妇女夫亡无子,守志者,合承夫分,须凭族长择立昭穆相当之人继嗣。其改嫁者,夫家财产及原有妆奁,并听前夫之家为主。"女性对亡夫遗产的"继承",以女性守节及为夫家继嗣为德性前提。故女性继承权并非真正的遗产继承权,而是遗产管理权。女性是前位继承人,继嗣之人是后位继承人。⑥

(二)身份继承引发疏离

我国的嫡长子继承制,构成继承制度的身份规制,导致男女两性继承权的疏离。女性继承权的疏离,其本质为女性继承权遭遇排挤:首先,女性无继承权可言。我国西周时期的继承制度,包括政治地位的继承、祭祀权的继承和家族共财管理权的继承。⑦《仪礼·丧服》载:"有适子者无适孙。"有关爵位的继承,依遵"立嫡以长不以贤,立子以贵不以长"⑧。祭祀继承即宗祧继承,嫡长子掌握祭祀权。《礼记·曲礼》载:"支子不祭,祭必告于宗子。"家族共财管理权由家长行使,女儿无继承权。但"为了贵族的体面和联络感情,大多给予一定数量的嫁妆,这同样是出于父或兄的赐予,而不是女儿的权利"⑨。故女性继承权成为给予嫁妆

---

① 周安平:《性别与法律》,法律出版社 2007 年版,第 34 页。

② 王歌雅:《疏离与回归:女性继承权的制度建构》,载《政法论丛》2015 年第 2 期。

③ 王歌雅:《疏离与回归:女性继承权的制度建构》,载《政法论丛》2015 年第 2 期。

④ 梁凤荣:《中国传统民法理念与规范》,郑州大学出版社 2003 年版,第 73 页。

⑤ 孔庆明、胡留元、孙季平:《中国民法史》,吉林人民出版社 1996 年版,第 332 页。

⑥ 王歌雅:《疏离与回归:女性继承权的制度建构》,载《政法论丛》2015 年第 2 期。

⑦ 王歌雅:《疏离与回归:女性继承权的制度建构》,载《政法论丛》2015 年第 2 期。

⑧ 《春秋公羊传·隐公元年》。

⑨ 梁凤荣:《中国传统民法理念与规范》,郑州大学出版社 2003 年版,第 26 页。

的别称。其次,女性继承权基于婚姻身份的存在而被遮蔽。如秦代"在丧夫寡妇能否继承已故丈夫遗产的问题上却无任何规定"①。相反,丈夫可以继承妻子的遗产。再次,女性继承权的客体主要表现为动产或嫁资。即基于身份继承以及家族财产传承考虑,男女两性在继承的客体及数量上存在差异。三国两晋南北朝时期,依法律和民间习惯,"男性继承人继承不动产及最重要的动产——奴婢,而女性继承人仅能继承一般动产而已"②。唐《户令》规定:"诸应分田宅者,及财务,兄弟均分;妻家所得之财,不在分限。兄弟亡故者,子承父分。兄弟俱亡,则诸子均分。其未娶妻者,别与聘财。姑姊妹在室者,减男聘财之半。"复次,女性继承权的享有以丧夫且无子为前提。唐《户令》载:"寡妻妾无男者,承夫分。"即寡妻妾若要继承丈夫应分的家产,尚须无子。最后,女性继承权尤其是女儿继承权的享有以户绝财产为限。唐《丧葬令》规定:"诸身丧户绝者,所有部曲、客女、宅店、资财、并令(本服)近亲转易货卖,将营葬事及量营功德之外,余财并与女。"《大清律例·户律》规定:"户绝,财产果无同宗应继之人,所有亲女承受。无女者,听地方官详明上司,酌拨充公。"在中国传统的继承法中,基于家族本位、男尊女卑的立法传统,女性继承权处于虚位状态。"女性只是在夫亡无子的情况下才能'凭族长择立昭穆相当之人为嗣';而财产继承,各代法律也只承认诸子均分制,女儿能承受的只是'户绝财产'。可见在以宗法父权制为核心的承继体系中,无论是身份继承还是财产继承均是以男性为主,女性处于被排斥的地位。"③

虽然朝代不同,但是我国历史各朝代法律对女性继承权附着的德性要求与身份限制大致相似或相同。这种相似或相同,主要源于性别排挤文化。即无论是嫡长子继承,或是死者人格的继承;无论是身份继承,或是财产继承,均以性别尊卑作为确定继承权的基础,即女性继承权的缺失与劣后于男性继承权。具体表现:女性对丈夫遗产的继承权,实为用益权或管理权,即前位继承权;女性对家父遗产的继承权,以户绝遗产为客体,实为受限的继承权。这种以男性为中心、以身份为基础的传统财产继承制度,不但剥夺了女性的继承权益,戕害了女性的人格独立,而且加剧了男女两性身份上与人格上的不平等。只有对男女两性不平等的继承制度予以彻底改革,才能彰显男女平等的价值追求与伦理关怀。④

二、确保女性继承权的享有

女性继承权的享有经历了由疏离到回归的历程。这一历程,体现出人类社会的文明与进步,也体现出性别文化的演进与更替。在中外历史由近代向现代的转型进程中,"个人主义"逐步取代"家族主义";"平等观念"逐步消解"身份观念"。女性继承地位日渐崛起,女性继承权日渐独立,女性继承权日渐达至与男性继承权的平等。⑤ 正如英国历史法学派的奠基人梅因所述:"所有进步社会的运动,到此处为止,是一个'从身份到契约'的运动。"⑥

---

① 梁凤荣:《中国传统民法理念与规范》,郑州大学出版社 2003 年版,第 43 页。

② 梁凤荣:《中国传统民法理念与规范》,郑州大学出版社 2003 年版,第 110 页。

③ 徐静莉:《民初女性权利变化研究——以大理院婚姻、继承司法判例为中心》,法律出版社 2010 年版,第 130～131 页。

④ 王歌雅:《疏离与回归:女性继承权的制度建构》,载《政法论丛》2015 年第 2 期。

⑤ 王歌雅:《疏离与回归:女性继承权的制度建构》,载《政法论丛》2015 年第 2 期。

⑥ [英]梅因:《古代法》,沈景一译,商务印书馆 1959 年版,第 97 页。

(一)女性继承权的回归

20世纪初期,伴随着我国由近代向现代的转换,传统继承法也发生了制度改革与体系转型。即我国继承法之近代化,以法律移植为主要手段,以继承制度的抉择为进路,以人格平等的初现与家族主义的势微为特征。伴随着继承法之近代化,女性继承权也由疏离转向回归。①

清末编撰的《大清民律草案》虽未施行,却从立法上确立了法定继承女性劣位的制度雏形。即在继承时,如无嗣子继承和代位继承人时,"亲女"属第五顺序的承受遗产之人。② 其承受遗产的顺序劣于被承受人的配偶、直系尊属、亲兄弟、家长之后,显现出男性继承权优于女性的特质。女性代位继承权的享有,则以"从一而终"为要件,即"妇人夫亡无子守志者,得承其夫应继之分,为继承人"③。《大清民律草案》继承编立法的原则和内容虽相对保守且立法技术不够成熟,却奠定了女性成为法定继承人的制度基础,成为中国传统继承法制转型的重要标志之一,为北洋政府和南京国民政府的继承立法提供了有益的借鉴。④

与《大清民律草案》继承编相比,《民国民律草案》继承编则赋予女性以相应的遗产权利:一是酌给遗产继承权。"亲女"虽为第五顺序遗产继承人,但可酌请分与遗产,即"所继人之亲女,无论已嫁与否,于继承开始时,得请求酌给遗产归其继承"⑤。二是遗嘱设立权。"民国初年,基于性别观念的更新以及女性社会地位的提高,《民国民律草案》第1128条赋予女性以遗嘱设立的自由权,即'妻不经夫允许,得自立遗嘱'。女性是否具有设立遗嘱的权利,是女性是否具有独立人格的标志之一。这与古代法相比,无疑具有进步意义,体现出女性法律地位的提高。"⑥《民国民律草案》继承编虽未颁行,却体现出崇尚家族主义、男权主义的立法精神。而《亲属编》中对女性遗嘱设立权的赋予,显现出男女两性人格平等的价值诉求,具有进步意义。⑦

《中华民国民法》继承编的制度改革,则体现出"改造意义"的立法精神,即"法律纵不能制造社会,而改良习惯,指示方向,确有效力"⑧。凭借改良习惯、指示方向的立法目的,《继承编》对体现宗法观念的继承制度进行了全面的调整与改革:首先,废除宗祧继承制度。国民党中央政治会议通过的《亲属继承法先决各点审查意见书》指出:"宗祧重在祭祀,故立后者惟限于男子,而女子无立后之权,为人后者亦限于男子,而女子亦无为后之权,重男轻女,于此可见,显与现代潮流不能相容……故认为宗祧继承,无庸规定。"⑨废除宗祧继承,为传统继承法的变革增添了人格平等气息,昭示了男女平等精神。其次,赋予女性以继承权。基于改造主义的立法原则,女性在继承人范围中的地位得到确认。即"遗产继承人,除配偶外,

---

① 王歌雅:《疏离与回归:女性继承权的制度建构》,载《政法论丛》2015年第2期。
② 《大清民律草案》第1468条。
③ 《大清民律草案》第1467条。
④ 朱勇主编:《中国民法近代化研究》,中国政法大学出版社2006年版,第49页。
⑤ 《民国民律草案》第1340条。
⑥ 王歌雅:《中国近代的婚姻立法与婚俗改革》,法律出版社2011年版,第158页。
⑦ 王歌雅:《疏离与回归:女性继承权的制度建构》,载《政法论丛》2015年第2期。
⑧ 《本社呈送民法亲属继承两编意见书上中央政治会议》,载《法学季刊》南京三五学社1929年版。
⑨ 谢振民:《中华民国立法史》,中国政法大学出版社2000年版,第788页。

依左(下)列顺序定义:一、直系血亲卑亲属。二、父母。三、兄弟姊妹。四、祖父母"①。上述继承顺序贯彻亲等近者优先继承的原则,排除了以性别差异而定继承顺序的尊卑观念,有助于女性社会地位的提高和财产权益的保障。而中国继承制度之改革,对女性解放至关重要。《中华民国民法》继承编除继承传统法文化因素外,还对宗法制度、尊卑等级观念进行了有效的荡涤,从而使我国继承法的制度改革体现出人格独立、男女平等的精神,实现了由家族本位向个人本位的立法转变,完成了女性继承权由疏离向回归的制度转换。②

(二)女性继承权的确立

马克思主义思想在中国的广泛传播与深入人心,更加有力地推动了女性继承权的回归。虽然清末民初的民族主义运动并没有对封建传统的父权文化和父权制度造成实质上的冲击,但是其后的"新文化运动"和"五四运动"在文化思想领域极大地撼动了性别歧视传统。因为在革命者眼中,女性社会地位的提升,不仅关乎女性的解放运动,也意味着封建主义、儒家礼教对中国的"统治"及对女性的统治。因而,解放女性的本质,是把中国女性从封建思想与儒家礼教中解放出来。正是基于这种革命思想,中国革命者在女性解放的问题上立场更为坚定,且更加注重从根本上改变中国传统的父权文化。

从1949年前的革命根据地立法到1949年以后的新中国立法,男女平等原则一直体现在相关的婚姻家庭立法之中,并在我国的《宪法》《婚姻法》《继承法》等法律规范中有所展现。在贯彻男女平等原则的新中国,女性解放及女性权益保障,均遵循马克思主义的性别平等观、中国特色社会主义妇女理论,且更加注重从经济基础层面解释社会、男权对女性的禁锢,认为女性社会地位的低下,其根本原因在于其经济地位低下;对女性的解放,应首先促使女性经济地位独立。故我国政府不断鼓励女性积极参与到社会活动之中,并在各行各业鼓励女性从业。"妇女能顶半边天"的口号,简明扼要地反映了性别平等、女性独立的思想。这种由政府主导、从上至下长期贯彻实施的性别平等政策,使我国成为世界上女性就业率最高的国家之一。与此同时,女性在家庭经济活动领域的地位也随之提升。婚姻家庭财产能否由男女平等分享,自然成为女性社会地位是否提高、女性解放运动是否彻底的重要标志之一。

为贯彻男女平等原则,《继承法》第9条明确规定:"继承权男女平等。"其立法目的不仅是单纯保障女性在遗产继承中能够与男性享有平等的法律地位,更在于通过《继承法》确立男女继承权平等的原则,以使女性在家庭生活的各个领域获得与男性同等的法律地位,防止封建陋习通过限制、剥夺女性的继承权来漠视、降低女性的社会地位、家庭地位,使女性再度成为男性的"附属",从而实现女性的真正解放。

第二节　法理基础

《继承法》并未以"基本原则"的形式设定继承法的基本原则。学者现有的论文、专著中所论述的"继承原则"或"继承法原则",均建立在对现行《继承法》的制度总结与规范解读的基础之上。"继承权男女平等"原则,是学者根据《继承法》第9条的规定,在价值、功能、含义

---

① 《中华民国民法》第1138条。
② 王歌雅:《疏离与回归:女性继承权的制度建构》,载《政法论丛》2015年第2期。

等方面的阐释。而强调本条规定为贯穿《继承法》的基本原则,则缘于"继承权男女平等"所具有的内在价值与外在价值,且其不同于《继承法》的其他基本原则。

一、女性人权保障

(一)国际人权公约的规定

女性继承权乃基本人权,是女性权利谱系中的重要一环,是平等与非歧视原则在继承领域中的反映与落实。1945年《联合国宪章》在序言中指出:"男女及大小国家权利平等。"联合国大会于1948年通过的《世界人权宣言》第1条规定:"人人生而平等,在尊严和权利上一律平等。"其第2条规定:"人人有资格享有本宣言所载的一切权利和自由,不分种族、肤色、性别、语言、宗教、政治或其他见解、国籍或社会出身、财产、出生或其他身份等任何区别。"1979年联合国大会通过的《消除对妇女一切形式歧视公约》,被誉为"国际妇女权利法案",是妇女人权国际保护的重要法律文件及里程碑。① 在该公约中,"对妇女的歧视",指"基于性别而作的任何区别、排斥或限制,其影响或目的均足以妨碍或否认妇女不论已婚未婚,在男女平等的基础上认识、享有或行使在政治、经济、社会、文化、公民或任何其他方面的人权和基本自由。"②即"任何基于性别的待遇差别,其特征是:有意或无意地使妇女处于不利地位,使整个社会不能在家庭和公共领域都承认妇女的权利;以及使妇女不能行使她们应享有的人权和基本自由。"③

(二)各国立法或修法的进程

为矫正社会性别歧视,救济女性权益,世界"各国纷纷立法或修法,确立两性平等之地位。如1957年德国《男女平权法》,1965年《法国民法典》修正,英国1969年《家庭改革法》和《离婚法》,美国1970年州法全国统一委员会的《统一结婚和离婚法》"④。上述立法和修法,为女性继承权益的维护提供了制度保障。我国也在20世纪80年代,伴随着经济体制改革的深入进行,制定了《继承法》。《继承法》作为新中国成立后的首部继承立法,既担当着保护公民私有财产继承权的功能,也承载着我国当代继承法的变革追求。继承权男女平等,成为我国女性继承权由疏离转向彻底回归的重要立法标志,也是女性继承权得以实现的制度保障。⑤

(三)保障女性人权的意义

在立法上保障女性的人权,将实现女性继承权由疏离转向回归,进而为当代社会文化进一步清除封建性别歧视陋俗,提供有力的法律支撑。性别歧视文化建构了性别歧视的继承习惯,也建构了性别歧视的继承立法。即"在法律建立之初,女性没有参与到法律建设中去,

---

① 陈明霞、黄列:《性别与法律研究概论》,中国社会科学出版社2009年版,第65页。
② 陈明侠、黄列:《性别与法律研究概论》,中国社会科学出版社2009年版,第66页。
③ 陈明侠、黄列:《性别与法律研究概论》,中国社会科学出版社2009年版,第66页。
④ 何勤华、魏琼:《西方民法史》,北京大学出版社2006年版,第508页。
⑤ 王歌雅:《疏离与回归:女性继承权的制度建构》,载《政法论丛》2015年第2期。

因而在法律文本中没有留下女性的声音,女性也就不成为法律关系的主体。而男性因为是法律最初的建设者而自始至终地作为法律的主体。于是,女性被置换成了法律的客体,并作为男性监护的对象而存在"①。故以具体的法律制度矫正性别歧视的继承观念,将逐步改变社会中人男尊女卑的继承意识,进而树立性别平等的继承观念。而性别平等的继承观念,将矫正重男轻女的继承习惯或继承习惯法,建构社会性别平等的继承立法与继承制度。②

二、女性人格独立

在近代向现代转型的进程中,西方近代伦理学说开始传入中国。尤其在洋务运动之后,进步知识分子开始宣传自由、平等、博爱的人道主义伦理观,强调维护人的权利和尊严,主张以人文本,肯定人的价值。试图运用西方近代伦理学说分析中国近代的社会道德现象,思考中国传统伦理道德问题,提出了更新国民道德的近代伦理观和救亡图存的法治观,积淀了女性继承权回归的价值观。③

(一)女性继承权的回归源于伦理启蒙的实践

在伦理启蒙运动中,基于人道主义、社会契约论、天赋人权论、进化论和功利主义伦理观的传播,逐步形成了维新派的伦理思想:批判君权神授和三纲,倡导男女平等和各自独立。④指出"中国要救亡图存、兴国智民,就须解放妇女,使女性与男性享有平等的政治、经济、社会地位"⑤。并使女性享有与男性平等的法律地位。其中蕴含的男女继承地位平等观念,为女性继承权的回归提供了思想前提。中国近代救亡图存运动,使女性解放运动成为伦理变革的重要组成部分。女性解放运动的思想内涵,以批判封建三纲、男尊女卑、三从四德、从一而终为主线。女性解放运动的价值主旨,是倡导男女平等、人格独立与女性解放。男女平等乃天赋人权,只有确立男女平等观念,才能让女性拥有独立的人格。男女两性人格独立,不但表现为女性具有与男性平等的参政权、受教育权、劳动权和财产权,而且也表现为女性享有与男性平等的婚姻家庭自主权和继承权。女性解放运动推动了传统伦理的变革,为女性享有与男性平等的继承权提供了思想支持,也为女性继承权的回归提供了伦理保障。⑥

(二)女性继承权的确立体现了人格平等的价值追求

自民国初年,由于近代西方国家民法权利本位、人格平等理念以及女权运动的影响,女性继承权得到相应的关注,女儿和寡妻的继承权也呈现出相应的变化。女儿继承权的变化是通过如下路径实现的:第一,在室女通过"嫁奁"的方式获得父亲的财产。第二,亲女为亲所喜悦者,可酌分相应的财产。第三,父母亡故时,虽有同宗可立之人,但其放弃继承权时,所有遗产由女儿承受。即女儿继承权的变化,是以女性承受相应财产为特征的,承受财产并

①　周安平:《性别与法律》,法律出版社 2007 年版,第 61 页。
②　任江、张小余:《子女姓名决定、变更权的实证分析与启示——实证主义路径下的我国首部民法立法解释评析》,载《河北法学》2015 年第 11 期。
③　王歌雅:《疏离与回归:女性继承权的制度建构》,载《政法论丛》2015 年第 2 期。
④　王歌雅:《中国婚姻伦理嬗变研究》,中国社会科学出版社 2008 年版,第 198~204 页。
⑤　王歌雅:《中国婚姻伦理嬗变研究》,中国社会科学出版社 2008 年版,第 204 页。
⑥　王歌雅:《疏离与回归:女性继承权的制度建构》,载《政法论丛》2015 年第 2 期。

非"继承"。至于寡妻的"承夫分"权,相当于财产代管权。该代管权的行使,须遵循丈夫的遗愿或尊亲属的许可,且只有于生活必须时,才可对代管财产有一定的处分权。上述女性"继承"权益的变化,体现出家族成员的伦理关怀,也体现出性别关怀的曦微。①

(三)女性继承权的保障源于"法律面前人人平等"原则

"男女继承权平等",充分体现了社会主义的继承立法对实质正义的关注与追求。不言而喻,民法的平等原则应包括男性与女性的平等,但是,传统的民法平等原则只是赋予了一切民事主体抽象的平等的法律地位。至于在社会实践中,这种抽象的法律平等地位能否得到实现,关涉平等的形式正义与实质正义。就我国历史传统与文化习俗而言,单纯赋予男女两性以平等的法律地位,并不能真正实现女性解放。尤其在传统继承观念制约的家庭领域,传统习惯依然强大。即使在当代中国,尤其在农村地区,仍然存在着女性继承权难以获得保障的问题。为此,我国《继承法》从社会现实出发,将社会性别平等观念引入继承立法,关注女性实质继承权利的实现,无疑更加符合我国的国情。即通过保障女性的经济独立,推动女性的人格独立,提升女性的人格尊严,实现女性的人格自由。

第三节　历史沿革

继承权男女平等,是一个历史的范畴。在继承立法与继承司法中,贯彻继承权男女平等原则,既是人类社会继承制度发展的必然,也是社会性别平等精神在继承立法中的体现。而实现男女继承权平等的路径,在于切实保障女性的继承权,并为女性继承权的实质享有提供立法、司法的保障。

一、西方女性继承权的演进

女性继承权的确立与保障,经历了一个漫长的发展过程。时代不同,维护女性继承权的立法也有所不同。其中,道德、伦理、宗教、文化等因素发挥了重要的作用。

(一)女性继承权的初现与限制

在西方,女性继承权的享有最初源于性别神圣习俗——女性神圣。古代西亚地区伊斯王国的《李必特·伊斯达法典》有关继承的规定,并非封建时代的宗祧继承,而是财产继承。② 由于"早期的西亚,女人是属于神和神庙的,因此苏美尔的女性,几乎和每一座神庙都有关联。如果是女神庙,那她们是神的管家;如果是男神庙,那她们是神的妾媵。成为神的眷属,是苏美尔女孩和整个家族一种无上的荣耀。所以法律承继这一习俗,特别规定保护神妻的法律地位,强调神妻也可为继承人"③。其第 22 条规定:"倘父犹存,则其女——不论其为恩图、纳第图或卡第什图——可以居父之家,亦如一继承人。"而当女性属于神或神庙的性别神圣光环退却之后,女性继承权开始发生了疏离。在约公元前 18 世纪的《汉穆拉比法典》

---

① 王歌雅:《疏离与回归:女性继承权的制度建构》,载《政法论丛》2015 年第 2 期。
② 王歌雅:《疏离与回归:女性继承权的制度建构》,载《政法论丛》2015 年第 2 期。
③ 何勤华、魏琼主编:《西方民法史》,北京大学出版社 2006 年版,第 15 页。

中,女性继承权的享有,已演化为针对赡养与改嫁的权衡,且以女性不改嫁作为德性判断的标准。其第 172 条规定:"倘其夫未给她以霜妇之赡养费,则应归还其嫁妆,并应就其夫之家产中给以等于一继承人之一份。""倘此妇欲去,则她应将其夫所给媚妇赡养费留给其子女,而取其父家之嫁妆,并可以嫁与其所喜爱之丈夫。"①约公元前 15 世纪的《赫梯法典》第 27 条、第 46 条规定,"女子可以继承自己父家的财产和地产,以作为她的嫁妆。其丈夫可以继承她的嫁妆,但她死在自己父家除外"②。赋予女性尤其是女儿以继承权,成为给予嫁资、维持生计的德性考虑。

1. 古希腊的规定

古希腊女性继承权的享有,以父无子且以生母为父之妻的身份为前提。其继承法所规定的继承主要包括:儿子继承、无子继承、其他亲属的继承和遗嘱继承。除儿子继承排斥女性外,其他继承均赋予女性以继承权。在无子继承时,女性继承权的享有在于维护家族利益的传承。即"女继承人"(epikleros)可以"继承"父亲的遗产,但"女继承人"实为前位继承人。"她附属于家庭财产,这笔财产将随她带给其丈夫,并传给他们的孩子。这样,女继承人父亲的家庭才能延续。"③"女继承人"须符合相应规范与身份要求:"其一,女继承人的父亲没有合法的儿子继承他的财产和地位;如果他有几个女儿,则每个女儿都得到其财产的相等份额。其二,女继承人的父亲未在遗嘱中处分财产,或为她的女儿做出安排。其三,女继承人必须是合法出生的,比如妾的女儿就不能成为女继承人。"④

2. 古罗马的规定

在古罗马继承法中,女性继承权的享有,则以其未出嫁为身份前提。《十二铜表法》规定遗嘱继承优于法定继承。遗嘱继承的目的,在于指定继承人并将延续死者的法律人格,但"罗马法律说已嫁之女不得继承"⑤。宗亲是法定继承的基础,但在大法官法出现后,血亲继承取代了宗亲继承,且女性继承权受到限制。即女性继承权的享有,以婚姻身份加以识别。即已嫁女性不能承受遗产,未嫁女性虽承受遗产但不能任意支配。女性继承权仍属前位继承权。即"她若有继承权,她只是临时的继承人,几乎只有享用之权。若无她的弟兄或她的族人的允许,亦不能赠送或变卖;且其兄弟或族人既生前为她的管理人,死后亦即她的继承者。"⑥"罗马帝国鼎盛时期(公元 1 世纪到公元 2 世纪),如果其父亲没有留有遗嘱,女儿和儿子享有同等的继承权。"⑦查士丁尼一世时,法定继承以血亲为基础,并遵循男女平等原则,进而使女性成为四个法定继承顺序中的继承人之一。欧洲中世纪,女性继承权弱化于男性继承权。具体表现有:在日耳曼人的继承法中,"其一度盛行的继承顺序为:子女、孙子女、

---

① 《世界著名法典汉译丛书》编委会:《汉穆拉比法典》,法律出版社 2000 年版,第 80 页。

② 何勤华、魏琼主编:《西方民法史》,北京大学出版社 2006 年版,第 30 页。

③ 何勤华、魏琼主编:《西方民法史》,北京大学出版社 2006 年版,第 76 页。

④ 何勤华、魏琼主编:《西方民法史》,北京大学出版社 2006 年版,第 76 页。

⑤ [法]古郎士:《希腊罗马古代社会研究》,李玄伯译,中国政法大学出版社 2005 年版,第 54 页。

⑥ [法]古郎士:《希腊罗马古代社会研究》,李玄伯译,中国政法大学出版社 2005 年版,第 55 页。

⑦ David Johnston, *Roman Law in Context*, Cambridge University Press, 1999, chapter 3.3; Frier and McGinn, *A Casebook on Roman Family Law*, Oxford University Press, 2004, Chapter IV; Yan Thomas, "*The Division of the Sexes in Roman Law*", in *A History of Women from Ancient Goddesses to Christian Saints*, Harvard University Press, 1991, p. 134.

父母、兄弟、姐妹,在同一顺序中,男性优于女性。通常,女子得到的遗产仅为男子的一半"①。而在继承的客体上,也存在基于性别的身份限制——男性血亲继承武器等战争用具;女性血亲继承家庭用具。至于家庭占有的份地,在日耳曼王国初期,仅由儿子继承。直至 6 世纪下半期,伴随着土地的私有化,若死者没有儿子,则由其女儿或兄弟姐妹继承。②在地方习惯法中,女性的继承地位并未得以改善。至 12 世纪,女性继承权的享有也只是在无子或无男性同辈亲属的情形下才得以实现。"中世纪英格兰的继承制度有两个显著特点,一是长子继承制;二是妇女继承权完全依赖男性,女性不享有独立的继承权。"③"这一状况直至 20 世纪中期以后,英国部分学者才开始对这种男女不平等的继承权加以反思与批驳。"④

(二)女性继承权的确立与保障

18 世纪,商品经济的迅猛发展,冲击着人格有别的社会现实,也使自由、平等、博爱为资产阶级启蒙思想家所继受。"实际上,自由、平等、博爱既是近代西方各国资产阶级所普遍提倡的政治口号和立法原则,也是他们伦理道德范畴的政治哲学基础。所谓自由,不但是公民的人身自由,而且是被广泛理解为公民的各种政治经济的和伦理道德意义上的自由;所谓平等,不是基督教教义中所说的原罪平等,而是人人在法律面前和伦理关系上的平等;博爱,就是所谓爱同类,以至于泛爱众生。"⑤"天赋人权理论"成为人人平等与尊严自由的思想基础,并成为人格平等的精神内涵。正如卢梭所述:"一切立法体系的最终目的,可以归纳为两大目标:自由与平等。"⑥

1. 大陆法系国家的规定

大陆法系国家在"社会契约论"和"天赋人权理论"的牵引下,民事立法发生了本质的改变,并将人格平等、两性平等的观念与道义纳入民事立法,为女性继承权的回归奠定了观念基础与原则指导。

(1)人格平等呼唤回归。1804 年的《法国民法典》第 8 条规定:所有法国人均享有民事权利。该规定确立了人格平等原则,并推动了法国民法在亲属法和继承法领域逐步清除了主体资格不平等的有关规定。例如,1891 年 3 月 9 日的法律扩大了生存配偶和非婚生子女的继承权;1970 年 6 月 4 日的法律规定了夫妻地位平等;1972 年 1 月 3 日的法律维护了非婚生子女的权益,使非婚生子女、养子女与婚生子女享有平等的继承权。上述立法有助于继承权在配偶、子女之间的平等实现。1907 年的《瑞士民法典》第 11 条规定:人都有权利能力;在法律范围内,人都有平等的权利能力与义务能力。以此确定人格平等的原则。⑦ 第二次世界大战后修改的《日本民法典》第 1 条规定:"对于本法,应以个人尊严及两性实质的平

---

① 何勤华、魏琼主编:《西方民法史》,北京大学出版社 2006 年版,第 169 页。

② 何勤华、魏琼主编:《西方民法史》,北京大学出版社 2006 年版,第 170 页。

③ Eileen Spring,*Law Land and Family: Aristocratic Inheritance in England*,1300−1800,University of North Carolina Press,1993,p.113.

④ Eileen Spring,*Law Land and Family: Aristocratic Inheritance in England*,1300−1800,University of North Carolina Press,1993,pp.119-121.

⑤ 张岂之、陈国庆:《近代伦理思想的变迁》,中华书局 2000 年版,第 86 页。

⑥ [法]卢梭:《社会契约论》,商务印书馆 1963 年版,第 62 页。

⑦ 王歌雅:《疏离与回归:女性继承权的制度建构》,载《政法论丛》2015 年第 2 期。

等为主旨而予以解释。"该规定为废除家制、户主权而代之以亲权和夫权奠定了基础。

（2）意思自治助推回归。18 世纪自由资本主义的迅猛发展,使意思自治在导源于罗马法之后,逐步发展为私法原则。1804 年《法国民法典》率先确立了这一原则。依据意思自治这一"最高指导原则",继承法衍生出遗嘱自由原则,即民事主体在法定范围内享有遗嘱自由权,该原则为女性遗嘱自由权的享有提供了原则指导。[①]

2. 英美法系国家的规定

英美法系国家伴随着个人本位向社会本位的价值转向,其民事法律观念也随之发生改变,并将个人主义和弱势关怀的理念纳入继承立法,从而使女性继承权的回归获得了法律保障。

（1）弱势关怀牵引回归。从 19 世纪末至 20 世纪初,关注弱势群体的利益,促进社会平等与和谐,构成了英美契约法的主流价值取向,引发"从契约到身份"的社会运动。由于英国实行的遗嘱自由范围广泛且没有特留份制度的制约,于是催生了女性维护继承权的遗产继承契约模式。即配偶之间通过生前订立契约,在契约中约定遗产由另一方尤其是妻子继承的份额或子女继承的份额,以维护女性继承权。[②] 美国从 19 世纪开始着手进行已婚妇女的权利改善运动,多数州通过了《已婚妇女财产法》。如 1839 年《密西西比州已婚妇女财产法》规定了配偶之间实行分别财产制,赋予妻子对自己的财产以所有权,从而使已婚妇女的法律地位基本实现了与丈夫的平等。

（2）社会本位昭示回归。近代英美法系国家基于个人本位原则,笃信所有权神圣观念,将所有权视为个人意志的体现,所有权成为排除他人限制的独断的支配权。基于所有权的充分表达与自由行使,遗嘱自由成为财产所有人处分财产的有效手段。20 世纪后,基于社会本位昭示,为协调个人利益与社会利益的有机统一,英美法系国家提出了财产"合理利用"原则,并在继承领域提出了遗嘱限制原则。即对完全遗嘱自由进行限制,以维护他人利益和社会群体的利益。对遗嘱自由的限制,有助于女性继承权的维护,也为女性继承权的回归提供了制度保障。[③]

二、我国女性继承权的发展

在我国,女性继承权的确立与保障,同样经历了漫长的过程。而由形式平等向实质平等的过渡,成为男女继承权平等的必然路径,也是女性继承权得以确立与保障的路径。

（一）男女继承权的形式平等

"众所周知,帝制时期中国的财产继承是受分家的原则和惯行支配的,即由众子均分父亲的财产,一般认为,妇女没有继承财产的权利。如果家庭财力允许,一个未婚的女儿至多只能得到一份嫁奁,而寡居的母亲只能得到一份老年赡养,但她们都无权继承一份家产。"[④]因此,我国女性继承权的回归肇始于中国近代,其大体可追溯于 1918 年 8 月发生的"李超之

---

①　王歌雅:《疏离与回归:女性继承权的制度建构》,载《政法论丛》2015 年第 2 期。
②　王歌雅:《疏离与回归:女性继承权的制度建构》,载《政法论丛》2015 年第 2 期。
③　王歌雅:《疏离与回归:女性继承权的制度建构》,载《政法论丛》2015 年第 2 期。
④　白凯:《中国的妇女与财产:960—1949》,上海书店出版社 2007 年版,第 2 页。

死"事件。李超,女,广西梧州人,时年就读于北京女子高等师范学校。因家中无子,其父母在世时过继其堂兄继承香火,后父母早亡,家产由其嗣兄全部继承,李超作为亲生女儿反而未继承任何遗产,日常生活全凭其嗣兄个人意愿资助。李超虽然立志求学,但其嗣兄无意出资支持,处处设阻,直至断绝李超的全部生活费用,最终导致李超积愤成疾,郁郁而终。其后,"李超之死"演变成当时社会尤其是北京学界的公共事件,引起了包括李大钊、陈独秀、蔡元培、胡适、梁溯溟等人的关注。在李超的追悼会上,众人纷纷发表演讲,强烈谴责女性无继承权的现象,大肆抨击了男女不平等的社会陋习。① 随着这一事件的持续发酵,其影响从北京扩展到全国,从为李超个人离世的哀鸣发展为争取女性财产继承权的女性独立运动。而全国各种女性团体也在运动中纷纷成立,强烈要求当局立法,赋予女性财产继承权,要求男女继承权平等。

虽然 1926 年召开的国民党全国第二次代表大会,通过了《关于妇女运动决议案》,其中规定了女子享有财产继承权,但是这一决议遭到了当时最高法院的反对。其运用法律解释权,依据所谓家庭财产的逻辑,将出嫁女类比于出继子,从而否认了出嫁女的继承权,进而从这一结论逆向推导,得出未出嫁女未经娘家许可不得将财产带到夫家的结论,极大地限制了女性的继承权,使相关决议案内容成为一纸空文。直至 1929 年 4 月,女性继承的相关事务被国民政府刚刚成立的司法院接管,并于同年 7 月 31 日,在其"中央政治会议"上通过了《已嫁女子追溯继承财产施行规则》,明确规定了出嫁女(已婚女性)与未出嫁女(未婚女性)享有同等的继承权,②最终在 1931 年 5 月 5 日生效的"民法亲属编"与"继承编"中,女性的财产继承权获得了法律上的确认。

《中华民国民法》第 1138 条规定:"遗产继承人,除配偶外,依左列顺序定之:一、直系血亲卑亲属;二、父母;三、兄弟姐妹;四、祖父母。"在这一法定继承规范中,女性继承权获得了确认。同时,已婚女性的继承权,通过赋予配偶双方享有相互继承遗产的权利加以确认保障。其立法理由主要有三。

一是废除夫权制度的需要。"我国旧律,妻对于夫无继承遗产之权,所谓无子守志得承夫分者,不过暂行管理而已。而夫对于妻虽无明文规定,然习惯上夫之财产与妻之财产不分,妻亡之后,其遗产即为夫之所有,前北京大理院判例,且明认妻亡无子者,夫得继承遗产矣。此关于夫权制度,不合于现代思想者一也。"③

二是宗祧继承与遗产继承分离的需要。"我国旧律,惟继承宗祧者,始得继承遗产,二者不能分离,故配偶无遗产继承之权。由今观之,宗祧继承,为奉祀权之嗣续问题,遗产继承,为财产权之移转问题,命意不同,无庸牵混。此关于宗祧制度,不合于现代思想者二也。"④

三是男女平等原则的需要。"就原则言,男女既属平等,继承遗产又不以继承宗祧为前提,则以配偶间利害关系之深,自应认其有相互继承遗产之权。"⑤在此基础上,对于配偶相

① 梁惠锦:《妇女争取财产继承权的经过》,载《中国妇女史论集》(第六集),台湾稻乡出版社 2004 年版。
② 白凯:《中国的妇女与财产:960—1949》,上海书店出版社 2007 年版,第 108～111 页。
③ 谢振民编著、张知本校订:《中华民国立法史》(下),中国政法大学出版社 2000 年版,第 790～791 页。
④ 谢振民编著、张知本校订:《中华民国立法史》(下),中国政法大学出版社 2000 年版,第 790～791 页。
⑤ 谢振民编著、张知本校订:《中华民国立法史》(下),中国政法大学出版社 2000 年版,第 790～791 页。

互继承遗产的具体份额民法又作了详细的规定。① 这种立法体例,被时人赞为"亘古未有之大改革",②是"一声晴天的霹雳竟震破了四千年陈腐的空气"③。但是,从前述当时最高法院的态度就可以发现,这种制度上的"纸面权利"尽管具有重大的历史意义,但就当时女性的实际权利而言,其作用是非常有限的,其实现的仅仅是男女继承权形式上的平等,这从学者的考证中即可略一斑。即"事实证明,人们对民法及其对妇女的财产权利的影响评价太过乐观。并不是因为法庭在司法实践中没有遵行新法律。事实上在我所研究的案件中,没有一个法官在判案时故意违背《民法》,在妇女现在之应得的权利上打折扣。……继承法未给法官留下这样的余地,它以公式般的语言明确阐明了各合法继承人的相应权利。……《中华民国民法》基本体现了两个原则:男女平等以及西方概念中的个人财产和遗产继承。立法者把这两者看作是不可分割地联系在一起的,对他们来说这是一个信仰问题,只有全盘采用西方的个人财产概念,男女平等才能实现。他们没想到正是因为他们采用了这个原则,妇女在新的民法秩序中才没有得到完全的继承权利。我们将会看到,当这两个原则应用于中国的实际,有时候会是南辕北辙的"④。

(二)男女继承权的实质平等

在中国历史上,女性真正享有继承权,始自中国共产党领导的女性解放运动,并首先在红色革命根据地中转化为女性实有的权利,其思想渊源源自马克思主义。

1. 男女继承权平等的思想基础

《共产党宣言》指出,"占有人类半数的妇女如果得不到解放,那么整个人类的解放就无从谈起"⑤。"妇女解放的第一个先决条件就是一切妇女重新回到公共事业中去",且"只有依靠现代大工业才能办到,现代大工业不仅容许大量的妇女劳动……并且它还力求把私人的家务劳动溶化在公共事业中"⑥。马克思、恩格斯的妇女解放思想被早期共产党人充分吸收并转化为对中国现实问题的思考,如在李大钊看来,女性的社会地位与其经济地位紧密相连,"随着经济状况而变动",甚至是古老的女性贞操观念,"也是随着物质变动而变动"⑦。其认为,若要真正实现男女平等,消灭在婚姻家庭生活中男尊女卑现象,在根本上解决诸如女性在遗产继承中的歧视问题、离婚中女性财产的分割问题,就必须彻底破除以父权、夫权为核心的家长专制,在法律上特别是民法上,就需要承认妻子具有完全的人格与能力,"须承

---

① 第1144条:"配偶有相互继承遗产之权。其应继分依左列各款定之:一、与一千一百三十八条所定第一顺序继承人同为继承时,其应继份与他继承人平均;二、与一千一百三十八条所定第二顺序或第三顺序继承人同为继承时,其应继分为遗产二分之一。三、与一千一百三十八条所定第四顺序继承人同为继承时,其应继分为遗产三分之二。四、无一千一百三十八条所定第一顺序至第四顺序继承人时,其应继分为遗产全部。"

② 《时事新报》1929年5月24日,转引自张国刚:《中国家庭史·第五卷·民国时期》,广东人民出版社2007年版,第237页。刘郎泉:《我国女子取得财产继承权的经过》,载《妇女杂志》1931年3月第17卷。

③ 刘郎全:《我国女子取得财产继承权的经过》,载《妇女杂志》1931年3月第17卷。

④ 白凯:《中国的妇女与财产:960—1949》,上海书店出版社2007年版,第94～95页。

⑤ 《马克思恩格斯全集》第4卷,人民出版社1975年版,第254页。

⑥ 《马克思恩格斯全集》第4卷,人民出版社1975年版,第147页。

⑦ 《李大钊文集(下)》,人民出版社1984年版,第36～37页。

认妇女之家庭的、社会的工作的高尚价值"①。而女性的根本解放、与男性的真正平等,则只能发生在当生产关系由公有制代替私有制、分配由独占变为公平时。②

毛泽东在 1939 年"三八"妇女节的讲话中,着重强调了男女地位不平等、女性长期受压迫的问题。其认为抗战时期中国人民不仅受日本帝国主义压迫,"我们的女同胞则有更多一重的压迫,就是受到男子的压迫。……这种歧视,是社会的歧视,而不是两性间的问题;这种压迫,是社会的压迫,也不是两性间的问题。……女同胞更应自己站起来,打破那种社会的歧视与社会的压迫。妇女要同男子一样,有自由,有平等"③。

2. 红色根据地关于男女继承权平等的规定

共产党人的妇女解放思想在革命根据地的政策法规文件中,得到了充分的反映,并直接转化为女性的权利。早在土地革命战争时期,苏区就曾在《中华苏维埃宪法大纲》中明文规定男女平等,《土地法》中还有妇女同男子一样有平分土地的权利,寡妇则可以分田的规定。④ 1941 年 9 月的《晋冀鲁豫边区政府施政纲领》规定:"女子在社会上、政治上、经济上与教育上,完全享有与男子同等的权利。"⑤1942 年 10 月的《对于巩固与建设晋西北的施政纲领》规定:"依照男女平等原则,从政治、经济、文化上提高妇女的社会地位。奖励妇女参加生产,发挥妇女在经济建设上的积极性。"⑥在男女平等思想的指导下,中国乡村社会盛行的宗祧继承制被彻底废除,并在立法上确立了遗产继承制,平等保护女性继承权(包括出嫁女与未出嫁女)。

虽然该制度在实践中遇到了一定的阻力,但是出于维护家庭和睦、确保经济生产的考虑,各地均采取了多种灵活办法,将维护女性继承权与社会实践相结合,既避免了女性平等继承权成为"一纸空文",也激发了广大女性从事社会生产活动的热情;同时,避免了造成更大的传统习俗阻力,影响社会生产。例如⑦,1939 年的《陕甘宁边区婚姻条例》中规定:"非结婚所生的子女,得享受本条所规定之一切权利,不得抛弃。"1943 年的《晋察冀边区行政委员会关于女子财产继承权执行问题的决定》指出:"被继承人有女无子时,他的全部遗产都由他的女儿(无论一女多女已嫁未嫁)继承,任何人不得强立嗣子,以分继他的遗产。""被继承人生前承养的养子或嗣子,得依民法养子之规定取得其继承的股份。"1945 年 3 月的山东根据地政府颁行的《女子继承暂行条例》规定:"女子有遗产继承权。""被继承人立有养子养女时,其遗产由其配偶、养子女及亲生子、亲生女同等分配继承。"1945 年 5 月的《冀鲁豫行署

① 《李大钊文集(下)》,人民出版社 1984 年版,第 626～628 页。
② 熊吕茂、建红英:《李大钊与毛泽东的妇女解放思想之比较》,载《湖南第一师范学院学报》2006 年第 1 期。
③ 《毛泽东文集(第 2 卷)》,人民出版社 1993 年版,第 168～169 页。
④ 韩延龙、常兆儒:《中国新民主主义革命时期根据地法制文献选编》(第四卷),中国社会科学出版社 1984 年版,第 15 页。
⑤ 韩延龙、常兆儒:《中国新民主主义革命时期根据地法制文献选编》(第四卷),中国社会科学出版社 1984 年版,第 43 页。
⑥ 韩延龙、常兆儒:《中国新民主主义革命时期根据地法制文献选编》(第四卷),中国社会科学出版社 1984 年版,第 50 页。
⑦ 以下革命根据地法律文献分别参见韩延龙、常兆儒:《中国新民主主义革命时期根据地法制文献选编》(第四卷),中国社会科学出版社 1984 年版,第 832 页、第 847 页、第 866 页、第 876 页、第 877 页。

关于女子继承等问题的决定》指出："遗产继承女子与男子享有平等权利","父母生前与男子分割财产时,亦应按照前述原则分给女子"。据《晋察冀日报》报道,1943年,阜平县二区8位出嫁妇女依法继承了娘家的财产,引领其他各村妇女仿效。[①]

从上述制度可以发现,革命根据地的继承制度不仅保护了具有合法血缘关系的子女的继承权,同时对非婚生子女、养子女的继承权也给予平等的保护。这种立法思想与立法体例,一直延续到当代的《继承法》。至此,中国女性的继承权也终于从形式正义转化为实质正义。

3. 新中国有关男女继承权平等的规定

1949年新中国成立后,颁布的第一部法律——《婚姻法》,就对家庭成员之间的继承权作出规定,该法第12条规定:"夫妻有相互继承遗产的权利。"第14条规定:"父母子女有相互继承遗产的权利。"上述规定成为当时处理继承问题的依据。1954年《宪法》第12条规定:"国家依照法律保护公民的私有财产的继承权。"继承权由此获得了宪法上的依据。其后,司法部、最高人民法院等也陆续发布了处理继承问题的文件。如司法部1956年9月的《关于有关遗嘱、继承问题的综合批复》、最高人民法院1963年8月的《关于贯彻执行民事政策几个问题的意见(修正稿)》第六部分,1979年2月的《关于贯彻执行民事政策法律的意见》第三部分,1984年的《关于贯彻执行民事政策法律若干问题的意见》第五部分,直至1985年六届人大三次会议正式通过了《中华人民共和国继承法》。在上述立法文件与法律规范中,男女继承权平等原则均得到了充分的体现,并一直被立法者与学者所关注。

在《继承法》颁行前后所发表的学术文献中,学者均对《继承法》中的女性继承权问题予以特别的关注,详细阐述了男女继承权平等原则在继承制度中的具体体现,[②]这些文献直接反映出《继承法》的立法精神,也体现出继承立法对女性继承权的高度重视。即使在当时的司法审判中,也同样高度重视女性继承权的实际保护。例如,浙江省高级人民法院研究室在1985年根据余姚县人民法院的一起错误民事判决,撰写了《依法保护出嫁女的合法继承权》一文,明确指出将原来错判"收归国家所有"的五间半房屋,依法改判归被继承人的两个出嫁女继承,[③]该判例即使在今日看来,也极为难能可贵。这也充分说明,只有在中国共产党领导下的社会主义中国,千百年来受压迫、受歧视的女性及其继承权,才能真正实现从无到有、从形式到实质的历史变革。

第四节　法条诠释

本条作为原则性规范,在实践中较少直接适用于个案。在通常情况下,法官亦不直接援引本条作为当事人的请求权基础,而是根据案件的具体情节,援引具体的法定继承、遗嘱继承等相关制度条款来保障女性继承人的合法权益。但就本法律规范而言,仍有其价值所在。

---

① 顺古:《阜平八个出嫁妇女依法享有继承权》,载《晋察冀日报》1943年3月9日。

② 巫昌祯:《略论女子财产继承权》,载《法学杂志》1984年第2期;梅卓莘:《继承法对妇女继承权的保护》,载《政治与法律》1985年第4期。

③ 浙江省高级人民法院研究室:《依法保护出嫁女的合法继承权——余姚县人民法院纠正一起民事错案》,载《人民司法》1985年第5期。

一、"继承权"平等与"继承数额"相等

《继承法》第 9 条表达是"继承权"平等而非"继承数额"平等,其强调的是男女继承人在继承的各个环节,享有平等的法律地位,而非单纯地局限于遗产分割环节享有数额相同的应继份额。在日常语境下,"继承"一词往往意味着"遗产继承","继承权"也易被理解为继承人在遗产之上的权利。但就法律解释而言,遗产继承虽然是"继承权"的主要内容,但是绝非继承权的全部内容。尤其在我国的《继承法》语境下,"遗产继承"在很大程度上可以视为继承权行使的最后环节,而在此之前,继承权的行使范围则包括了被继承人全部遗产(包括债务)的清算、被继承人丧葬事宜的处理等内容。这种日常用语与法律解释之间的差异,源自"遗产"概念与"继承权客体"概念的差别。

(一)继承权客体的含义

继承权客体概念最早可追述至罗马法时期,在这一时期,作为继承标的之遗产(eredita)[①],等同于死因概括继承。遗产继承(eredita)[②],是一种身份、地位继承,以家庭乃至家族整体的政治地位延续为目的,进而保障对家族祖先的宗祧继承。即"原始的遗产继承是为这种最高权力('宗亲集团或家族最高权力接班人')的转移而不是为财产的转移服务的"[③]。其本质是"对一种人资格的取得",即法律地位,"这种资格对于继承死者在财产和个人责任方面原有的法律地位来说是必要的和充足的条件"[④]。随着罗马共和国通过对外掠夺战争攫取了大量的土地财富,罗马社会从奴隶制大庄园经济逐步发展为商业社会,原有的身份继承丧失了客观基础,最终促成了身份继承向财产继承的过渡。"此后,财产便成为继承的主要对象,身份继承则降到附属的地位。"公元二世纪大法学家尤莉亚努斯称:"继承是指继承死者所有的财产。"[⑤]

近代继承法沿袭了罗马法这种源自身份继承的财产概括继承主义(successio per universita),即除了与被继承人人身相联系的债权、债务或其他权利义务之外,继承人要总括地继承被继承人的一切财物和财产上的一切权利义务,而不问资产、负债的多少,纵使死者遗产中的负债远远超过资产,继承人仍然要全部继承下来,替死者还清负债。[⑥] 在此意义上,继承权的客体,"只须继承开始时为被继承人之权利义务,不以其效力确定为必要。故附条件或未届期之权利义务"均属继承权客体之范畴。即,继承权的客体"只须属于财产上之权利义务,其种类在所不问"[⑦]。具体包括:(1)无体财产权,如著作权、专利权、商标权、商号权;(2)物权;(3)遗体、遗骨;(4)债权;(5)形成权;(6)义务;(7)不以被继承人地位、身份、人格为基础的财产法上的法律地位(如承租人地位、社员权等);(8)诉讼地位。[⑧] 在现代继承

---

① [意]彼得罗·彭梵得:《罗马法教科书》,黄风译,中国政法大学出版社 2005 年版,第 324 页。
② [意]彼得罗·彭梵得:《罗马法教科书》,黄风译,中国政法大学出版社 2005 年版,第 323 页。
③ [意]彼得罗·彭梵得:《罗马法教科书》,黄风译,中国政法大学出版社 2005 年版,第 324 页。
④ [意]彼得罗·彭梵得:《罗马法教科书》,黄风译,中国政法大学出版社 2005 年版,第 327 页。
⑤ 周枏:《罗马法原论(下册)》,商务印书馆 2005 年版,第 470～471 页。
⑥ 周枏:《罗马法原论(下册)》,商务印书馆 2005 年版,第 471 页。
⑦ 史尚宽:《继承法论》,中国政法大学出版社 2000 年版,第 153 页。
⑧ 周枏:《罗马法原论(下册)》,商务印书馆 2005 年版,第 154～156 页。

法中,采用了"概括继承主义"的大陆法系如德、法、瑞士、日本等国家基本沿袭了上述制度,积极财产和消极财产均由继承人一并继承。

通过对遗产客体概念历史渊源的梳理,可以发现在罗马法时期以降,继承权客体的范围不限于财产范围,即使在身份继承降到附属地位后,仍在近现代继承法中存在着身份权或身份利益的继承,而作为继承权客体一部分的财产是一种概括性的财产,即财产权利与财产债务以整体形式由继承人继承。

(二)继承权客体与遗产的区别

在我国法学传统语境下,遗产指死者遗留下来的(积极)财产,与债务相对立。[①]　而关于继承客体与遗产的关系主要存在两种不同的学说:一是认为遗产就是继承客体。如"在我国继承法上,继承的客体也就是遗产"[②]。二是认为遗产属于继承客体的一个部分。该学说又分为三种观点:(1)认为继承客体包括合法的或可依法流转的积极财产、消极财产和法律地位(法律关系的继受与诉讼法律地位的继受),但不包括某种必须履行的行为,如办理丧事,而是将此种行为作为近亲属自身的债务。否则,会得出"如果被继承人未留有积极财产,其近亲属则可以不为其办理丧事的错误结论"[③]。(2)认为除合法积极财产、消极财产外,包括"某种必须履行的行为"[④]。(3)认为继承客体是被继承人财产法上的法律地位,遗产是其中的积极财产。[⑤]　即,遗产不限于个人合法财产,可能包括特定情形下死者生前尚未取得合法权利的财产。

上述第一种学说,属学者对我国《继承法》第 3 条、第 33 条的文义解释,而这种解释如果置于我国未来民法体系下可能存在一定的问题。如《物权法》第 29 条因继承而导致的物权变动与现行《继承法》第 2 条继承的开始、第 25 条继承(遗赠)的接受与放弃、第 33 条遗产债务的清偿存在着外在于继承法的体系冲突,而《继承法》第 3 条遗产范围亦与第 33 条存在着内在的逻辑冲突。[⑥]　这种冲突一方面缘于学者对于继承权向所有权转化采纳何种学说尚存

---

①　陈苇、宋豫:《中国大陆与港、澳、台继承法比较研究》,群众出版社 2007 年版,第 193 页。

②　王歌雅主编:《婚姻家庭继承法学》,中国人民大学出版社 2009 年版,第 228 页。持相似观点的学者还有郭明瑞、房绍坤、关涛等,参见郭明瑞、房绍坤、关涛:《继承法研究》,中国人民大学出版社 2003 年版,第 8 页。

③　马俊驹、余延满《民法原论》,法律出版社 2007 年第 3 版,第 899~903 页。

④　刘春茂主编:《中国民法学·财产继承》,法律出版社 1999 年版,第 40 页。

⑤　张玉敏:《继承法律制度研究》,法律出版社 1999 年版,第 40 页。

⑥　依照《物权法》第 29 条的规定,继承开始发生,继承人或受遗赠人即取得了物权,即被继承人死亡后(《继承法》第 2 条),遗产发生物权变动效力,但依照《继承法》第 25 条的规定,继承开始后,继承人在遗产分割前是存在放弃继承的可能的,而受遗赠人在继承开始两个月内作出接受遗赠意思表示即可。因此,在继承开始后,遗产分割前或继承开始后两个月内,遗产所有权并不即刻变动为继承人或受遗赠人所有,是存在着权利过渡时期的,即"(被继承人)所有权—继承权(受遗赠权)—(继承人或受遗赠人)所有权"。这种过渡时期的存在,也是继承权存在的基础。而按照《物权法》第 29 条的规定,其权利变动模式则为"(被继承人)所有权—(继承人或受遗赠人)所有权",继承权几无存在之必要。产生这一问题的原因之一即在于《继承法》并没有采纳遗产概括承受的立法体例,《物权法》亦没有考虑在遗产因继承发生物权变动时,遗产上可能存在着负担,将遗产权利变动等同于物权变动,忽视了继承权的存在。而在这一过渡时期,遗产的实际状态是包含积极财产与消极财产的,在此问题上,《继承法》第 3 条、第 25 条、第 33 条既存在着内在矛盾,又与《物权法》第 29 条存在着外部体系冲突。

争议,另一方面则因为《继承法》没有将消极财产、具有人格要素的特殊物以及特定身份纳入遗产的范围,这也给我国未来可能出台的遗产税(或遗嘱税)制度带来不必要的立法选择困难,[①]亦无法涵盖新型财产性权益的继承问题。而第二种学说中的三种观点的差异,实际上反映的是前文比较法分析中的三种不同的继承立法体例。如第一种观点属大陆法系继承法的概括继承原则,排除了行为继承;第二种观点则为英美法系立法体例,即继承客体包括被继承人的遗产和债务,以及某种必须履行的行为,而遗产只能是遗产信托管理人在清偿被继承人债务后的剩余财产,而这种行为主要指继承人、受遗赠人于继承开始后必须完成的行为,如葬礼,及其他遗嘱中指定的内容等;最后一种观点则是罗马法的法律地位说,[②]即继承权的客体是被继承人在财产法上的法律地位或法律关系。

正因为上述各学说乃基于不同的继承立法模式而进行的总结概括,很难说哪种学说更准确地界定了继承权客体与遗产的区别,而应根据继承法的立法体例、继承法与其他法律部门之间的衔接,从体系化的视角加以解读。但就我国《继承法》而言,传统继承法语境下的"遗产"是无法涵盖种类繁多的各类财产性权益的。尤其在我国全面建成小康社会后,我国个人财富种类日趋多元化,现行《继承法》遗产范围条款已然无法满足社会对继承法的需求。[③]而立法的后发优势即在于融合先前不同的立法体例,使不同立法体例之间的不足得以完善,就此而言,我们对"继承权"内容的理解应立足于"继承权客体"的含义,即从体系解释出发,而不能仅凭文义解释,将其局限在"遗产"的层面。

男女享有平等的继承权,并非指其继承的遗产数额必须相等,而是指其在继承权客体的处分事宜中,男女享有平等的法律地位,如对遗体的处分、丧葬事由的处理、遗嘱执行人的指定等事项中,男女均具有平等的地位。只要继承法律地位获得平等的保障,即使女性继承人自愿放弃部分遗产的继承,亦属于贯彻了男女继承权平等的原则。当然,在实践中,可能出现的情形,则仍然是女性应继份额少于男性。

二、典型案例

福建省漳州市中级人民法院

民 事 判 决 书

(2014)漳民终字第 1299 号

上诉人(原审被告):李某甲,男,1970 年 4 月 13 日出生,汉族,居民,住福建省华安县。

上诉人(原审被告):李某乙,男,1972 年 11 月 16 日出生,汉族,居民,住福建省华

---

① 如采纳遗产税概念,则国家是对被继承人遗留的全部财产征税,遗产税的纳税人是被继承人,实际纳税执行人是遗嘱执行人或遗产管理人,这里的总遗产包括了积极财产与消极财产,再遗嘱执行人或遗产管理人缴纳税款、清偿债务完成后,再由继承人继承,如美国;如采纳遗嘱税或继承税的概念,则纳税人与纳税执行人都是继承人,是以继承人实际继承的积极财产为课税对象的,如大陆法系的日本等国家。两种不同税制适用于不同的遗产范围制度,取决于继承权客体(遗产范围)是否将消极财产纳入遗产范围内以及采用何种税制。

② [意]彼得罗·彭梵得:《罗马法教科书》,黄风译,中国政法大学出版社 2005 年版,第 326 页。

③ 任江:《论我国〈继承法〉遗产范围的重构——兼评杨立新、杨震教授版〈继承法〉修正草案建议稿〉遗产范围规制》,载《河南财经政法大学学报》2013 年第 5 期。

安县。

上列两上诉人的共同委托代理人：王大彪，福建泾渭明律师事务所律师。

被上诉人（原审原告）：李某丙，女，1975 年 5 月 25 日出生，汉族，居民，住福建省华安县。

委托代理人：黄华文，福建三和律师事务所律师。

委托代理人：庄雯婧，福建三和律师事务所实习律师。

上诉人李某甲、李某乙因与被上诉人李某丙法定继承纠纷一案，不服福建省华安县人民法院（2014）华民初字第 863 号民事判决，均向本院提起上诉。本院依法组成合议庭，公开开庭审理了本案。上诉人李某甲、李某乙及其共同的委托代理人王大彪，被上诉人的委托代理人黄华文、庄雯婧到庭参加诉讼。本案现已审理终结。

原审判决查明，华安县华丰镇华丰村村民李有枢（因病于 2012 年 5 月 4 日死亡）与涂连珠（于 2013 年 6 月 11 日正常死亡）生前系夫妻关系，李有枢、涂连珠在夫妻关系存续期间，共生育三个子女：长子李某甲、次子李某乙、长女李某丙。2002 年 12 月 26 日，李有枢、涂连珠因拆迁安置取得位于华安县华丰镇××店面的所有权（房屋所有权证号为"华政房字第××号"，地号为"39037"，建筑面积为 23.07 平方米、配夹层面积为 14.51 平方米）。从 2013 年 8 月份起（涂连珠未死亡时已收取 2013 年 5 月至 7 月共三个月的租金），华安县华丰镇××店面的租金由李某甲、李某乙共同收取，从 2013 年 8 月份起按每三个月收取一次租金（每月租金为 1800 元，每次为 5400 元，于每三个月的起始月份收取），至 2014 年 4 月已收取 3 次租金共计 16200 元，李某甲、李某乙收取租金后按照李某甲 60%、李某乙 40%的比例分配。

原审判决认为，根据《中华人民共和国继承法》的规定，被继承人死亡后，其遗产由继承人继承。在本案中，李有枢、涂连珠夫妇相继于 2012 年、2013 年死亡，李有枢、涂连珠夫妇共同共有的房屋即位于华安县华丰镇××店面即为其遗产；根据李有枢、涂连珠所在的华安县华丰村村民委员会及户籍管理机关出具的证明，李有枢、涂连珠生前生育三子女即李某丙、李某甲、李某乙，因此，李某丙、李某甲、李某乙即为李有枢、涂连珠夫妇遗产的第一顺序继承人；在本案中，各方当事人均未提供相应证据证明存在遗嘱继承情形，因此，根据《中华人民共和国继承法》的规定，应适用法定继承，而根据《中华人民共和国继承法》第 9 条、第 13 条的规定，继承权男女平等，同一顺序继承人继承遗产的份额，一般应当均等，在本案中，当事人均未提交证据证明存在可以多分、少分或者不分的情形，故对李有枢、涂连珠夫妇遗产的继承份额应均等，李某丙、李某甲、李某乙每人均应享有遗产的 1/3 的继承份额。李某甲、李某乙已收取 2013 年 8 月至 2014 年 4 月共 9 个月的租金共计人民币 16200 元（其中李某甲按 60%的比例分得 9720 元，李某乙按 40%的比例分得 6480 元），该 16200 元租金为李有枢、涂连珠夫妇遗产的法定孳息，也应为遗产部分，每人按 1/3 的份额继承，李某丙、李某甲、李某乙各应分得 5400 元，因此，李某甲应将其多领取的租金 4320 元、李某乙应将其多领取的租金 1080 元交付给李某丙；2014 年 5 月起的租金等收益应由李某丙、李某甲、李某乙按每人 1/3 的份额继承。李某甲经传票合法传唤，无正当理由拒不到庭，视为放弃诉讼权利。据此，根据《中华人民共和国继承法》第 2 条、第 3 条、第 5 条、第 9 条、第 10 条第 1 项、第 13 条，《中华人民共和国民事诉讼法》第 64 条第 1 款、第 144 条、《最高人民法院关于民事诉讼证据的若干规定》第2条、第76条之规定,判决如下:"一、李有枢、涂连珠的遗产即位于华安县华丰镇××店面(店面面积23.07平方米及夹层14.51平方米),由原告李某丙、被告李某甲、李某乙各继承1/3;二、被告李某甲应于本判决生效之日起10日内支付原告李某丙前述店面从2013年8月至2014年4月应得份额的租金共计人民币4320元;三、被告李某乙应于本判决生效之日起10日内支付原告李某丙前述店面从2013年8月至2014年4月应得份额的租金共计人民币1080元;四、驳回原告李某丙的其他诉讼请求。本案受理费人民币2941元,由被告李某甲、李某乙各负担人民币1470.50元。"

宣判后,李某甲、李某乙不服,均向本院提起上诉。

上诉人李某甲、李某乙共同上诉称:"一、上诉人李某甲在一审开庭前有正当理由申请延期审理,但一审不理睬,未保障上诉人李某甲的诉讼权利,属违法缺席判决。上诉人李某甲是华安县华丰镇计生专职干部,因有工作任务,领导不允许请假,2014年5月26日开庭前多次向法官申请延期开庭,未允许。二、上诉人李某甲、李某乙对被继承人尽了主要的扶养义务,被上诉人有扶养条件而不尽扶养义务,上诉人应当多分,被上诉人应当不分或少分。被继承人李有枢、涂连珠生病住院期间,由上诉人李某甲承担医疗、营养费用,上诉人李某乙负责照顾日常护理,父母去世后的丧葬费及丧葬事宜均由上诉人李某甲、李某乙负担。三、被继承人李有枢尚有址于华安县华丰镇××房屋属于遗产,一审未予以认定并分割有误。请求法院依法撤销原判,依法改判或发回重审。"

被上诉人李某丙答辩称:"一、一审程序合法。上诉人李某甲并没有申请延期开庭,法院也已提前一个月的时间通知开庭。二、被上诉人对被继承人也尽了扶养义务,上诉人也未能提交证据证实被上诉人未尽扶养义务,被继承人涂连珠和被上诉人一直居住在一起,可证明被上诉人尽到主要的扶养义务。三、址于华安县华丰镇××房屋不在本案的审理范围,若认为有必要,可另案处理。请求法院驳回上诉,维持原判。"

经审理查明,各方当事人均陈述对一审认定的事实无异议,本院予以确认。

对上诉人李某甲、李某乙提交的相关证据,本院综合分析认定如下:上诉人在二审诉讼期间提交了一份《证明》,欲证明李某甲因工作原因无法到庭参加一审的诉讼。该证据只能说明李某甲在2014年5月下旬工作比较忙,但不属于其有正当理由可不到庭参加一审诉讼的原因。关于上诉人在二审诉讼期间所提交的《移动通信客户话费详单》,欲证明李某甲有打电话给一审经办法官要求申请延期审理。该证据并无通话内容的记录,也无法证实通话手机号码的户主的姓名,故上诉人所提交的上述证据欲证明的内容不予采信。上诉人在二审期间又提交有关被继承人李有枢、涂连珠的《手术通知书》《住院费用结算表》《住院医疗发票》及《门诊费用预缴凭证》等证据,欲证明李某甲承担了被继承人的医疗费用,履行主要的扶养义务。仅凭上述证据来看,上诉人未能提交其他证据予以佐证,无法直接证实被继承人李有枢、涂连珠相关的住院医疗费用由李某甲个人承担,亦无法直接认定李某甲对被继承人李有枢、涂连珠尽了主要的扶养义务,而且上述证据又不属于二审的新证据,本院不予采纳。另外,上诉人二审期间提交有关华安县华丰镇××房屋的《产权证》,欲证明该房产属于被继承人李有枢、涂连珠的遗产。因该房产不属于二审的审理范围,本院不作分析。

本院认为,依据《中华人民共和国民事诉讼法》第146条第(1)项关于"必须到庭的当事人和其他诉讼参与人有正当理由没有到庭的"规定,可以延期开庭审理。法律并未对"必须到庭的当事人和其他诉讼参与人"作出规定,综合法律规定和司法实践,所谓必须到庭的当事人是指:其一,能够正确表达意识的离婚案件的当事人;负有赡养、抚育、抚养义务和不到庭无法查清案件事实的被告。本案涉及法定继承纠纷,李某甲作为本案的原审被告未到庭参加诉讼并不影响本案事实的查清,不属于上述必须到庭的当事人,因此,李某甲即使有正当理由不到庭,也不属于法律规定必须到庭的当事人。故上诉人提出一审未延期开庭审理存在违反法定程序的理由于法无据,不予支持。根据《中华人民共和国继承法》第9条、第13条的规定,继承权男女平等,同一顺序继承人继承遗产的份额,一般应当均等。在本案中,上诉人未提交充分有效的证据证实其分配遗产时存在可多分的情形,亦未提交充分有效的证据证实被上诉人分配遗产时存在应当不分或少分的情形,应承担举证不能的法律后果,据此,上诉人提出一审判决涉诉的遗产按均等处理存在错误的理由依据不足,不予采纳。上诉人认为址于华安县华丰镇××房屋亦属于被继承人李有枢的遗产,应予分割。因被上诉人与上诉人在一审庭审均未提出分割上述房产的请求,现上诉人二审诉讼中要求分割上述房产,不属于本案二审的审理范围,不宜合并审理,可另案处理。综上所述,原审判决并无不当,应予维持。据此,依照《中华人民共和国民事诉讼法》第170条第1款第(1)项、第175条之规定,判决如下:

驳回上诉,维持原判。

本案二审案件受理费人民币2300元,由上诉人李某甲、李某乙共同负担。

本判决为终审判决。

[裁判要旨]《中华人民共和国继承法》第9条规定:"继承权男女平等。"继承权男女平等,是指同一亲等的继承人不论男女,他们的继承权都是平等的。本案中不存在被继承人订立遗嘱的情形,上诉人既未提交充分有效的证据证实其分配遗产时存在可多分的情形,也未提交充分有效的证据证实被上诉人分配遗产时存在应当不分或少分的情形。因此,根据《继承法》第9条的规定,李某丙作为被继承人的女儿对被继承人李有枢、涂连珠夫妇的遗产享有与李某甲、李某乙均等的继承份额。

第五节 理论争鸣

男女享有平等的继承权虽然被普遍认可,但是就本规范所表述的文字本身而言,并非毫无争议,其主要体现在两个方面:

一、"继承权男女平等"与"继承权平等"

学界关于"继承权男女平等原则"的争议,主要在于是否应去掉"男女"两个字,改为"继承权平等原则"。[①] 有学者指出,在中国历史上,女性不具有与男性相同的法律地位,男尊女卑不平等现象突出。《继承法》第9条规定的继承权男女平等,是基于我国传统社会存在的

---

① 该观点详细理由参见房绍坤、郭明瑞、唐广良:《民法学原理(三)》,中国人民大学出版社1999年版,第566～569页、第572～573页。

男女继承权不平等的现象所作出的针对性规定。但在实际生活中,继承权的不平等并不仅限于男女两性之间,在婚生子女与非婚生子女、长子与其他子女之间也往往存在不平等,且还存在丧偶或离婚的妇女继承权被否认、被剥夺的情况。继承权平等原则的外延比继承权男女平等原则更宽,更符合"法律面前人人平等"的理念和社会现实要求。①

诚然,继承权男女平等原则的含义是在相同情形下,男女享有平等的继承权。而在实践中男女继承权不平等导致的不公,其波及范围远远超过婚生子女与非婚生子女,抑或长子与其他子女。而婚生子女与非婚生子女在继承上,也可能出现非婚生男性后代优于婚生女性后代的情况。况且,我国当下男女继承权不平等的现象仍然较为严重,尤其是在广大的农村地区。据学者 2006 年 1 月至 2 月在山东省组织的继承情况调查显示,"认为出嫁女儿应当继承遗产的比例为 74.9%,不应当的比例为 23.4%","而认为出嫁女儿实际继承遗产情况多的比例只有 10.2%,回答很少和没有的高达 51.7% 和 10.5%"。"《继承法》规定的'男女平等'并没有真正改变百姓的继承习惯"。② 因此,保障男女两性享有平等的继承权仍任重道远。如果说平等原则体现的是民法的共性,那么强调男女平等恰恰体现了我国当前继承法的个性,故应坚持继承权男女平等原则。

二、"继承权男女平等"与"尊重习俗"

关于本条另外一个主要争议,在于《继承法》在未来的修正中,是否要设立"尊重继承习惯原则",从而尊重某些特定地区或少数民族的传统继承习俗,允许男女继承权存在一定程度的"不平等"。

该观点认为,"在继承法中将尊重习惯法原则写入法律具有十分重要的现实意义,而这又是由继承法的内在特点所决定的"。依其观点,尊重习惯法原则体现在:(1)在特定地区,"应在一定程度上默许女子少分或不分遗产。女子在明知惯例与自己的继承权发生冲突而不主张权利时,国家公权力则不必强行介入而宣告该行为无效"。(2)应将侄子女、外甥子女规定为法定继承人。以适应现实生活中无子女的姑、伯、叔、舅、姨的继承需要。因为在现实生活中,往往存在这些亲属是由其侄子女、外甥子女给予照顾的习惯。(3)在特定地区,允许"父债子还",承认这一做法具有法律效力并且在继承人反悔而要求返还财产时不予支持。(4)调整法定继承顺序。(5)配偶一方死亡,如果有第一顺序继承人,其他继承人不能参加继承,但与被继承人生前存在扶养关系的继承人,对遗产尤其是生活用品、住房,拥有一定的使用权。③ 关于这一观点,应客观分析、认真讨论。

该原则的设立,意在解决与强制性法律规范相冲突的习惯能否获得法律的肯定性评价,尤其是要解决传统习俗中对男性继承权的优先保护问题。至于未与法律规定相冲突之习惯,按照民法"法不禁止即允许",当然有效。这里涉及的难点在于如何将法律规范分类,从而判定习惯与何种性质规范相冲突即无效。而《继承法》规范将面临如下利益冲突:(1)被继承人与继承人之间利益冲突;(2)各继承人之间、继承人与遗产债权人的利益冲突;(3)继承

---

① 陈苇主编:《外国继承法比较与中国民法典继承编制定研究》,北京大学出版社 2011 年版,第 72~73 页。

② 陈苇:《当代中国民众继承习惯调查实证研究》,群众出版社 2008 年版,第 591 页。

③ 杜江涌:《论尊重习惯法原则在继承法中的贯彻》,载《内蒙古社会科学(汉文版)》2005 年第 1 期。

人与国家之间的利益冲突;(4)继承人与社会公共利益的冲突。其中,后两种冲突主要表现在遗产应首先清偿被继承人生前所欠税款以及继承人与社会道德价值的冲突。在上述利益冲突中,只有(1)(2)两种利益冲突,属于授权性规范和倡导性规范调整的范畴,并不存在习惯(或习惯法)与强制性规范相冲突的问题,亦无所谓"尊重继承习惯"的问题。

从制度层面分析,学者假设适用"尊重习惯法"原则的第一种情形,是女继承人未提出继承被剥夺的维权主张,属其自愿让渡了遗产继承权,按照民法"不告不理原则",公权力无介入之必要。第二种、第四种情形属我国现有法定继承制度的缺失问题,而在论述完善我国法定继承制度的文献中,学者们或多或少均对这些问题有所涉及与分析。第三种情形属于继承人自愿以自己的财产代替被继承人偿还债务问题,属当事人意思自治。而继承人偿还债务后反悔主张返还的,遗产债权人获得继承人偿还的财产非基于非法原因取得,不属于不当得利,继承人不存在相应的请求权基础,亦与尊重继承习惯无关。第五种情形则涉及配偶对遗产中的生活用品的先取权以及对遗产中住房的居住权,而这两种权利的法律性质具体是什么? 学界尚未形成共识,尤其是考虑到物权法定主义,《继承法》是否应予规定,有待于物权理论、继承法理论的进一步探讨。而在上述假设情形中,确有可能涉及"继承人的利益与社会公共利益冲突"的问题,即遗嘱继承人与必留份人、特留份人的利益冲突。基于上述分析,遗嘱继承人与必留份人、特留份人之间的利益冲突属于"继承人与社会公共利益的冲突",原因在于必留份、特留份制度设立的目的,在于国家对社会弱势群体利益的特殊保障,这种法律保障是以个人权益的实现彰显社会人文价值的存在,个人权益成为社会利益的载体,其最终实现的是社会公共利益,故其所适用的调整规范属于法律强制性规范,这样才能更好地保障必留份人、特留份人的合法权益。在继承习惯与这种法律强制性规范相冲突时,除非民族自治地区另有变通或补充性规定,否则,该习惯不应获得法律的肯定性评价,从而实现继承法的普适性价值关怀。

《民法总则》第 10 条规定:处理民事纠纷,应当依照法律;法律没有规定的,可以适用习惯,但是不得违背公序良俗。因此,《继承法》无须增设"尊重继承习惯原则"。如民族自治地区确实存在继承习惯,则应视该习惯的具体情形分析其与哪种继承规范相冲突。民间的继承习惯在与第一种、第二种继承规范相冲突时,可适用《继承法》第 35 条的规定,由民族自治地区人民代表大会作出变通或补充性规定。故《民法典·继承编》在编纂之时,应延续《继承法》第 35 条的变通规定,无须再单独设立尊重继承习惯原则。

第六节　相关法律与司法解释

继承权男女平等,源于《宪法》对女性权利保护的条款。《妇女权益保障法》对此也有相关的规定。

一、《宪法》的有关规定

《宪法》作为国家的根本大法,必然要对部门法律的基本原则有所规定。部门法律尤其是部门法律的基本原则,则为宪法原则的具体化。我国《宪法》的立法精神源自马克思主义、中国特色社会主义基本理论,故在女性权益保障方面,也充分体现了马克思主义与中国特色社会主义理论对女性解放运动的精神坚守,且对女性的平等权利作出专门的规定。

第四十八条　【妇女的平等权】

中华人民共和国妇女在政治的、经济的、文化的、社会的和家庭的生活等各方面享有同男子平等的权利。

国家保护妇女的权利和利益,实行男女同工同酬,培养和选拔妇女干部。

此外,第 33 条第 2 款的内容,也规定了法律面前人人平等原则。

第三十三条第二款　【平等原则】

中华人民共和国公民在法律面前一律平等。

二、《妇女权益保障法》的有关规定

《妇女权益保障法》作为保障女性权益的特别法,也对女性继承权作出具体的规定,只是在涉及女性继承权的司法实践中,当事人一般不以其作为请求权基础,但这并不妨碍法官援引该条作出判决。

第三十四条　【继承权男女平等】

妇女享有的与男子平等的财产继承权受法律保护。在同一顺序法定继承人中,不得歧视妇女。

丧偶妇女有权处分继承的财产,任何人不得干涉。

第七节　比较法考察

大陆法系国家在建构继承立法之时,已确立了法律面前人人平等的理念,从而为继承权男女平等提供了法律文本。

一、大陆法系关于继承权男女平等的规定

大陆法系国家关于女性继承权的平等保护,通过民法典继承编的改革而逐步完成,即通过法定继承、遗嘱继承制度的渐次改革,实现女性继承权的独立与平等保护。女性继承权的独立与平等保护,意味着继承立法逐步剔除了封建因素——废除男女不平等的长子继承制,实行男女平等的均分继承制;取消身份继承制,实行财产继承制;并在法定继承与遗嘱继承的制度设计上,表现出男女平等与子女平等的特点。[①]

在法定继承中,无论是法定继承人的范围、顺序与继承份额的界定,还是代位继承与转继承的规定,均贯彻了男女平等原则。如《德国民法典》第 1925 条、第 1926 条、第 1928 条的第 2 款分别规定:如果继承开始时父母仍生存,由父母单独和等额继承;如果继承开始时祖父母仍生存,由祖父母单独和等额继承;如果继承开始时,曾祖父母已经去世,由其晚辈直系血亲中与被继承人亲等最近的亲属继承;若有数人同为最近亲等亲属,则等额继承。《瑞士民法典》第 457～459 条分别规定:子女平均继承;父母平均继承;被继承人父系及母系的祖父母均生存的,按其亲系平均继承。《越南民法典》第 679 条规定:"同一顺序的继承人享有同等份额的遗产。"在遗嘱继承中,无论是遗嘱能力、遗嘱处分方式及遗嘱自由限制的规定,还是负担的履行、替补继承人等规定,均体现了男女平等原则。《法国民法典》第 902 条规

---

① 王歌雅:《疏离与回归:女性继承权的制度建构》,载《法学论丛》2015 年第 2 期。

定:任何人均得以生前赠与或遗嘱处分财产……但法律宣告无能力的人除外。《瑞士民法典》第 468 条规定:"被继承人须成年后始得缔结继承契约。"《日本民法典》第 964 条规定:"遗嘱人可以以概括或特定的名义,处分其财产的全部或一部分,但不得违反关于特留份的规定。"《意大利民法典》第 536 条规定:"特留份继承人是那些由法律规定为他们的利益保留一部分遗产或者其他权利的人。他们是配偶、婚生子女、私生子女以及直系尊亲属。"《德国民法典》第 2096 条规定:"被继承人可以就一个继承人在继承开始之前或之后继承资格消失的情形,指定由他人作为继承人。"上述规定,平等适用于男女两性,体现了继承权男女平等的立法精神。

此外,《法国民法典》第 731 条规定:"遗产,按下列规定的顺序及规则,归属于死者的子女及其直系血亲、直系尊血亲,旁系血亲及其尚生存的配偶。"其第 745 条规定:"子女或其直系卑血亲,不分性别及长幼,亦不论其是否出于同一婚姻,得继承其父母、祖父母或其他直系尊血亲的遗产。如继承人均为第一亲等卑血亲并以自己名义继承时,应按人数继承相等的份额;如继承人全部或部分为代位继承时,应按房数继承。"该规定确立了配偶之间、子女之间(包括婚生子女与非婚生子女之间)平等且同一继承顺序均等的遗产继承权。《德国民法典》第 1931 条规定了配偶的法定继承权;1969 年修正的《德国民法典》第 1934a 条规定了非婚生子女的遗产补偿请求权,即非婚生子女可取得与婚生子女相等的遗产份额。《日本民法典》第 887 条规定:"被继承人的子女为继承人。"第 890 条规定:"被继承人的配偶恒为继承人。于此情形,有前三条规定的继承人时,配偶与这些人为同顺位继承人。"《瑞士民法典》也确立了配偶、子女同等的法定继承、遗嘱继承的权利。上述规定提升了已婚女性及女儿的继承地位,为女性继承权的回归提供了制度保障。[①]

二、英美法系关于继承权男女平等的规定

从历史上看,英美法系国家关于女性继承权的平等保护,是通过普通法、衡平法和制定法的适用来加以实现的。具体措施如下:一是废除长子继承制。早在 12 世纪末,英国针对不动产确立了长子继承制。即基于武功而获得的土地应由长子继承,而自由租地和军役租地的财产,则由长子和亲系优先继承。直至 1925 年,英国财产法废除了长子继承制,为女性继承权的享有创造了条件。[②] 二是废除限嗣继承制。美国在独立前,适用英国的限嗣继承制——直系子孙继承制。进入 18 世纪后,美国各州先后废除或改良限嗣继承制。例如,弗吉尼亚州于 1776 年废除限嗣继承制,纽约州于 1786 年废除限嗣继承制,实行同一顺序继承人平分遗产的继承规则,且不以性别为限,为女性继承权的享有提供了制度保障。三是推进遗嘱继承制。基于遗嘱自由原则,英美法系国家赋予遗嘱人以自由权,使其通过遗嘱处分自己的遗产。倘无遗嘱,适用法定继承,即遗产由死者最近的亲属——配偶、子女、父母和兄弟姐妹继承。遗嘱继承与法定继承交互配合,为女性继承权的实现构筑了制度体系,有助于实现继承权的性别平等。[③]

从近现代以后的立法与司法实践来看,英美法系国家虽以判例为主,但继承权男女平等

---

① 王歌雅:《疏离与回归:女性继承权的制度建构》,载《法学论丛》2015 年第 2 期。
② 何勤华、魏琼主编:《西方民法史》,北京大学出版社 2006 年版,第 396～397 页。
③ 王歌雅:《疏离与回归:女性继承权的制度建构》,载《法学论丛》2015 年第 2 期。

理念却已深入人心且渗透于司法实践的诸环节。在有限的英美继承立法中,性别平等理念与男女继承权平等观念相始终。[①] 如英国 1952 年的《无遗嘱遗产法》第 5 条规定:"本法的附则之二是使在本法生效后配偶一方无遗嘱死亡的生存配偶取得婚姻住所。"[②] 1969 年的《美国统一继承法典》(《美国统一遗嘱检验法》)第 2-102 条规定:"生存配偶的无遗嘱依法如下:(1)如果被继承人没有生存的直系卑亲属和父母,则生存的配偶取得全部遗产;(2)如果被继承人没有生存的直系卑亲属,但父母一方或双方生存,则生存配偶除继承 5 万美元的遗产外,还可继承剩余遗产的 1/2……"[③] 其第 2-401 条规定:被继承人死亡时,其生存配偶有权取得价值 5000 美元的宅园特留份。如果没有生存配偶,则被继承人的未成年子女和未独立生活的子女可以一起取得价值 5000 美元的宅园特留份。[④] 上述规定表明,无论在法定继承领域,还是在遗嘱继承领域,均体现了性别平等的理念,有助于人格尊严与财产权益的充分维护。"司法实践中的里德诉里德案(Reed v. Reed),是美国有关平等保护条款的案件,美国最高法院最终判定遗产管理人的确定不得因性别而存在歧视,男女享有平等的被指定为遗产管理人的权利。"[⑤] 最高法院审议该案件并发表了一致通过的判决,认为爱达荷州法典相关法条赋予男性的此项特权是专制且违宪的(arbitrary and unconstitutional)。最高法院在该案中,首次判决确立了基于宪法第十四修正案平等保护条款所产生的"禁止基于性别的不平等待遇"[⑥]。在最高法院判决生效前,爱达荷州修改了该法条,新法于 1972 年 7 月 1 日生效。

第八节 立法发展趋势

继承权男女平等原则的贯彻,既是对女性继承权的保障,也是对性别文化的矫正。只有充分关注女性继承权的保障与实践,才能推进男女平等进程并创设性别平等的继承氛围。

一、《继承法》修正中的女性继承权

2012 年,在《继承法》实施 27 年之际,社会各界围绕继承法的修正展开了广泛探讨。在《继承法》修正进程中,关注女性继承权的实现成为修法的主要目的之一。

---

① 王歌雅:《疏离与回归:女性继承权的制度建构》,载《法学论丛》2015 年第 2 期。

② 蒋月等译:《英国婚姻家庭制定法选集》,法律出版社 2008 年版,第 35 页。

③ 张玉敏:《中国继承法立法建议稿及立法理由》,人民出版社 2006 年版,第 97 页。

④ 张玉敏:《中国继承法立法建议稿及立法理由》,人民出版社 2006 年版,第 112 页。

⑤ 404 U.S. 71 (1971).萨莉与塞西尔·里德(Sally and Cecil Reed),是已婚的分居伴侣,因对他们已故儿子的遗产由谁作为遗产管理人而发生纠纷。两人分别向爱达荷州埃达县(Ada County, Idaho)的遗嘱检验法院(Probate Court)提起诉讼,请求指定自己为遗产管理人。爱达荷州法典规定,在遗产管理人的确定过程中,"男性优先于女性"。因此,埃达县法院指定塞西尔为遗产管理人。萨莉为此提出上诉直至美国联邦最高法院,其在最高法院的代理律师认为,爱达荷州法典相关法律属于歧视条款,违反了基于美国宪法第十四条修正案所产生的禁止性别歧视原则。

⑥ Reed v. Reed-Significance, Notable Trials and Court Cases-1963 to 1972.

（一）继续贯彻男女平等的继承原则

《〈中华人民共和国继承法〉修正草案建议稿》(简称《建议稿》)①第 2 条明确规定了继承权男女平等原则,其目的"在于为继承行为立法"②,在于为继承行为提供性别平等指引——无论在法定继承中,还是在遗嘱继承中,继承人的遗产继承权男女平等。例如,在增加规定的夫妻共同遗嘱、替补继承人、替补受遗赠人以及后位继承的制度规范中,遵循并深嵌了男女平等原则。③

（二）肯定丧偶儿媳与丧偶女婿的继承权

"丧偶儿媳对公、婆,丧偶女婿对岳父、岳母,尽了主要赡养义务的,无论是否再婚,作为第一顺序继承人。"④这一规定超越了传统继承法中的身份差异,体现出丧偶儿媳与丧偶女婿的人格平等与性别平等。

（三）特留份的制度设计融合了男女平等原则

将特留份权利主体界定为"被继承人的配偶、晚辈直系血亲、父母。特留份主体的限定,吻合以核心家庭为主体的社会结构,顺应了计划生育政策的实施"⑤。同时,有助于性别平等精神的弘扬。

（四）归扣制度的增补将顺应民俗风尚与性别平等追求

"继承开始前,晚辈继承人因结婚、分家、营业、教育、生育等事项,接受被继承人生前赠与的财产,依据被继承人生前的意思表示或者风俗习惯,属于提前处分遗产的,应当按照赠与时的价值归入遗产计算价额。赠与的价额在遗产分割时应当从该继承人的应继承数额中扣除。但超过应继承数额的部分不必返还"⑥。这一规定,既体现为在尊重被继承人意思自治的基础上,以不归入为一般原则,以归入为例外的立法精神,也表现为归扣制度的性别平等与人文关怀,有助于填补现行《继承法》的立法空白。⑦

在《民法典·继承编》编纂进程中,吸纳上述继承法的修正理念,既可完善我国的继承立法,也有助于继承观念的改革。

二、女性继承权保护与性别文化的发展

性别平等文化,是继承权男女平等原则的观念基础。创设、发展性别平等文化,对于贯

---

①　《建议稿》由中国人民大学民商事法律科学研究中心与黑龙江大学民商法学研究中心联合研究完成。参见杨立新、杨震等:《〈中华人民共和国继承法〉修正草案建议稿》,载《河南财经政法大学学报》2012年第 5 期。

②　王歌雅:《论继承法的修正》,载《中国法学》2013 年第 6 期。

③　参见《建议稿》第 37 条、第 38 条、第 39 条。

④　《建议稿》第 58 条。

⑤　张玉敏:《中国继承法立法建议稿及立法理由》,人民出版社 2006 年版,第 99 页。

⑥　参见《建议稿》第 9 条。

⑦　王歌雅:《疏离与回归:女性继承权的制度建构》,载《法学论丛》2015 年第 2 期。

彻继承权男女平等原则具有重要的意义。

(一)女性继承权的享有经历了由疏离到回归的历程

女性继承权的享有,经历了由疏离到回归的历程。这一历程,体现出人类社会的文明与进步,也体现出性别文化的演进与更替。在中外历史由近代向现代的转型进程中,"个人主义"逐步取代"家族主义";"平等观念"逐步消解"身份观念"。女性继承地位日渐崛起,女性继承权日渐独立,女性继承权日渐达至与男性继承权的平等。正如英国历史法学派的奠基人梅因所述:"所有进步社会的运动,到此处为止,是一个'从身份契约'的运动。"①

(二)女性继承权由疏离转向回归是人类社会发展的必然

人格独立、性别平等成为女性继承权得以回归的价值基础与原则保障。在女性继承权日益获得与男性继承权平等的社会进程中,如何切实地保障女性继承权的实现,既是立法问题,也是司法问题。而将社会性别主流化纳入继承立法与继承司法,是实现程序正义与实质正义的保障。尤其是在性别歧视的风俗习惯还未退出历史舞台的社会背景下,建构性别平等的继承制度是女性继承权得以实现的基本保障。②

总之,在人类历史的发展进程中,基于社会结构的男权性和女性权益应服从男性利益的屈从性,"女性在历史的语境中,在社会文化地位上,一直处于社会底层的状态,是被社会权力中心拒绝的'边缘人',没有在社会文化层面上表达自身意愿的权力"③。当社会变革逐步消除不公平的性别歧视现象时,当性别平等即"反对歧视女性"的观念已经"从一种社会政治运动发展成为一种文化批判理论,并形成一种价值观念和进行社会科学研究的方法论原则"时,④女性继承权的保护与实现才能变成现实。即男女平等以及男女继承平等,必须超越以性别身份为分析范畴和立法基点的局限与障碍。只有将男女两性建构在人格平等的道德范畴和立法基点之上,才能使男女两性的继承权由形式平等达至实质平等。而女性继承权的平等保护,不但折射出女性的身份地位、生存状态、资源配置,而且反映出女性的人格尊严与性别价值。对女性继承权的充分保护,是体现女性价值和保护女性利益——物质利益与精神利益的道德保证与制度保障。为此,继承权男女平等的基本原则应予坚守。⑤

---

① [英]梅因:《古代法》,沈景一译,商务印书馆1959年版,第97页。
② 王歌雅:《疏离与回归:女性继承权的制度建构》,载《法学论丛》2015年第2期。
③ 罗蔚:《当代伦理学的新发展:女性伦理学评介》,载《伦理学》2005年第8期。
④ 罗蔚:《当代伦理学的新发展:女性伦理学评介》,载《伦理学》2005年第8期。
⑤ 王歌雅:《疏离与回归:女性继承权的制度建构》,载《法学论丛》2015年第2期。

第四章
法定继承人范围与顺序评注

> ➡ 第十条　遗产按照下列顺序继承：
>
> 第一顺序：配偶、子女、父母。
>
> 第二顺序：兄弟姐妹、祖父母、外祖父母。
>
> 继承开始后，由第一顺序继承人继承，第二顺序继承人不继承。没有第一顺序继承人继承的，由第二顺序继承人继承。
>
> 本法所说的子女，包括婚生子女、非婚生子女、养子女和有扶养关系的继子女。
>
> 本法所说的父母，包括生父母、养父母和有扶养关系的继父母。
>
> 本法所说的兄弟姐妹，包括同父母的兄弟姐妹、同父异母或者同母异父的兄弟姐妹、养兄弟姐妹、有扶养关系的继兄弟姐妹。

　　本条是关于法定继承人范围与继承顺序的规定。法定继承是遗嘱继承的补充。即在继承开始后，若被继承人留有合法有效的遗嘱，则优先适用遗嘱。若该遗嘱存在违反法律限制性规定或强制性规定的内容，则该部分遗嘱内容无效，其相关遗嘱事项适用法定继承制度处理。在被继承人死亡后，有遗赠扶养协议的，则应首先执行遗赠扶养协议，其次是遗嘱，最后是法定继承。我国现行《继承法》第 10 条规定的法定继承人范围相对较窄，仅限于近亲属，本条规定以外的其他亲属，均不属于法定继承人。

第一节　立法目的

　　法定继承是无遗嘱继承时调整继承关系的既定规则。该规则在于为继承主体赋权，以实现继承自由。"个人的自由就其实质而言是一种社会产品。这里存在一种双向的关系：（1）通过社会安排来扩展个人自由；（2）运用个人自由来不仅改善单个个人的生活，而且使社会安排更为恰当和富有成效。"[①]法定继承乃意志推定与时代要求的产物。

一、法定继承产生的原因

　　法定继承，相对于"遗嘱继承"而言，又称"无遗嘱继承"，其出现的历史要远早于遗嘱继承。正如梅因考证："在所有自然生长的社会中，在早期的法律学中是不准许或根本没有考虑过'遗嘱继承'的，只有在法律发展的后来阶段，才准许在多少限制之下使财产所有者的意

---

　　① ［印］阿马蒂亚·森：《以自由看待发展》，任赜、于真译，中国人民大学出版社 2002 年版，第 23 页。

志能胜过他血亲的请求。"①那么，为什么法定继承（无遗嘱继承）会先于遗嘱继承产生，以及为什么国家法律会在相当长的一段时间内允许法定继承的存在而限制乃至禁止遗嘱继承？② 对这一问题的回答，关键在于人死亡时为什么会留有财产而不是在其生前将它们全部消费掉。

事实上，即使是在古代，无论是身份继承还是财产继承，其本质都可以归为财产继承。"身份"之所以被看重，源自身份背后所隐藏的财富与特权，而特权本身，又是用以追求财富的方式。对身份的保护，实质上是统治者对其个人基于身份而享有的特权以及基于该特权所产生的对财富独占之享有状态的保障。"身份"在这种意义上，可以视为特权与财富的"缩写"。所以无论在中外，古代继承制度在相当长的一段时期内都以身份继承为核心，但这种宗法继承制度的本质，仍然是对家族财产的流转方式与流转范围的规制。而法定继承制之所以会先于遗嘱继承制产生，盖因以下因素：

（一）预留财产维持生存

由于人并不知道自己在何时死亡，故须预留一些财产以备自己的寿命比其预期的长，防止过早消耗财富而导致生者无法继续生存。人的生存本能决定了人必然要生产足够的生活资料以维持自己的生存与繁衍。而人的理性与自利，则决定了人总是期盼自己生产更多的生产资料，以让自己生活得更为富足，并且通过生产生活资料的积累，为未来无法继续生产时（如遇到自然灾害或步入老年无力生产）存贮足够的生活资料。生产生活资料的积累，必然意味着当人突然死亡时，其会留下或多或少的剩余财产，即遗产。

（二）利他动机延续血脉

如果说遗产最初的存在是源自人为了维持自身生存的需要，那么遗产的普遍出现，则是因为人的利他主义动机。这种"利他"，乃出于对自己血缘延续的期盼。后代子女往往被视为人自己生命的延续，让后代生活得更好，让自己的家族持续繁衍、壮大，属于人的本能之一。当人通过自身的生产活动实现了自我存在的维持后，生产生活资料的积累即促使人开始为自己的后代预留更多的财富，以帮助他们更有保障地生存。当人不再单纯地为自己积累财富时，才开始出于"利他"的目的而有意识地为自己的后代预留财产，以防止因自己的死亡而使家族缺少了生产者进而影响家族其他成员的生活。于是，遗产因此而开始普遍出现。

（三）制度制约解决纷争

对死亡的不可预知与讳言死亡，使国家强制力介入家庭事务成为必要。由于人对自己死亡时间的不可预知以及对死亡的恐惧，使人通常不愿意就死后事宜作出提前安排，尤其对于古代大多数的普通人而言更是如此。虽然我们同样可以从统治阶级维护自身统治需要的

---

① ［英］梅因：《古代法》，沈景一译，商务印书馆1984年版，第101页。
② 如在英格兰，曾在长时间内禁止遗嘱继承，在1540年《遗嘱法》（*Will Act* 1540）实施之前，英格兰法律不允许设立遗嘱转让土地。直到亨利八世时期才允许通过遗嘱处分部分地产。王朝复辟后，立遗嘱处分不动产的权利才如同现在一样普遍。在我国古代，最初也只有建立在宗法制度基础上的"父死子继"的嫡长继承制，在继承人的选择与顺序上，也受到宗祧继承的严格限制，同样是一种法定继承制度。

角度来解释法定继承制度出现的原因,但是一个最为直接的原因就是,这种讳言死后安排现象的普遍存在,使国家有必要设立强制性的规则,以减少不必要的遗产纷争。在古代,一旦发生这种纷争,往往意味着家族内部流血事件的发生,这对人口较少的古代社会整体而言,无疑是一种毫无必要的人口损失。何况还要兼顾到文字的出现时间以及文字记载形式(如纸)普及的时间。

上述原因的共同作用,促成了法定继承的出现,也使其远远早于遗嘱继承而获得国家强制力的确认。

二、法定继承存在的必要性

以法定形式确定遗产继承人的范围与顺序,可以明确继承权的主体。其必要性体现在以下方面:

(一)防止遗产争夺

从被继承人的角度来看,法律规定特定范围的近亲属为继承人,既符合被继承人的生前意愿,又可以防止被继承人家族内部因争夺遗产而发生纠纷,发挥定分止争的功能。

在古今中外的法定继承制度中,继承人的范围均严格限定在被继承人特定的近亲属范围之内。其中既有古代统治阶级出于维系自身统治、家长(父权)权威的需要,又有维护被继承人与其近亲属之亲密关系的需要。

法定继承人作为被继承人的近亲属,往往与被继承人共同生活,彼此间一般具有更为密切的感情关系以及赡养、扶养与扶助等关系。在这种关系中,被继承人愿意并期望将自己的遗产留给这些人,以供他们未来的生活。其中,也不排除这样的可能,即死者在其死亡时将其财产毁灭,或者让其财产成为无人继承的财产并由先占遗产的人主张权利。但这两种可能的情形要么会造成资源的巨大浪费,要么会导致出现较多的争议与混乱。[①] 虽然人类社会在相当长的时间内存在着陪葬的习俗,但是即使是大型墓葬中的陪葬物品,也仅仅是被继承人生前财富的一小部分。所以,在被继承人未留有遗嘱的情况下,法律直接规定其遗产属于与其存在特别亲密关系的近亲属,既符合被继承人的生前意愿,也是"国家父爱主义"或"法律父爱主义"的体现。

(二)激励财富创造

由一定范围的近亲属继承被继承人的遗产,更有利于激励人们创造财富,增强家庭的凝聚力,并能够减轻国家在社会保障层面的负担。如若规定被继承人的遗产一律归国家所有,显然会极大地抑制被继承人生前创造财富的热情。苏联在1918年曾做过这样的尝试,但其后不久就重新规定了遗嘱继承和法定继承制度。因为继承制度有着漫长的历史,尽管其在具体内容上因国家、民族、宗教的不同存在较大的差异,但继承制度早已成为世界普遍的规范习俗。而其之所以能够从原始社会流传至今,一个很重要的原因就在于继承制度能够同时有利于个人与国家的财富增加。

---

① Ken Mackie and Mark Burton,Outline of Succession(Second Edition),Sydney:Butterworths,2000,p.8.

通过法定继承制度实现的家庭财富的内部延续,能够鼓励个人生前节俭与激励劳动;同时,通过继承遗产,其继承人能够保障、改善自身的生活。因而,法定继承既能使继承人对被继承人怀有感激之情从而增强家庭的凝聚力,维持家庭的和谐稳定,也能够使国家减少相应的社会保障支出。简而言之,法定继承制度能够潜移默化地加强家庭成员之间的联系,该联系则有利于社会的繁荣与稳定;同时,其作为一种激励机制,可以推动生产力的发展,实现个人与社会的双赢。

(三)降低继承成本

法律直接规定无遗嘱情形时的遗产继承人的范围与顺序,能够减少遗产继承成本以及因此而可能产生的司法成本。

法定继承制度出现的时间之所以远远早于遗嘱继承制度,主要原因之一就在于被继承人死亡的时间是不可预知的,且会存在因为意外事件导致的被继承人死亡。死亡的突然性决定了被继承人很可能未定立遗嘱。并且,由于人们通常讳言死亡,认为定立遗嘱意味着"不吉利",于是导致生前及时定立遗嘱的人相对较少。如果法律直接规定遗嘱继承的方式,即只允许遗嘱继承,那么在相当多的情况下,一旦被继承人死亡,其遗产要么被收归国有,要么会引起较大的遗产纷争导致家庭关系破裂。既不利于保障被继承人、继承人的利益,也不利于维系社会整体的伦理秩序。同时,国家也需要投入相当多的司法成本来解决因此而产生的遗产纠纷。而法律直接规定无遗嘱继承时的继承规则,则可以将上述潜在的家庭内部矛盾在家庭外部化解,继承成本与司法成本也会因此而减少。

第二节　法理基础

关于法定继承的根据,有多种理论学说,如先占说、死者意思说、共有说、死者意思延伸说、家庭职能说、权利义务一致说等,[①]上述学说都未能从根本上直接解释法定继承的产生依据。而马克思在《德意志意识形态》中则表明,"继承法最清楚地说明了法对生产关系的依存性",该表述可以解释法定继承制度的变迁是社会生产力与生产关系交互作用的结果。

一、法定继承的本质是家庭身份伦理

法定继承制度的出现,与家庭成员的构成密不可分,且在一定程度上可以视为法律对家庭成员亲疏远近关系的确认。这种法律上的确认,必然与家庭关系特点相一致。家庭是由一定的亲属组成的生活共同体。如果家庭身份伦理消亡,那么,继承权也就无法存在,法定继承也就无所依附。因为,继承权的本质是身份,且融合了政治身份、社会身份、家庭身份。又由于财产是继承权的客体,深受私有财产伦理传承的制约,故私有财产伦理消亡了,继承权同样不能存在,法定继承同样无所依附。因而,家庭身份伦理与私有财产传承伦理具有同一性,故法定继承的本质严格说来是家庭身份伦理。

---

① 张玉敏:《继承法律制度研究》,法律出版社 1999 年版,第 15～16 页。

（一）家庭等级制的萌生

家庭等级制先于政治等级制和社会等级制而产生，是父母基于对未成年子女天然弱势地位的利用而产生的父母对未成年子女的等级制。从考古资料来看，墓穴中的陪葬品，首先是驯服动物，随之是未成年子女特别是婴儿，然后是成年人。当陪葬品以成年人的形态出现时，标志着社会等级制的产生。随着传承性家庭的产生，母系、父系逐渐产生，并在一定条件下，母系产生母权、妻权，父系产生父权、夫权，而在两者的竞争中，母权、妻权逐渐走向衰落，最终形成以父权、夫权为核心的等级制家庭（即使有些仍然存在母系）。

（二）伦理等级制的更替

在产生传承性家庭但尚未形成父母对子女等级制时，氏族成员的社会身份传承是主要的，但家庭成员身份传承的意义也在逐渐提升。这一时期，继承权的客体主要是财产。而在父母对子女的等级制家庭形成以后，未成年子女在一定程度上则被财产化，继承权的客体虽然仍然以财产为主，但是继承的意义已经大为不同。即此时继承权的客体已不再仅是财产，还包括基于家庭身份而产生的支配与被支配的关系即私权力关系。这种私权力关系及其伦理关系贯穿于整个等级制社会，具体包括父母对子女的等级制、夫对妻的等级制、儿子对女儿的等级制、儿子对儿子的等级制。而与之相适应的，则是限制和剥夺妻子的继承权、女儿的继承权、特定儿子的继承权。尽管上述继承规则在近代已经弱化，但父权、夫权仍在一定程度上存在。只是到了现代，私权力的遗迹才在自由平等的社会中逐渐消除。

（三）继承权本质的显现

社会交替之时，法定继承本质的显现才更容易直观。继承权是基于特定的家庭身份而产生的一种特定的财产权，继承权也可以说是身份权中的一种特定财产权，与基于特定的家庭身份所产生的其他财产权并无实质区别，如夫妻财产权、抚养权、赡养权等。其最大的特殊性仅在于，法定继承是在家庭身份关系中实现的完全的、最后的个人财产的处分。

只要将"继承"和"遗赠"进行严格的概念区分，就不难洞见继承的根本依据就是家庭身份伦理，法定继承是在家庭身份伦理中展开的一种财产传承关系。当然，法定继承还有一个条件性依据，即私有财产的存在。当私有财产与传承性家庭相结合，私有财产传承与家庭身份伦理相结合，继承才能发生，法定继承才得以实现。即继承是私有制条件下的一种财产转移现象，但这一现象仅发生于家庭身份关系范围内。因此，法定继承人的范围必然局限在家庭成员之间，这是由继承权以及法定继承的家庭伦理本质所决定的。

二、法定继承反映了家庭伦理关系

我国的法定继承制度严格建立在人身关系基础之上，而人身关系以家庭关系为纽带。如英国学者所指出的，法定继承（无遗嘱继承）规则来源于主流的家庭观念，可以说是家庭法的附录。[1]

---

[1] ［英］F.H.劳森、B.拉登：《财产法》（第 2 版），施天涛等译，中国大百科全书出版社 1998 年版，第205 页。

（一）继承人范围的伦理性

家庭是由血缘、姻亲等亲属关系组成的共同生活组织体。由于继承权的本质是家庭伦理，故无论是遗嘱继承还是无遗嘱继承，其继承人的范围与顺序的界定，原则上均不应与家庭伦理相悖。而对于法定继承而言，法定继承人的范围、顺序及遗产份额，更应依据家庭中的亲属关系来确定，并应将之严格限定在有扶养关系的家庭成员的范围内。因为，不同的家庭成员在家庭中承担的职责不同，亲属关系也存在着远近亲疏之别，上述差异决定了不同的家庭成员在继承顺序上的差异。如与被继承人血缘关系最近的父母、子女作为第一顺序的继承人；隔代的血缘关系，如祖父母、兄弟姐妹为第二顺序的继承人。而曾祖父母、高祖父母、叔伯姑舅姨、侄子女、甥子女、堂兄弟姐妹、表兄弟姐妹等，虽然与被继承人也有血缘关系，但是通常其不是一个家庭的成员，彼此间往往不具有扶养、赡养关系，因而不属于法定继承人的范围。而养亲、有扶养关系的继亲、对公婆尽了主要赡养义务的丧偶儿媳、对岳父母尽了主要赡养义务的丧偶女婿，他们之所以能成为法定继承人，则因其与死者生前有扶养、赡养关系，且与死者是共同生活的家庭成员。故法定继承人的范围必然以人身关系为前提。

（二）继承顺序的伦理性

功能主义社会学家帕森斯曾提出"洋葱"理论来阐释家庭结构，其认为家庭关系就像一个洋葱，具有一系列的层级，越往外层的人与中心个体之间的关系越疏远。而"洋葱"的中心则是由两个家庭成员组成的，一个是由其个人与其父母以及兄弟姐妹组成的家庭群体，一个是由其配偶及其儿女组成的家庭群体。而其他较远的亲属之间，由于彼此接触较少，彼此间的给予也就越少。基于此种原因，家庭中的优先权通常赋予处于"洋葱"结构中心的成员。①

就我国社会而言，社会格局"不是一捆一捆扎清楚的柴，而是好像把一块石头丢在水面上所发生的一圈圈推出去的波纹。每个人都是他社会影响所推出去的圈子的中心。被圈子的波纹所推及的就发生联系。每个人在某一时间某一地点所动用的圈子是不一定相同的。（也就是差序格局）……在差序格局中，社会关系是逐渐从一个一个人推出去的，是私人联系的增加，社会范围是一根根私人联系所构成的网络，因之，我们传统社会里所有的社会道德也只在私人联系中发生意义"②。

家庭生活就属于这种差序社会格局的典型，越在外层的波纹受到中心的影响越小，而如果这个中心处于被继承的状态，那么越是外层的亲属其受到被继承人死亡的影响也就越小，也越容易从波纹状态恢复到平静状态。事实上，被继承人与较远的亲属之间，通常彼此投入的感情较少，希望彼此继承遗产的愿望也不会强烈，这与处在中心周围的近亲属的情感，是存在较大差别的。即"一个人的子女或近亲属通常在被继承人弥留之际守在床边，他们是他死亡时最后见到的人，因此，他们通常成为财产的下一个直接占有者"③。

从财产的角度来看，将被继承人的遗产交由与其更加亲密的近亲属继承，也可视为对其

---

① ［加］大卫·切尔：《家庭的社会学》，彭铟旎译，中华书局 2005 年版，第 46 页。

② 费孝通：《乡土中国》，北京大学出版社 2012 年版，第 41～42 页、第 48 页。

③ Jess Dukeminier and Stanley M. Johanson, Wills, Trusts and Estates (Sixth Edition), Beijing: Citic Publishing House, 2003.

近亲属失去亲人的精神抚慰。由此而言,法定继承制度的立法目的仍在于实现死者的意愿,而不能单纯理解为国家对家庭生活的直接干预。

第三节 历史沿革

法定继承的范围与顺序,因社会变迁、法制改革、习俗更新而发生变化。不同时期的继承立法,其法定继承的范围与顺序也不同。

一、发展历程概述

在我国的奴隶社会、封建社会,身份继承是财产继承的前提和根据,实行身份、权利、地位、财产融为一体的宗法等级制度。基于宗法等级制度,长子继承是法定继承制度的核心,女性的继承权受到限制,且只有在"户绝"以及特定情形下,才能成为遗产承受人。1930 年,国民政府的《民法·继承编》开始取消宗桃继承。新中国成立后,彻底废除一切旧法律,有关部门结合我国的社会实际制定出一系列民事政策和法律,最高人民法院也先后于 1963 年 8 月、1972 年 2 月、1984 年 8 月在有关司法解释中,对法定继承人的范围、继承顺位、继承份额、遗产分配原则等作了较为系统、全面的规定。

(一)司法解释的规定

1951 年 9 月 15 日的《最高人民法院关于继承权问题给政法委员会的复函》指出:配偶、子女及无劳动能力或其他生活条件的父母为第一继承顺序,有生活条件的父母视为第二继承顺序,兄弟姐妹为第三继承顺序。

1954 年 12 月 21 日的《最高人民法院关于继承案件中几个问题的意见(初稿)》又提出:被继承人的子女、配偶和不能维持生活的父母为顺序最优的继承人,能够生活的父母次之,最后的为被继承人的兄弟姐妹。受其影响,立法机关于 1958 年 3 月草拟的《继承法草案》第14 条、第 15 条规定的法定继承人的范围和顺序为:配偶、父母、子女;兄弟姐妹;祖父母。被继承人的孙子女、曾孙子女可以代位继承。

1963 年 8 月 28 日的《最高人民法院关于贯彻执行民事政策几个问题的意见(修改稿)》又解释为:被继承人的遗产,首先应由其配偶、子女和父母继承,无前述继承人的则应由同胞的兄弟姐妹继承。

1979 年 2 月 2 日颁发的《第二次全国民事审判工作会议关于贯彻执行民事政策法律的意见》解释为:被继承人的遗产,首先应由其配偶、子女和父母继承,子女已过世的由其孙子女、外孙子女代位继承。如果没有配偶、子女和父母的,祖父母、外祖父母和兄弟姐妹可以继承其财产。

(二)《继承法》的规定

1985 年 4 月 10 日通过了现行的《继承法》,其第 10 条明确规定了法定继承人的范围与顺序。为贯彻《继承法》,最高人民法院公布了《继承法意见》,以解决继承领域的特殊问题。

我国《婚姻法》确立了婚姻自由、一夫一妻、男女平等的婚姻家庭制度,完全剔除了旧中国存在的纳妾制度,并严格禁止重婚,从而彻底结束了旧中国数千年来存在的"一夫一妻多妾"制的婚姻历史。在新中国成立后,妾在我国不具有合法地位,自然在遗产继承中不得以配偶身份继承死者遗产。但在 1950 年《婚姻法》颁布以前已经成为事实上的"一夫多妻"关系,属于旧中国的历史遗留问题。对于这些历史遗留问题,当时采取了以历史眼光对待的办法,即无论是妻还是"妾",对其夫都享有平等的继承权,都是第一顺序的法定继承人。[①] 当然,这些历史遗留问题随着时间的推移,早已不复存在。

二、现行规则成因分析

《继承法》规定的法定继承人的范围与顺序,具有特定的立法原因。关注其立法原因,对理解其立法目的具有意义。

(一)曾受苏联民法的影响

1922 年的苏联《民法》第 418 条规定,法定继承人是被继承人的子女、配偶和丧失劳动能力的父母,以及其他丧失劳动能力并且在被继承人生前依靠被继承人生活一年以上的人;被继承人的子女死亡的,则由其孙子女、曾孙子女代位继承。而在 1945 年 6 月 12 日,最高苏维埃主席团又颁布法令补充规定,若没有上述继承人,或者继承人不接受继承时,法定继承人就是被继承人有劳动能力的父母;若没有父母,则为被继承人的兄弟姐妹。

1964 年 6 月 11 日通过的《苏俄民法典》第 532 条规定,法定继承中的第一顺序为子女、配偶、父母,第二顺序为兄弟姐妹、祖父母和外祖父母。而苏联民法之所以如此设计法定继承制度,往往被认为是受恩格斯理论观念的影响。在恩格斯看来,实现无产阶级的革命,消灭私有制或限制私有制,其中一项直接的措施就是取消旁系亲属(兄弟、侄甥等)的继承权。

在新中国成立前革命根据地有关继承的相关规定中,已经凸现了苏俄民法的观念影响。如作为东北地区解放最早的城市哈尔滨,其市人民政府就在 1949 年制定了《哈尔滨市处理继承办法草案》,其中就法定继承人的范围和顺序依次规定为:配偶、直系卑亲属、无劳动能力的父母、在被继承人临死前曾连续受被继承人扶养一年以上之丧失劳动能力者;有劳动能力的父母;祖父母;兄弟姐妹;与被继承人同一经济生活单位,且又为生活所必需者。这种继承观念的影响一直延续到新中国成立以后,从 20 世纪 50 年代开始的最高人民法院的历次司法解释、立法机关所设计的《继承法草案》乃至最终颁布实施的《继承法》中的相关规定可以得到证明。

(二)曾受新中国成立初期与改革开放初期的社会生产力的影响

无论是在新中国成立初期还是在改革开放初期,我国社会的生产力发展水平均较为落后,国家与个人的物质财富也不够丰富。国家对于未成年人、老年人、病残者等弱势群体的社会保障与福利也不健全,家庭作为社会的重要组成单位,必然受到当时国情的影响。而以家庭为单位实现养老育幼、照顾病残之目的,是当时可采取的主要社会保障手段。这种社会现状直接反映到当时的立法与司法实践中。如前述 1951 年 9 月 19 日《最高人民法院关于继承权问题给政法委员会的复函》和 1954 年 12 月 21 日《最高人民法院关于继承案件中几个问题的意见(初稿)》中所确定的法定继承人的范围,是依"有无劳动能力或其他生活条件"

---

① 刘春茂主编:《中国民法学·财产继承》,人民法院出版社 2008 年版,第 160 页。

为标准而确定被继承人近亲属的先后继承顺序的,其目的就在于不因被继承人的死亡而影响其生前扶养、赡养、抚育的近亲属的生活,使这些近亲属在被继承人死亡后,通过其遗产而实现老有所养、幼有所助的目的,进而维系社会秩序的稳定,减少国家福利负担。因为,即使将被继承人的遗产全部收归国有,国家也无法将其全部遗产用于其近亲属的生活保障。

在上述两种原因中,第二种原因对继承制度的形成起到了更为主要的作用。就当时客观情形而言,我国社会保障制度是严重匮乏的,尤其在广大农村地区,社会保障制度几乎成为空白。子女的抚养、老人的赡养、病残亲属的扶养,几乎全部由家庭承担,遗产无疑成为供养家庭成员生活的重要生活资料。而囿于当时人们普遍缺乏私有财产的现实,仅限定少数近亲属取得被继承人的遗产,也不会引起其他亲属的质疑。

第四节　法条诠释

《继承法》第 10 条明确了法定继承人的范围与顺序。理解该规定,对于界定继承人的范围与顺序是非常必要的。

一、法定继承顺序的特点

法定继承人的继承顺序,是指法律规定的法定继承人参加继承的先后次序,也称法定继承人的继承顺位或简称为"顺位"。在适用法定继承时,法定继承人必须按照本条规定的顺序参加继承,即先由前一顺序的继承人继承,没有前一顺序的继承人继承时,才由后一顺序的继承人继承。

法定继承人的顺序具有以下特征:(1)法定性。法定继承人的范围与顺序,均须法定。《继承法》第 10 条主要是根据继承人与被继承人之间的亲疏远近、血缘关系对法定继承人的范围与顺序作出直接规定,而不能由当事人自己决定。(2)强行性。规制法定继承顺序之目的,在于保护不同情形下的继承人的继承利益。关于法定继承顺序,任何人或机关均不得以任何理由变更。继承人可以放弃继承权但不能改变自己的继承顺序。(3)排他性。法定继承人只能依法定的继承顺序依次参加继承,即前一顺序的继承人排斥后一顺序的继承人。只有当前一顺序的继承人放弃继承或者丧失继承权(包括全部丧失与部分丧失)时,并且该顺序的其他继承人也存在同样的情形时,后一顺序的继承人才有权参加继承。(4)限定性。继承顺序仅限定在法定继承中适用。在遗嘱继承中,遗嘱继承人不受法定继承人的继承顺序的限制,不在法定继承人范围内的其他自然人或组织,也可以作为遗嘱继承人。[①]

二、法定继承人的范围

依《继承法》第 10 条的规定,法定继承顺序有二:第一顺序的继承人为被继承人的配偶、子女、父母,以及《继承法》第 12 条规定的对公婆或岳父母尽了主要赡养义务的丧偶儿媳或丧偶女婿;第二顺序的继承人为被继承人的兄弟姐妹、祖父母与外祖父母。虽然很多学者指出现行《继承法》规定的继承顺序较为简单,但是就该顺序本身而言,每个顺序中的法定继承人的范围还是相对较大的,不会出现近亲属在继承遗产时相互排斥的现象,比较符合我国当

---

① 郭明瑞、房绍坤:《继承法》,法律出版社 2004 年第 2 版,第 107 页。

代家庭关系的构成并有助于发挥家庭职能,且不易出现遗产分配过于集中的现象。

（一）配偶

夫妻是共同生活的伴侣,夫妻双方互为配偶。在夫妻一方死亡前,已经离婚的前妻或前夫,均不能称为配偶。

在我国,民众对配偶一词的理解一般是没有分歧的,但在实践中也确实出现过对配偶一词的错误理解。如与被继承人生前已经离婚的当事人一方主张以配偶的身份继承遗产,这显然不符合我国婚姻家庭法有关配偶一词的界定与解释。只要婚姻关系已经解除,无论离婚后的两个人是否仍然共同生活,该两人均不属于配偶。同理,即使两人长期以夫妻名义共同生活,但只要两人未依法办理结婚登记,且不属于事实婚姻,那么,该两人亦不属于配偶关系。衡量两个人是否为配偶的标准,就在于其于被继承人死亡前是否办理了结婚登记或者是否构成事实婚姻。至于其是否实际共同生活,是否同居,是否举行结婚仪式,是否补办婚姻登记手续,是否在被继承人死亡前两人的感情已经实际破裂等,均在所不问。

当夫妻之一方死亡时,生存的另一方则对死者的遗产享有继承权。无论生存的配偶是夫或妻,其遗产继承权都是平等的,不因性别的不同而有所差异。配偶双方相互享有遗产继承的权利,是目前世界上多数国家的普遍规定。其主要有两点原因:

1. 肯定配偶的贡献价值

肯定配偶的贡献价值是对配偶在婚姻关系存续期间共同生活的价值予以承认。"婚姻或结婚是男女的结合,包含有一种彼此不能分离的生活方式。"[1]一个家庭的建立与维系,往往是配偶双方共同劳动、同甘共苦、相互扶持的结果,即家庭利益与配偶彼此的身份利益融合在一起。虽然婚姻法认可夫妻之间可各自拥有个人财产,但是就实践层面而言,在婚姻关系存续期间,无论是夫妻双方共同劳动创造的财富还是夫妻一方各自劳动创造的财富,均与夫妻他方给予的物质与精神层面的支持密切相关。如果夫妻双方关系紧张、彼此不睦,就不可能投入足够的精力去创造财富。即使是属于夫妻一方单独所有的财产,该财产在创造的过程中也不能脱离另一方的支持,只是这种精神层面的支持难以被精准地进行价值估值。因此,在财产所有人死亡时,由其配偶首先继承遗产,就在于肯定继承人在夫妻关系中对被继承人创造财富所作出的贡献。

2. 符合民众的情感意愿

在家庭生活中,配偶是最基本的彼此生活的照料者。[2] 在相互照料中,彼此付出较多,规定配偶之间相互享有对方遗产的继承权,符合《继承法》所倡导的权利义务相一致原则。配偶相互照料关系的存在,也使民众通常希望自己的配偶作为第一顺序继承人继承遗产。依据学者对北京市、重庆市、武汉市及山东省民众继承习惯的调查,上述四个地区的民众均选择将配偶作为第一顺序的法定继承人。[3] 现行继承立法与民众继承期待是一致的。

---

[1] 杨振山:《罗马法、中国法与民法法典化》,中国政法大学出版社1995年版,第485页。
[2] [加]大卫·切尔:《家庭的社会学》,彭钢旎译,中华书局2005年版,第46页。
[3] 陈苇:《当代中国民众继承习惯调查实证研究》,群众出版社2008年版,第139～141页、第310～312页、第422页、第538～539页。

(二)子女

子女是直系血亲卑亲属中最亲近的人。古今中外,子女都是第一顺序的法定继承人,而且自罗马法以降,许多国家的法律明确规定,父母没有正当理由,不能剥夺、取消子女的继承权。因为与这种最亲近直系血亲相伴的,父母与子女之间相互承担的扶养义务是最多的。而在父母死亡时,也通常希望由子女继承遗产。正如罗马法学家盖尤斯所说,这"既合法又自然……"[1]其中既蕴含着财产流转之目的,也蕴含着确保被继承人自身血统延续之目的。

1. 子女的一般规定

"子女,包括婚生子女、非婚生子女、养子女和有扶养关系的继子女。"在家庭关系中,父母总是希冀将财产留给自己的子女,无论子女是婚生子女抑或是非婚生子女,即子女都享有平等的继承权。如我国《婚姻法》第25条规定:"非婚生子女享有与婚生子女同等的权利,任何人不得加以危害和歧视。不直接抚养非婚生子女的生父或生母,应当负担子女的生活费和教育费,直至子女能独立生活为止。"透过文学作品,我们也能感受到父母希望子女继承其遗产的心态。例如,在托尔斯泰的《战争与和平》这一巨著中,也有类似的情节描述:哪怕皮埃尔是别祖霍夫的私生子,依当时俄国法律虽然其不能继承其贵族身份,但是别祖霍夫还是特意写信请求沙皇特许皮埃尔继承自己的身份与财产。由此可见,父母对于婚生子女与非婚生子女的情感可能存在着差异,但在继承自己财产的问题上,则不存在厚此薄彼的取舍。除婚生子女与非婚生子女外,《继承法》第10条第3款规定了养子女、有扶养关系的继子女与婚生子女、非婚生子女具有同样的法定继承顺序。

2. 养子女的继承权

养子女,指被收养的子女。我国《收养法》第22条规定:"自收养关系成立之日起,养父母与养子女间的权利义务关系,适用法律关于父母子女关系的规定;养子女与养父母的近亲属间的权利义务关系,适用法律关于子女与父母的近亲属关系的规定。"因此,养子女与养父母之间的权利义务关系,与亲生的父母子女间的权利义务关系是完全相同的。当然,养子女与养父母的关系毕竟与亲生子女与亲生父母的关系不同,后者基于自然血缘,而前者只是基于法律拟制。自然血缘关系一旦建立就不能解除,而拟制血亲关系依法产生,自然亦可依法解除,即依法解除收养关系。一旦养父母与养子女间的收养关系解除,彼此之间的权利义务关系也随之消灭,基于法律拟制而产生的继承关系,也因此不复存在。故本条规定的养子女享有法定继承权,仅限于在被继承人死亡时,养父母与养子女仍然存在合法的收养关系;若收养关系解除后,养子女则不再享有对养父母遗产的法定继承权。

实践中也存在着一种"养孙子女",即由于我国《收养法》对收养人年龄的限制,一些收养人在收养子女时年龄较大,与被收养人之间的年龄差也较为悬殊,在年龄上存在着辈分的不同,于是将养子女视为"养孙子女"。这种"养孙子女"实际上就是养子女。由于我国《收养法》并未规定"养孙子女",故收养人在办理"养孙子女"的收养手续时,适用收养子女的相关规定。《继承法意见》第22条对此予以确认,"收养他人为养孙子女,视为养父母与养子女的关系的,可互为第一顺序继承人"。即"养孙子女"与"养祖父母"之间的关系适用养父母与养子女的有关规定,彼此享有法定继承权。

---

① ［英］巴里·尼古拉斯:《罗马法概论》,黄风译,法律出版社2000年版,第249页。

3. 继子女的继承权

继子女，是指配偶一方与其前夫或前妻所生的子女。继子女与继父母之间的关系，是因父母一方死亡、另一方与他方再婚，或者父母离婚后一方或双方与他人再婚而形成的关系。《继承法》将继子女分为有扶养关系的继子女与无扶养关系的继子女，前者属于第一顺序的法定继承人，而后者则不在法定继承人范围之内。关于前者，继子女与继父或继母已经形成了扶养、赡养或抚养关系。因此，无论基于权利义务相一致原则，还是基于被继承人的生前意愿，法律赋予其与亲生子女相同的法定继承顺序。关于后者，继父母与继子女关系，仅为"名义"上的关系，彼此之间通常不存在较为亲密的关系，继父母也不会将继子女"视为己出"，故法律并无须赋予彼此以继承权。

具有扶养关系的继子女在继承继父母的遗产后，并不影响其作为亲生子女继承其生父母的遗产。即"有扶养关系的继子女"继承继父母遗产的继承法律关系与"（亲生）子女"继承自己生父母遗产的继承法律关系，互不影响，互不混淆。对此，《继承法意见》第21条第1款明确规定："继子女继承了继父母遗产的，不影响其继承生父母的遗产。"

4. 过继子的继承问题

在我国民间，存在着与养子女较为类似的"过继子"。"过继子"，源于我国传统的宗祧继承，一般分为三种情况：一是"过继子"在被继承人生前就"过继"给被继承人，与被继承人共同生活，相互之间形成了事实上的扶养关系，彼此视为一个家庭的成员；二是"过继子"在被继承人死亡后"过继"，"过继子"与被继承人生前并没有共同生活，只是在其死后依照当地风俗为被继承人打幡、摔罐、送葬而已；三是"过继子"生前"过继"给被继承人，但并未与其共同生活，没有形成事实上的扶养关系，而只是在家庭生活、生产活动中，彼此给予一定的相互帮助。后两种情形完全属于封建宗祧继承的残余，该"过继子"关系不具有法律效力，其既不属于养子女也不属于有扶养关系的继子女。但是，第一种情形中"过继子"是否享有法定继承权，则需具体问题具体分析。

仅就文义解释而言，本条规定的子女范畴，并不包含任何一种"过继子"情形。但是如果从体系解释、立法目的解释出发，第一种"过继子"与"过继父母"已经履行了扶养或赡养义务，其"过继父母"可能期望将自己的遗产留给"过继子"继承，"过继子"实际履行的是类似"遗赠扶养协议"的义务。由于"过继子"现象往往发生在偏僻的农村，被继承人一般并没有定立遗嘱或签订遗赠扶养协议的意识，也没有办理收养登记的意识。如因此而完全取消"过继子"的法定继承权，既不利于保障其自身利益，也不利于孤寡老人的养老保障。因此，应从立法目的、体系解释出发，贯彻《继承法》的基本原则——养老育幼与照顾病残相结合、权利义务相一致的原则，对"子女"作扩大解释。只要彼此之间符合事实收养的条件，即应赋予"过继子"以与"养子女"同等的法定继承顺序与继承权。

（三）父母

父母对子女而言，是直系血亲尊亲属中最亲近的人。父母对子女的养育，不仅是一种法定义务，更是父母对子女伦理意义上的爱。为避免"白发人送黑发人"引发的社会问题，将父母作为第一顺序法定继承人，既符合子女的生前意愿，也体现了继承法对孤老病弱人群的人文关怀。

父母与子女之间的亲子关系，建立在自然血亲的基础上。无论父母是否离婚或再婚，均不影响父母与子女之间的血亲关系。故无论父母是否存在着婚姻关系,均不影响其子女作为第一顺序的法定继承人继承其遗产。

《继承法》第 10 条规定了养父母、有扶养关系的继父母与亲生父母具有相同的法定继承顺序。养父母作为拟制血亲,只要其收养关系没有终止,就享有对其养子女的遗产继承权。该继承权不因养父母是否离婚、再婚而发生变化。此外,如果被继承人与继父或继母之间形成了扶养关系——赡养或抚养,则继父母有权继承与其形成了扶养关系的继子女的遗产。

(四)兄弟姐妹

兄弟姐妹是旁系血亲中最亲近的人。《继承法》第 10 条第 5 款对兄弟姐妹的范围作出明确的界定。具体包括:基于自然血亲产生的兄弟姐妹关系,如同父同母、同父异母和同母异父的兄弟姐妹;基于拟制血亲产生的兄弟姐妹关系,如养兄弟姐妹以及有扶养关系的继兄弟姐妹。无论是亲兄弟姐妹、养兄弟姐妹,还是有扶养关系的继兄弟姐妹,彼此间都有相互继承遗产的权利,均属于法定继承人的范围,只是彼此处于第二继承顺序,这是由血缘关系的亲疏远近决定的。

基于我国传统民俗,兄弟姐妹之间素有团结互爱、辅助帮衬的传统。民间流传着的"长兄如父,长姐如母"的谚语,体现出年长的兄姐对于年幼弟妹的照看帮助之情。特别是在多子女的家庭中,当年幼的弟妹尚未成年前,年纪较大的兄姐往往会代父母承担着对其教育、照看等抚育义务,故彼此之间享有相互的遗产继承权。至于养兄弟姐妹,虽然其关系的产生是因法律拟制的,但是因其自身与养父母之间合法收养关系的存在,养兄弟姐妹之间则形成拟制血亲关系,彼此之间相互享有遗产继承的权利。

继兄弟姐妹之间的继承关系较为特殊。即如果继兄弟姐妹仅与继父或继母之间存在扶养关系,而彼此之间没有扶养关系,那么其只能作为与其有扶养关系的继父母的法定继承人,而不能作为继兄弟姐妹的法定继承人。因为继兄弟姐妹之间的关系源于其父母(包括了继父或继母与亲生的母或父)两人的婚姻关系,而非继父母与其继子女之间直接建立的法律拟制血亲关系。这就意味着继兄弟姐妹之间未必会有较为亲密的关系,甚至在社会生活中,呈现出略显"紧张、尴尬"的状态。因此,对于这种间接拟制的亲属关系,法律更加强调彼此之间是否具有实际的共同生活,且必须在共同生活中确实形成了扶养关系。也只有在此种情形下,继兄弟姐妹间才彼此互为第二顺序的法定继承人。

(五)祖父母与外祖父母

祖父母与外祖父母是隔代直系血亲尊亲属,除父母外,通常也是直系血亲尊亲属中最为亲近的人。在我国当前的社会背景下,对于因父母外出务工而留守农村的留守儿童而言,祖父母与外祖父母则在其日常生活中扮演着更为重要的角色。祖父母与外祖父母具有同等的血亲地位,在《继承法》上也具有相同的继承顺序。

就我国历史传统而言,祖父母与外祖父母通常不具有继承孙子女或外孙子女遗产的权利。关于这一现象,可从西周到清末的法律规范中找到答案。这种现象并不是对祖父母、外祖父母的"歧视",而是存在"祖在,子孙不得别籍异财"[1]的礼教与制度规范。如《元典章》户

---

[1]　马建兴:《丧服制度与传统法律文化》,知识产权出版社 2005 年版,第 235 页。

部门云:"自后如祖父母、父母许令支析别籍者,听。"《大明律·户律·户役门》云"凡祖父母、父母在,而子孙别立户籍,分异财产者,杖一百",但须祖父母、父母亲告乃坐。清律与明律同,另增附注"或奉遗命,不在此律","其父母许合分析者,听"。① 即在当时的历史背景下,祖父母原本就是家长,支配掌管着全部家产,不存在所谓的由长辈继承晚辈财产的可能。

随着封建王朝在中华大地上的结束,以"父权"为核心的封建礼教也随之被历史湮没,孙子女、外孙子年与祖父母、外祖父母长期共同生活的现象也随之减少,祖父母与外祖父母可否继承孙子女、外孙子女的遗产,逐渐成为一个法律问题。在民国九年(1920 年)的大理院判例中,开始承认祖父母享有孙子女的遗产继承权,而直至 1930 年的中华民国"民法继承编"中,才将祖父母列入第四顺序的法定继承人。

新中国成立后,为了更好地保障老年人的生活,同时结合祖父母、外祖父母与被继承人的血缘关系,遂将其与兄弟姐妹并列作为第二顺序的法定继承人,从而体现《继承法》所坚守的"养老育幼与照顾病残"的原则。

三、典型案例

【案例一】

安徽省马鞍山市中级人民法院

民 事 判 决 书

(2015)马民一终字第 00124 号

上诉人(原审原告暨反诉被告):沈某,男,1954 年 3 月 15 日出生,汉族,马钢质检中心退休职工,住安徽省马鞍山市花山区。

委托代理人:袁贤广,安徽铭心律师事务所律师。

被上诉人(原审被告暨反诉原告):范某,女,1970 年 10 月 5 日出生,汉族,北京解放军总医院技师,住北京市海淀区。

委托代理人:尹永军,安徽天德律师事务所律师。

上诉人沈某因与被上诉人范某法定继承纠纷一案,不服马鞍山市花山区人民法院(2014)花民一初字第 02461 号民事判决,向本院提起上诉。本院受理后,依法组成合议庭,于 2015 年 3 月 6 日公开开庭进行了审理。上诉人沈某及其委托代理人袁贤广、被上诉人范某的委托代理人尹永军到庭参加诉讼。本案现已审理终结。

沈某在原审中诉称:其系被继承人范萍的继子,范萍无其他子女。范萍于 1994 年通过不正当手段将户口迁至范萍处,挂名为范萍的养女,其将户口迁至范萍处后即去北京工作。直至范萍去世前,范某从未对范萍尽过赡养义务,对范萍亦漠不关心、不闻不问,从未回马鞍山探望过范萍。范萍年事已高,生活无法自理,一直由沈某悉心照顾其生活起居。范萍于 2014 年 2 月 5 日去世,后范某要求分得范萍遗留的位于本市花山区人民新村××栋×××室房屋一套及其他遗产。沈某认为,范某并非范萍真正的养女,仅系挂户在范萍处,且从未对范萍尽过赡养义务、情节严重,不应继承范萍的遗产。现请求法院依法判令:沈某继承范萍位于本市花山区人民新村××栋×××室房屋一套及银行存款、其他物品等遗产,范某不得继承上述遗产。

---

① 《大清律辑注》户律,户役门。

范某在原审中反诉称:其系范萍的养女。范萍于 2014 年 2 月 5 日因病去世,生前未留有遗嘱。范萍有位于本市花山区人民新村××栋×××室房屋一套及银行存款、其他物品等遗产,范某系范萍唯一的法定继承人,依法应对上述遗产享有继承权。因沈某阻挠且控制范萍的财产,范某无法正常行使自己的合法权益。现请求法院依法判令:"一、确认范某系范萍的唯一合法继承人;二、范某继承范萍位于本市花山区人民新村××栋×××室房屋一套及银行存款,其他物品等遗产。"

原审查明:范萍与沈根林系夫妻关系。婚前,沈根林收养一子,系沈某。婚后,范萍与沈根林收养一女范培芳,范培芳于 1989 年 4 月 27 日因病去世。1992 年 5 月 11 日,沈根林去世。1992 年 12 月,范萍以范某系其非婚生女为由向有关部门申请将范某户口迁至其户籍处。2003 年,范萍购置位于本市花山区人民新村××栋×××室房屋一套。2014 年 2 月 5 日,范萍去世。范萍名下有建设银行定期存款(账号为 17×××37)余额为 10830 元,定期存款(账号为 17×××54)余额为 5440 元,定期存款(账号为 17×××08)余额为 11840.32 元,活期存款(账号为 17×××30)余额为 45434.35 元。沈某先后于 2014 年 3 月 6 日、5 月 9 日自范萍建设银行活期存款(账号为 17×××46)支取现金 15000 元、943 元,该账户现余额为 0.36 元。诉讼中,沈某、范某就上述房屋现值 20 万元协商一致。另查明,范萍生于 1935 年 3 月 29 日,其曾填写一份就业人员清理呈批表,记载其当时年龄 30 岁,丈夫沈根林有一子沈某,三人均居住于本市慈湖鞍山铸管厂。

原审认为:关于沈某、范某是否系范萍的法定继承人。法律规定,被继承人去世后,享有法定继承权的子女包括婚生子女、非婚生子女、养子女和有扶养关系的继子女。沈某系范萍配偶沈根林于双方婚前收养的子女,依据范萍填写的就业人员清理呈批表可以认定范萍、沈根林于 1965 年左右已结婚,当时沈某尚未成年,随沈根林、范萍共同生活。依据证人证言可以认定范萍去世前一段时间由沈某照顾、范萍的丧事主要由沈某予以料理。故沈某应系范萍与其有扶养关系的继子,有权继承范萍的遗产。范某关于沈根林养子系沈培荣而非沈某的辩称,依据本案的证据材料,可以认定沈培荣系沈某曾用名,故对该辩称不予采纳。虽沈某认为范萍在公安机关陈述范某系其非婚生女的陈述系虚假陈述,但未能提供证据予以证明,故范某作为范萍非婚生女有权继承范萍的遗产。关于沈某、范某继承范萍遗产的份额。法律规定,对被继承人尽了主要扶养义务或者与被继承人共同生活的继承人,分配遗产时,可以多分。范某虽系范萍非婚生女,但其户籍迁至范某处时已经成年,其亦未能提供充分证据证明双方曾共同生活过,而沈某与范萍共同生活过且在范萍去世前予以照顾,故在分割范萍遗产时,沈某酌情予以多分遗产。关于范萍的遗产,范萍名下的位于本市花山区人民新村××栋×××室房屋、银行存款余额 73545.03 元系其遗产,沈某于范萍去世后自范萍账户支取的现金 15943 元,其虽主张其中 15000 元系其个人财产存入范萍账户内为范萍购买保险但未能提供证据证明,故该款亦应纳入范萍的遗产予以分割。综上所述,范萍的遗产具体分割方式以位于本市花山区人民新村××栋×××室房屋及沈某自范萍账户支取的现金 15943 元归沈某所有,范萍名下的银行存款余额归范某所有,沈某支付范某 50000 元为宜。据此,原审法院依照《中华人民共和国继承法》第 3 条、第 10 条、第 13 条,《中华人民共和国民事诉讼法》第 126 条、第 142 条之规定,于 2014 年 12 月 29 日作出如下判决:"一、位于马鞍山市花山区人民新村××栋×××室房屋归原告沈某(反诉被告)所有;二、原告沈某(反诉被告)自范萍名下建设银行活期存款支取的现金15943元归原告沈某(反诉被告)所有,范萍名下银行存款[建设银行定期存款(账号分别为17×××37、17×××54、17×××08)、活期存款(账号分别为17×××30、17×××46)]余额73545.03元归被告范某(反诉原告)所有;三、原告沈某(反诉被告)于本判决生效之日起7日内支付被告范某(反诉原告)50000元;四、驳回原告沈某的其他诉讼请求;五、驳回反诉原告范某的其他诉讼请求。本诉案件受理费5200元,减半收取2600元,反诉案件受理费5200元,减半收取2600元,合计5200元,由原告沈某(反诉被告)负担2600元,被告范某(反诉原告)负担2600元。"

宣判后,沈某不服,向本院提起上诉称:(1)范某并非范萍的亲生女,原审认定范某系范萍的非婚生女,但认定该事实的证据仅是一份范萍在公安机关的陈述与一份调查报告,且该陈述与其他证据相左,存有异议,不足以作为定案依据。范某的亲生父母系巫时武和张继英,范某原名巫士秀,虽范萍于1992年12月5日出具的经过说明中称范某系其亲生女儿,但并未提供医院的出生证明或亲子鉴定等证据,也未说明其亲生父亲是谁,其目的是将范某的户口迁至自己家庭。另范某称其系范萍养女,未说自己是范萍的亲生女儿,如果其是范萍亲生女儿,沈某应当知情,且范萍弟弟范福荣对此事也不知晓,有违常理。(2)范某与范萍之间也不存在任何收养关系。因范某不符合收养法规定的收养条件,也未在民政部门进行登记,因此,范某并非范萍养女,只是户口挂靠在范萍处,范某无任何法定继承权。(3)范萍遗留的财产总价值是289948元,原审判决沈某分得16万元,范某分得12万元,比例为53%。但范萍所有的财产中含有丧葬费,范萍去世后,所有的费用都是沈某支出,且沈某对范萍照顾较多,应当多分遗产,原审判决违反了公平原则。综上所述,请求二审依法撤销原审判决,并依法改判。

范某辩称:(1)关于范某身份的问题。沈某认为其不是范萍的非婚生女,但没有任何证据加以证明。(2)根据1992年12月5日范萍出具的经过说明、民警出具的证明材料、范萍后期户口登记簿及沈某申请证人的证言等证据,均足以证明范萍与范某的母女关系。(3)关于收养是否合法的问题,事情已经过去20多年。在公安部门出具的户口簿上恰恰证明了范萍与范某的母女关系。综上所述,原审认定范某有法定继承权认定事实清楚,适用法律正确。

在二审中,沈某提供《离退休人员信息管理表》一份,载明当时范萍留下的联系方式是沈某,并没有范某,证明范某并非范萍子女。

范某质证认为:对该证据的真实性、合法性、关联性均有异议,范某的身份问题只能由公安机关认定,该份表上"子女"一栏只有一个空格,并不能排除范萍没有其他子女。

范某提供以下证据并作说明:(1)三姚村委会出具的证明,证明因范萍的房屋拆迁,在2003年至2004年期间,范萍在三姚村租房的事实;(2)范萍当时租房的房东及邻居出具的证明各一份,证明范某经常去看望老人,没有其他人去看望老人。

沈某质证认为:对于证据的真实性有异议,根据法律的规定,所有证据均是证人证言,证人应当到庭,因此,对该组证据不予认可。

本院经审查认为:沈某提供的证据未加盖社保部门的印章,对其真实性不予认定;范某提供的证据2系证人证言,因证人未出庭作证,故范某提供的证据达不到其证明目的,本院不予认定。

二审查明的事实与原审相同。

本院认为:综合双方当事人的诉辩意见,归纳本案二审的争议焦点为:(1)范某是否为范萍合法的遗产继承人;(2)原审对涉案遗产的分配是否适当。

一、关于范某有无继承权问题。根据《中华人民共和国继承法》第9条的规定,享有法定继承权的子女,包括婚生子女、非婚生子女、养子女和有扶养关系的继子女。本案中,根据范萍于1992年12月5日在本市花山派出所所作《关于我女儿范某被抚养的经过》的陈述、花山派出所出具的《关于农转非户口调查报告》及和县公安局白桥派出所与和县白桥镇周墩村民委员会共同出具的《关于农转非的申请报告》等证据,均能证明范某系范萍非婚生子女,并于1992年12月将其户口迁至范萍户籍处。因此,范某作为被继承人范萍的非婚生子女,享有继承范萍遗产的权利。沈某虽辩称范某并非范萍亲生女,但未提供充分证据加以反驳,故对沈某的该项诉请,本院不予支持。

二、关于遗产分配问题。《中华人民共和国继承法》第13条第3款规定,对被继承人尽了主要扶养义务或者与被继承人共同生活的继承人,分配遗产时,可以多分。本案中,沈某虽未与范萍共同生活,但在范萍生前沈某对其照顾较多,尽了主要扶养义务,依法可以多分遗产。范萍的遗产总价值为289488.03元,原审判令沈某分得遗产总价值的57.3%即165943元,较为适当。沈某称其支出了丧葬费等费用,应从范萍遗产中扣除,但其既未明确具体数额,亦未提供相关证据证明,故对沈某的该项主张,本院不予采纳。

综上所述,原审认定事实清楚,适用法律正确,应予维持。依照《中华人民共和国民事诉讼法》第170条第1款第(1)项之规定,判决如下:

驳回上诉,维持原判。

一审案件受理费的负担按一审判决执行;二审案件受理费5200元,由上诉人沈某负担。

本判决为终审判决。

[裁判要旨]《继承法》第9条规定,享有法定继承权的子女,包括婚生子女、非婚生子女、养子女和有扶养关系的继子女。本案范某提供的证据均能证明其系范萍非婚生子女。因此,范某作为被继承人范萍的非婚生子女,享有继承范萍遗产的权利。沈某虽辩称范某并非范萍亲生女,但未提供充分证据加以反驳,故对沈某的该项诉请,法院不予支持。

【案例二】

江苏省南京市中级人民法院
民 事 判 决 书

(2016)苏01民终8137号

上诉人(原审被告):王某甲,女,1971年11月27日出生,汉族,无业。

委托诉讼代理人:金丽,江苏禾顺律师事务所律师。

委托诉讼代理人:陶玉兰,江苏禾顺律师事务所律师。

被上诉人(原审原告):王某乙,男,1940年12月6日出生,汉族,无业。

委托诉讼代理人:张院生,江苏张院生律师事务所律师。

上诉人王某甲因与被上诉人王某乙继承纠纷一案,不服南京市浦口区人民法院(2015)浦民初字第 2045 号民事判决,向本院提起上诉。本院于 2016 年 9 月 27 日立案后,依法组成合议庭进行了审理。本案现已审理终结。

王某甲上诉请求:撤销原审判决书,依法改判驳回被上诉人在一审的全部诉讼请求,判令被上诉人承担上诉费用。事实与理由:一审认定事实不清,判决依据不足。上诉人母亲赵翠红长期患病,治疗的费用和父母二人的生活费用是上诉人夫妻负责,一审法院仅依据赵翠红去世后名下的银行存款认定为其遗产是不正确的。被上诉人讲述上诉人霸占其存款与事实不符,即使认定赵翠红有上述遗产,在分割时上诉人也应多分,因为赵翠红的各种费用支出都是由上诉人夫妻负担的。

王某乙辩称,赵翠红生前并没有任何债务,所谓的债务是上诉人捏造的,并且上诉人也没有提供证据。上诉人无论有无照顾赵翠红,即使其照顾了赵翠红也应是其应尽的义务,不能与其相继承的财产混淆。根据银行的登记实名制,该钱款登记在赵翠红名下,应属赵翠红与王某乙的夫妻共同财产,一审判决符合法律规定,上诉人的上诉请求不能成立,只是为了拖延诉讼,请求驳回上诉,维持原判。

王某乙向一审法院起诉请求:判令王某甲立即返还 36 万元,归还王某乙的身份证、户口簿和房产证原件;承担本案全部诉讼费。

一审法院认定事实:王某甲是王某乙与亡妻赵翠红的养女,且自幼跟随养父母生活。2013 年 9 月 24 日赵翠红去世,王某乙于 2013 年 10 月 4 日将赵翠红生前名下持有的中国工商银行账户(户名:赵翠红;账号:43×××69)中分别取出 30000 元及相应利息 2068 元和 85288 元及相应利息 5857 元,合计 123213 元。当日(2013 年 10 月 4 日)王某乙在交通银行将上述款项以王某乙为户名分别存了金额为 60000 元(存期为五年)、63000 元(存期为三年)的定期存折两份。2015 年 4 月 20 日王某乙在交通银行以王某乙为户名存了一份金额为 2501 元的定期存折(存期为三个月)。

2014 年 1 月 9 日,王某甲在赵翠红名下的中国工商银行(户名:赵翠红;账号:43×××69)账户中分别取款 5345.4 元(本金 5000.03 元、利息 345.37 元)、21374.62 元(本金 20000 元、利息 1374.62 元),合计 26720 元;2014 年 3 月 27 日,王某甲又在该赵翠红的账户中取款 32067.23 元(本金 30000 元、利息 2067.23 元)。总计 58787 元。

2015 年 6 月 2 日,王某甲将王某乙名下交通银行的上述 60000 元和 63000 元定期存折的存款分别计 60353.5 元(本金 60000 元、利息 353.5 元)、63371.18 元(本金 63000 元、利息 371.18 元)共计 123725 元转入任乐安账户并均销户;2015 年 4 月 28 日任乐安将王某乙名下交通银行的上述 2501 元定期存折的存款计 2501.19 元取走并销户。

一审法院认为,遗产是公民死亡时遗留的个人合法财产,包括公民的收入等。继承开始后,按照法定继承办理;有遗嘱的,按照遗嘱继承或者遗赠办理;有遗赠抚养协议的,按照协议办理。遗产按照下列顺序继承:第一顺序:配偶、子女、父母。同一顺序继承人继承遗产的份额,一般应当均等。夫妻在婚姻关系存续期间所得的共同所有的财产,除有约定的以外,如果分割遗产,应当先将共同所有的财产的一半分出为配偶所有,其余的为被继承人的遗产。赵翠红名下的中国工商银行(户名:赵翠红;账号:43×××69)账户中的存款全部产生于赵翠红生前与王某乙夫妻关系存续期间,故此存款应该属

于夫妻共同财产,赵翠红去世后,该存款的50%属于王某乙应该分得的夫妻共同财产,剩余的50%属于赵翠红去世后留下的遗产,由其法定继承人即王某乙和王某甲继承,因双方均未举证证明存在部分继承人应该多分、少分或不分遗产的情形,故赵翠红的该存款遗产应该由双方均等份额继承,即双方对该存款遗产各继承50%的份额。

赵翠红去世后其名下的中国工商银行(户名:赵翠红;账号:43×××69)账户中的存款加上最终产生的利息共计182512元(123725元+58787元),此款中的91256元属于王某乙应分得的夫妻共同财产,余款91256元是赵翠红去世后的遗产,由王某乙、王某甲各分得45628元,即王某乙总计应分得136884元,王某甲分得遗产45628元。通过庭审查明的事实,王某甲已经获得该182512元,扣除王某甲应该分得的45628元,王某甲应该返还王某乙136884元。另,王某乙要求王某甲返还任乐安于2015年4月28日在其交通银行账户中取走的2501元,因本案是析产纠纷,该2501元是赵翠红去世后王某乙获得的个人财产,与上述182512元具有不同的性质,故该诉讼请求属于不同的法律关系,不能在本案中一并处理,王某乙可以另行主张。一审法院据此判决:"一、被告王某甲于本判决发生法律效力次日起五日内返还原告王某乙136884元;二、驳回原告王某乙的其他诉讼请求。"

本院二审期间,王某甲围绕上诉请求依法提交了证据:南京市城市房屋拆迁补偿专款存款证实书,及任乐安交通银行账户交易明细一份,主张王某乙于2007年11月27日将房屋拆迁补偿专款50万元(该笔钱款应当用于购买三套安置房)取走,该50万元是王某甲、王某乙、赵翠红三人共有的,该笔费用不知用于何处。所以为了填补三套拆迁安置房的购房款,任乐安(王某甲丈夫)于2013年12月3日向南京天华百润投资发展有限公司(拆迁安置的建房公司)支付了购房款共计466914.9元,该466914.9万元中有30多万元是向别人借款,所以2015年6月2日取款是用于还款,并且被上诉人主动提出取款用于还款。经质证,王某乙对交通银行的账户明细的真实性认可,但是认为与本案无关联性。另外,本案结束后,王某乙将对三套安置房提起诉讼,上诉人所称其支付了购房款并不属实。关于上诉人主张的2015年6月2日取款用于归还购房款中的借款不属实,因为当时王某甲对王某乙说社会上骗子多,所以钱款放在王某甲处保管比较安全。当时王某乙基于对王某甲的信任,所以将银行卡和身份证及密码都交由王某甲保管,后来双方之间发生矛盾,导致双方互相不信任,王某甲在未征得王某乙的同意下,擅自取款。

经审理查明,一审法院查明的事实属实,本院予以确认。

上述事实,有双方当事人的陈述、中国工商银行(户名:赵翠红;账号:43×××69)及交通银行(户名:王某乙)个人账户取款凭证(中国工商银行取款凭证3份,交通银行取款凭证3份)、中国工商银行(户名:赵翠红;账号:43×××69)存折交易明细清单、南京市城市房屋拆迁补偿专款存款证实书,交通银行账户交易明细等证据予以证实。

本院认为,本案二审争议的焦点是:王某甲取得的赵翠红名下存款182512元的性质及该款应当如何分割。赵翠红名下的存款应属于其与王某乙的夫妻共同财产,赵翠红去世后,存款中的50%应属赵翠红遗产,原审法院确定由其法定继承人即王某乙和王某甲各继承50%,并无不当,本院予以维持。王某甲上诉主张其夫任乐安于2013年12月3日支付了购房款共计466914.9元,其中有30多万元是向别人借款,并主张

2015 年 6 月 2 日取款是用于还款,但王某甲未能就借款事实提供证据,且支付购房款与本案不属于同一法律关系。王某甲主张照顾赵翠红较多应多分遗产,但王某甲作为赵翠红的养女,其赡养赵翠红的法定义务,尚不构成多分遗产的理由,其主张本院不予支持。

综上所述,王某甲的上诉请求不能成立,应予驳回;一审判决认定事实清楚,适用法律准确,应予维持。依照《中华人民共和国民事诉讼法》第 170 条第 1 款第 1 项的规定,判决如下:

驳回上诉,维持原判

二审案件受理费 3829 元,由王某甲负担。

本判决为终审判决。

[裁判要旨]根据《继承法》第 10 条的规定,遗产的第一顺序继承人为配偶、子女、父母。同一顺序继承人继承遗产的份额,一般应当均等。夫妻在婚姻关系存续期间所得的财产,为夫妻共同财产。除有约定的以外,如果继承遗产,应当先分割夫妻共同财产,即将共同所有的财产的一半分出为配偶所有,其余的为被继承人的遗产。赵翠红名下账户中的存款全部产生于赵翠红生前与王某乙夫妻关系存续期间,故此存款应该属于夫妻共同财产,赵翠红去世后,该存款的 50% 属于王某乙应该分得的夫妻共同财产,剩余的 50% 属于赵翠红去世后留下的遗产,由其法定继承人即王某乙和王某甲继承,因双方均未举证证明存在部分继承人应该多分、少分或不分遗产的情形,故赵翠红的该存款遗产应该由双方均等份额继承,即双方对该存款遗产各继承 50% 的份额。

第五节　理论争鸣

法定继承是无遗嘱继承时调整继承关系的既定规则。该规则在于为继承主体赋权,以实现继承自由。法定继承制度的确立,乃意志推定与时代要求的产物。随着时代的变化尤其是我国经济发展水平与家庭成员结构的变化,现行法定继承制度所规定的法定继承人的范围与顺序也在实践中显现出相应的问题,围绕这些问题,学者关注的焦点主要集中在两个方面:一是认为现行法定继承人的范围过窄,需要扩大;二是认为现行法定继承人的顺序需要调整,且这种调整主要是针对配偶的法定继承顺序与父母法定继承顺序而言的。

一、法定继承人范围的扩大

依《继承法》第 10 条的规定,在被继承人死亡时,如果没有配偶、子女、父母与兄弟姐妹、祖父母外祖父母,被继承人的遗产就将收归国有。在《继承法》颁行之初的十余年间,法定继承人范围的规定是较为合宜的,因为当时我国独生子女政策实施的时间不长且个人遗产普遍不多,加之一般家庭有多个子女,往往不会出现个人遗产收归国有的现象。但在《继承法》施行三十余年后,我国独生子女政策的弊端开始逐渐暴露,因意外事件等导致的"失独"家庭数量逐渐增长,从而使法定继承人范围较窄的问题开始显现。

在中华民族的文化传统中,"家庭"一直是最重要的社会组成单位,且是个人社会生活的核心基础。在社会伦理范畴中,家庭伦理观念也是个人伦理观念的重要组成部分,一个人是否具有家庭伦理观念甚至是衡量其是否值得交往的重要标准。因此,自古以来,我国的继承传统与继承制度,一直以血缘和婚姻为基础,尽可能地确保被继承人的遗产在家族内部流传。而在当下及未来相当长的一段时期内,"小家庭"即核心家庭已然成为社会发展的主流。家庭成员尤其是独生子女一旦发生意外,就可能出现被继承人的遗产无法定继承人继承的情形,那么其遗产也只能收归国有。就维护民众财产权益的角度而言,其既不利于激励民众创造财富,也与被继承人生前的遗产处理意愿相悖。因为,被继承人更希望自己的遗产由其亲属继承,正如民谚所言:"是亲三分向。"若扩大法定继承人的范围,则能够利用法律的指引功能,加强亲属间的相互联系、增强亲属间的感情。同时,可以确保被继承人的遗产在一定的亲属范围内传承,增强亲属之间相互扶持、照料的联系与互动。因此,我国学者普遍主张应扩大法定继承人的范围,并已就此基本达成共识。[1]

关于法定继承人范围的修正,学者普遍认为应将其扩大到四代以内的旁系血亲,即在现有法定继承人范围的基础上,增加"曾祖父母、外曾祖父母、伯、叔、姑、舅、姨、堂兄弟姐妹、表兄弟姐妹、侄子女、甥子女等四代以内的其他直系或者旁系血亲"[2]。将其作为第三或第四顺序的法定继承人,以"尽量避免遗产无人继承收归国家或集体所有,最大限度上减少公权对私人财产的介入和干预"[3],充分发挥遗产的扶弱济困功能。同时,随着我国人均寿命的不断提高,四世同堂的家庭可能会逐渐增多,增加侄子女、甥子女等为法定继承人,能够在一定程度上激励亲属之间的生活互助,调动赡养老人的积极性,有益于老人晚年的生活健康。

此外,学者提出的下述观点也具有一定的可行性:应借鉴《德国民法典》第 1933 条,对继承人进行解释,以便把特定情形下的配偶排除于继承人的范围。即"因生存配偶的过错,被继承人已申请离婚或已经同意离婚,并具备离婚的实质要件的,该配偶不属于继承人范围"。配偶的过错,依据《婚姻法》第 32 条加以判断。其立法目的是基于夫妻双方相互忠诚与扶助的婚姻实质,推定死亡配偶的意志,并在继承领域弥补离婚损害赔偿请求权的实现不能,追求继承的实质正义。[4]

二、法定继承人的顺序调整

关于现行法定继承顺序,学界的争议主要集中在两个方面:一是配偶的继承顺序;二是父母的继承顺序。

---

① 以下关于法定继承人范围扩大的共识,参见王歌雅:《论继承法的修正》,载《中国法学》2013 年第 6 期;麻昌华:《论法的民族性与我国继承法的修改》,载《法学评论》2015 年第 1 期;郭明瑞:《完善法定继承制度三题》,载《法学家》2013 年第 4 期;杨立新、杨震等:《〈中华人民共和国继承法〉修正草案建议稿》,载《河南财经政法大学学报》2012 年第 5 期;郭明瑞、房绍坤、关涛:《继承法研究》,中国政法大学出版社 2003 年版,第 62～69 页;刘春茂主编:《中国民法学·财产继承》,人民法院出版社 2008 年版,第 158～169 页。

② 杨立新、杨震等:《〈中华人民共和国继承法〉修正草案建议稿》,载《河南财经政法大学学报》2012 年第 5 期。

③ 麻昌华:《论法的民族性与我国继承法的修改》,载《法学评论》2015 年第 1 期。

④ 王歌雅:《论继承法的修正》,载《中国法学》2013 年第 6 期;麻昌华:《论法的民族性与我国继承法的修改》,载《法学评论》2015 年第 1 期。

（一）配偶的法定继承顺序

关于配偶的法定继承顺序,学界观点不一。如有学者认为,将配偶的法定继承顺序置于固定的第一顺序,不具有充分的合理性与正当性。因为这种立法体例很可能导致被继承人的遗产外流到与被继承人无任何关系的其他家庭之中。例如,甲乙为夫妻,甲死亡,乙作为第一顺序的法定继承人则继承了甲的全部财产。不久,乙与丙再婚,如乙死亡,丙则作为乙的第一顺序法定继承人将继承乙的全部财产。在这种情况下,与甲毫无关系的丙,通过甲的配偶乙间接继承了甲的遗产,而甲的亲属包括第二顺序的兄弟姐妹、祖父母与外祖父母等则无法继承任何遗产,其显然有悖于甲的生前意愿。这种情形出现的原因,就在于乙作为第一顺序的法定继承人在以配偶的身份继承了甲的遗产后,甲的第二顺序的近亲属就无法再继承甲的遗产,从而导致甲的遗产外流至丙的家族之中,引发遗产传承的不公。为此,有学者认为应将配偶作为无固定继承顺序的法定继承人予以规定。

1. 配偶无固定继承顺序的立法主张

在司法实践中,已发生类似的案件。如"汪楣芝继承案",且法官也没有严格遵循《继承法》第10条第2款的规定裁判。基本案情如下:杨乙是1949年去台湾的老兵,未婚,在20世纪80年代末回到家乡北京探亲,与他的哥哥杨甲及其他亲属相聚。在回乡探亲期间,与汪楣芝相识,并在不久后结婚。婚后,杨乙用在台湾几十年积攒的钱,为家庭购买了住房及各种家庭生活用品,并余有30多万元现金。结婚未满一年,杨乙病故,杨甲与杨乙遗孀汪楣芝讨论遗产归属。杨甲表示,杨乙购买的房产、生活物品与部分现金由汪楣芝继承,杨甲则与其他亲属共同继承剩余的部分现金。汪楣芝不同意该遗产分配方案,主张依据《继承法》第10条规定,由自己作为第一顺序法定继承人,继承杨乙全部遗产,杨甲遂诉至法院。一审法院支持了杨甲的遗产继承方案,汪楣芝不服上诉;二审法院仍然支持了杨甲的诉讼请求,最终判决由杨甲与其他亲属共同继承杨乙的部分现金遗产。汪楣芝仍坚持认为二审判决违反了《继承法》第10条对法定继承顺序的规定,申请再审。本案后经北京市高级人民法院再审,并认为该案最终判决结果社会反响较好,无重审改判之必要。

就本案判决结果而言,如果严格依据《继承法》第10条的规定,杨甲与杨乙的其他亲属,确实不应继承杨乙的任何遗产,而应由汪某全部继承。但是,假若本案依照该规定判决,很可能会产生较差的社会影响,也难以得到民众的普遍认可。因为在本案中,作为妻子的汪某仅仅与杨乙生活了不到一年的时间,而杨乙之所以回乡探亲,主要是为了探望其兄杨甲与其他亲属的。从案件事实而言,既无法评断杨乙对汪某的感情已经超越了其对杨甲等亲属的感情,也不能简单地因汪某是杨乙的妻子就推定杨乙更期望将遗产留给汪某。也许将一部分遗产留给杨甲等亲属,更能符合杨乙的遗产处理意愿。因此,虽然一审、二审与再审法院没有适用《继承法》第10条判决本案,但是本案的判决完全可依据《继承法》的"权利与义务相一致的原则"以及"互谅互让、和睦团结"原则予以解释。毕竟判决结果并非剥夺或限制了汪某作为第一顺序法定继承人的继承权,而只是出于伦理亲情,酌情分配了小部分遗产给予被继承人的近亲属,体现出兼顾伦理情感的司法考量。如果汪某与他人再婚,杨乙的遗产则将外流至汪某与第三人的家庭之中。

上述案例分析表明,将配偶作为第一顺序的法定继承人,确实存在遗产外流的问题,这不仅有悖于被继承人的生前意愿,更可能导致不正确的婚姻观念萌生,损害老年人的合法权益。因此,有学者主张,将配偶的法定继承顺序从现行的固定的第一顺位序,改为无固定顺序的"零顺序"。即"当存在一定顺序的血缘亲属时,配偶不得独自继承遗产,而是依序与在先顺序的血亲继承人一并继承,只有当某几个顺序的血亲继承人都不存在时,配偶才能独自继承遗产。具体建议是:法定继承人分为五个顺序:子女及孙子女、外孙子女;父母;兄弟姐妹;祖父母、外祖父母;侄子女、外甥子女。继承开始后,遗产由第一顺序继承人继承,其后顺序的继承人均不参与继承。没有前一顺序继承人继承的,由后一顺序的继承人继承。配偶的继承顺序不固定,其可依序与第一、第二、第三顺序继承人一并继承。当配偶与第一顺序继承人中的子女同为继承时,遗产在继承人之间实行均分;当配偶与第二顺序继承人(父母)同为继承时,配偶应继份为遗产的 1/2,父母均分遗产的 1/2,如父或母已不生存,其份额归配偶;当配偶与第三顺序继承人(兄弟姐妹)同为继承时,配偶应继份为遗产的 2/3,其他第三顺序继承人均分遗产的 1/3。当第一、第二、第三顺序继承人都不存在时,配偶独自继承全部遗产,第四、第五顺序继承人不得继承;当配偶及第一、第二、第三顺序继承人均不存在时,遗产才依序由第四、第五顺序的法定继承人继承。"[1]

2. 配偶无固定继承顺序的制度辅助

配偶无固定继承顺序的立法设计,是以配偶具有先取权或先取份以及配偶法定继承权的剥夺制度的规定为前提的。配偶的先取权或先取份,主要是指配偶在遗产分配前可单独获得其与被继承人共同生活时所拥有的家具物品、婚姻礼物等;并在遗产继承中,保留其固定的继承份额。也有学者在此种制度设计的基础上,结合我国国情与家庭伦理传统,主张在被继承人死亡后,房屋和家具等基本生活资料一般先不予分割,配偶和依靠被继承人赡养或抚养的父母和未成年子女对上述部分遗产享有优先使用权,以此来保障被继承人亲属的日常生活。[2]

上述制度设计的理念,均在于平衡配偶与被继承人的其他亲属之间的继承利益,既要防止配偶作为第一顺序法定继承人时可能出现的被继承人的遗产外流,也要防止过多的限制配偶的继承权;既要兼顾被继承人的生前意愿,也要在遗产发挥养老育幼功能的同时实现国家利益与继承人个人遗产继承利益之间的平衡。

当然,在具体制度的设计上,如何进一步加以完善尚需讨论,但就立法精神而言,相关立法设计有助于丰富继承立法智慧及继承立法体例。

(二)父母的法定继承顺序

有学者认为,将父母作为法定第一顺序继承人主要存在两个方面的问题:一是"有违被继承人的主观意愿";二是"过分强化了继承的赡养功能"。具体分析如下:

1. 关注遗产的流向

将个人财富向自己后代移转而非向自己长辈移转,是人的本性。依据现行《继承法》的规定,父母作为第一顺序的法定继承人,且与配偶、子女同时等额均分遗产,不但使配偶、子

---

[1]　杨立新、和丽军:《我国配偶法定继承的零顺序改革》,载《中州学刊》2013 年第 1 期。持相似观点的文献如齐恩平、傅波:《论法定继承人范围和顺序的完善——以海峡两岸法定继承的对比分析为视角》,载《南华大学学报(社会科学版)》2014 年第 1 期。

[2]　麻昌华:《论法的民族性与我国继承法的修改》,载《法学评论》2015 年第 1 期。

女获得的遗产相对减少,而且可能会出现父母去世后,其继承的遗产又作为父母的遗产而由自己的祖父母外祖父母、兄弟姐妹乃至伯叔姑舅姨等较远亲属予以继承的情形。即出现了由自己的第二、第三继承顺序乃至不具有法定继承顺序的亲属继承自己遗产的情形。这种情形的发生,与被继承人的意愿是严重相悖的。

2. 关注被继承人的意愿

法定继承虽然是以法定形式强制规定了继承人的范围与顺序,但是这种法定性或强制性并不意味着其可以忽视被继承人的意愿。相反,基于法定继承制度的法理分析,无论是早期的还是现代的法定继承,都是以最大限度地尊重、保障可推知的被继承人的遗愿为依据的。因为只有以此为立法基础,制度设计才能满足民众的继承需要,从而使法定继承制度长期执行并延续至今。恰如萨维尼所言,无遗嘱继承(法定继承)"主要建立于死者推定的、因而是默示的意图之上"①,法定继承对被继承人的遗愿采取的是默认的推定,而遗嘱继承则是被继承人更清晰地明确表达了自己的遗愿,两者的本质是相同的。而对于被继承人而言,并非其不愿将遗产留给自己的父母,而是相较于将遗产留给父母所导致的遗产外流至自己的旁系亲属而言,其更愿意将遗产留给自己的直系晚辈血亲,并由自己的直系晚辈亲属来履行赡养自己父母的义务,即由孙子女、外孙子女赡养祖父母或外祖父母。因为彼此之间是较近的直系血亲。毕竟,父母年事已高,很有可能在继承自己的遗产后不久就过世。因此,被继承人并不愿意将遗产由自己的父母或其他直系长辈血亲继承。

3. 关注继承功能的实现

虽然遗产继承制度的功能之一是"养老育幼",但是不宜将"养老育幼"功能作为遗产继承的立法目标。即将父母作为第一顺序的法定继承人,具有浓厚的"养老育幼"的色彩,且主要体现了遗产"死后赡养"的功能。但就实质而言,不能将老人赡养与遗产继承这两种不同的法律关系完全等同或加以混淆。遗产所能起到的养老育幼等社会职能,不能超出遗产继承的核心功能,尤其不应与被继承人的意愿相悖,即以牺牲被继承人对遗产的支配来实现遗产的社会功能。

基于上述理由,学者建议将父母由第一继承顺序改为第二继承顺序,并通过创设法定居住权来保障老人的"老有所居",即通过强化被继承人的配偶、子女等第一顺序法定继承人的赡养义务的承担来实现老人的"老有所养"。② 此外,学者也提出通过后位继承、遗产信托制度等,解决遗产的最终继承人应为被继承人晚辈直系血亲的问题。

三、法定继承人的范围延展

依《继承法》规定,在通常情形下,法定继承人的身份认定并无较大的争议。然而,随着科学技术的进步,尤其是人工生殖技术的发展,有关第一顺序法定继承人的"子女"的界定,出现了新问题。因为,"继承法最清楚地说明了法对应于生产关系的依存性"③。

---

① [德]弗里德里希·卡尔·冯·萨维尼:《法律冲突与法律规则的地域与时间范围》,李双元、张茂、吕国民、郑远民、程卫东译,法律出版社 1999 年版,第 164 页。

② 郑倩、房绍坤:《父母法定继承顺位的立法论证》,载《东北师大学报(哲学社会科学版)》2005 年第 3 期。

③ 《马克思恩格斯全集》,人民出版社 2002 年版,第 420 页。

（一）代孕出生的子女可否继承代孕母亲的遗产

代孕出生的子女，是否可以作为代孕母亲的第一顺序的法定继承人继承其遗产？这一问题源自对 2014 年江苏宜兴发生的"冷冻胚胎继承案"与 2015 年上海发生的"代孕子女监护权"案的进一步思考。这两起案件在全国产生了较大的影响，并分别被媒体冠以"中国冷冻胚胎继承第一案"与"全国首例代孕子女监护权案"。

1. 案例简介

"冷冻胚胎继承案"的核心案情如下：2013 年 3 月，小沈、小刘夫妻二人因车祸双双离世，离世前二人因为不孕问题曾在某医院实施了试管婴儿的手术，留下了四枚冷冻的胚胎。两人去世后，其存放在医院里的胚胎如何处置，其父母与胚胎存贮的医院产生了争议。双方父母决定向医院讨回四枚胚胎，但遭到医院的拒绝。小沈的父母遂起诉至法院，要求行使对胚胎的监管和处置权。一审法院认为，胚胎是具有发展为生命潜能、含有未来生命特征的特殊之物，不能像一般之物一样任意转让或继承，不能成为继承的标的，故驳回了原告的诉讼请求。原告不服，提出上诉。二审法院撤销了一审判决，认为由双方父母监管处置胚胎合情合理，判决胚胎由双方父母共同监管处置。因为，从伦理上讲，胚胎有双方父母的遗传信息，在生命伦理上与双方父母有着密切的关系；从情感上讲，胚胎作为双方家族血脉的唯一载体，承载着精神慰藉等人格利益，由双方父母监管处置可以减少他们精神上的痛楚；从特殊利益保护上讲，胚胎应受到特殊的尊重和保护，双方父母是世上唯一关心胚胎命运的主体，是胚胎利益的享有者。

"代孕子女监护权案"的核心案情如下：王娟（化名）与林东（化名）均系再婚。王娟患有不孕不育症，两人非法购买卵子，将林东的精子及购买的卵子委托医疗机构体外授精，后非法委托他人代孕。2011 年 2 月，异卵双胞胎小花和小军出生。2014 年 2 月，林东因病死亡。去年 12 月，林东的父母诉至法院，要求成为小花和小军的监护人，理由是，林东是两个孩子的生父，但王娟与他们无亲生血缘关系。2015 年 7 月 29 日，一审法院以王娟与小花、小军之间欠缺法定的必备要件故未建立合法的收养关系以及代孕行为本身不具合法性，王娟与小花、小军不构成拟制血亲关系等为由，判决小花、小军由原告老高夫妇监护。一审判决后，王娟不服，向上海一中法院提起了上诉。2015 年 11 月 16 日，上海一中法院公开庭审这起上诉案件。法院审理后认为，小花、小军是王娟与林东结婚后，由林东与其他女性以代孕方式生育的子女，属于缔结婚姻关系后夫妻一方的非婚生子女。两名子女出生后，一直随林东、王娟夫妇共同生活近三年之久，林东去世后又随王娟共同生活达两年，王娟与小花、小军已形成有抚养关系的继父母子女关系，其权利义务适用《婚姻法》关于父母子女关系的规定。而作为祖父母的老高夫妇，监护顺序在王娟之后，故其提起监护权主张不符合法律规定的条件。同时，从儿童最大利益原则考虑，由王娟取得监护权亦更有利于孩子的健康成长，故驳回被上诉人老高夫妇的原审诉讼请求。

在"冷冻胚胎继承案"中，法官有意回避了冷冻胚胎是否可以继承的问题，只是支持了原告处置胚胎的请求，但强调这种处置不得违背公序良俗。而在"代孕子女监护权案"中，则强调抚养之母对代孕子女具有监护权。这两宗案件引发的进一步思考是，基于冷冻胚胎、借腹生子而出生的子女，可否作为"代孕母亲"的法定继承人，该"代孕母亲"是否能够以"母亲"的身份，作为孕育子女的第一顺序的法定继承人？

2. 相关思考

关于代孕，一般存在三种情形：一是委托人提供精子，代孕母亲提供卵子，通过生殖技术，结合为受精卵并植入代孕母亲体内孕育的子女（以下简称甲），甲与代孕母亲存在血缘上的母子关系；二是委托人提供受精卵或胚胎，直接植入代孕母亲体内孕育的子女（以下简称乙），代孕母亲属单纯的"生殖工具"，其在血缘上与乙无任何血缘关系；三是男性委托人与"代孕母亲"以性行为的方式受孕后孕育的子女（以下简称丙）。在以上三种情形中，委托人与代孕母亲均签订代孕委托合同，合同中也均约定，待委托人支付报酬、代孕母亲生产后，不再与出生的子女以及委托人有任何联系，这也是当下"代孕合同"的主要内容。假设在上述三种情形中，委托人与代孕母亲均履行了相关约定，但在若干年后，孕育的子女"机缘巧合"认识了代孕母亲，也知道了自己代孕出生的事实，那么，若代孕母亲死亡，基于上述三种情形而孕育的子女，是否属于其"子女"，可否作为代孕母亲的法定继承人？或者在代孕子女死亡后，上述三种情形中的代孕母亲能否作为代孕子女的法定继承人？这些均是我国《继承法》第10条所应面对的问题。至于上述两起案件引发的相关问题，也是法律必须回应的社会问题。

一般而言，"经夫妻双方协议实施人工生育的，其父母子女间的关系等同亲生父母子女关系"[①]。依据法理，如果"代孕合同"不具有法律效力，那么，在上述三种情形中，甲、丙与其"代孕母亲"之间即相互享有法定继承权，乙与其"代孕母亲"之间则不具有法定继承权。概言之，对甲、丙而言，其均与代孕母亲存在生物学意义上的血缘母子关系，只是其未与生母共同生活而已；对于代孕母亲而言，甲、乙的存在完全可适用"非婚生子女"的有关解释。而乙与其"代孕母亲"则不具备生物学意义上的血缘关系。如"代孕合同"具有法律效力，则代孕人与代孕子女之间虽具有血缘联系，但彼此之间依然不具有相互的遗产继承权。

在有些国家，亲属之间的无偿代孕行为并非违法行为，故代孕人与代孕孕育的子女之间并不存在母子女关系，也不享有遗产继承权。只是具有血缘联系的代孕人与代孕子女仍须遵循血缘伦理以及法律的禁止性规定。为此，我国未来《继承法》的修正或《民法典·继承编》的编纂，应对上述问题予以回应。

（二）被继承人死亡后受孕出生子女的法定继承权

被继承人死亡后受孕出生的子女，是指利用被继承人生前保留的精子（不包括捐献到精子库的精子）、受精卵或人体冷冻胚胎，在被继承人死亡后通过实施生育技术而出生的子女。该类子女与被继承人死亡时正在孕育的胎儿并不相同。依《继承法》第28条规定"遗产分割时，应当保留胎儿的继承份额"。因为，该"胎儿"在被继承人死亡时，已经孕育。而"被继承人死亡后受孕出生的子女"，则是在被继承人死亡后的一段时间内，其配偶或代孕母亲利用生育技术，孕育的子女。该类子女是否享有对被继承人遗产的法定继承权，存在泾渭分明的两种观点——反对说、赞同说。

1. 关于反对说

反对说的代表性理由有三："其一，从理论上说，继承人须有继承能力，只有于继承开始时生存之人才可为继承人。虽然为保护胎儿利益，在继承上视胎儿为出生或者如我国现行法所规定

---

① 梁慧星：《中国民法典草案建议稿附理由（侵权行为编、继承编）》，法律出版社2004年版，第159页；王利明：《中国民法典学者建议稿及立法理由（人格权编·婚姻家庭编·继承编）》，法律出版社2005年版，第515页。

分割遗产时须为胎儿保留必要的份额。但胎儿只能以于被继承人死亡时已受孕者为限。其二,若承认这种情形下生育的子女为继承人,则会发生配偶一方违反被继承人遗愿的情况,因此除非被继承人生前有明确表示,不应承认此种情形下的子女与被继承人间的亲子关系。其三,在有其他继承人的情况下,若承认这种亲子关系,会以配偶一方的意志而侵害其他继承人的权益。”①

关于反对说的第一种理由,也应具体分析之。即依据传统继承法理论,继承人确实须有继承能力,胎儿只能以被继承人死亡时已受孕者为限。但是,传统继承法理论并不是一成不变的,其与社会的需求息息相关。例如,胎儿的遗产预留份制度就是伴随着社会的发展逐渐确立起来的。如果传统的继承法理论不能与当代社会相适应,自然也就不能与经济基础相适应,那么,继承理论、继承制度就需要适应时代的需求而被修正、完善,以解决社会现实问题。马克思主义所阐述的继承法最能反映经济基础的变化这一论断,其实质上就是这一寓意。因此,被继承人死亡后受孕出生的子女是否享有继承权,不应受传统继承法理论所限制。关于反对说的第二种理由,似乎也无根据。即除非被继承人生前明确表示反对,否则,其很可能是期盼自己的子女出生的。若非如此,无以解释被继承人生前为何花费不菲的金钱,甚至承受一定的医学风险来存储自己的精子、受精胚胎,其存储的目的,就在于实施人工生殖技术,延续自己的血缘。至于反对说的第三种理由,则混淆了继承制度的本质。承认此种亲子关系,确实会影响其他继承人继承遗产的数额,似乎存在所谓的“侵害其他继承人的权益”的情形。但是,继承制度更为重要的本质在于,尊重、保障被继承人的遗愿。只有在尊重、保障被继承人遗愿的前提下,探讨继承人可继承的遗产数额才具有意义。否则,不应为了保障继承人继承的遗产的数额而违背被继承人的遗愿。由此可见,反对被继承人死亡后受孕出生子女享有继承权的理由不能成立。

2. 关于赞同说

赞同说则认为,即使在被继承人死亡时尚未孕育的子女,只要满足特定条件,仍应具有继承能力,自然亦可作为被继承人的法定继承人。依据这一观点,拟定了我国《继承法》修正的相关法律规范设计:“经被继承人生前同意,于继承开始后二年内通过人工生殖技术孕育并出生的自然人,视为在继承开始时已生存。”基于这一立法设计而引发的遗产分割,同时提出了“未保留胎儿应继份的,应从继承人所继承遗产中扣回”这一制度设计,②以解决该子女在出生时遗产已经分割完毕而导致的继承份额的保护问题。在赞同说看来,“随着人工生殖技术的进步,人类已经能够通过试管婴儿、人工授精等医疗技术在一方死亡后孕育其子女。子女出生后根据人格平等与尊严受保护的宪法精神要求,应赋予继承能力。为避免违背伦理的情况发生,《建议稿》(即前引制度设计内容)将其出生限定在继承开始后二年内,并必须以经被继承人生前同意为要件。伦理是变化中的动态的人类观念,被继承人生前同意而于死亡后孕育出生的子女,实现了被继承人留有后代的愿望,符合人类情感,不应被伦理棒杀。个别违反伦理利用人工生殖技术的情况确有存在,但不能以偏概全,更何况出生的子女是无辜的”。③故在被继承人死亡后受孕出生的子女同样享有被继承人的法定继承权。当然,该类

① 郭明瑞:《完善法定继承制度三题》,载《法学家》2013年第4期。
② 杨立新、杨震等:《〈中华人民共和国继承法〉修正草案建议稿》,载《河南财经政法大学学报》2012年第5期
③ 孙毅:《继承法修正中的理论变革与制度创新——对〈继承法〉修正草案建议稿〉的展开》,载《北方法学》2012年第5期。

子女享有被继承人遗产的法定继承权,应符合相应的限制条件。如赞同说中就设计了两个限制条件:一是"经被继承人生前同意";二是被继承人死亡后两年内实施人工生育技术。

关于赞同说提出的两个限制条件,学界存在一定的争议。例如,限制条件之一"经被继承人生前同意",具体是指被继承人同意该子女出生还是同意在遗产中预留尚未孕育子女的遗产份额,其在制度设计与伦理解释中,都未予以明确。如果是同意为尚未孕育的子女预留遗产份额,被继承人则应生前留有遗嘱,以明确预留遗产的份额。但该继承属于遗嘱继承,无须在法定继承中探讨。如果该同意是指同意以其精子或人体胚胎进行人工生育,那么,其生前保存精子、人体胚胎等行为,就已经意味着其意欲实施人工生育。因此,只要被继承人生前留有精子或人体胚胎等可用于实施人工生殖技术的遗传物质,并在生前未明确表示反对,则在其死亡后实施相关人工生殖技术,即应属符合被继承人的生前意愿,无须以"生前同意"作为限制条件。在此情形下,应推定被继承人同意运用人工生殖技术孕育后代。至于学者提出的在被继承人死亡后"二年内"实施人工生殖技术的时间限制,则非常有必要,该限制可以避免使其他继承人的财产长期处于不稳定的状态。

(三)捐精孕育的子女是否享有捐精者的法定继承权

以合法渠道获得精子并利用人工生殖技术孕育的子女,如果未来"机缘巧合"认识了捐精人,那么,其与捐精者是否相互享有继承权?若以非法的形式或通过性行为获得他人精子出生的子女,其与"捐精者"是否相互享有继承权?

基于第一种情形出生的子女与捐精者并不产生法定继承关系,若捐精人得知情况后自愿为其留有遗产,则适用遗赠制度。在第二种情形中出生的子女与"捐精者"之间则具有法定继承关系。概言之,合法的捐精行为体现出法律与科技的人文关怀精神,是人工生殖技术造福人类的具体表现,对此法律予以确认且鼓励符合医学要求的男性进行捐精。就捐精者而言,其多出于善意的人文情怀进行捐精。如果严格遵循捐精制度,捐精者与受捐者之间是不可能相互认识的,自不会出现假设的情况。即便假设的情形属于极个别现象,且这种极个别现象亦存在着捐精程序上的违规,这种违规的后果自不应该由捐精者承受。而一旦确认彼此之间具有法定继承关系,则存在着捐精者的继承人所分遗产相应减少的可能,这与捐精者的意愿显然相悖。因为其在捐精时只是进行了"捐精",而并没有"生育"的意思,故法律不能使捐精者因自己的善行而承受损失。

就第二种情形而言,受捐者获得精子的渠道本身并不合法,"捐精者"捐精的行为也并非合法,尤其是以性行为的方式进行所谓的"捐精",不但有悖伦理,而且以这种行为出生的子女其与非婚生子女法律的地位是相同的。法律应对这种情形中的受捐者、"捐精者"苛以必要的义务,以减少、消除这种不合法的行为。即将此种情形下出生的子女视为非婚生子女,并使其与"捐精者"之间相互享有法定继承权。继承权的享有,既可使"捐精者""受捐者"承受非法行为的后果——使其不得不将自己的遗产分给与自己并无亲密关系的"陌生人"的子女,也可能导致自己的子女、父母等会因此而减少遗产份额。

第六节 相关法律与司法解释

法定继承人的范围与顺序,涉及具体法定继承人身份的解释。因此,在司法实践中,往

往需要依据其他法律规范或司法解释来进一步确定具体的法定继承人的身份。

一、《继承法意见》的相关规定

《继承法意见》中有关法定继承的范围与顺序的规定,主要体现在第 19 条至第 24 条。具体规定如下:

第十九条　被收养人对养父母尽了赡养义务,同时又对生父母扶养较多的,除可依继承法第十条的规定继承养父母的遗产外,还可依继承法第十四条的规定分得生父母的适当的遗产。

第二十条　在旧社会形成的一夫多妻家庭中,子女与生母以外的父亲的其他配偶之间形成扶养关系的,互有继承权。

第二十一条　继子女继承了继父母遗产的,不影响其继承生父母的遗产。

继父母继承了继子女遗产的,不影响其继承生子女的遗产。

第二十二条　收养他人为养孙子女,视为养父母与养子女的关系的,可互为第一顺序继承人。

第二十三条　养子女与生子女之间、养子女与养子女之间,系养兄弟姐妹,可互为第二顺序继承人。

被收养人与其亲兄弟姐妹之间的权利义务关系,因收养关系的成立而消除,不能互为第二顺序继承人。

第二十四条　继兄弟姐妹之间的继承权,因继兄弟姐妹之间的扶养关系而发生。没有扶养关系的,不能互为第二顺序继承人。

继兄弟姐妹之间相互继承了遗产的,不影响其继承亲兄弟姐妹的遗产。

二、《婚姻法》的相关规定

《婚姻法》中的相关规定,在于确认继承人与被继承人的亲属身份。《继承法》第 10 条的规定,在于确认亲属关系在继承法律关系上的具体化。具体规定如下:

第二十四条　夫妻有相互继承遗产的权利。

父母和子女有相互继承遗产的权利。

第二十五条　非婚生子女享有与婚生子女同等的权利,任何人不得加以危害和歧视。

不直接抚养非婚生子女的生父或生母,应当负担子女的生活费和教育费,直至子女能独立生活为止。

第二十六条　国家保护合法的收养关系。养父母和养子女间的权利和义务,适用本法对父母子女关系的有关规定。

养子女和生父母间的权利和义务,因收养关系的成立而消除。

第二十七条　继父母与继子女间,不得虐待或歧视。

继父或继母和受其抚养教育的继子女间的权利和义务,适用本法对父母子女关系的有关规定。

三、《收养法》的相关规定

《收养法》中的规定,主要在于"养子女""养父母"的身份确认。具体规定如下:

第二十三条　自收养关系成立之日起,养父母与养子女间的权利义务关系,适用法律关于父母子女关系的规定;养子女与养父母的近亲属间的权利义务关系,适用法律关于子女与父母的近亲属关系的规定。

养子女与生父母及其他近亲属间的权利义务关系,因收养关系的成立而消除。

第二十九条　收养关系解除后,养子女与养父母及其他近亲属间的权利义务关系即行消除,与生父母及其他近亲属间的权利义务关系自行恢复,但成年养子女与生父母及其他近亲属间的权利义务关系是否恢复,可以协商确定。

四、"未办结婚登记而以夫妻名义同居生活"的司法解释

最高人民法院在 1989 年 12 月 13 日颁布了《关于人民法院审理未办结婚登记而以夫妻名义同居生活案件的若干意见》,其中对非婚生子女的继承问题作出相应的规定。具体规定如下:

第十三条　同居生活期间一方死亡,另一方要求继承死者遗产,如认定事实婚姻关系的,可以配偶身份按继承法的有关规定处理;如认定非法同居关系,而又符合继承法第十四条规定的,可根据相互扶助的具体情况处理。

五、《办理继承公证的指导意见》的相关规定

中国公证协会在 2009 年颁布了《办理继承公证的指导意见》,其中的大量规则主要是对法定继承公证的具体指导。该指导在法定继承制度的实践中,起到了规范与指导作用,故将其全文内容介绍如下。

第一条　为了规范公证机构办理继承公证事项,根据《中华人民共和国民法通则》、《中华人民共和国继承法》、《中华人民共和国公证法》、《公证程序规则》和有关法律、法规、规章以及《中国公证协会专业委员会业务规则制定程序》的规定,制定本指导意见。

第二条　当事人可以就继承被继承人某项遗产向公证机构申请办理继承公证,也可以就继承被继承人数项遗产一并向公证机构申请办理继承公证。

二个以上当事人继承同一遗产的,应当共同向一个公证机构提出公证申请。

第三条　当事人申请办理继承公证,应当提交下列材料:

(一)当事人的身份证件;

(二)被继承人的死亡证明;

(三)全部法定继承人的基本情况及与被继承人的亲属关系证明;

(四)其他继承人已经死亡的,应当提交其死亡证明和其全部法定继承人的亲属关系证明;

(五)继承记名财产的,应当提交财产权属(权利)凭证原件;

(六)被继承人生前有遗嘱或者遗赠扶养协议的,应当提交其全部遗嘱或者遗赠扶养协议原件;

(七)被继承人生前与配偶有夫妻财产约定的,应当提交书面约定协议;

(八)继承人中有放弃继承的,应当提交其作出放弃继承表示的声明书;

(九)委托他人代理申办公证的,应当提交经公证的委托书;

(十)监护人代理申办公证的,应当提交监护资格证明。

本条所称"死亡证明",是指医疗机构出具的死亡证明;公安机关出具的死亡证明或者注明了死亡日期的注销户口证明;人民法院宣告死亡的判决书;死亡公证书。

本条所称"亲属关系证明",是指被继承人或者继承人档案所在单位的人事部门出具的证明继承人与被继承人之间具有亲属关系的证明;基层人民政府出具的证明继承人与被继承人之间具有亲属关系的证明;公安机关出具的证明继承人与被继承人之间具有亲属关系的证明;能够证明相关亲属关系的婚姻登记证明、收养登记证明、出生医学证明和公证书。

第四条　当事人有合理理由无法提交本指导意见第三条规定的死亡证明或者亲属关系证明的,应当提交二件以上足以证明相关死亡事实或者相关亲属关系的其他证明材料。当事人有合理理由无法提交财产权属(权利)凭证原件的,应当提交财产权属(权利)凭证制发部门出具的其他证明材料。

第五条　公证机构办理继承公证,除需要按照《公证程序规则》规定的事项进行审查外,还应当重点审查下列事项:

(一)当事人的身份是否属实;

(二)当事人与被继承人的亲属关系是否属实;

(三)被继承人有无其他继承人;

(四)被继承人和已经死亡的继承人的死亡事实是否属实;

(五)被继承人生前有无遗嘱或者遗赠扶养协议;

(六)申请继承的遗产是否属于被继承人个人所有。

第六条　对当事人提交的符合本指导意见第三条规定的材料,公证机构除需要按照《公证程序规则》的规定进行审查外,还应当采用下列方式对亲属关系证明、死亡证明和财产权属(权利)凭证原件进行重点核实:

(一)对亲属关系证明,应当向出具证明材料的单位核实;

(二)对死亡证明和财产权属(权利)凭证原件进行审查后有疑义的,应当向出具证明材料的单位核实。

第七条　对当事人提交的符合本指导意见第四条规定的其他证明材料,公证机构应当按照《公证程序规则》的规定,根据不同情况采用适当的方式进行审查。对证明相关死亡事实或者相关亲属关系的证明材料,公证机构应当向出具证明材料的单位或者个人核实。证明材料经核实,应当能够互相印证且能够共同证明被继承人或者其他继承人的死亡事实或者相关亲属关系。

第八条　公证机构办理继承公证,应当询问当事人并制作询问笔录。询问笔录除需要按照《公证程序规则》的规定应当载明的内容外,还应当载明下列内容:

(一)被继承人死亡的时间、地点、原因;

(二)被继承人生前工作单位、住址、婚姻状况;

(三)申请继承的遗产的来源、取得时间、权属及基本状况;

(四)被继承人全部法定继承人(包括尽了主要赡养义务的丧偶儿媳或者女婿)的姓名、性别、与被继承人的亲属关系、工作单位、住址。法定继承人已经死亡的,应当载明死亡的时间;

(五)在继承人以外有无依靠被继承人扶养的缺乏劳动能力又没有生活来源的人或者对被继承人扶养较多的人,有无需要为其保留遗产份额的胎儿;

(六)被继承人生前有无遗嘱或者遗赠扶养协议,有几份;

(七)继承人中有无表示放弃继承的。

第九条 公证机构办理继承公证,除需要按照《公证程序规则》的规定向当事人进行告知外,还应当重点告知下列内容:

(一)当事人隐瞒、遗漏继承人(包括有权分得适当遗产的其他人)的,或者隐瞒、遗漏被继承人遗嘱(遗赠扶养协议)的,应当承担相应的法律责任;

(二)继承遗产的,应当在继承遗产实际价值内清偿被继承人依法应当缴纳的税款和债务;

(三)遗嘱(遗赠扶养协议)附有义务的,继承人(受遗赠人)应当履行义务。

第十条 当事人申请办理继承金额(数量)不明的银行卡(证券资金账户)内钱款(证券)公证的,公证机构应当告知其先申请办理用途为查询卡(户)内金额(数量)的亲属关系公证,待金额(数量)确定后,公证机构可以为其办理继承公证。

当事人申请办理继承存放在银行保管箱内物品公证的,公证机构应当告知其先申请办理用途为查询保管箱内物品的亲属关系公证和开启保管箱清点物品的保全证据公证,待保管箱内属于被继承人所有的物品的种类和数量确定后,公证机构可以为其办理继承公证。

第十一条 当事人依照《中华人民共和国保险法》第四十二条的规定申请办理继承被继承人死亡保险金公证的,公证机构应当依照《中华人民共和国继承法》及本指导意见的有关规定为其办理继承公证。

第十二条 当事人申请办理继承有限责任公司股权公证的,公证机构应当告知其《中华人民共和国公司法》第七十六条的规定。

当事人申请办理继承有限责任公司股东资格公证的,应当提交公司章程和其现任职证明。公证机构应当审查公司章程对当事人继承股东资格有无限制性规定以及审查当事人所从事的职业是否限制其继承股东资格。根据公司章程和有关法律规定,当事人不能继承股东资格的,公证机构为其办理继承股权公证。

第十三条 当事人依照《中华人民共和国合伙企业法》第五十条和第八十条的规定申请办理继承合伙人财产份额或者合伙人资格公证的,公证机构参照本指导意见第十二条的规定办理。

第十四条 公证机构办理遗嘱继承公证,应当按照下列方式审查确认遗嘱的效力:

(一)遗嘱为公证遗嘱的,公证机构应当对遗嘱内容是否符合法律规定进行审查,并向全体法定继承人核实,核实的内容包括询问被继承人有无其他遗嘱或者遗赠扶养协议,法定继承人中有无缺乏劳动能力又没有生活来源的人。

法定继承人对公证机构的核实没有回复的,或者无法与法定继承人取得联系的,公证机构在对遗嘱进行审查后,可以确认遗嘱的效力。

(二)遗嘱为公证遗嘱以外的其他符合法定形式的遗嘱的,公证机构应当取得全体法定继承人对遗嘱内容无异议的书面确认,并经审查认为遗嘱的内容符合法律规定,可以确认遗嘱的效力。

(三)遗嘱为在境外所立的遗嘱的,公证机构应当根据法律、法规及司法部的有关规定确认遗嘱的效力。

第十五条 除《公证法》和《公证程序规则》规定的不予办理公证的情形外,有下列情形之一的,公证机构不予办理遗嘱继承公证:

(一)根据法律规定遗嘱继承人丧失继承权的;

（二）遗嘱经审查无效或者效力无法确认的；

（三）遗嘱处分的财产不属于被继承人个人所有或者被继承人生前已经处分了遗嘱所涉及的财产的；

（四）继承同一遗产，遗嘱继承人中有人未提出公证申请且又未作出放弃继承表示的；

（五）利害关系人与遗嘱继承人就遗嘱内容是否符合《中华人民共和国继承法》第十九条的规定有争议的；

（六）利害关系人有充分证据证明遗嘱继承人没有履行遗嘱所附义务的。

第十六条 除《公证法》和《公证程序规则》规定的不予办理公证的情形外，有下列情形之一的，公证机构不予办理法定继承公证：

（一）根据法律规定法定继承人丧失继承权的；

（二）被继承人生前所立遗嘱或者签订的遗赠扶养协议已经处分了法定继承人申请继承的遗产的；

（三）法定继承人中有人未提出公证申请且又未作出放弃继承表示的；

（四）法定继承人不能协助公证机构完成核实或者有关单位及个人拒绝协助公证机构进行核实的；

（五）法定继承人之间对法定继承人的范围、遗产的权属或者是否有适用《中华人民共和国继承法》第十二条、第十四条规定的人有争议的。

第十七条 继承人表示放弃继承的声明书应当亲自在公证员面前作出。继承人不能亲自到受理继承公证申请的公证机构作出放弃继承表示的，其表示放弃继承的声明书应当经过公证。

继承人表示放弃继承的，公证机构仅需审查继承人个人的意思表示。

第十八条 受遗赠人申请办理接受遗赠公证的，公证机构参照本指导意见有关办理遗嘱继承公证的规定办理。

第十九条 本指导意见由中国公证协会常务理事会负责解释。

［附继承公证书］

继承公证书

（_____）_____字第_____号

被继承人：_____（应写明姓名、性别、生前住址）

继承人：_____（应写明姓名、性别、出生年月日、住址、与被继承人的关系）

继承人：_____（同上，应当有几个继承人写明几个继承人）

经查明，被继承人_____于_____年_____月_____日因_____（死亡原因）在_____地（死亡地点）死亡。死后留有遗产计：_____（写明遗产状况）。死者生前无遗嘱。根据《中华人民共和国继承法》第五条和第十条的规定，被继承人的遗产应当由_____、_____（继承人名单）共同继承。（如有代位继承的情况，应当写明继承人先于被继承人死亡的情况；如果放弃继承，应该写明谁放弃了继承，放弃部分的遗产如何处理的内容）

_____市_____公证处

公证员：_____（签名）

_____年_____月_____日

第七节　比较法考察

基于继承习惯与立法传统的不同,不同法系的国家在法定继承人的范围与顺序的规定上,往往采取不同的立法选择与制度设计。对其进行比较法上的分析,有助于分析不同立法例的优劣,为我国继承法的完善和《民法典·继承编》的编纂寻找最佳的制度模式。

一、大陆法系国家的立法例

大陆法系国家或地区有关法定继承人的范围与顺序的立法,往往存在一定的相似之处,这与大陆法系国家或地区有关法定继承或无遗嘱继承制度的立法理念相通有关。关注其立法例,可从中发现值得我国继承立法借鉴的经验。

(一)德国

德国的法定继承制度,主要集中规定于《德国民法典》第五编第一章第 1924 条至第 1936 条,其内容包括法定继承人的范围、顺序、应继份、代位继承、配偶的遗产先取权、国家法定继承权。

德国的法定继承人范围包括直系血亲和配偶。直系血亲包括被继承人的晚辈直系血亲、祖(外祖)父母及其直系血亲、曾祖(外祖)父母及其晚辈直系血亲、祖(外祖)父母的父母及其直系血亲,乃至包括一切与被继承人有血亲关系并生存的亲属。[1]

德国的法定继承顺序分为两种:一是血亲继承人的固定法定继承顺序;二是配偶的无固定法定继承顺序。血亲继承人的固定法定继承顺序如下:[2]第一顺序法定继承人是被继承人的晚辈直系血亲。在继承开始时已不再生存的晚辈直系血亲,由因之而与被继承人有血统关系的晚辈直系血亲代替(代位继承)。第二顺序法定继承人是被继承人的父母和父母的晚辈直系血亲。第三顺序法定继承人是被继承人的祖父母、外祖父母及其晚辈直系血亲。第四顺序法定继承人是被继承人的祖父母的父母及其晚辈直系血亲、外祖父母的父母及其晚辈直系血亲,也就是曾祖父母、曾外祖父母及其晚辈直系血亲。第五顺序和更远顺序的法定继承人,是被继承人之辈分比上述四个顺序的法定继承人更大的祖先及其晚辈直系血亲,也就是几乎包括了与被继承人有血缘关系的一切健在的血缘亲属。

配偶的无固定顺序的法定继承权,规定在《德国民法典》第 1931(1)条中。即"被继承人的生存配偶有资格作为法定继承人,在和第一顺序直系血亲一起继承时,继承遗产的四分之一,在和第二顺序直系血亲或祖父母、外祖父母一起继承时,继承遗产的一半。祖父母、外祖父母的晚辈直系血亲和祖父母、外祖父母一起继承的,生存配偶也从遗产的另一半中获得依第 1926 条本来会归属于该晚辈直系血亲的应有部分"。依上述规定。配偶可与第一、第二、第三顺序的法定继承人共同继承遗产。但其第 1333 条对配偶继承权作出必要的限制,即"离婚的要件在被继承人死亡时已具备,且被继承人已申请离婚或已同意离婚的,生存配偶的继承权以及对先取份的权利即被排除。被继承人有权申请婚姻的废止,且已提出申请的,亦同"。

---

① 参见《德国民法典》第 1924 条至第 1932 条。
② 以下内容参见《德国民法典》第 1924(1)(2)条、第 1925(1)条、第 1928(1)条。

（二）日本

日本的法定继承制度主要规定在《日本民法典》第二章"继承人"和第三章第二节的"继承份额"部分。具体规定包括法定继承人的范围、顺序与应继份等。法定继承人的范围与顺序，主要规定于第 887 条、第 889(1) 条、第 890 条。

根据《日本民法典》第 887 条、第 889 条、第 890 条的规定，其法定继承人的范围包括被继承人的配偶、子女、孙子女、外孙子女（为代位继承人）、直系尊血亲兄弟姐妹及其子女。其中，子女为第一顺序法定继承人，子女先于被继承人死亡或丧失继承权时，由其子女代位继承；胎儿在继承上，视为已经出生；直系尊亲属则为第二顺序法定继承人，但亲等不同者之间，以亲等近者优先继承；第三顺序为兄弟姐妹，其子女可代位继承。配偶同样属无固定的继承顺序，可以与任何顺序的血亲继承人一起继承遗产。

（三）法国

法国的法定继承制度主要规定在《法国民法典》第三章"继承人"中，其具体内容包括法定继承人的顺序、亲等、代位继承、有继承权的配偶的权利。

《法国民法典》中规定的法定继承人包括配偶继承人与血亲继承人。根据其第 734 条、第 745 条的相关规定，血亲继承人的范围包括被继承人的子女和他们的直系卑血亲、父母及父母以外的直系尊亲属、兄弟姐妹以及他们的直系卑亲、除兄弟姐妹以及他们的直系卑亲以外的旁系亲属。

在法国，配偶的继承顺序与德、日一样，均属于无固定的继承顺序，其或可以单独继承，或与被继承人的亲属（如被继承人的子女及其晚辈直系血亲、父母）共同继承。除配偶外，法定继承顺序主要规定在民法典第 734 条中，具体内容如下：第一顺序为子女和他们的晚辈直系血亲，这里的子女不分性别，也无论长幼，甚至于是不同婚姻所生，均得继承其父或母或其他直系尊亲属的遗产。第二顺序为父母、兄弟姐妹及兄弟姐妹的晚辈直系血亲。第三顺序为除父母以外的其他尊亲属，此处继承还应遵守民法典第 744 条的规定，即每一继承顺序中，最近亲等的继承人排除最远亲等的继承人。第四顺序为除兄弟姐妹及其晚辈直系血亲以外的旁系亲属，此处的旁系亲属有一限制，即民法典第 745 条规定的不得超过六亲等，本顺序的继承同样应遵守最近亲等的继承人排除最远亲等的继承人的规定。

（四）俄罗斯与独联体成员国示范民法典

《独联体成员国示范民法典》由独联体成员国议会大会通过，对于各成员国具有一定的参考作用，故《俄罗斯民法典》与其有一定的相似之处。《独联体成员国示范民法典》中的法定继承是单独一章，即第六十六章，共计十一条。俄罗斯的法定继承制度亦被单独列为一章，即民法典的第六十三章，共计十一条。

除了体例上的相似外，法定继承人的范围也十分相似，《独联体成员国民法典》规定的法定继承人的范围包括：被继承人的子女（含养子女）、配偶、父母（含养父母）；兄弟姐妹、祖父母、外祖父母；叔伯姑舅姨；六亲等以内的其他亲属以及被继承人生前扶养的不少于 1 年的无劳动能力的人。《俄罗斯民法典》中法定继承人的范围与之大致相同，但将六亲等以内的其他亲属予以细化并且增加了被继承人的继子、继女、继父、继母。六亲等以内的亲属具体包括:被继承人的曾祖父母和外曾祖父母;亲侄子、侄女、亲外甥、外甥女的子女;祖父母、外祖父母的亲兄弟姐妹;侄孙子女和侄外孙子女的子女、表(堂)兄弟姐妹的子女、表(堂祖父母)的子女。

关于法定继承顺序,《独联体成员国民法典》规定:被继承人的子女、父母、配偶为第一顺序继承人;第二顺序继承人为同父同母的兄弟姐妹和同父异母(同母异父)的兄弟姐妹、祖父母和外祖父母;第三顺序的法定继承人为被继承人的叔伯姑舅姨。《俄罗斯民法典》的前三顺序继承人与之一致。在第四顺序继承人中,《独联体成员国民法典》规定得较为笼统,仅规定六亲等以内的亲属为第四顺序继承人,且更近亲等的亲属排除更远亲等的亲属的继承。《俄罗斯民法典》在上述范围内,将继承人的范围与顺序均予以细化,规定第四顺序为第三亲等的亲属——被继承人的曾祖父母和外曾祖父母;第五顺序为第四亲等的亲属——被继承人亲侄子女和亲外甥外甥女的子女、被继承人祖父母和外祖父母的亲兄弟姐妹;第六顺序为第五亲等亲属——被继承人侄孙子女和侄外孙子女的子女、被继承人的表(堂)兄弟姐妹的子女以及被继承人表(堂)祖父母的子女。此外,还增加了第七顺序的继承人,即被继承人的继子、继女、继父、继母。《独联体成员国民法典》与《俄罗斯民法典》的一大共同特色在于其均规定了被继承人无劳动能力的被抚养人的继承,以《俄罗斯民法典》为例,其第1148条规定:在继承开始之日无劳动能力的属于该法第1143条至第1145条所规定的法定继承人(即第二至第六顺序的继承人),却不是该继承顺序的继承人范围的公民,如果在继承人死亡之前依靠被继承人扶养不少于1年,无论他们是否与被继承人共同生活,都与应召继承的同一顺序继承人一起平等继承。此外,该法典还规定不在法典第1142条至第1145条规定的继承人范围的公民,但继承开始之日无劳动能力并在被继承人死亡前依靠其扶养并与他共同生活不少于1年,该公民也能成为法定继承人独立继承。不过当有其他法定继承人时,他们与应召继承的同一顺序的继承人一起平等继承。

(五)意大利

意大利的法定继承制度主要规定在《意大利民法典》第二章法定继承中,其具体内容包括法定继承人的范围、顺序、应继份等事项。

根据《意大利民法典》第565条、第572条等的规定,法定继承人的范围包括:配偶、婚生或非婚生的卑亲属、直系尊亲属、六亲等以内的其他亲属和国家。

在法定继承的顺序中,第一顺序为晚辈直系血亲,其中子女包括婚生子女和非婚生子女,养子女享有与婚生子女同等的权利。第二顺序法定继承人为父母及其他尊亲属、兄弟姐妹及其晚辈直系血亲。在尊亲属中,以亲等近者优先,亲等近者排斥亲等远者。兄弟姐妹包括同父同母的兄弟姐妹与同父异母、同母异父的兄弟姐妹,但同父异母、同母异父的兄弟姐妹仅能取得父母或同父同母的兄弟姐妹继承份额的一半。第三顺序法定继承人为六亲等以内的其他亲属。根据《意大利民法典》第572条的规定,自然人死亡时没有子女、父母、其他尊亲属、兄弟姐妹及其卑亲属的,遗产不分亲系地由某一亲属或者近亲属继承,但六亲等以外的亲属无继承权。第四顺序法定继承人为国家。

同德、日、法等大陆法系国家的立法一样,配偶也并无固定的继承顺序,可以与第一、第二顺序继承人共同继承。此处的配偶包括:无效婚姻中尚生存的未再婚的善意配偶,以及尚未以终审判决宣告分居的配偶。

（六）越南

越南的法定继承制度规定在《越南民法典》第二十四章中，具体内容包括：法定继承的情形、法定继承人的范围、继承顺序等事项。

《越南民法典》规定的法定继承人的范围包括：夫妻、生父母、养父母、生子女、养子女、祖父母、外祖父母、同胞兄弟姐妹、孙子女、外孙子女、曾祖父母、外曾祖父母、亲叔伯舅姑姨、亲侄子女、亲外甥子女、亲曾孙子女。值得注意的是，越南能取得继承权的兄弟姐妹仅仅是同胞兄弟姐妹，而不包括同父异母或同母异父的兄弟姐妹。

根据《越南民法典》的规定，法定继承顺序有三个：第一顺序法定继承人为夫妻、生父母、养父母、生子女、养子女；第二顺序法定继承人为祖父母、外祖父母、同胞兄弟姐妹、孙子女、外孙子女；第三顺序法定继承人为曾祖父母、外曾祖父母、亲叔伯姑舅姨、亲侄子女、亲外甥子女、亲曾孙子女。

（七）路易斯安那州

路易斯安那州的州名是为了纪念法国国王路易十四而得的，在历史上路州受法国影响也比较大，至今州内部分地区仍通用法语，故其与美国其他各州属于英美法系不同，其属于大陆法系。路州的法定继承制度主要规定在《路易斯安那民法典》第 880 条至第 902 条中，具体内容包括：法定继承人的范围、顺序、代位继承等事项。

路易斯安那州的法定继承人范围包括：直系卑亲属、配偶、父母、兄弟姐妹及其后代、父母外的其他尊亲属、其他旁系亲属。

根据《路易斯安那民法典》的规定，被继承人的卑亲属为第一顺序继承人；父母、兄弟姐妹或其子女为第二顺序继承人；其中最为特殊的是配偶的继承顺序。根据法典第 889 条的规定，若死者无任何卑亲属，则生存配偶继承死者夫妻共同财产中的份额。其第 894 条又规定，若死者无后代、无父母、无兄弟姐妹及其后代，则其未与之别居的配偶排除其他尊亲及旁系亲属继承其分别财产。由上述法条可知，在无直系卑亲属的情形下，配偶的继承顺序因财产的性质不同而不同，或为第二顺序或为第三顺序。第四顺序的法定继承人为父母外的其他尊亲属，第五顺序的法定继承人为其他的旁系亲属。最后，若无血亲、收养亲或未别居的配偶时，死者的财产属于州。

（八）瑞士

瑞士的法定继承制度主要被规定在《瑞士民法典》的第十三章中，共计十个条文，具体内容包括：法定继承人的范围、顺序、代位继承等事项。

依《瑞士民法典》的规定，法定继承人的范围包括：被继承人的直系卑亲属、父母及其直系卑亲属、祖父母及其直系卑亲属、配偶以及国家。

法定继承顺序如下：被继承人的直系卑亲属为第一顺序法定继承人；父母及其直系卑亲属为第二顺序法定继承人；第三顺序为被继承人的祖父母及其直系卑亲属或祖父母所属亲系的其他继承人。配偶的继承顺序与其他主要的大陆法系国家一样，依然没有固定的顺序，或为第一顺序或为第二顺序。最后，根据《瑞士民法典》第 466 条的规定，若被继承人没有任何继承人的，其遗产归属于其最后住所地的州，或归属于依据州法所指定的乡镇。

二、英美法系国家的立法例

英美法系国家关于法定继承人的范围与顺序的规定,各有优劣。关注其相关立法例,有利于立法借鉴,推动我国法定继承立法的完善。

(一)英国

英国并无统一的民法典,其有关遗产管理和遗产分配的法律规范最初规定在 1925 年的《遗产管理法》中,后来相继通过《无遗嘱者遗产法》(1952 年)、《家庭供养法》(1966 年)和《家庭法改革法》(1987 年)予以纠正。对于遗产分配提出更深刻修改意见的是 1989 年的法律改革委员会关于《无遗嘱死亡时遗产分配的报告》,根据报告中的修改意见,议会于 1995 年制定了《〈继承法〉改革法》,至此最终形成了如今的英国法定继承制度。其具体内容包括:无遗嘱继承人的范围、顺序、代位继承和特定人员的遗产请求权等事项。

在英国,法定继承人的范围包括:配偶和血亲继承人。其中,血亲继承人包括死者的晚辈直系血亲、父母、同父同母与同父异母(同母异父)的兄弟姐妹及其晚辈直系血亲、祖父母、外祖父母、全血缘及半血缘的叔伯姑舅姨及其晚辈直系血亲。

英国第一顺序法定继承人为被继承人的晚辈直系血亲,养子女、非婚生子女与婚生子女具有同等的权益;父母为第二顺序法定继承人。被继承人的兄弟姐妹的继承顺序因血缘远近而不同,全血缘兄弟姐妹及其晚辈直系血亲为第三顺序法定继承人;半血缘兄弟姐妹及其晚辈直系血亲为第四顺序法定继承人。第五顺序法定继承人为祖父母、外祖父母。在英国法律中,叔伯姑舅姨及其晚辈直系血亲的继承与兄弟姐妹一样,因血缘关系的远近有区别。其中,全血缘的叔伯姑舅姨及其晚辈直系血亲为第六顺序法定继承人;半血缘的叔伯姑舅姨及其晚辈直系血亲为第七顺序法定继承人。

在英国法中,配偶无固定的继承顺序,其可以与第一顺序、第二顺序或第三顺序的血亲继承人共同继承。此处的配偶,只限于具有合法夫妻身份的配偶,已经离婚的或处于司法分居的配偶则丧失了继承请求权。但是对于已作出离婚判决却尚未成为终审判决,或非正式分居的配偶仍然保留该继承的权利。此外,英国法律还有一特殊之处,即如果生存配偶在无遗嘱者死亡后 28 天内死亡,则该配偶并不视为晚于无遗嘱者死亡。

(二)美国

依据美国《统一遗嘱检验法典》的相关规定,美国的法定继承制度主要包括:无遗嘱继承人的范围、顺序及应继份、代位继承等事项。

上述法典规定的无遗嘱继承人包括:配偶、晚辈直系血亲、父母、兄弟姐妹及其晚辈直系血亲、祖父母(外祖父母)及其晚辈直系血亲。

配偶无固定继承顺序的立法例在西方国家较为普遍。美国的法定继承人的继承顺序也分为血亲继承人与配偶继承人。其中血亲的第一顺序法定继承人为晚辈直系血亲,此处包括婚生子女、非婚生子女、养子女及受婚生推定的遗腹子。第二顺序为父母及其晚辈直系血亲。第三顺序为祖父母及其晚辈直系血亲。此外,美国有些州还在此基础上扩大了继承人的范围,如加利福尼亚州规定,继子女、岳父母、公婆、配偶的兄弟姐妹均享有继承权。

当然,配偶的继承顺序并不固定,其可以与子女或父母一起共同继承遗产。

（三）澳大利亚

澳大利亚的情形较为特殊，截至目前，全国并无统一的法定继承方面的专门立法，相关制度主要由各州制定的法律进行规范。[①]

虽然各州法定继承人的范围并不一致，但是以下亲属被澳大利亚各辖区的法律均列为法定继承人的范围，具体包括：配偶、晚辈直系血亲、父母、兄弟姐妹、祖父母、外祖父母以及父母的兄弟姐妹。除此之外的其他属于继承人的亲属范围，各州规定有所不同。如澳大利亚首都地区、南澳大利亚州的相关法律规定，被继承人兄弟姐妹的晚辈直系血亲、父母的兄弟姐妹的晚辈直系血亲有继承权。而昆士兰州和西澳大利亚州仅规定兄弟姐妹的子女和父母的兄弟姐妹的子女属于其他有继承权的亲属。塔什玛尼亚州和维多利亚州规定的范围更窄，仅为兄弟姐妹的子女。更为特殊的是这两个州都规定父母的兄弟姐妹的晚辈直系血亲可以继承遗产，而且此处并不是作为代位继承人继承，而是与旧民法相关规定确定的其他同亲等顺序的亲属共同继承遗产。

在法定继承人顺序的规定上，各州之间大体一致。总体而言，多数州法律规定的法定继承人的顺序如下：第一顺序为晚辈直系血亲；第二顺序为父母；第三顺序为兄弟姐妹及其晚辈直系血亲，此顺序的继承人范围有所不同，塔什玛尼亚州、维多利亚州、昆士兰州和西澳大利亚州为兄弟姐妹及其子女。第四顺序为祖父母、外祖父母；第五顺序为父母的兄弟姐妹及其晚辈直系血亲，此处也有差异，其中昆士兰州和西澳大利亚州的规定是父母的兄弟姐妹及其子女，塔什玛尼亚州、维多利亚州与新南威尔士州规定的则为父母的兄弟姐妹，并且新南威尔士州法律中父母兄弟姐妹的晚辈直系血亲不得代位继承。

澳大利亚的配偶无固定继承顺序，并且各州的立法规定均有不同。在新南威尔士州、维多利亚州、南澳大利亚州、塔什玛尼亚州和澳大利亚首都地区，配偶可与晚辈直系血亲一同继承，若被继承人无晚辈直系血亲，则配偶可取得全部遗产。而在昆士兰州、西澳大利亚州和北部地区，法律规定配偶可与晚辈直系血亲、父母、兄弟姐妹及其子女（有的州为晚辈直系血亲）一同继承，若无前述继承人，配偶一人继承全部遗产。

第八节　立法发展趋势

如何完善我国的法定继承制度，是法学界、司法界共同关注的问题。而如何完善法定继承人的范围与顺序，学界观点不一。主要争论涉及两个方面：一是法定继承人的范围是否扩大；二是如何调整法定继承人的继承顺序。

一、法定继承人的范围和顺序的调整

关于法定继承人的范围与顺序，学界提出的立法建议较多。根据我国当下的国情和民众的实际需要，法定继承人的范围和顺序，实有扩大和调整的必要。然而，如何扩大，观点不一。

---

① 陈苇主编：《外国继承法比较与中国民法典继承编制定研究》，北京大学出版社 2011 年版，第 398～399 页。

（一）立法模式分析

关于法定继承顺序,其立法模式主要有两类:一是法定继承顺序规定较少。如《日本民法典》规定的法定继承顺序有三:第一顺序为子女。子女先于被继承人死亡或丧失继承权时,由其子女代位继承。第二顺序为直系尊亲属。在亲等不同者之间,以亲等近者优先。第三顺序为兄弟姐妹,其子女可代位继承。配偶作为继承人,可以和任何顺序的血亲继承人一起继承遗产。二是法定继承顺序较多。如《德国民法典》规定的法定继承顺序有五个:第一顺序为直系卑血亲。以亲等近者优先。如亲等近者先于继承开始前死亡,则由其直系卑血亲代位继承。第二顺序为父母及其直系卑血亲。第三顺序为祖父母及其直系卑血亲。第四顺序为曾祖父母及其直系卑血亲。第五及更远顺序的法定继承人为被继承人的远亲祖辈及其晚辈直系血亲。配偶无固定继承顺序,可以与任一顺序的继承人共同继承,其继承份额则视其参与的那一继承顺序而定。《美国统一继承法典》第 2-103 条规定,配偶的继承权置于首位。除配偶外,血亲属的继承顺序依次为直系血亲卑亲属、父母、兄弟姐妹及其直系卑亲属、祖父母（父系、母系）及其直系卑亲属、曾祖父母（父系、母系）及其直系卑亲属。我国属于法定继承顺序较少的国家。

我国港、澳、台地区的有关继承顺序的立法模式,则属于法定继承顺序较多的立法例。例如,香港特区《无遗嘱者遗产条例》规定的法定继承顺序有六个:第一顺序是配偶、妾、子女（如无子女则父母也列入第一顺序继承人）。第二顺序是父母。第三顺序是兄弟姐妹。第四顺序:侄子女、外甥子女。第五顺序是祖父母、外祖父母。第六顺序是叔、伯、姑、舅、姨。配偶作为继承人,可以同子女、父母、兄弟姐妹及其后嗣一起继承遗产。《澳门民法典》第 1973 条规定的法定继承顺序有六个,依次为配偶、直系卑血亲;配偶、直系尊血亲;与死者有事实婚关系之人;兄弟姐妹及其直系卑血亲;四亲等以内的其他旁系血亲;在经确认被继承人无任何种类的继承人的情况下,法院宣布其遗产归澳门特区所有。台湾地区"民法"第 1138 条规定的法定继承顺序有四个:第一顺序为直系卑血亲。以亲等近者为先。第二顺序为父母。包括生父母和养父母。第三顺序为兄弟姐妹。包括全血缘的和半血缘的兄弟姐妹。第四顺序为祖父母、外祖父母。养子女为继承人时,其养父母的父母也是第四顺序的继承人。配偶可以和任何顺序的血亲共同继承遗产。

（二）立法模式选择

基于上述立法模式的分析,我国应从实际国情出发,对法定继承的顺序和范围予以调整。目前,较有建设性的立法建议有二。

一是在《继承法》两个继承顺序的基础上增加第三继承顺序。即遗产按照下列顺序继承,第一顺序:配偶、子女、父母。第二顺序:孙子女、外孙子女、兄弟姐妹、祖父母、外祖父母。第三顺序:四代以内的其他直系或者旁系血亲。在法定继承中,须遵循顺序在先即优先继承的原则。即继承开始后,由前一顺序继承人继承。没有前一顺序继承人继承的,由后一顺序继承人继承。至于因生存配偶的过错,被继承人已申请离婚或已经同意离婚,并具备离婚的实质要件的,该配偶不属于继承人范围。

根据前述法定继承人顺序的调整,法定继承人的范围也由近亲属扩大到四代以内的其他直系血亲和旁系血亲。继承人范围的扩大,对于发挥遗产的功能具有积极的意义。

二是将父母调整为第二继承顺序并增加第三继承顺序。具体立法设计为,第一顺序:配偶、子女。第二顺序:父母、孙子女、外孙子女、兄弟姐妹、祖父母、外祖父母。第三顺序:曾祖父母、外曾祖父母、伯、叔、姑、舅、姨、堂兄弟姐妹、表兄弟姐妹、侄子女、甥子女等四代以内的其他直系或者旁系血亲。继承开始后,由前一顺序继承人继承。没有前一顺序继承人继承的,由后一顺序继承人继承。

上述两个立法模式有一定的共同之处:一是孙子女、外孙子女为第二顺序的法定继承人。改变了其在现行《继承法》中仅为代位继承人的地位,明确了其作为第二顺序继承人的独立地位。二是生存配偶继承人身份的调整。即因生存配偶的过错,致被继承人已申请离婚或已经同意离婚,并具备离婚的实质要件的,配偶则不属于继承人范围。[①] 该调整结合了《婚姻法》第 32 条的规定。因为,配偶的继承权是以配偶身份权的存在为前提的,如生存配偶违背夫妻相互忠实义务,则将严重侵害被继承人的配偶权;如双方感情确已破裂,则应剥夺其继承人资格以维护被继承人处分遗产的真实意愿。[②]

二、配偶继承权益的保障

从现代继承法的发展趋势来看,配偶的继承地位已经得到普遍加强,在欧洲,优待配偶的继承权利已经成为法定继承中的又一发展趋势。[③] 但在我国现行的《继承法》中,有关配偶继承权保护的规定尚存在不足。尽管配偶是第一顺序法定继承人,但仍需对配偶继承权益的保障作出特别的规定。

(一)配偶先取权的制度分析

配偶先取权,是指配偶享有的除了作为法定继承人继承遗产外,还有权利先得到满足日常生活需要的家常用品和其他必须用品。"其立法目的是在于保障生存配偶不因配偶一方死亡而在生活上受到较大影响,而使其能够继续保持一贯的生活方式。"[④]

按照《美国统一继承法典》的规定,继承开始后,配偶有权先取得价值 5000 美元的宅院特留份和价值不超过 3500 美元的不受遗产债权人追索的豁免财产,如配偶系受被继承人扶养之人还可以从现款中取得合理的家庭特留份,以保证在遗产管理期间维持其生活。如死者留有和生存配偶共同所生的子女及其直系卑亲属或虽无直系卑亲属,但有父母时,配偶先取得 5 万美元然后继承剩余遗产的一半;如配偶和非自己所生的子女一起继承时仅得遗产的一半,死者无直系卑亲属和父母,配偶得全部遗产。英国《遗产管理法》规定,当死者在遗有子女时配偶享有以下权利:可取得全部人生动产,即指家常用品或个人使用或装饰的物品,如衣物、珠宝、家具、机动车和家畜之类;取得法定遗赠物 25000 英镑,此款项免税;获得死者去世时到分得遗产期间以每年 4% 利率计算的法定遗产利息。此外,配偶还享有一些

---

① 结合《婚姻法》第 32 条的规定,配偶的继承权是以配偶权存在为前提,生存配偶违背夫妻相互忠实扶助义务具有过错,严重侵害被继承人配偶权,双方感情确已破裂,剥夺其继承人资格更能体现被继承人财产处分的真实意愿。

② 王歌雅:《论继承法的修正》,载《中国法学》2013 年第 6 期。

③ Arthul Haitkam: Towards united European eivil code, Kluwer Law International, edition, p.179.

④ 孙毅:《继承法修正中的理论变革与制度创新——对〈继承法〉修正草案建议稿〉的展开》,载《北方法学》2012 年第 5 期。

变通或优先的权利,如享有终身定金的配偶在有子女的情况下有权要求遗产管理人或执行人支付遗产本金以取代终身定金。又如我国香港特别行政区《无遗嘱者遗产条例》规定:无遗嘱者死亡时遗下配偶和子女,则应首先从遗产中拨出 50 万港币归配偶,并应即时给付,若迟延给付,应将此款连同法定利息归配偶;余下遗产的 1/2 归配偶,其余的 1/2 由子女按房均分。

大陆法系国家也设有遗产先取权制度以保护配偶的继承法律地位。《德国民法典》第 1932 条规定:"如果生存配偶与第二顺序亲属或祖父母同为法定继承人,则继承份额外,生存配偶取得婚姻家庭中所属的物品(以其并非土地附属物为限)以及在结婚时收受的赠与物;生存配偶与第一顺序血亲亲属并列为法定继承人者,以上物件为其适当的家庭生活所需要者为限,上述物件归属于该生存配偶。对于先取权适用关于遗赠的规定。"

英国继承法规定生存配偶取得死者的动产所有权及为遗产负担之 1000 镑债权,就其他遗产取得终身用益权;其数额为与子女同为继承时有遗产之 1/2,与其他血亲同为继承时有遗产全部之用益权。没有继承权之血亲取得遗产之全部所有权。[1] 生存的配偶享有终身受益权时,在死者也遗有后代的情况下,该配偶有权要求遗产管理人以一次性金钱支付替代终身受益权。配偶有权通过书面通知要求遗产管理人把该住房转让给他,以折抵他对无遗嘱遗产的任何绝对权,或折抵该配偶已选择的偿付其终身受益权的资金。因此,配偶可以在上述基础上做一选择,然后通过要求转让房屋来实现那笔资产权。

1981 年,荷兰政府提出生存配偶将享有一项法定用益权,其主要包括处分财产的权利,并且优于子女应有份。此外,应有份将从一项财产权转变为金钱上的请求权。如果遗嘱人在其遗嘱中剥夺了生存配偶的此项权利,后者仍然可以请求对遗产行使用益权,只要这对于维系他的生存来说是必要的。[2]

上述规范表明,各国继承立法无不采取法定措施对配偶给予优待地位。因为,配偶是基于婚姻关系而享有法定继承权,配偶关系又与亲属关系不同,配偶之间具有法定的相互扶养的义务,不应因一方的死亡而致其另一方的生活水平显著下降,甚至无家可归、流离失所。毕竟家庭财产为夫妻共同劳动所创造,配偶理应在继承遗产方面享有优势地位。在现代,已有一些国家通过修改法律进一步提高配偶的继承地位。例如,日本在 1980 年通过修改民法大幅度提高了配偶的应继份额:将配偶的应继份额由原来与子女共同继承时为遗产的 1/3 提升到 1/2;配偶与直系尊亲属继承时应继份额从 1/2 提高到 2/3。以色列新颁布的继承法中,配偶的继承份额由原来的 1/4 增至 5/6;如果死者未曾有近亲属,则配偶继承全部遗产。[3] 因此,重视配偶利益已成为世界各国继承立法的主要潮流。

我国在继承立法的完善及《民法典·继承编》的编纂进程中,应结合继承法的立法体系及民众需要,思考并应对配偶先取权的立法需要。

(二)配偶继承权益的保障分析

《继承法》仅规定配偶与子女、父母为第一顺序继承人,同时为了鼓励人们发扬孝敬父母

---

[1] 史尚宽:《继承法论》,中国政法大学出版社 2000 年版,第 71 页。

[2] [荷兰]亚瑟·S.哈特坎普:《荷兰民法典的修订:1947—1992》,汤欣译,载《外国法译评》1998 年第 1 期。

[3] 李春茂、陈跃东:《配偶法定继承权的法律思考》,载《中央政法管理干部学院学报》1994 年第 5 期。

的传统美德,其第 12 条规定丧偶的儿媳对公婆、丧偶的女婿对岳父母尽了主要赡养义务的,可以作为第一顺序继承人;其第 14 条规定对继承人以外的依靠被继承人生前扶养的缺乏劳动能力又没有生活来源的人,或者继承人以外的对被继承人扶养较多的人,可以分给他们适当的遗产。上述规定,构成了我国法定继承制度对配偶继承权益保护的体系框架。

学界认为,上述体系框架在制定之初,能够适应当时的社会背景、吻合社会经济基础的要求。但是随着我国国情的不断发展变化,尤其是经济基础发生的巨大改变,这种规定已逐渐暴露出不足。首先,法定继承制度的目的就是推定死者意思,即将自己的财产留给自己最亲近的人,[①]而我国《继承法》则将父母、子女与配偶同规定为第一顺序继承人,导致父母在继承遗产后,财产就会流向旁系亲属,与被继承人的意愿不符。而且我国自 20 世纪 50 年代以来,尽管一直实行父母与子女为第一顺序的法定继承人规定,却并没有改变晚辈血亲优先于父母的继承习惯。[②] 其次,我国现代的家庭结构已突破了传统社会中的四世同堂或五世同堂的共同生活模式,家庭结构越来越简单。而且随着男女平等原则的深入人心,妇女在经济、社会、政治上的地位相应提高,配偶已经成为在情感上相互抚慰、在经济上相互依赖、与外界相对独立的生活和情感的共同体。配偶在成为现代家庭中最为重要的亲属关系的同时,要求继承立法对配偶这一亲属关系予以慎重对待。为此,学界主要立法建议如下:

1. 明确规定配偶为第一顺位继承人

之所以将配偶作为第一顺位继承人,主要的考虑是配偶对于家庭共同财产的积累所做出的巨大贡献,而在被继承人死亡后,将部分遗产由配偶继承,也有利于被继承人的子女对生存配偶一方的生活照顾。

2. 补充规定配偶对生活用品的先取权和对生活住房的用益权

在坚持配偶为第一顺序继承人的基础上,规定配偶对生活用品的先取权和对生活住房的用益权,目的在于更好地保护配偶继承的优先地位。配偶双方在共同的生活中,对生活用品和住房都享有合法的使用权和居住权,规定这两种权利是对生存配偶一方业已存在权利的法律确认。我国存在配偶一方死亡时并不立即分割、继承遗产,而是在配偶双方均死亡后才分割继承遗产的传统。因此,规定配偶的先取权和用益权,将全面提升配偶的法律地位,最大限度地发挥遗产的利用效益,给予生存配偶细致周到的保护,以维持其生活稳定。尤其在我国《物权法》没有规定居住权的情况下,通过《继承法》规定配偶对生活住房的用益权,既解除了子女担心父母再婚导致房产外流的顾虑,稳定家庭关系,又可使丧偶老人能够老有所居,贯彻了《继承法》养老育幼的原则。而《继承法》规定配偶对生活住房的用益权,还可回避该权利属物权还是债权的理论争议,并准用物权保护的相关规定对其加以保障。

3. 增加后位继承制度

后位继承也称次位继承,即因遗嘱中所规定的某种条件的成就或期限的到来,由某遗嘱继承人所继承的财产又移转给其他继承人承受。在后位继承法律关系中,被指定首先承受遗嘱人遗产的继承人叫前位继承人;从前位继承人处取得遗产的继承人叫后位继承人或叫次位继承人。后位继承人只有在遗嘱中所规定的某种条件成就或期限届至时,才能从前位继承人处取得财产。在此之前,只能根据遗嘱的内容享有期待权。

---

① 史尚宽:《继承法》,中国政法大学出版社 2000 年版,第 4 页。
② 张玉敏:《继承法律制度研究》,法律出版社 1999 年版,第 345 页。

后位继承制度起源于罗马法的受托人制度。根据当时罗马法的传统,遗产的合法继承人作为受托人在取得遗产后,应按照遗嘱的规定负有在某种条件成就或期限到来时,将所承受的遗产转移给其他继承人的义务。[①]

后位继承的优势,在于遗嘱人可以指定后位继承人按照一定的条件或期限取得前位继承人已经继承的遗产。遗嘱人未规定后位继承人取得遗产条件的,遗产在前位继承人死亡时归属于后位继承人。后位继承人可以是继承开始时尚未出生的人。后位继承人只能指定一次。

后位继承的特质,在于前位继承人对遗产有使用、收益的权利。对正常使用引起的遗产损耗不负责任。前位继承人对遗产的处分,在损害后位继承的遗产价值或者使后位继承无法实现的,不生效力。造成损害的,承担损害赔偿责任。前位继承人负担遗产保养维护的必要费用。

承认后位继承的效力,体现出尊重个人意志的价值取向。私法秩序由市民社会中的个人意思来安排,体现出主体的自由性和法的个人本位特点。尽管该制度属遗嘱继承制度,由于其对保护配偶合法继承权益有着重要的意义,因此在这里做简要说明。从制度内容可以发现,后位继承对于配偶继承权益保障的主要作用在于,既能满足配偶老有所养的需求,也能避免遗产因配偶再婚而流入外人手中。因为,被继承人(遗嘱人)完全可以通过后位继承制度明确遗产的后位继承人为自己的直系卑血亲,但由其配偶作为前位继承人。[②]

[①] 蓝承烈、杨震:《继承法新论》,黑龙江教育出版社1993年版,第151页。
[②] 杨立新、杨震等:《〈中华人民共和国继承法〉修正草案建议稿》,载《河南财经政法大学学报》2012年第5期。

第五章
代位继承评注

> ➡第十一条　被继承人的子女先于被继承人死亡的,由被继承人的子女的晚辈直系血亲代位继承。代位继承人一般只能继承他的父亲或者母亲有权继承的遗产份额。

　　《继承法》第 11 条是关于代位继承的规定。代位继承是与本位继承相对应的一种继承制度,属于法定继承的一种特殊情况。在现实生活中,孙子女、外孙子女与被继承人的生活联系和经济联系比第二继承顺序中的兄弟姐妹更加密切,但按照我国《继承法》的规定,孙子女、外孙子女并非第二顺序的法定继承人,仅为代位继承人。我国《继承法》确立了代位继承制度,使得孙子女、外孙子女在其父或母先于祖父母或外祖父母死亡的情况下,享有对其祖父母或外祖父母的遗产继承权,体现出公平理念和养老育幼的原则。

　　根据本条的规定,我国的代位继承制度,是指被继承人的子女先于被继承人死亡,由被继承人子女的晚辈直系血亲代替先死亡的长辈直系血亲继承被继承人遗产的一项法定继承制度,也称间接继承制度。其中,被代位继承人是先于被继承人死亡的继承人,简称"被代位人";代替被代位继承人继承遗产的继承人,称为代位继承人,简称"代位人";代位继承人代替被代位继承人继承遗产的权利称代位继承权。此处的"直系血亲",是指与被代位人具有同一血缘关系的亲属。即从自身向上数,包括亲生父母、祖父母与外祖父母等长辈直系血亲,向下数则包括亲生子女、孙子女、外孙子女等晚辈直系血亲。

　　代位继承人是代表被代位继承人的权利而为继承(代表权说),还是以自己固有的权利而为继承(固有权说),在各国立法例和理论学说上存在很大的争议。我国继承法确立的代位继承制采代表权说,已引起学者的质疑。故代位继承的性质及立法选择,值得我们深入探讨。

第一节　立法目的

　　代位继承制度历史较为悠久,无论是罗马法时期还是中国古代法时期,均可找到这一制度的雏形。代位继承制度自产生伊始,就担负着满足社会治理需求、维护特定继承人继承权益的功能。探究该制度的立法目的,应分别从社会治理与继承法律关系两个维度进行分析。

一、遗产社会保障功能的实现

　　马克思主义认为,继承法最能恰如其分地满足社会生产关系。[①] 若将这一论断置于代位继承制度之中,则可清晰感受该制度与社会生产力发展之间更为密切的关系。

---

　　① 《马克思恩格斯全集》(第三卷),人民出版社 2002 年版,第 420 页。

（一）代位继承产生的初因

早在罗马法初期,受社会生产力水平低下的影响,无论是个人、家庭还是社会整体,生产资料、生活资料均较为匮乏,个人、家庭所生产的生活资料大多仅够自给自足,很难为后代尤其是子孙留下财产,且在多数情形下,财产在仅流向自己子女的过程中,就已消耗殆尽。因此,在这一时期,社会上虽然存在继承制度或者继承习惯,但是并没有代位继承制度。

直到罗马法发展的中后期,社会生产力水平的提高促进了生产及生活资料的创造,同时,罗马帝国频繁的战争胜利,也使得从军的个人在战争中获得了额外的财富。在这两种因素的共同作用下,个人尤其是家庭中家长的财富获得了极大的增加。而战争的频繁发生又使得家庭中的男性壮年不得不更多地面临死亡的威胁,因此从社会整体来看,将出现更多的"爷—孙"式的家庭结构。即由作为家长的"爷爷"直接抚养"孙子",儿子则死于战场。这种家庭结构决定着这一时期的社会需要一种制度来解决在被继承人子女死亡后,被继承人遗产能够继续在家庭中向直系卑亲属流传,并为被继承人孙子女的生活提供保障的问题。而对当时的统治者而言,被继承人遗产是否能够在其家庭中流传也许并不是十分棘手的问题,因为无人继承的遗产最终将会收入统治者自己的囊中。但被继承人的孙子女是否能够得到抚育,则是更为重要的社会问题。如果其家庭无任何财产用以供养这些尚未成年的"孙子女",那么,这部分经济负担只能由统治者自己承担。因为,如果这些未成年人无法健康成长,统治者赖以攫取财富的军队将面临丧失"兵源"的风险。

（二）代位继承的制度构架

基于社会统治的客观需求,立法者需要"创设"一种法律制度,来解决当家子(也就是被继承人的子女)因战争先于家长(被继承人)死亡后,家长的孙子女的未来生活保障问题。因此,当时立法"推定被继承人对其直系血亲卑亲属有同样的感情,特别在子女中若有先死亡的,其所遗留下的年幼尚不能自行谋生的儿童,更加有予以照顾的必要"①。上述意志推定若反映在继承制度层面,就表现为当第一顺序法定继承人先于被继承人死亡后,该法定继承人的子女,即被继承人的孙子女可以当然代替该继承人,取得其第一顺序法定继承人的地位,直接继承其"家长"的遗产。由此可见,代位继承制度的产生,与战争的频繁发生密切相关,也与家庭中的男性青壮年很可能会先于年老家长死亡的社会背景密切相关。因而,立法者创设代位继承制度,与其说是该制度反映了特定社会背景的特殊需要,不如说是代位继承需要转化为法律规范。

总体而言,代位继承制度产生的最初目的,并不在于解决遗产分配问题,而是在于解决家庭中幼子的生活保障问题,以尽量避免这种幼子的抚育压力直接转化为社会统治者的负担。时至现代,虽然许多国家均将对社会弱势群体的生活保障视为国家的当然义务,且不再刻意逃避这种义务,但是,这种理念并不妨碍国家通过立法来发挥家庭财产对其成员所能发挥的生活保障功能,这也是我国《继承法》规定"养老育幼"原则的依据之一。② 因而,我国

---

① 周枏:《罗马法原论》(下册),商务印书馆 1994 年版,第 476 页。

② 任江:《论我国〈继承法〉遗产范围的重构——兼评杨立新、杨震教授版《继承法》修正草案建议稿》遗产范围规制》,载《北方法学》2014 年第 6 期。

《继承法》规定的代位继承制度,依然具有社会保障功能,同时,也可保障家庭财产向晚辈直系血亲传承。这既是代位制度的立法目的之一,也是我国立法者对代位继承制度的具体立法设计。①

二、遗产合理分配的目的追求

如果说代位继承制度创设的直接目的,在于立法者期望用被继承人的家庭财产来解决其家庭成员的生活保障问题,那么,随着国家财富的增加,社会保障体系的完善,这一立法目的已经逐渐蜕化。而现今的代位继承制度的立法目的,在于合理分配被继承人的遗产,以维护家庭的和谐与稳定。

(一)维护公民的继承权益

各国继承法优先考虑的问题,几乎均是如何保护继承人的利益。在代位继承关系中,被继承人的直系血亲卑亲属对于被继承人的遗产享有继承期待权,即这种继承权是一种潜在的权利。而继承期待权若要转化为继承既得权,即潜在的权利要转化为现实权利,其途径应为直系血亲尊亲属先于被继承人而死亡。简而言之,在代位继承中,代位继承人的直系血亲卑亲属的先亡,并不影响代位继承人继承被继承人的遗产,即该部分遗产仍然会由该支内的直系血亲予以继承,这将有效保护被代位继承人、代位继承人的继承权益。

(二)为未成年继承人提供物资保障

作为第一顺序法定继承人的子女,如果先于被继承人父母死亡,那么在大多数情况下,其子女都尚未成年;且他们往往都处于接受教育的阶段,没有能力独立生活,而失去父母的经济支持很可能会造成他们的生活困难。如果他们在本位继承中缺位,就使本应属于他们父母的遗产流转到其他支系,这对于他们而言既不公平,也不利于他们的健康成长。设立代位继承制度,可以在一定程度上弥补代位继承人因父母的死亡而导致的抚养缺位,为未成年人的生存和发展提供了物质保障。

(三)实现遗产的合理分配

确保继承人公平合理的继承被继承人的遗产,且达到继承利益的最优化配置,是我国代位继承制度的重要目的之一。因为,遗产通常是由某个或某几个支系的继承人共同继承的,故按照通常的理解,如果某一支系的继承人先于被继承人死亡,那么其应继承的遗产就该由与其同一顺序的其他支系的继承人继承。如果这样分配遗产,对已死亡的继承人所在的支

---

① "我国继承法对被代位人的范围限定为被继承人的子女,是符合我国的实际情况的。我们确认代位继承的主要理由是有利于实现家庭养老育幼的职能作用。在被继承人的配偶和长辈直系血亲先于被继承人死亡时,不仅家庭对这些人'养老'的职能作用已经实现,而且从继承人的继承顺序和现实生活的实际看,也没有赋予他们的晚辈直系血亲以代位继承权的必要。即使在被继承人的兄弟姐妹先于被继承人死亡的情况下,赋予他们的晚辈直系血亲以代位继承权,不仅对实现家庭的养老育幼作用意义不大,而且从兄弟姐妹在家庭中的权利义务关系和现实生活中的经济联系看,也没有设立代位继承的必要。"从这段《继承法》颁行之初学者所作的分析表明,在制度设计上充分发挥代位继承制度的"育幼"功能,是立法者当时的主要立法目的之一。见蓝承烈:《试论代位继承的法律特征》,载《求是学刊》1986 年第 2 期。

系而言将是不合理的。加之我国自古就有子股公平的民俗传统,故在继承制度体系中设立代位继承制度,将有效解决遗产分配不均的问题,进而保障被继承人的晚辈直系血亲享有平等的继承权益。

第二节　法理基础

代位继承又称为代袭继承、承租继承、间接继承,意指具有法定继承权者,于继承开始前死亡,由其直系血亲卑亲属代位继承其应继分。传统理论亦认为,在享有法定继承权者丧失继承权时,也同样会发生代位继承。[①] 尽管其与我国现行《继承法》的规定并不一致。之所以将其称为"代袭继承""承租继承",是缘于我国古代法中"继承"一语的双重含义。即我国古代法上的继承含义有二:一是指宗祧继承,其目的在于延绵宗嗣,所谓"立子以贵立嗣以长";二是指遗产继承,强调公平分配。[②] 前者被广泛适用于封爵、封食[③]、祭祀等继承制度中,主要体现为身份继承,维护的是封建等级礼教,后者则多适用于分家析产之时,主要体现为财产继承,目的在于维系被继承人各房子女的家庭永续。[④] 其背后的法理基础,在于子股公平与按支继承。

一、子股公平原则

人类社会首先要解决的问题就是自身生存与宗族繁衍的问题。马克思主义将满足这两种需求的生产方式分别界定为物质资料的生产与人本身的生产,并因这两种需求的基础性,而将这两种生产方式界定为生活生产。对于一个家庭而言,家族成员的繁衍是"家长"所必然要考虑的问题。而意外状况的不可预知,使家长即使特别偏爱某一子女,也无法确保该子女能够实现为家族"开枝散叶"之目的。如将大量物质财富用以确保某一子女的生存,则意味着一旦该子女发生意外死亡,整个家族都将面临无法存续繁衍的危险。而较为稳妥的做法,是家长给予每一个子女以大致相同的物质资料,以确保其获得生存、发展的均等机会,从而使家族整体获得最大化的繁衍机会。即便在子女先于父母死亡之时,父母为了确保死亡子女这一支脉能够继续繁衍,仍然要将原属于该子女的遗产,分配给自己在这一支的孙辈,以此继续保持家族整体的繁衍机会,避免因某一子女的死亡而大幅度降低繁衍传承。

在罗马帝政时期,法律不仅规定了孙子可代位继承其祖父的遗产,亦允许在女儿先于父亲死亡时,外孙可代位继承外祖父之遗产。直至优士丁尼时期,历经两次修改政令,正式确立了代位继承制度。该制度的成因,即在于通过在各支血亲中平等地分配遗产,以确保被继承人的血缘能够获得最大范围的繁衍,避免将物质资料过多集中于少数子女所引发的风险。尽管各国、各地区代位继承制度的适用条件、范围等存在差异,但其蕴含的"繁衍风险规避"

[①]　史尚宽:《继承法论》,中国政法大学出版社 2000 年版,第 83 页。

[②]　史尚宽:《继承法论》,中国政法大学出版社 2000 年版,第 83 页。

[③]　封食与封爵并不相同,封食均依附于封爵,封爵须由受封亲属中之一人继承,而封食则一般由受封的全体继承人共同继承。如在唐律中,嫡子与庶子均享有封食的继承权,只是嫡子较庶子多分一份财产份额。而如"子"在继承前死亡,则由其子(即被继承人之孙)代承父分。

[④]　如唐令[户令·应分]确立的"子承父分"制度,"诸应分田宅、财产者,兄弟均分。兄弟亡者,子承父分,兄弟俱亡,则诸子均分"。

的理念却是相同的。这种立法理念所体现的原则,即为"子股公平"原则——被继承人的各支(股)血亲,原则上应平等地获得遗产,从而实现各支(股)血亲平等的繁衍机会。

遗产合理分配的立法目的,决定了代位继承制度须以子股公平为原则,这样才能尽可能地实现被继承人的遗产在其子女间平等地分配,避免因继承人先于被继承人死亡而导致以该继承人为中心的家庭失去其本应获得的继承利益。代位继承,体现了平等的理念。即通过代位继承确保被继承人子女所在的支系家庭均能获得相同的遗产份额,而无论该子女是否生存。同时,也可避免被继承人子女之间因争夺遗产而产生的伦理危机,如兄弟姐妹之间为获得更多的遗产而"期盼"其他继承人发生意外的情形。

二、按支继承原则

如果说子股公平原则是解决遗产合理分配的法理基础,那么遗产社会保障功能的实现则更依赖于按支继承原则。代位继承人作为被代位继承人的子女,通过直接获得其父或母的应继份,使被代位人的利益仍然在其直系卑亲属(子女)一支上向下流转,避免了该部分利益通过代位人的祖父流向与被代位人处于同一顺序的兄弟姐妹,乃至流入被代位人的叔、舅等旁系亲属。这种遗产流转的单向度,确保了被代位人一支血脉能够获得相对稳定的物质财富用以维系生存。若被继承人的孙辈没有这种代位资格,年幼的孙辈在失去父母的情形下(即先于被继承人死亡的继承人),几乎无法再获得足够的物质生活资料,只能依赖国家抚育,这在古代社会是较为困难的。

代位继承制度的伦理依据,就在于亲系继承与按支继承,前者是后者的基础,后者直接决定了代位继承的制度设计。所谓"亲系继承,是指以血缘关系的亲疏远近,把血亲亲属划分为若干个亲系,与死者血缘关系越近的亲属,其继承顺序就越靠前,由此形成先由死者自身的直系血亲卑亲属继承,再由父母系,次之为祖父母系,依此类推"[①]。而按支继承,则强调遗产应尽可能地在以被继承人为中心的直系血亲一支上流转,除非必要,应避免遗产流向被继承人的旁系亲属。这种继承理念与民众的一般继承习惯是相吻合的。

相比较于遗产由自己的兄弟姐妹继承,被继承人显然更期望自己的子女、父母直接获得遗产。因此,在继承人先于被继承人死亡时,继承人的直系卑亲属就应当优先于其他血缘亲属继承遗产。同时,按支继承并非"按代位继承人数量"的继承。即无论代位继承人是一人还是多人,代位继承人的应继份只能与被代位继承人的应继份完全相同。如果是在多人的继承情况下,这一继承份额将在他们之间均分。

按支继承原则始终贯穿于代位继承的立法设计。倘若依据代位继承人的人数来分割被继承人的遗产,就会造成被代位人的一支血脉获得了额外的遗产以用其生存繁衍,而被继承人的其他各支血脉的生存繁衍的风险就会增加,其有悖于家族生存繁衍概率最大化的制度理念。因此,如不贯彻按支继承或亲系继承原则,代位继承制度就将失去法理基础与社会基础。

---

① 刘耀东:《继承法修改中的疑难问题研究》,法律出版社 2014 年版,第 20 页。

第三节　历史沿革

代位继承制度很早就出现于中外法律制度之中,虽然其最初并非以"代位继承"命名,但是仍然可从相关制度中找到代位继承制度的雏形。

一、外国法制史中的代位继承

代位继承制度的历史,最早可追溯到罗马时代,但早期的罗马法并没有代位继承的概念和相应的制度规定。这是因为当时罗马的生产力水平比较低下,家长死后并不会留下太多的财物;即使留下财物,也都由家庭成员共同使用,因而没有代位继承制度存在的必要。但到了中后期,罗马的生产力水平有了很大的提高,所有制形式也从刚开始的大家庭所有制转变为小家庭私有制,于是,遗产继承制度就得到了发展,其所采用的按支继承(Succession in Stirpes)原则就形成了代位继承制度的最初形态。

按支继承,可概括为先死亡或受家父权免除的家子之子,取得其父的应继份。先死亡或者受家父权免除的家子之子,是指被继承人的孙子可以替代父亲的地位,获得第一顺序的法定继承人的资格,成为当然的继承人,从而继承被继承人的遗产。而在继承份额上,则是无论孙子有多少,都只能取得其父亲所应继承的遗产份额。这一制度形式与近现代以来的代位继承制度非常相似。

进入罗马帝政时期,家庭中女性的地位开始提高,其主要体现在作为家长配偶的母亲之法律地位的变化上。这种变化亦反映在按支继承之中,即其不再局限于孙子可代位继承其祖父的遗产,亦扩大到外孙可替代其母亲的继承地位代位继承其外祖父的遗产。至此,罗马法中的代位继承制度大体形成。在优士丁尼时期,代位继承人的范围甚至扩展到旁系亲属。

在罗马法的影响下,各国纷纷承认并确立了代位继承制度。如印度法、犹太法与希腊法中,均有类似的制度,只是在早期的日耳曼习惯法中,则无类似的制度。[①] 但随着罗马帝国的扩张,罗马法的影响亦逐渐扩大,并最终影响了日耳曼法。于是,代位继承制度也逐渐在这种影响中被日耳曼法所接受、承认,其直接表现就是在法国、德国、奥地利、瑞士等同一时期的民法典中,均规定了代位继承制度,只是在代位继承人的范围是否涵盖旁系亲属,各国立法例多有不同。

二、我国法制史中的代位继承

我国古代实行宗祧继承制度,所谓"有子立长,无子立嗣"。嫡长子在继承中几乎处于绝对优先的地位,其单独继承了被继承人的生前权力,即被继承人的身份地位,并继承了多数的土地与其他财产。而被继承人的次子与庶子,则仅可以继承其余的土地与财产,但不得染指被继承人的身份地位。如《唐律疏议·户婚律》规定:"诸立嫡违法者,徒一年。"

我国古代法中亦可喻为有"代位继承之实"而无其名,这在唐宋律令中均有所体现。例如,唐律"兄弟亡者,子承父分""兄弟俱亡,则诸子均分"的规定。这里的"兄弟"并非被代位人的兄弟,而是指被继承人家长的儿子,即被代位人自己,相应的,"诸子"则指作为被继承人

---

① 史尚宽:《继承法论》,中国政法大学出版社 2000 年版,第 83 页。

家长之孙。以现今语言表述,该条律令意指如若被继承人之子先于被继承人(家长)死亡,则由该子之子,即被继承人之孙,代其父继承遗产;如若被继承人的全部儿子均先于被继承人死亡,则由其孙子直接继承其祖父的遗产,即所谓的"均分"。这里可能存在争议的是,在被继承人诸子均先于被继承人死亡,被继承人之孙均分遗产时,其孙是直接作为被继承人的第一顺序继承人而获得继承地位,还是作为其各自父亲的代位继承人来继承其祖父的遗产?有史书认为应属后一种情形,并将其称为"越位继承"。当然,仅就代位继承制度的历史沿革而言,无论其属于哪种情形,均不妨碍这一规定作为我国古代法中代位继承制度的雏形。宋代律令还有妻承夫份的规定,即被继承人之子先于被继承人死亡,而其又无子嗣,则其妻妾可代其位而继承被继承人之遗产。① 再如清代的"寡妻承夫分"制度,也大体沿用了相同的立法体例。②

代位继承制度在 1930 年的民国《民法典·继承编》中有明确的规定。即被继承人的直系血亲卑亲属在继承开始前死亡或者丧失继承权的,由继承人的直系血亲卑亲属继承其本应继承的份额。③

纵观历史,社会生产力的发展和家庭的不断分化是代位继承制度产生的前提;世界各国在法律中的明确规定,使代位继承成为法定继承的一种特殊表现形式。代位继承,不但有利于个人财产在家庭内部的合理流转,维系家庭亲缘关系,促进家庭养老育幼功能的实现,而且维护了社会的稳定,在一定程度上推动了生产力的发展。

第四节　法条诠释

《继承法》第 11 条对代位继承制度做了原则性的规定,《继承法意见》第 25 条、第 26 条、第 27 条、第 28 条、第 29 条则对该制度进一步细化。根据上述规定,本节将从四个方面对我国现行代位继承制度的规范予以阐释。

一、代位继承的原因

根据《继承法》第 11 条的规定,只有发生被继承人的子女先于被继承人死亡的法律事实,才可能产生代位继承。同时,根据《继承法意见》第 28 条的规定,先死亡的子女在其生前须未丧失继承权,其晚辈直系血亲才有资格代位继承。基于这两条规定,代位继承的产生的唯一原因是继承人的子女先于被继承人死亡,且继承人没有丧失继承权。如果继承人在被继承人死后尚未分割遗产之前死亡,则发生转继承,而非代位继承。

第一,死亡包括自然死亡和宣告死亡。宣告死亡应以人民法院判决宣告的时间为死亡时间。继承人如果与被继承人同时死亡,则因互有继承权的人同时死亡,相互间不发生遗产继承,亦不会发生代位继承。

第二,被代位人须是被继承人的子女及其直系晚辈血亲。即先于被继承人死亡的子女,包括非婚生子女、养子女、有扶养关系的继子女。丧偶儿媳对公、婆以及丧偶女婿对岳父、岳

---

① 《宋刑统·户婚》:"夫亡,寡妻妾无男者,承夫分。"
② 清律[户律·户役门]中规定:"妇人夫亡,无子守志者,合承夫分,须凭族长,择昭穆相当之人继嗣;其改嫁者,夫家财产及原有妆奁,并听前夫家为主。"
③ 程维农:《中国继承制度史》,东方出版中心 2006 年版,第 428 页。

母尽了主要赡养义务的,无论其是否再婚,如依据《继承法》第12条之规定可以作为第一顺序法定继承人时,其子女也同样可基于本条规定而发生代位继承。

第三,被代位人生前放弃对被继承人的遗产继承权,并不会产生"代位继承是否发生"的疑问。因为,继承人放弃继承只能于继承开始后,即在被继承人死亡后作出;在被继承人生前作出的放弃继承,并不会产生放弃继承权的法律效果,因为此时继承尚未发生,继承人是否具有继承权尚不确定,对不确定的权利自然亦不存在所谓的"放弃"问题。为此,不应将继承权的性质与后位继承权的性质相混淆,后者属于期待权,前者在效力上并非期待权。既然继承权只能在被继承人死亡后放弃,也就意味着继承人(被代位人)未先于被继承人死亡,自不会产生代位继承的问题。

二、代位继承人的范围

只有被继承人的子女及其晚辈直系血亲方可作为被代位继承人。因为,代位继承发生的唯一原因是被继承人的子女先于被继承人死亡,即被代位继承人只能是被继承人的子女。但该子女并不受辈数的限制,被继承人的直系血亲卑亲属中的子女、子女的子女(即孙子女、外孙子女)也可以代位继承。如果孙子女、外孙子女也先于继承人死亡的,其曾孙子女、外曾孙子女也可以成为代位继承人。只是在一般情况下,以亲等近者为先。若是配偶、父母、兄弟姐妹这些法定继承人先于被继承人死亡,则不会产生代位继承问题,即被继承人的旁系血亲或直系尊亲属均没有代位继承权。另外,根据我国《收养法》的规定,我国养子女与养父母的关系适用有关子女与父母的相关规定,因此,养子女既可以做代位继承人,也可以做被代位人。

三、代位继承的适用范围

代位继承只能适用于法定继承,不适用于遗嘱继承。就制度本身而言,代位继承只是法定继承的特殊形式,用以弥补法定继承的不足,毕竟我们无法避免"白发人送黑发"的不幸。代位继承的具体规范排除了被继承人的意思自治而强调其法定性,如规定其发生的原因、被代位人的范围、代位人范围、代位人应继份等。而遗嘱继承中则不存在类似的制度,如遗嘱继承人先于遗嘱人(被继承人)死亡,该遗嘱继承人的子女也不会代替该遗嘱继承人继承遗产,而是该遗嘱继承的内容转化为法定继承。因为遗嘱人在知悉遗嘱继承人死亡的事实后,完全可通过变更遗嘱来决定是否由原遗嘱继承人的继承人来继承遗产。故现行的《继承法》仅规定代位继承适用于法定继承,而不适用于遗嘱继承。

当然,代位继承与转继承的适用范围是存在差异的。即我国的转继承制度既可以适用于法定继承,也可以适用于遗嘱继承。如在遗嘱继承中,遗嘱继承人在遗嘱人死亡后并未作出放弃继承的意思表示,但其在继承开始后至遗产分割前死亡,那么,该遗嘱继承人的法定继承人将继承这部分遗产。因为,遗嘱继承人虽然未实际取得遗产,但是该遗嘱继承人的期待继承权已经转化为既得继承权。因此,在遗嘱继承人死亡后,其法定继承人可以继承其基于既得继承权而获得的财产。在法定继承中,如法定继承人未作出放弃继承的意思表示,并在继承开始后至遗产分割前死亡,同样也因该法定继承人的期待继承权转化为既得继承权,从而发生转继承。由此可见,代位继承与转继承在适用范围、发生原因等方面存在差异。

四、代位继承的应继份

代位继承人所应继承的遗产份额,与被代位继承人应继承的遗产份额相同。现行《继承法》关于代位继承的性质采取了代表权说,决定了代位继承人仅是代表被代位继承人而为继承。因此,即使代位继承人有数人,各代位继承人也只能共同继承被代位人的应继份。即在取得该遗产后,各代位继承人只能平均分配该份遗产。当然,上述规定仅为原则性规定,在特殊情形下,该规定可能会发生适用上的变通。如《继承法意见》明确规定,如果代位继承人缺乏劳动能力又没有其他生活来源,或者代位继承人生前对被继承人所尽赡养义务较多,可以在分配遗产时对该代位继承人多分遗产。

五、典型案例

河南省郑州市二七区人民法院

民 事 判 决 书

(2013)二七民一初字第 1685 号民事判决

原告:赵某喜,男,汉族。

被告:赵某坚,又名赵某某,女,汉族。

被告:赵某花,女,汉族。

被告:赵某,女,汉族。

原告赵某喜诉被告赵某坚、赵某花、赵某继承纠纷一案,河南省郑州市二七区人民法院受理后依法组成合议庭,公开开庭进行了审理。原告赵某喜及其委托代理人刘某宝,被告赵某坚、赵某花、赵某到庭参加了诉讼。本案现已审理终结。

原告诉称,原告与被告赵某坚、赵某花系兄弟姐妹关系(被告赵某是赵某华的女儿)。原、被告的父母有位于二七区南福华街东 27 号楼 4 单元某号房改房一套。父母共育有五个子女:大姐赵某华(1984 年 10 月 16 日去世)、二姐即被告赵某坚、弟弟赵某记(2006 年 4 月 15 日去世)、小妹赵某花。父亲赵某平 2006 年 4 月 7 日因病去世,母亲胡某英 2012 年 6 月 4 日因病去世。母亲生前于 2007 年 2 月 14 日立有遗嘱一份,将其位于二七区南福华街东 27 号楼 4 单元某号房屋的产权及继承份额由原告继承,归原告所有,被告赵某坚也表示将其对上述房屋应继承父亲遗产的份额赠与原告。故诉至法院,请求判令继承分割位于二七区南福华街 27 号楼 4 单元某号房屋,并判归原告所有。

原告提交的证据有:(1)郑州铁路局郑州桥工段劳动人事科证明、福华南街社区居委会证明、福华街派出所证明、居民户口本;(2)房屋所有权证;(3)赵某平、赵某记、胡某英的死亡医学证明及赵某华的死亡申请表;(4)郑州大学第五附属医院诊断书、见证书遗嘱、2007 年 2 月 18 日赵某坚(赵某某)出具的证明;(5)福位购置合同、收款收据、鼎康足浴售后凭证、经颅磁治疗仪收据、门诊费票据、收据,董某云、姚某英的证言,水电燃气票据。

被告赵某坚辩称,我曾写过将房屋赠与原告,现在不同意赠与,我母亲未写过遗嘱,我要求继承房屋。

被告赵某坚未提交证据。

被告赵某花辩称,我对母亲写的遗嘱有异议,我要求继承房屋。

被告赵某花未提交证据。

被告赵某辩称,对我姥姥写的遗嘱有异议,我要求继承房屋。

被告赵某未提交证据。

经当庭质证,郑州市二七区人民法院对原告提交的证据认证如下:三被告对证据(1)(2)(3),证据(4)中的诊断证明书、赵某某出具的证明无异议,该院根据案件情况予以认定;三被告对证据(4)中的见证遗嘱有异议,该遗嘱不违反法律规定,三被告亦无相反证据推翻该遗嘱,故该院予以采信;三被告对证据(5)中的福位购置合同、收款收据、门诊费票据、水电燃气票据无异议,该院予以认定;三被告对证据(5)中的鼎康足浴售后凭证、经颅磁治疗仪收据及证人证言均有异议,鼎康足浴售后凭证、经颅磁治疗仪收据无法证明与本案的关联性,证人董某云的证言无其他证据相印证,不能证明案件事实,该院不予认定,证人姚某英的证言能够证明原告赡养母亲的事实,该院对该事实予以认定。

根据上述有效证据及原、被告双方庭审陈述,郑州市二七区人民法院经审理查明:赵某平与胡某英系夫妻关系,二人共育有五个子女即长子赵某喜、次子赵某记、长女赵某华、次女赵某坚、三女赵某花。赵某平于2006年4月7日去世,胡某英于2012年6月4日去世。赵某华于1984年10月16日去世,其有一女即被告赵某,赵某记(未婚无子女)于2006年4月15日去世。赵某平与胡某英共有位于郑州市二七区南福华街东27号楼4单元某号房屋一套(房产证号:郑房权证字第××××××××号)。胡某英生前和原告赵某喜共同生活,胡某英于2007年2月14日立遗嘱一份,载明:"我与丈夫赵某平有一处位于郑州市二七区南福华街东27号楼4单元某号房屋,为避免家庭纠纷,且能公平对待子女,因我的二女儿赵某坚和小女儿赵某花一直不给我生活费,不尽子女义务,我一直都在靠我的大儿子赵某喜照料生活,我自愿在百年之后将上述房产权作如下处分:在我去世后,我愿将我拥有的上述房产的产权以及继承份额由我的大儿子赵某喜继承并归他一人所有,其他子女无权干涉。"该遗嘱由郑州市二七区148法律服务所兰某代书,由焦某青见证,并由该法律服务所出具法律见证书。2007年2月18日赵某坚出具证明,载明:"兹有南福华街27号楼4单元某号房屋一套,这是我父亲赵某平遗留的房产,我放弃我这份的继承权,把我这份继承权赠与我亲弟赵某喜所有。"本案在审理过程中,赵某坚表示撤销赠与,要求继承房屋。

另查明,在诉讼过程中,原、被告双方对本案争议的郑州市二七区南福华街东27号楼4单元某号房屋价值有异议,要求进行评估,经委托河南省豫建房地产评估咨询有限公司评估,该公司认定涉案房屋的价值为386700元。争议房屋现由原告居住使用。

本院认为:公民依法享有继承权。本案被继承人赵某平、胡某英先后去世,其子女作为继承人依法享有相应的继承权,因长女赵某华先于被继承人去世,其女儿赵某享有代位继承权。本案被继承的遗产为位于郑州市二七区南福华街东27号楼4单元某号房屋,系赵某平、胡某英的夫妻共同财产。胡某英生前立有代书遗嘱,将其享有的郑州市二七区南福华街东27号楼4单元某号房屋的份额及继承份额由原告赵某喜继承,该遗嘱符合法律规定,该院予以认定。赵某平、胡某英对郑州市二七区南福华街东27号楼4单元某号房屋享有1/2的份额,赵某平去世后,胡某英、赵某喜、赵某记、赵某、赵某坚、赵某花对该房屋享有1/2×1/6即1/12的继承权。赵某记于2006年4月15日去世后,其享有的1/12的继承权由其母亲胡某英继承,据此胡某英的遗产为房屋1/2+

1/12＋1/12 即 8/12 的继承份额,根据胡某英遗嘱,该 8/12 份额应由原告赵某喜继承,故赵某喜应继承份额为 1/12＋8/12 即 9/12,被告赵某坚、赵某花各享有 1/12 的继承份额。根据各自的继承情况、原告居住该房屋的事实,该院认定涉案房屋归原告赵某喜所有,原告赵某喜按房屋的价值 386700 元向三被告支付补偿,即各向三被告支付 32225 元。河南省郑州市二七区人民法院依照《中华人民共和国继承法》第 10 条,第 11 条,第 16 条第 1 款、第 2 款,第 17 条第 3 款,《中华人民共和国民事诉讼法》第 64 条第 1 款的规定,于 2013 年 12 月 3 日作出(2013)二七民一初字第 1685 号民事判决,判决如下:

一、位于郑州市二七区南福华街东 27 号楼 4 单元某号房屋归原告赵某喜所有(房产证号:郑房权证字第××××××××××号);

二、原告赵某喜于判决生效之日起十日内支付被告赵某坚、赵某花、赵某各 32225 元;

三、驳回原告赵某喜的其他诉讼请求。

如未按本判决指定的期间履行给付金钱义务,应当按照《中华人民共和国民事诉讼法》第 253 条之规定,加倍支付迟延履行期间的债务利息。

案件受理费 7101 元,原告赵某喜负担 5325.75 元,被告赵某坚、赵某花、赵某各负担 591.75 元,评估费 4400 元,原告负担 3240 元,被告赵某坚、赵某花、赵某各负担 386.7 元。(该费用原告已垫付,三被告应将此费用连同判决主文确定的数额一并支付原告)

如不服本判决,可在判决书送达之日起十五日内,向本院递交上诉状一式十四份,上诉于河南省郑州市中级人民法院。

[裁判要旨]本案的争议焦点有二:一是何人对被继承人的遗产有继承权;二是被继承人的遗产在各个继承人之间如何分配。根据《继承法》第 11 条确立的代位继承规则,在本案中,赵某华先于被继承人胡某英死亡,其晚辈直系血亲赵某有权代位继承。赵某应继承的份额相当于赵某华应当继承的份额。

第五节　理论争鸣

代位继承制度在理论层面存在诸多争议。该争议主要集中在代位继承的性质、发生的原因、适用的范围等方面。

一、代位继承的性质

关于代位继承的性质,主要争论在于代位继承人究竟是基于何种原因代替被代位人继承被继承人遗产的。即代位继承人究竟是作为被代位人的代表人而继承其权利,还是以其自己固有的继承地位直接继承被继承人的遗产。根据各国的立法例,主要争论有两种,即代表权说与固有权说。

(一)代表权说

该学说认为,代位继承人是代表被代位继承人参加继承的,而不是基于自己本身固有的权利。即"代位继承系依代位法理所为法律上之拟制,被代位之推定继承人,如同未死而继承,其直系卑亲属以被代位人之顺序取得其应继份"①。依此学说,代位继承人并不是基于自己固有的权利而取得继承权,而是承继原继承人的继承权而进行的继承。如果被代位继承人丧失继承权或抛弃继承权,那么,代位继承人就没有代位继承权,也就不会发生代位继承。法国民法采此学说,即《法国民法典》第 739 条规定,代位继承为法律的拟制,其效果为使代位继承人取代被代位人的地位、亲等和权利。法国民法虽然采代表权说,但是当被继承人的子女全部先于被继承人死亡时,被继承人的孙子女是以其自己名义继承遗产的。② 因此,有学者认为,法国民法的代位继承是形式上的代表权说,实质上的固有权说。③

代表权说在我国台湾地区民法实务上也曾被采纳,但学者中主张代表权说的却屈指可数,其中以胡长清先生为最。即"继承人之为继承,即以生存为必要,故已取得继承权而于继承开始前死亡者,其子女始有代位继承其应继份之可言。否则其人也已死亡,纵在继承开始时,依据法律于与其同居与同一地位之人予以继承权,亦不能执此以为已死之人而有财产继承之理由。已嫁女如尚未依法取得财产继承权,而于继承开始前死亡,则其子女无代位继承之余地。此外,就'现行法'解释而言,'民法'第 1140 条规定,第 1138 条所规定第一顺位继承人,有于继承开始前死亡或丧失继承权者,由其直系血亲卑亲属,代位继承其应继份。所谓丧失继承权,既有继承权,嗣因特定情事,剥夺其继承权而言。因其原有继承权,故于继承权被剥夺时,其直系血亲卑亲属,使能代位继承其应继分。否则其人原无继承权,则是直无为继承人之资格,彼直系血亲卑亲属又何所据而代位继承应继分? 丧失继承权时之代位继承,即以其人已取得继承权为必要,则与之规定于同条之继承开始前继承人死亡时之代位继承,自应为同一解释,实无可疑"④。

根据《继承法》第 11 条、《继承法意见》第 28 条的规定,⑤代位继承也采代表权说。学者对其解释为,"代位继承人之所以可以取得被代位人相等的法律地位是因为他是被代位人的代表,若代位人是基于自己的固有的权利而继承,那么他就有权取得与其他继承人同等的继承份额,而不是继承被代位人的应继份额"⑥。

(二)固有权说

该说主张,代位继承人参加继承是其本身固有的权利,代位继承人是基于自己的权利继承被继承人的遗产的,并不以被代位人是否有继承权为转移。即使被代位继承人丧失继承权或抛弃继承权,代位继承人也能依据自己之权利直接继承被继承人的遗产。德国、意大利、瑞士、日本以及我国台湾地区"民法"均采此说。如《瑞士民法典》第 541 条规定:"无继承资格人的直系卑亲属,按无继承资格人先于被继承人死亡的情况继承被继承人的财产。"《意大利民法典》第 467 条规定,代位继承人在其父或母不能继承或不想继承时,仍允许代位继承。

我国台湾地区立法例及学者通说认为采取此说的主要理由如下:第一,代位继承是法律规定的结果,并不是代表被代位继承人来继承遗产。第二,代位继承人本来就是被继承人的直系

---

① 史尚宽:《继承法论》,中国政法大学出版社 2000 年版,第 85 页。

② [日]中川善之助、泉久雄:《相续法——法律学全集》,有斐阁 2000 年版,第 130~131 页。

③ 李红玲:《继承人范围两题》,载《法学》2002 年第 4 期。

④ 胡长清:《中国继承法》,法律评论社 1932 年版,第 403~404 页。

⑤ 《继承法意见》第 28 条:"继承人丧失继承权的,其晚辈直系血亲不得代位继承。如该代位继承人缺乏劳动能力又没有生活来源,或对被继承人尽赡养义务较多的,可适当分给遗产。"

⑥ 刘春茂主编:《中国民法学·财产继承》,人民法院出版社 2008 年版,第 229 页。

血亲卑亲属,本就是继承人,只不过其应继承的遗产份额是被代位继承人的应继份而已。[1] 第三,被代位继承人丧失继承权,依法仍可由其直系血亲卑亲属代位继承。如果不采取固有说,那么被代位继承人丧失继承权时,继承权已经不存在了,那么,代位继承人又何谈代位继承。[2]

有学者主张,代表权说不能解释法律为什么规定某些继承人先于被继承人死亡,其直系血亲卑亲属可以代位继承,而另一些继承人先于被继承人死亡,则其直系血亲卑亲属则不能代位继承。而按照固有权说,代位继承人本来就是法定继承人范围以内的人,不过在被代位人生存时,按照"亲等近者优先"的继承原则,他们被排斥于继承之外,当被代位人先于被继承人死亡或丧失继承权时,他们则基于自己的继承人资格和权利,按照被代位人的继承顺序和应继份,直接继承被继承人的财产。

从制度上考察,代位继承是基于亲系继承和按支继承而产生的继承制度,没有亲系继承和按支继承,就不会有代位继承。亲系继承,反映的是某个亲系的血缘亲属应当优先于其他血缘亲属继承的观念;按支继承,反映的则是在每一亲系中,应当按支而不是按人分配遗产的观念。基于按支继承原则,某一支中与被继承人亲等最近者如先于被继承人死亡,其应继份当然应留在该支内由其直系卑亲属代位继承,而不是转归他支。这些制度和观念都证明了固有权说的合理性。[3]

二、代位继承发生的原因

依据现行《继承法》的规定,只有当继承人先于被继承人死亡,并且继承人生前未丧失继承权的情况下,才发生代位继承。围绕代位继承发生的原因,学界存在相关争论。

(一)同时死亡问题

如果被继承人与继承人同时死亡,继承人的晚辈直系血亲是否能代位继承? 这一情形与《继承法意见》第2条规定的情形并不相同。[4] 其第2条规定:"如不能推定死亡先后时间的,推定没有继承人的人先死亡",而此处则是继承人与被继承人"同时"死亡。根据《继承法》的规定,这一情形并不发生代位继承。如不发生代位继承,则显然有悖代位继承制度中"育幼"的立法目的,缺乏对被继承人的孙辈子女的人文关怀,也有违我国传统的伦理亲情。

有学者认为,在采取固有权说的前提下,代位继承人是以其自己固有的权利或地位直接继承被继承人的遗产,而非代替被代位人承继遗产。故即使被代位人与被继承人同时死亡,仍应认定被代位人的晚辈直系血亲可发生代位继承。[5] 此观点具有一定的建设性。即父子同时死亡彼此间不发生继承的规则,与此种情形下可发生代位继承并不矛盾。前者主要解决的是一旦继承人与被承人同时死亡而产生的"继承循环"问题,避免其可能导致的遗产无主继承。而在此时发生代位继承,即认定同时死亡的晚辈直系卑血亲,可代位继承同时死亡的长辈

---

① 戴炎辉、戴东雄、戴瑀如:《继承法》,自刊 2010 年版,第 55 页。

② 李宜琛:《现行继承法论》,商务印书馆 1947 年版,第 34 页。

③ 张玉敏:《代位继承比较研究》,载《中央政法干部管理学院学报》1997 年第 3 期。

④ 《继承法意见》第 2 条:"相互有继承关系的几个人在同一事件中死亡,如不能确定死亡先后时间的,推定没有继承人的人先死亡。死亡人各自都有继承人的,如几个死亡人辈份不同,推定长辈先死亡;几个死亡人辈份相同,推定同时死亡,彼此不发生继承,由他们各自的继承人分别继承。"

⑤ 刘耀东:《继承法修改中的疑难问题研究》,法律出版社 2014 年版,第 28 页。

直系血亲的遗产,则不会出现"继承循环"问题,其仍然是"孙子继承爷爷的遗产",符合被继承人通常的心愿。这在一定程度上,也能起到抚慰同时失去两位亲人的代位人情感之作用。

(二)被代位人继承权丧失问题

被代位人丧失继承权是否影响代位继承的发生,存在一定的争议。民法以"自己责任"为原则,在被代位人因自己的行为导致其丧失继承权的情形下,何以会导致其子女代位继承资格的丧失?这在法律推理上将出现权利人因他人行为而由自己承担责任的后果。就常理而言,如果被代位人丧失继承权,未必会导致作为被继承人的祖父迁怒于其孙子的情形。法律于此种情形下一概地剥夺被继承人隔代直系卑血亲的代位继承权,很可能是"矫枉过正",未必符合被继承人的意愿。而就代位继承的法理而言,其旨意在于维护各子股公平与按支继承,并且代位人是基于自己固有的权利而继承遗产,非承袭被代位人之继承权或继承地位。即使被继承人的子女丧失继承权,也不应影响被继承人其他晚辈直系血亲依据自己固有的权利而进行继承。否则,一旦代位人因自己的父母的行为而无法代位继承,将导致本应由该支继承的遗产流入其他各支继承,有悖代位继承的法理基础。

三、遗嘱继承中的"代位"问题

多数国家均认为代位继承只适用于法定继承,我国亦采取同样的观点。如果遗嘱中指定的继承人或受遗赠人先于遗嘱人死亡,则遗嘱无效,遗产按照法定继承处理,不存在代位继承。但在意大利、葡萄牙的继承立法中,遗嘱继承同样适用代位继承。也有国内学者认为代位继承不应仅发生在法定继承中。[1] 其理由是遗嘱人在生前通过立遗嘱的方式将其所有的财产处分给最亲近的遗嘱继承人,如果因为遗嘱继承人先于遗嘱人死亡,遗嘱该部分内容即不生效力,即不赋予遗嘱继承人的直系血亲卑亲属以代位继承权,显然违背被继承人的意愿,也不符合固有权说的统一性。

大多数学者坚持代位继承只发生在法定继承中。因为,如果遗嘱继承人先于遗嘱人死亡,该遗嘱部分无效,这在一定程度上并不违背遗嘱人的愿望。且遗嘱继承人的继承人可依据法定继承取得代位继承的遗产。此外,在遗嘱继承中,遗嘱人对遗产的分配具有强烈的、特定的个体指向性,其并不包含被继承人支系内的所有血亲卑亲属。因此,遗嘱继承与固有权说在理论上并没有直接的联系,更谈不上有违固有权说理论统一性的问题。同时,在德国、瑞士、希腊、瑞典、西班牙等国家的继承法中,同时规定了"替补继承"或"补充继承"制度,以解决遗嘱继承中的"代位"问题。替补继承制度,是指遗嘱人在遗嘱中除了指定遗嘱继承人以外,同时另外指定若干替补继承人,在指定的遗嘱继承人因放弃继承、继承权丧失或先于遗嘱人死亡时,其所应继承的遗产利益由替补继承人继承的制度。在学者拟定的《继承法》修正建议稿中,也设置了这一制度。[2] 亦有学者从后位继承与替补继承差别的角度,论证了替补继承制度存在之必要。[3] 因此,在《民法典·继承编》编纂进程中,应通过设立"替

---

① 郝艳梅:《代位继承制度比较与借鉴》,载《内蒙古经济管理干部学院学报》2002年第1期。
② 杨立新、杨震等:《〈中华人民共和国继承法〉修正草案建议稿》,载《河南财经政法大学学报》2012年第5期。
③ 刘耀东:《继承法修改中的疑难问题研究》,法律出版社2014年版,第289~291页。

补继承"制度来解决遗嘱继承中的"代位"继承问题,以进一步完善遗嘱继承制度。

第六节　相关法律与司法解释

一、《继承法意见》的相关规定

第二十五条　被继承人的孙子女、外孙子女、曾孙子女、外曾孙子女都可以代位继承,代位继承人不受辈数的限制。

第二十六条　被继承人的养子女、已形成扶养关系的继子女的生子女可代位继承;被继承人亲生子女的养子女可代位继承;被继承人养子女的养子女可代位继承;与被继承人已形成扶养关系的继子女的养子女也可以代位继承。

第二十七条　代位继承人缺乏劳动能力又没有生活来源,或者对被继承人尽过主要赡养义务的,分配遗产时,可以多分。

第二十八条　继承人丧失继承权的,其晚辈直系血亲不得代位继承。如该代位继承人缺乏劳动能力又没有生活来源,或对被继承人尽赡养义务较多的,可适当分给遗产。

第二十九条　丧偶儿媳对公婆、丧偶女婿对岳父、岳母,无论其是否再婚,依继承法第十二条规定作为第一顺序继承人时,不影响其子女代位继承。

二、《收养法》的相关规定

第二十三条　养子女与养父母的近亲属间的权利义务关系,适用法律关于子女与父母的近亲属关系的规定。

第七节　比较法考察

关于代位继承,各国立法规制不同。在有关代位继承的立法例中,既有共性也有差异。而关注不同国度的代位继承法,对于找寻更为优秀、完满的代位继承立法模式具有重要的意义。

一、德国

《德国继承法》中并没有专章规定代位继承制度,其条文散见于第五编关于继承法的规定中。[①] 根据《德国民法典》第 1924 条至第 1926 条、第 1953 条、第 2344 条、第 2346 条的规定,被代位人先于被继承人死亡、丧失继承权、拒绝继承遗产以及依要约放弃继承等都属于

[①] 《德国民法典》第 1924 条第 3 款规定:"在继承开始时已不再生存的晚辈直系血亲,由因之而与被继承人有血统关系的晚辈直系血亲代替(代位继承)。"第 1925 条第 3 款规定:"在继承开始时父或母已不再生存的,死亡人由其晚辈直系血亲依照关于第一顺序中的继承的规定代替。死亡人无晚辈直系血亲的,生存配偶单独继承。"第 1926 条第 3 款规定:"在继承开始时祖父、外祖父或祖母、外祖母之一人已经不再生存的,死亡人由其晚辈直系血亲代替。死亡人无晚辈直系血亲的,其应有部分归属于祖父母的另一方或外祖父母的另一方,祖父母的另一方或祖父母的另一方已不再生存的,归属于其晚辈直系血亲。"第 4 款规定:"在继承开始时祖父母已不再生存,且死亡人无晚辈直系血亲的,外祖父母或其晚辈直系血亲单独继承;在继承开始时外祖父母已不再生存,且死亡人无晚辈直系血亲的,祖父母或其晚辈直系血亲单独继承。"

代位继承发生的原因。依此可以看出,德国的代位继承采固有权说,其为代位继承的广泛适用提供了法律依据。

在德国,被代位人的范围包括被继承人的直系卑亲属、父母及其直系卑亲属、祖父母及其直系卑亲属。这种立法体例与法定继承人顺序的规定保持了相同的立法理念。即其法定继承人的顺序为,被继承人的晚辈直系血亲、被继承人的父母和父母的晚辈直系血亲、被继承人的(外)祖父母及其晚辈直系血亲、被继承人的(外)祖父母的父母及其晚辈直系血亲。

上述立法例体现出按支继承的理念。即只要某一支中尚有继承人存在,应由其支继承的遗产份额就不会落入其他亲系的继承人手中。基于按支继承的原则,代位继承人只能继承该支内被代位继承人的应继份额;如果该支存在数个代位继承人,则按人数平均分配遗产数额。

二、法国

法国的继承制度规定在《法国民法典》第三编取得财产的各种方法中。2006 年法国对继承制度进行了修改,其中就包括代位继承。在此次修改中,代位继承发生原因的修改幅度最大。

原《法国民法典》第 744 条第 1 款规定:"任何人均不得代替生存的人,取得其继承地位,代位继承人仅能代替自然的或在民事上死亡者的地位。"据此可以看出,被代位继承人先于被继承人死亡且被代位继承人没有丧失继承权,是法国代位继承制度修改前代位继承发生的唯一原因。新修改的《法国民法典》第 751 条规定,"代位继承是法律上的一种拟制,其效果是使代位继承人接替被代位人的权利"。第 753 条第 1 款规定,"可以对先死亡之人为代位继承,不得对放弃继承权之人为代位继承"。第 755 条第 1 款规定,"无继承资格的人的子女与其直系卑血亲,若在继承开始时健在,仍准许其代位继承"。可见,新的《法国民法典》仍然将代位继承发生的原因限定在被代位继承人先于被继承人死亡的情形下,只不过在先死亡的被代位继承人在生前已经丧失继承权时,代位继承人仍可以代位继承。

《法国民法典》明确规定了被代位继承人和代位继承人的范围。根据其第 752 条之规定,被代位继承人的范围,为被继承人的直系血亲卑亲属和被继承人的兄弟姐妹,被继承人的直系尊亲属不得代位继承。代位继承人为被代位继承人的直系卑亲属,并且无代数的限制。而关于代位人应继份的规定,则与德国民法基本一致。

三、日本

日本的代位继承制度规定在《日本民法典》第五编中,其第 887 条第 2 款、第 3 款规定了代位继承发生的原因。① 即被代位继承人先于被继承人死亡和被代位继承人丧失继承权。被代位继承人的范围,是被继承人的子女和被继承人的兄弟姐妹。《日本民法典》在 1981 年修改之前,代位继承人的范围是被继承人的子女的直系血亲卑亲属和被继承人的兄弟姐妹的直系血亲卑亲属,并且没有辈数限制。修改后的《日本民法典》关于代位继承人的范围的

---

① 《日本民法典》第 887 条第 2 款:被继承人的子女,在继承开始前已经死亡,或者适用于第 891 条的规定,抑或因废除而丧失其继承权时,由被继承人的子女代为继承人。但并非被继承人的直系卑亲属的人,不在此限。(第 3 款)前项的规定准用于,代表人在继承开始前死亡,或适用于第 891 条规定,抑或因废除而丧失其代袭继承权的情形。

界定,则是被继承人的子女的直系血亲卑亲属和被继承人的兄弟姐妹的子女。可见,修改后的民法典将代位继承人范围中的兄弟姐妹的直系血亲卑亲进行了辈数的限制,即只有被继承人的兄弟姐妹的子女可以代位继承。关于代位继承份额的规定,与其他国家的立法基本一致,即被代位继承人应继承的遗产份额。

四、意大利

意大利的代位继承制度规定在《意大利民法典》第 467 条至第 469 条中。[①] 其第 467 条规定了代位继承发生的原因,即被继承人的子女或兄弟姐妹不能或者不愿意继承遗产或者接受遗赠时,由其直系血亲卑亲属取得继承的权利,按照被代位继承人所在的亲等继承被继承人的遗产。同时在该条的第 2 款中规定了在遗嘱继承中也可以适用代位继承制度。可见,在意大利民法中,有关代位继承发生原因的规定相当宽泛,具体包括被代位继承人先于被继承人死亡、被代位继承人丧失继承权及放弃继承权。同时,代位继承不仅在法定继承中可以适用,在遗嘱继承中同样有适用的可能,这是意大利代位继承制度的一大特色。

意大利代位继承的另一大特色,则是立法中明确规定了代位继承人的范围和条件。如明确了婚生子女、非婚生子女、收养子女乃至旁系亲属中的卑亲属均可作为代位人,并且在代位人放弃继承被代位人的遗产或者其丧失继承被代位人遗产资格时,不影响其对被继承人的代位继承权。

关于代位继承份额的规定与法国民法中的规定大致相同。即都规定为遗产按支分配,某一支中存在数分支的,按分支进行分配,某一分支有数人的,按照人数平均分配。

五、瑞士

根据《瑞士民法典》第 457 条第 3 款[②],第 458 条第 3 款、第 4 款[③],第 459 条第 3 款至第 5 款[④]、第 541 条[⑤]的规定,瑞士民法以继承人先于被继承人死亡、继承人废除、拒绝继承或

---

①　《意大利民法典》第 467 条:代位继承系在尊亲属不能或者不愿意接受遗产或遗赠时,其婚生或非婚生的卑亲属按照该尊亲属所在的亲等取得代替参加继承的权利。(第 2 款)如果遗嘱人对被指定的继承人不能或者不愿意接受遗产或遗赠的情况未做决定,并且放弃的遗赠不涉及用益权或者其他具有人身性质的权利,则在遗嘱继承内发生代位继承。第 468 条:可以进行代位继承的人包括:直系亲属中的婚生的、准正的、收养的以及非婚生的卑亲属;旁系亲属中被继承人兄弟姐妹的卑亲属。(第 2 款)虽然卑亲属放弃继承被代位人的遗产,或者对被代位人而言该卑亲属无遗嘱能力或者无继承资格,但是其依然能够进行代位继承。第 469 条:代位继承不受辈分的限制,无论是属于同一亲等还是不同亲等的卑亲属,也无论各支内的人数有多少,均享有代位权。(第 2 款)仅有一支的,也产生代位继承。(第 3 款)发生代位继承的,遗产按支进行分配。(第 4 款)一支内有几个分支的,按分支进行分配;一个分支内有数人的,按人进行分配。

②　子女先于被继承人死亡者,由其直系血亲卑亲属,按亲系和亲等,代位继承。

③　"3. 父或母先于被继承人死亡者,由其直系血亲卑亲属,按亲系和亲等,代位继承。4. 父母中一方无直系血亲卑亲属者,由他方的继承人取得全部遗产。"

④　"3. 祖父或祖母先于被继承人死亡者,由其直系血亲卑亲属,按亲系和亲等,代位继承。4. 母系或父系的祖父或祖母先于被继承人死亡,且其无直系血亲卑亲属者,由同一系中尚生存的继承人取得二分之一遗产的全部。5. 母系或父系无继承人者,由他系的继承人取得全部遗产。"

⑤　"1. 继承资格的丧失,仅及于继承资格丧失人本人。2. 继承资格丧失人的直系血亲卑亲属,视如继承资格丧失人先于被继承人死亡,继承被继承人的遗产。"

继承权丧失为代位继承的发生原因。被代位继承人的范围包括直系血亲卑亲属、父母及其直系血亲卑亲属、祖（外祖）父母及其直系血亲卑亲属。

第八节　立法发展趋势

关于代位继承，存在理论争议。争议主要反映在学者拟定的继承法修正案或建议稿中。综合而言，我国代位继承制度的完善，应围绕以下几个层面展开。

一、代位继承宜采固有权说

关于代位继承权的性质，学界争论多年，但从近年来学者的观点来看，似乎日趋统一，即均认为《继承法》的修正或《民法典·继承编》的编纂应采取固有权说。[①] 代位继承的性质应采纳固有权说。具体理由如下：

首先，由于代位继承人是基于其与被继承人的血缘关系而享有继承权的，故世界大多数国家一般都规定"直系血亲卑亲属"为第一顺序法定继承人，且根据"亲等近者优先"的原则，在被继承人子女生存时由其参加继承，如子女不能继承时，被继承人的孙子女、外孙子女则进行代位继承。从其实质上看，代位继承人是基于自己的法定继承权而取得遗产的。这种继承之所以称之为代位继承，是因为代位人是以被代位人的继承顺序参与继承，并取得被代位人如果活着所应取得的继承份额的，而不是因为代位人继承了被代位人的继承地位和权利。因此，无论被代位人先于被继承人死亡还是丧失继承权时，代位继承人都可基于自己固有的继承人资格参与继承。[②]

其次，根据《继承法》采"代表权说"的规定来看，当被代位人——父母存在丧失继承权事由时，孙子女、外孙子亦即丧失了代位继承权，这与我国保护未成年人合法权益的精神相违背。即父母应对自己的过错行为承担责任，如株连无辜的后代，将违反过错原则的立法本意。同时，《继承法》规定祖父母、外祖父母对孙子女、外孙子女的遗产享有继承权，且该权利不因其子女是否丧失继承权而受到影响。因此，基于利益平衡原则，如此规定显然有失公平。

再次，按照"代表权说"的规定，如果被代位人丧失了继承权，其直系血亲则无权代位继承。在此情形下，如果无第一顺序的其他法定继承人，死者的遗产就要被收归国家或集体所有，似有违背被继承人要将遗产留给其最亲近之人的意志。同时，也不利于对私有财产的保护。

最后，采固有权说，符合世界继承立法趋势。如德国、瑞士、日本、意大利、美国的代位继承制度均采纳固有权说。[③]

综上所述，固有权说符合被继承人的主观意愿和我国继承立法的基本精神，兼具合理性

[①] 王利明：《中国民法典学者建议稿及立法理由（人格权编·婚姻家庭编·继承编）》，法律出版社2005年版，第522页；杨立新：《家事法》，法律出版社2013年版，第486页；梁慧星：《中国民法典草案建议稿》，法律出版社2011年第2版，第381页；郭明瑞、房绍坤：《继承法》，法律出版社2004年第2版，第114页；张玉敏：《中国继承法立法建议稿及立法理由》，人民出版社2006年版，第87页；徐国栋：《绿色民法典草案》，社会科学文献出版社2004年版，第227页；彭诚信：《继承法》，吉林大学出版社2007年版，第73页。

[②] 张玉敏：《继承法教程》，中国政法大学出版社1998年版，第226～228页。

[③] 陈苇：《外国继承法比较与中国民法典继承编制定研究》，北京大学出版社2011年版，第411～412页。

与实践优势。因此,我国继承立法以采固有权说为宜。

二、代位继承的原因应适当扩大

代位继承发生的原因,是指引发代位继承的法律事实。因受我国代位继承性质采"代位权说"的影响,被继承人的子女先于被继承人死亡是我国代位继承发生的唯一原因。《继承法意见》又进一步明确,丧失继承权的继承人,其晚辈直系血亲不得代位继承。《法国民法典》第734条也采取了相同的立法规定,[①]即只有被代位人先死亡,才能发生代位继承。总体而言,各国、各地区持此种立法例的并不多。基于我国的司法经验、学者观点争鸣以及比较法的经验,我国代位继承的发生原因可在现行法的基础上适当扩大。

首先,被代位继承人先于或与被继承人同时死亡的,应作为代位继承发生的原因。代位继承制度出现伊始,就具有为家族幼子提供生活保障之目的,即通过代位继承,实现对被继承人的孙子女、外孙子女的"育幼"功能。从这一视角来看,对被代位人继承权的保护,可视为实现"育幼"功能的具体措施。而当被代位人与被继承人同时死亡,其对家庭中未成年人的情感伤害甚至比被代位继承人先于被继承人死亡所造成的情感伤害还要重,即同时失去父亲与祖父的情感冲击对未成年人而言其情感创伤更大。故当被代位人与被继承人同时死亡时,应适用代位继承。

其次,被代位继承人丧失继承权不影响代位继承的发生。就法理角度而言,在采纳固有权说的前提下,代位继承权是代位继承人自身固有的权利,并不依赖于被代位继承人的继承权。只要被代位继承人不能行使继承权,或被代位继承人缺位,那么代位继承人就可以行使代位继承权。而当被代位继承人丧失继承权时,也并不会导致代位人丧失其代位继承权,因法律不应使权利人承担他人行为不利之后果。就伦理亲情的角度而言,我国传统上就存在"隔代亲"的现象,即使被继承人对自己的子女存在诸多不满,但未必会影响其对孙子女、外孙子女的情感。法律实无必要代替被继承人作出强制性规定而取消其孙子女、外孙子女的代位继承权。如果被继承人确因被代位人之行为而想取消代位人的继承权,完全可以通过遗嘱的方式实现这一目的。因而,被代位人丧失继承权不应影响代位人的代位继承权,但代位人与被代位人共同行使丧失继承权的行为除外。

最后,被代位人放弃继承权不影响代位继承的发生。在被代位人丧失继承权尚且不影响代位人的代位继承的情形下,若被代位人生前明确表示放弃继承权,并先于或与被继承人同时死亡时,同样不应影响代位人的继承权。因为,放弃继承权的行为属于被代位继承人对自己享有权利的处分,不因被代位继承人的个人放弃行为影响该支继承人的利益,尤其是代位继承人的利益。考虑到我国独生子女家庭已经较为普遍,如果在放弃继承权的情况下不适用代位继承,那么,被继承人的遗产被收归国有的可能性较大,其既不符合被继承人的意愿,也不符合我国继承法设计的初衷。

三、代位人与被代位人范围的扩大

代位继承发生的可能性,深受代位继承适用范围宽窄的直接影响。因此,要增加代位继承实际发生的频率,即应科学地、合理地扩大代位继承的适用范围。

---

① 根据该条内容,任何人不得代替活着的人取得其继承地位,仅能代替已死亡的人。

(一)被代位继承人范围的调整

目前,各国关于被代位继承人范围的界定主要有四种立法例:第一种仅限于被继承人的晚辈直系血亲。我国现行《继承法》与我国台湾地区"民法"即属此例。因为,海峡两岸的家庭伦理认识基本一致,只是两岸法例的表述存在着不同。如台湾地区"民法"将其表述为"直系卑血亲"。第二种仅限于被继承人的晚辈直系血亲、兄弟姐妹及其直系卑亲属。日本、韩国、法国等国家采此立法例。其中,《日本民法典》对被代位人的旁系血亲作出进一步的限制,即仅限于被继承人的兄弟姐妹而不包括该兄弟姐妹的直系卑亲属,其认为没有扶养关系的人作为继承人是不公平的。第三种包括被继承人的晚辈直系血亲、父母及其直系卑亲属、祖父母及其直系卑亲属。德国、瑞士等国的民法典属此种法例。该立法例严格贯彻了亲系继承和按支继承的原则。即在继承开始时,先于被继承人死亡的晚辈直系血亲的继承份额,应由其晚辈直系血亲代位继承;其他顺序无遗嘱继承人继承时,亦可按第一顺序继承原则代位继承。第四种包括被继承人的晚辈直系血亲、兄弟姐妹及其晚辈直系血亲、祖父母外祖父母及其直系卑血亲。《美国统一继承法典》属于这种类型。

《继承法》关于被代位继承人的范围规定属较狭窄。从实践看,目前这种立法体例并没有引起较大的争议。因为,在很多情况下,被继承人可通过遗嘱实现其遗产传承意愿,无须借助于法定的代位继承。但是,从鼓励被继承人和侄子女、外甥子女之间的扶助、照顾的角度出发,适当扩大被代位人范围也是必要的。由于实施多年的计划生育政策在客观上导致我国法定继承人范围的缩小,如果继续保持此种被代位继承人的范围,遗产无人继承的可能性也会相应增加。因此,《继承法》的完善以及《民法典·继承编》的编纂,应对此进行适当调整。学界也应通过广泛的实证研究,形成共识。

(二)代位继承人范围的调整

代位继承人是被代位继承人的直系卑亲属,这是代位继承制度的基本原则。世界上除韩国规定"妻子可代亡夫继承公婆的财产"外,其他国家关于代位继承人的规定基本相同。考虑到我国计划生育政策实施以来所产生的大量独生子女家庭,尤其是近年来出现的"失独"家庭数量的增加,如果仍坚持这种立法例,就会导致代位人范围过窄而产生无人继承遗产的社会风险。

在城市中,晚婚晚育、"丁克"家庭乃至不婚一族有增加的趋势,由此也造成了被继承人的直系血亲卑亲属减少甚至断代。因此,即便我国代位继承制度的性质采固有权说,如仅赋予被继承人晚辈直系血亲以固有的代位继承权,仍可能存在遗产无人继承的现象。如何解决这一问题,值得学界深思。

四、遗嘱继承中的"代位"应对

大多数国家均认为代位继承只适用于法定继承,我国亦采同样的观点。如果遗嘱中指定的继承人或受遗赠人先于遗嘱人死亡,则遗嘱无效,遗产按照法定继承处理,不存在代位继承。但在意大利、葡萄牙的继承立法中,遗嘱继承中同样适用代位继承。有国内学者也认

为代位继承不应仅发生在法定继承中。[①]　其理由是遗嘱人在生前通过立遗嘱的方式将其所有的财产处分给最亲近的遗嘱继承人,如果因为遗嘱继承人先于遗嘱人死亡,遗嘱就变为无效,而不赋予遗嘱继承人的直系血亲尊亲属以代位继承权,显然违背被继承人的意愿,也不符合固有权说的统一性。

　　然而,大多数学者仍坚持代位继承只发生在法定继承中的观点。因为,在现实生活中,多数继承案件均按照法定继承分配遗产,被继承人的直系血亲卑亲属这一支系对继承被继承人的遗产具有继承期待权。只要前一亲等的血亲缺位,后面的直系血亲卑亲属就可以代位继承,这是法律赋予的权利。但在遗嘱继承中,遗嘱人对遗产的分配具有强烈的、特定的个体指向性,并不包含被继承人支系内的所有卑亲属。因此,遗嘱继承与固有权说理论并没有直接的联系,也谈不上是否符合固有权说理论的统一性。同时,在德国、瑞士、希腊、瑞典、西班牙等国家的继承法中,同时规定了"替补继承"或"补充继承"制度,用以解决遗嘱继承中的"代位"问题。故有学者主张在《继承法》修正时,设置这一制度;[②]亦有学者从后位继承与替补继承差别的角度,论证了替补继承制度存在之必要。[③]　因此,可以通过在遗嘱继承制度中增设"替补继承",来解决遗嘱继承中的"代位"问题。

---

　　①　郝艳梅:《代位继承制度比较与借鉴》,载《内蒙古经济管理干部学院学报》2002 年第 1 期。
　　②　杨立新、杨震等:《〈中华人民共和国继承法〉修正草案建议稿》,载《河南财经政法大学学报》2012年第 5 期。
　　③　刘耀东:《继承法修改中的疑难问题研究》,法律出版社 2014 年版,第 289～291 页。

第六章
丧偶儿媳、女婿的继承权评注

> ➡第十二条　丧偶儿媳对公、婆，丧偶女婿对岳父、岳母，尽了主要赡养义务的，作为第一顺序继承人。

本条规定是对丧偶的儿媳、女婿的继承权的界定。儿媳与公婆、女婿与岳父母之间本无法定的权利义务关系，故儿媳、女婿对公婆、岳父母的遗产没有继承权。但在现实生活中，丧偶的儿媳或女婿可能会继续对公婆或岳父母履行主要赡养义务，因此，《继承法》第12条对此进行赋权规定，即丧偶儿媳对公婆、丧偶女婿对岳父母尽了主要赡养义务的，可以作为第一顺序法定继承人继承公婆或者岳父母的遗产。这一颇具中国特色的规定，是在吸收、总结我国司法实践经验的基础上作出的，故有学者将之称为"我国继承法在法定继承人顺序上的一个突出特色，也是对新中国成立以来司法实践经验的总结和发展"①。同时，《继承法意见》第29条规定，丧偶儿媳对公婆、丧偶女婿对岳父母，无论其是否再婚，依本条规定作为第一顺序继承人时，不影响其子女代位继承。

第一节　立法目的

立法的目的在于维护道德秩序和以特有的形式增进这种秩序。② 当我们以法律的手段对涉及道德范畴的行为进行规制时，必须在已有的法律框架、体系和价值上进行综合考虑。《继承法》第12条的规定与实施，与我国社会主义道德规范的倡导密不可分，其体现的是《继承法》所特有的"养老育幼、照顾病残"的原则。该原则的价值在于，"为了从财产继承方面既保证对缺乏劳动能力又无生活来源的继承人给予特别照顾，又要促进对老年人的赡养和对未成年人的抚养，从而确保家庭职能的实现和亲属互助作用的发挥"③。

一、彰显人文情愫

《继承法》第12条是对上述原则的具体实践，其目的在于通过遗产分配来鼓励丧偶儿

---

① 任江：《民法典视角下的继承原则重构——兼评杨立新、杨震〈中华人民共和国继承法〉修正草案建议稿〉》，载《北方法学》2014年第6期。

② ［法］巴扎尔、安凡丹：《圣西门学说释义》，王永红、黄鸿森、李昭时译，商务印书馆2011年版，第216页。

③ 任江：《民法典视角下的继承原则重构——兼评杨立新、杨震〈中华人民共和国继承法〉修正草案建议稿〉》，载《北方法学》2014年第6期。

媳、女婿继续在家庭中照顾与其并无血缘关系的老人,从而实现继承法之"养老"功能。曾任全国人大法工委主任的王汉斌同志在《关于〈中华人民共和国继承法〉草案的说明》第四部分中用提及:"宪法规定成年子女有赡养扶助父母的义务,禁止虐待老人。继承法草案为了贯彻这个精神,从继承权、继承遗产的份额等方面作了规定:……丧偶儿媳赡养公、婆直至其死亡,丧偶女婿赡养岳父、岳母直至其死亡,为第一顺序的继承人。这些规定都是为了有利于更好地赡养老人。"由此可见,该立法例充分反映了《继承法》在人文关怀层面的价值追求。

二、鼓励赡养行为

依《婚姻法》规定,丧偶的儿媳或者女婿对公婆或者岳父母并无法定赡养义务。如果"丧偶儿媳""丧偶女婿"主动赡养前配偶的父母,其行为既符合我国赡老育幼的风俗习惯,也符合社会主义核心价值观的具体要求。然而,法律规范并不以描述事实为目的,而在于通过不同的事实设定不同的法律效果,以实现法律对主体的行为指引,即法律的指引功能。就本条规范而言,《继承法》则是将赡养老人的美德借助于具体继承制度的立法设计予以实现。虽然"第一顺序继承人"并不是赡养前配偶父母的行为对价,但是通过这一法律结果的设计,能够激励行为人主动实施赡养行为。

第二节　法理基础

《继承法》第 12 条规定,在世界范围内亦属制度创新。赋予履行了赡养公婆或岳父母义务的丧偶的儿媳或女婿以第一顺序的法定继承人的地位,其合理性在于其适应了《继承法》立法之时的社会经济基础,并在一定程度上满足了社会在特定时期的保障需求。若就法理基础而言,该规定则源于《宪法》《继承法》所确立的"权利义务相一致原则"。

一、实现遗产的家庭保障功能

中国已进入人口老龄化社会。为保障老人的生活水平,使其安度晚年,我国不但需要从道德上提倡赡养扶助老人的美德,而且需要从制度上予以保障。在现实生活中,当父母年老生病时,大多数子女都会用夫妻共同财产支付老人的养老费、医疗费等;在老人生活不能自理时,也主要是夫妻两人共同承担照料老人的责任。因此,《婚姻法》在确定夫妻共同财产范围时,将夫妻一方继承所得的财产规定为夫妻共同财产,但被继承人通过遗嘱确定其遗产只归夫或妻一方所有的除外。法律的设计根植于现实国情,即应"依据、借助和利用本土的传统和惯例"[①]。在规定丧偶的儿媳、女婿的继承权时,不能脱离我国的实际国情,而是要立足于我国的历史与现实,制定出符合中国实际的继承制度。

（一）体现人文关怀

继承法是保留民族传统最为丰富的法律,各国和各地区的继承法中体现各民族特色的规定比比皆是。赋予对公婆、岳父母尽了主要赡养义务的丧偶的儿媳、女婿以第一顺序继承

---

① 苏力:《法治及其本土资源》,中国政法大学出版社 2004 年版,第 14 页。

人的法律地位,在鼓励发挥赡养功能的同时,顺乎了人情,吻合了法理。[①] 相反,如若不把尽了主要赡养义务的丧偶的儿媳或女婿列为第一顺序法定继承人,则不利于老人的赡养,也违背了权利与义务相一致的原则。[②]

继承关系既是法律关系,也是重要的道德伦理关系。继承法之所以难以对继承领域中的各个事项作出详细的规定,是因为继承关系具有复杂性;同时,还因其兼具财产法与身份法、任意法与强行法等多重属性,使得继承法律规范难以在相互矛盾的属性间,实现各方利益的有效平衡。因而,法律需要借助于伦理道德规范、传统家庭文化等范畴,来协调具体的继承关系,并通过制度设计,引导符合社会利益的道德规范、传统文化直接介入继承关系之中,在调整财产继承关系的同时,发挥遗产的社会保障功能,体现继承法的人文关怀精神。

在对公婆、岳父母尽了主要赡养义务的丧偶的儿媳、女婿的继承权进行规范时,其法理依据更多地体现在伦理道德及我国现实国情上。即在《继承法》制定之初,我国刚刚步入改革开放时期,各项法律制度不健全,国家也面临着社会保障路径的选择。在这种社会背景下,以家庭财产实现个人的社会保障,无疑是成本较低、可行性较高的办法。故确认丧偶的儿媳、女婿享有继承权,既可通过遗产流转激励本不具有赡养义务的晚辈履行赡养义务,又可在其履行赡养义务后取得第一顺序法定继承人的地位,体现出家庭财产对家庭成员的保障功能。《继承法》第12条在社会实践中,不仅深入人心、实施效果良好,而且发挥了极大的促进和鼓励功能。[③]

(二)回应社会关切

也有学者认为,《继承法》第12条规定,违反了传统继承法理论,会导致死者的财产流向家庭成员以外,甚至流向与死者根本不认识的人,故应对该条规范予以修正。对此观点,应客观分析。《继承法》第12条之优劣,不应以现今的经济基础、法律制度体系来评判。虽然本条规定与传统的继承法确有不同之处,甚至与其他国家或地区的继承立法不同,但是其能实现理论上的自恰。关于这一点,将在本章第五节中详细阐释。

司法实践表明,本条规定确实有利于实现被继承人的老有所养,也得到了社会民众的认可。虽然其存在不完善之处,但是可通过法律设计予以修正,断不可仅凭比较法经验与历史经验,否认本条规范的存在价值与功能。法律的生命在于实践,但更为重要的是,这种实践是"谁"的实践?因而,继承法理论上的自恰,应建立在本土司法实践及社会需要的基础上,这是构建社会主义法律体系的必然选择。

二、体现权利与义务相一致的原则

在《继承法》颁行之初,权利与义务相一致原则被认为是我国《继承法》的主要特色之一。因为,该原则"以我国宪法为根据、结合我国的实际情况、符合经济建设的发展状况和客观要求"。如在法定继承中,确定继承人的范围、顺序和继承份额时,既要考虑血缘关系和婚姻关系,又必须考虑继承人与被继承人之间的经济依赖程度。而权利与义务相一致原则的具体内涵,首先就体现在《继承法》第12条的规定中。即"关于丧偶儿媳、女婿,继子女父母和继

---

① 刘春茂主编:《中国民法学·财产继承》,中国人民公安大学出版社1990年版,第229~230页。
② 刘春茂主编:《中国民法学·财产继承》,中国人民公安大学出版社1990年版,第244~245页。
③ 胡明玉、叶英萍:《法定继承人范围和顺序的立法修正》,载《海南大学学报》2014年第2期。

兄弟姊妹继承权的规定,突出体现了权利与义务相一致的原则。丧偶儿媳或女婿对公婆或岳父母所遗留的个人财产能否享有继承权,唯一的条件就在于他们是否对公婆、岳父母尽了主要赡养义务。家庭成员或姻亲关系都不是问题的关键。即使丧偶后再嫁,即使姻亲关系随着配偶的死亡而消灭,只要他们尽了主要的赡养义务,就可以取得遗产继承权。丧偶媳、婿对公婆或岳父母虽无法定的赡养义务,但在一定条件下负有道德上的赡养义务。我国继承法将这种履行道德义务的行为视为一种具有法律意义的事实行为,并以此作为丧偶媳、婿取得继承权的法定条件"[1]。

从历史解释和立法目的解释出发,将经济依赖程度与法定继承人的范围、顺序相"链接",并不是将扶养义务与继承权利视为"等价交换",更不意味着如果不继承遗产,就可以不尽义务。即"不能用等价有偿原则代替本质上与婚姻家庭关系具有不可分割联系的继承关系中的权利与义务相一致的原则"[2]。

（一）符合社会现实

《继承法》第 12 条规定,就立法起草、颁行之时看,符合社会现实。即当时我国的社会生产力尚不很发达,经济基础相对较为薄弱。"按劳分配"是社会财富的最主要分配方式,实行的是"社会主义公有制基础之上的有计划的商品经济"制度。上述背景决定了人们在社会生活以至婚姻家庭生活中,还不能完全不计较利害或不考虑权利与义务的关系。故《继承法》第 12 条规定,反映了当时的经济基础状况,符合民众的思想觉悟水平,也考虑到了这一时期社会经济组织的作用。

（二）符合家庭职能的要求

《继承法》第 12 条规定,有助于实现家庭职能。权利与义务相一致,是实现社会主义家庭职能的必然要求。经济发展水平和劳动分配制度,决定了我国现阶段的家庭具有养老育幼的职能,而家庭仍然是一个共同生产、共同消费的经济单位。由于生产力发展水平的限制,社会福利、公共保险事业的保障范围依然有限。因而,在相当长的历史时期内,家庭成员之间相互扶养的职能不可能完全由社会承担,故家庭成员间存在着经济上相互扶助的必要性。因此,《继承法》第 12 条之规定,成为家庭成员间权利和义务关系的保障。继承,实际上是家庭成员相互扶养的权利、义务关系的延续。把履行扶养义务与继承遗产适当地联系起来,有利于鼓励和鞭策那些应尽并且能尽扶养义务的家庭成员更好地履行扶养义务,有利于发挥家庭的消费职能,有利于家庭关系的巩固和团结。[3]《继承法》第 12 条与财产法中的"等价交换"相比,其立法目的在于强调以制度鼓励、引导更多的主体履行扶养义务,而非用遗产作为扶养的对价。

三、推进和谐家庭关系的构建

以现今视角审视,《继承法》第 12 条的规定,对和谐社会建设、社会秩序稳定以及善良风

---

[1]　郑立、曹守晔:《我国继承法权利与义务相一致原则》,载《法学杂志》1988 年第 6 期。

[2]　郑立、曹守晔:《我国继承法权利与义务相一致原则》,载《法学杂志》1988 年第 6 期。

[3]　郑立、曹守晔:《我国继承法权利与义务相一致原则》,载《法学杂志》1988 年第 6 期。

俗传播等都具有重大的意义。

(一)有利于社会主义和谐社会的建设

丧偶儿媳、女婿的公婆、岳父母在失去子女之后,如若没有其他子女对其赡养,其老年生活状况并不乐观;加之社会福利和社会救助并不完善,他们亟须获得物质、精神上的支持与帮助。如果丧偶的儿媳、女婿在其配偶去世后代替其配偶对公婆或者岳父母继续履行主要的赡养义务,既在一定程度上有助于减轻社会的负担,体现对老人照看和关爱的美德,也有利于社会主义和谐社会的构建。

(二)有利于激励丧偶的儿媳或者女婿更好地赡养老人

儿媳、女婿在丧偶后,主动承担赡养老人的责任,能够更好地发挥家庭的社会功能,同时能使公婆、岳父母老有所养、老有所依,使其能够安享晚年,促进精神文明的建设。[1]《继承法》第12条规定,丧偶的儿媳或女婿在对其公婆或岳父母尽了主要赡养义务后,就享有第一顺序继承人的资格,这实质上是对其履行赡养老人义务的激励,与我国文化倡导的"付出才有回报"的精神是一致的。通过制度上的激励,有利于鼓励丧偶的儿媳、女婿主动赡养老人,提高他们的积极性。

(三)有利于弘扬我国孝敬父母、尊敬长辈的优良传统

从实际调研发现,依照我国尊老爱幼的传统习惯,在子女结婚之后,配偶双方往往共同赡养老人。即便是配偶一方死亡,但在多数情况下,其配偶一方也会继续照料老人。丧偶的儿媳或女婿之所以对公婆或者岳父母尽赡养义务,其主观目的并不是为了将来继承老人的遗产,而是基于个人情感履行其道德义务和家庭责任。[2] 爱老敬老是中华民族的传统美德,将尽了主要赡养义务的丧偶的儿媳、女婿纳入法定继承人的范围,主要是基于我国的善良风俗,以保证老人的生活有保障、有依靠,有利于鼓励社会对优良美德的不懈追求。故《继承法》第12条规定,有利于鼓励养老、爱老、敬老的良好社会风尚的形成,也有利于家庭的和谐团结,对于营造和谐的社会环境及和美的家庭氛围有着重要的作用。[3] 以当代视角审视,本条规范所追求的"和谐"家庭关系,也与社会主义核心价值观相一致。继承编作为我国未来"民法典"的分编,理应践行《民法总则》第1条提出的"弘扬社会主义核心价值观"之立法追求,传承具有中国特色的继承立法传统。

第三节　历史沿革

在人类历史的发展继承中,姻亲之间是否具有法定继承权,是一个需要认真面对的问题。不同的国度在不同的时期,立法选择也会不同。关注姻亲继承的历史发展脉络,对于理解《继承法》第12条将具有历史意义与现实意义。

---

[1] 刘春茂主编:《中国民法学·财产继承》,中国人民公安大学出版社1990年版,第229～230页。

[2] 麻昌华:《论法的民族性与我国继承法的修改》,载《法学评论》2015年第1期。

[3] 郭明瑞、张平华:《海峡两岸继承法比较研究》,载《当代法学》2004年第3期。

一、姻亲继承的历史梳理

丧偶的儿媳、女婿享有对其公婆、岳父母的继承权,是从立法上承认了姻亲关系可以在一定条件下作为继承权产生的基础。而将姻亲关系作为继承权产生的基础,是 20 世纪初期少数国家的继承现象或立法选择。

(一)姻亲继承的痕迹找寻

古罗马时期虽也出现过儿媳享有继承权的情形,但其与我国《继承法》第 12 条的规定有着本质的区别。

在罗马法中,"家父"死亡时,处于夫权之下的妻子也同样是丈夫的自家继承人,其法律地位相当于女儿,同理,处于儿子夫权之下的媳妇也是自家继承人,其法律地位被视为孙女。只有在父亲死亡时,儿子不处于父亲支配权的情形下,儿媳妇才是自家继承人。这种继承规则也适用于因婚姻关系而处于孙子夫权之下的子女,其法律地位被视为重孙女。[①] 通过这种继承规则可以发现,儿媳获得继承权的前提是其本身就失去了独立的财产权,儿媳对自己从"家父"处继承来的遗产并不享有独立的所有权。因为儿媳自身就处于被监护的法律地位,新的"家父"是儿媳继承财产的实际所有权人。因此,罗马法的这种继承规则并不能单纯作为姻亲继承的历史渊源。

在我国古代,财产继承的实质是宗祧继承,受宗法制度的严格限制。继承的主体,一般仅限于被继承人的直系男性卑血亲,赘婿仅享有酌分遗产的权利而无法定继承权;存在扶养关系的继父母、继子女,也因为彼此之间属于姻亲而不享有继承权。

从历史上看,各国对亲属的分类较为一致,即包括血亲、配偶与姻亲。姻亲,是指除配偶以外的以婚姻为媒介而产生的亲属关系。即在婚姻关系确立后,一方与其配偶一方的亲属之间所形成的关系。通常来说,姻亲包括血亲的配偶、配偶的血亲、配偶的血亲的配偶。[②] 基于姻亲产生的继承,最初的法理依据在于将"扶养"引入继承领域,即通过赋予姻亲以继承权,从而鼓励其扶养被继承人。

(二)姻亲继承的初步规定

20 世纪初,社会主义国家纷纷建立,且多面临经济落后、社会保障制度缺乏之共性难题,即老人、儿童、残疾人或其他生活有特殊困难者的生活保障成为严重的社会问题。为保障社会秩序稳定及社会系统功能正常运行,国家亟须各种社会资源以实现对社会弱势群体的养老育幼功能。而相比较于建立系统的国家层面的社会保障体系,充分挖掘家庭资源,以家庭为主导,在家庭、亲属内部实现对弱势群体的养老育幼等功能,无疑更为高效,也相对节省了社会成本。在这一社会治理理念的引导下,将各种亲属关系纳入继承领域,以扶养的履行作为继承权产生的基础,从而激励各类亲属照顾老人,成为继承立法的必然选择,且通过遗产继承方式实现由家庭承担起本应由国家承担的社会责任。由此,社会主义国家大多突破了仅以血缘关系、婚姻关系作为继承权取得根据的传统做法,姻亲关系、扶养关系也作为

---

① 盖尤斯:《法学阶梯》,黄风译,中国政法大学出版社 2008 年版,第 137~138 页。

② 陈苇:《婚姻家庭继承法学》,群众出版社 2012 年版,第 34~35 页。

继承权的取得根据被规定下来。

1. 苏联法的原初规定

最早将姻亲关系、扶养关系作为继承权取得根据的国家是苏联。也正因为苏联如此规定，才引发紧随其步伐的其他社会主义国家纷纷效仿。苏联于 1918 年 4 月 27 日颁布的法令与任何一种资产阶级法的体系中对继承制度的规定都有着明显的不同，即被召集前来从被继承人的财产中领取赡养费的继承人，只能是没有劳动能力的人，但它和以后苏维埃法中确定的继承人范围的原则是一样的，也都是由近亲属关系、配偶关系、收养关系等因素确定的。① 依据其规定，当时苏联对继承权的取得根据，仍然遵循着继承法传统，仍将继承人的范围限定于血亲②与配偶，血亲与配偶之外的其他亲属，并没有被纳入继承权产生的基础之中。当时的立法思想，遵循着"社会主义的继承法要求享有继承权的公民应该是被继承人的家属"③。但其后 1922 年颁布并于 1923 年实施的《苏俄民法典》则改变了此种立法理念与体例，直接确认了依靠被继承人生活的人享有继承权，其第 418 条在规定法定继承人范围时，出现了 1918 年 4 月 27 日颁布的法令中所没有的一类继承人，即"在死者去世前一年以上的时间内实际完全依靠死者生活的贫穷的人"。根据前一法令，依靠被继承人生活的人总是他的配偶或近亲属，同死者没有亲属关系的局外人，只有当他通过收养或过继的关系参加到死者的家庭中来后，才可能取得继承死者财产的权利。但根据《苏俄民法典》第 418 条的规定，被召集参加继承的、曾经依靠死者生活的贫穷的人，可能并不是被继承人的亲属、养子女或继子女。由此，扶养关系便作为取得继承权的根据被首次纳入继承法的领域，该做法开创了将扶养关系作为取得继承权根据的先河，也成为苏联继承法的特点之一。④ 依学者之言，"对于同死者既无亲属关系又无婚姻联系、而只是处于自愿形成的同志般援助的实际关系——依靠生活关系中的人确认享有继承权，这是只有社会主义的法才能具有的规范。这样的规范在任何一个剥削者国家的继承法体系中都是找不到的"⑤。而该立法动因，则是"引导继承法方面的各种关系走上社会主义的轨道，从而加速新的社会主义类型的家庭的形成过程，这一任务是促成法律上层建筑发生此变化的直接原因。它以巩固和发展苏维埃家庭为目的，要阻止旧的、腐败的家庭结构的复活"⑥。

2. 苏联法的制度改革

1945 年 3 月 14 日，苏联对继承法进行了重大修改并颁布"关于法定继承人和遗嘱继承人"的法令，扩大了法定继承人的范围，将被继承人有劳动能力的父母和兄弟姐妹均纳入其

---

① 苏联于 1918 年 4 月 27 日颁布的"关于废除继承制度"的法令第 2 条规定："直至有关普遍社会保证的法令颁布之前，死亡人的贫困的(即缺少必要生活资料的)没有劳动能力的直系下辈亲属和直系上辈亲属，全血缘和非全血缘的兄弟姐妹以及配偶，可以从死者遗留的财产中获得赡养。"

② "直系下辈亲属和直系上辈亲属，全血缘和非全血缘的兄弟姐妹。"

③ 〔苏〕B.C.安吉莫诺夫、K.A.格拉维：《苏维埃继承法》，李光谟、贾宝廉、潘同龙译，法律出版社 1957 年版，第 36 页。

④ 杨立新：《继承法修订入典之重点问题》，中国法制出版社 2016 年版，第 51 页。

⑤ 〔苏〕B.C.安吉莫诺夫、K.A.格拉维：《苏维埃继承法》，李光谟、贾宝廉、潘同龙译，法律出版社 1957 年版，第 46 页。

⑥ 〔苏〕B.C.安吉莫诺夫、K.A.格拉维：《苏维埃继承法》，李光谟、贾宝廉、潘同龙译，法律出版社 1957 年版，第 47 页。

中。依靠被继承人生活而取得继承权的人,不但有曾经完全依靠被继承人维持生活的人,而且包括在被继承人去世前最后一年内曾经从被继承人处取得主要生活资料的一切没有劳动能力的人。

在确定法定继承人范围时,法律规定从以下推定出发:如果说被继承人在生前而且甚至在死亡前不久还对某些人给予经常的物质帮助的话,那么可以有把握地断定,他不会拒绝在他死后分出他的遗产中的一部分继续给予这种帮助。① 从推定中可以发现,这种立法体例反映出当时的苏联立法者是从能够最大范围地设定继承人的范围出发,意图充分发挥家庭财产的扶养功能,而不再依照传统的只有具有血亲关系、婚姻关系才能产生继承权的法理,故依靠被继承人生活的非血亲关系人及婚姻关系人也被纳入法定继承人的范围。1964 年的《苏俄民法典》继续维持将扶养关系作为继承权产生根据的立法观念。

苏联的这种立法体例直接影响了 20 世纪中叶新兴的社会主义国家,这些国家纷纷参照苏联立法体例进行立法。如《捷克民法典》第 474 条将与死者生前共同生活、共同经营家产并关心家产的人列入继承人范围,《保加利亚继承法》第 12 条把与死者生前同居并实行照顾的人作为继承人,南斯拉夫还把与死者以某种长期结合的形式共同生活的特定类型的人也列入法定继承人的范围。② 至此,扶养关系人作为一种特殊类型的主体被少部分国家纳入法定继承人范围,其缘由却非继承权基础的发展扩大所必需,而仅是部分国家在经济落后阶段因无力承担社会责任而采取的应对措施使然。③

3. 苏联法的制度影响

苏联解体后,其社会经济、财产关系均发生重大变化。为从法律上反映该变化并对之进行规制,俄罗斯从 1994 年 10 月至 2006 年 12 月用长达 12 年的时间分 4 部分通过《俄罗斯联邦民法典》,其有关继承法体系的部分变化较大。

2002 年 3 月 1 日起施行的该法典第三部分第五编将法定继承人分为 8 个继承顺序,前 7 个继承顺序将继承人的范围从子女、配偶和父母一直规定到叔伯姑舅姨、侄重孙子女和外侄重孙子女,表、堂侄子女以及表、堂叔伯姑舅姨等等,④其第 1148 条第 2 款、第 3 款规定了第八顺序继承人。⑤ 该规定继续把在继承开始时无劳动能力并且在被继承人死亡前至少一

---

① 〔苏〕B.C.安吉莫诺夫、K.A.格拉维:《苏维埃继承法》,李光谟、贾宝廉、潘同龙译,法律出版社 1957 年版,第 142～143 页。

② 刘春茂主编:《中国民法学·财产继承》,中国人民公安大学出版社 1990 年版,第 134 页。

③ 杨立新主编:《继承法修订入典之重点问题》,中国法制出版社 2016 年版,第 53 页。

④ 《俄罗斯联邦民法典》规定法定继承人的前七个继承顺序分别为:第一顺序为被继承人的子女、配偶和父母;第二顺序为被继承人的兄弟姐妹、祖父母、外祖父母;第三顺序为被继承人的叔伯姑舅姨;第四顺序为第三亲等的亲属——被继承人的曾祖父母和外曾祖父母;第五顺序为第四等亲的亲属——被继承人的侄孙子女和侄外孙子女及表、堂祖父母;第六顺序为第五亲等的亲属——被继承人的侄重孙子女和外侄重孙子女,表、堂侄子女以及表、堂叔伯姑舅姨;第七顺序为继子、继女、继父、继母。参见黄道秀译:《俄罗斯联邦民法典》,北京大学出版社 2007 年版,第 395～396 页。

⑤ 《俄罗斯联邦民法典》第 1148 条第 2 款、第 3 款分别规定:"法定继承人包括不属于本法典第 1142 条至第 1145 条所规定的继承人的范围,但在继承开始时无劳动能力并且在被继承人死亡前至少一年受被继承人供养和与之共同生活的公民。在有其他法定继承人的情况下,他们与参加继承的该顺序的继承人享有同等继承权。""在没有其他法定继承人时,本条第 2 款所列受被继承人供养的无劳动能力人自动成为第八顺序继承人进行继承。"参见黄道秀译:《俄罗斯联邦民法典》,北京大学出版社 2007 年版,第 397 页。

年受被继承人供养和与之共同生活的公民纳入法定继承人的范围,其变化是将"死者生前扶养的不少于1年以上的无劳动能力"(1964年《苏俄民法典》)调整为"在继承开始时无劳动能力并且在被继承人死亡前至少一年受被继承人供养"的基础上,又增加"与之共同生活"这一条件。该规定继续沿用苏联时期将法定继承人的确定基础突破血亲关系、婚姻关系的做法,只要求被继承人对无劳动能力的继承人曾有一定时间的持续供养且共同生活行为,并不要求继承人对被继承人有赡养行为,也不要求他们之间形成扶养关系。这在更大程度上继续坚持了被继承人愿意在死亡后分出他遗产中的一部分甚至以全部遗产继续帮助其死亡前给予经常物质帮助的人的推定。

苏联的这种立法体例也直接影响了我国《继承法》的立法设计。《继承法》第12条规定丧偶的儿媳、女婿在履行了主要赡养义务后,即可享有公婆、岳父母的遗产继承权,强调的依然是家庭财产的扶养功能。毕竟在子女死亡后,该子女与其配偶的婚姻关系也同时消灭,而以该婚姻关系为基础或中介的姻亲关系通常也自然消灭,甚至严格而言,此时并不存在亲属意义上的"儿媳""女婿"等身份称谓。当然,姻亲关系是否因配偶一方死亡而终止,各国的立法并不相同,有些国家的亲属法则赋予当事人以自我选择权。

基于上述分析,我国《继承法》第12条规定,并不是将单纯的姻亲关系作为继承权产生的基础,而是在姻亲关系的基础上,融入了赡养关系。即当二者结合共同作用后,产生了继承权。需要关注的是,丧偶的儿媳、女婿继续赡养公婆、岳父母,即意味着彼此之间的姻亲关系并未因配偶一方的死亡而终止。

基于这种立法例的特殊性,有学者认为,在我国经济已经迅猛发展,国家建立起较为完备的社会保障体系之后,是否仍有必要赋予丧偶的儿媳、女婿以法定继承权,是值得考虑的问题。即"基于非血亲、婚姻关系作为继承权的产生基础与固定法的传统及习俗等直接违背,且在实践中与其他继承制度互不协调,更易生矛盾,而对其调整也不具有任何难度,且调整后也均可达到同样的目的"[1],故我国未来亦应修订该立法例。

二、新中国姻亲继承的历史梳理

新中国成立后,有关姻亲继承的问题,一直为民众和司法实践所关注。在不同的历史时期,司法解释和继承立法各具特色。

(一)姻亲继承的司法解释

我国有关姻亲继承的相关规定,最初见于1951年7月18日《最高人民法院西南分院关于赘婿要求继承岳父母财产的问题的批复》。即"赘婿与岳父母是姻亲关系,与收养及血亲关系有所不同……原则上是没有继承权的","如当地有习惯,而不违反政策精神者,则可酌情处理"。

1953年5月14日,《最高人民法院华东分院对有关继承问题的批复意见》规定:"儿子已死而未改嫁之媳妇,对于公婆的遗产,一般应有与公婆其他子女共同继承之权;其应继份如无直系血亲卑亲属,即为已死儿子应继份的全部,如有直系血亲卑亲属,则与直系血亲卑亲属按人数平均继承。"

---

① 杨立新:《继承法修订入典之重点问题》,中国法制出版社2016年版,第54页。

　　比较这两个批复可以发现,1951 年的批复直接认定赘婿原则上是没有继承权的,因为赘婿与岳父母之间是姻亲关系,但可尊重习惯酌情处理;1953 年的批复却认定丧偶未改嫁的儿媳的应继份的数额确定为两种方式:其一,若没有直系血亲卑亲属时,应继份为已经死亡的儿子应继份的全部;其二,若有直系血亲卑亲属时,丧偶未改嫁的儿媳与直系血亲卑亲属按人数平均继承,即将本应由直系血亲卑亲属代位继承的部分直接规定由丧偶未改嫁的儿媳与代位继承人均分。显然,方式一实际上是将丧夫未改嫁的儿媳作为代位继承人。方式二则并没有区分以血亲为基础的继承人和以姻亲为基础的继承人,也未考虑与被继承人之间所存在的亲疏差异;既没有考虑继承顺序问题,也没有考虑在遗产中单独划分一定份额作为丧偶未改嫁儿媳的特留份,而直接将本属于被继承人直系卑血亲继承的遗产,改由其与未改嫁儿媳均分,客观上存在着侵害被继承人直系卑血亲遗产利益的情况。同时,上述两个批复也没有对丧偶未再娶女婿是否享有继承权的问题作出规定。尤为重要的是,未改嫁儿媳获得公婆遗产的继承权,并不以其对公婆履行了赡养义务作为前提,其获得继承权的唯一要求则是其未改嫁。

(二)姻亲继承的立法选择

　　1958 年 3 月,我国起草了《继承法草案》,该草案规定,法定继承的第一顺序为配偶、子女、父母;第二顺序为兄弟姊妹、祖父母。最高人民法院于 1963 年印发的《关于贯彻执行民事政策几个问题的意见(修改稿)》和 1979 年印发的《关于贯彻执行民事政策法律的意见》中,有关继承问题的规定还是依照 1958 年《继承法草案》规定的法定继承人的范围和顺序。

　　1984 年 8 月 30 日,最高人民法院在《关于贯彻执行民事政策法律若干问题的意见》中规定,"丧失配偶的儿媳与公婆之间、丧失配偶的女婿与岳父母之间,已经形成扶养关系至一方死亡的,互有继承权。儿媳或女婿继承了公婆或岳父母遗产的,仍有继承生父母遗产的权利。"依据该规定,姻亲之间的相互继承权的产生,以彼此之间相互形成"扶养关系"为前提,且该扶养关系应须维持至一方死亡。即只有满足上述条件,丧偶儿媳与公婆、丧偶女婿与岳父母之间,才相互享有遗产继承权。当然,这里使用的"扶养"一词,在实践中多指丧偶儿媳、丧偶女婿对公婆、岳父母的赡养。这与当时尚未严格区分"扶养""赡养"的内涵差异有关。

　　1985 年颁布实施的《继承法》第 10 条规定:配偶、父母、子女为第一顺序的继承人;兄弟姊妹、祖父母、外祖父母为第二顺序的继承人。第 12 条规定:丧偶的儿媳对公、婆,丧偶的女婿对岳父、岳母,尽了主要赡养义务的,可以作为第一顺序继承人参与继承。上述规定相较于 1984 年的规定而言,存在适用条件的差异。即 1984 年规定中所提及的是"已经形成扶养关系至一方死亡";而《继承法》第 12 条规定中所提及的是"尽了主要赡养义务",该"主要赡养",引发单方继承关系,而非相互继承关系。

　　为贯彻《继承法》第 12 条,司法解释对丧偶儿媳、丧偶女婿能否再婚,以及子女是否享有代位继承权进行了规定。即《继承法意见》第 29 条规定,"丧偶儿媳对公婆、丧偶女婿对岳父、岳母,无论其是否再婚,依继承法第十二条规定作为第一顺序继承人时,不影响其子女代位继承"。

　　2005 年颁布的《妇女权益保障法》第 35 条再次对丧偶妇女享有该权利进行了规定,即"丧偶妇女对公、婆尽了主要赡养义务的,作为公、婆的第一顺序法定继承人,其继承权不受子女代位继承的影响"。

第四节　法条诠释

关于《继承法》第 12 条,应关注其适用的具体条件。因为,条件是准确适用法律规范的前提。

一、本条的适用条件

《继承法》第 12 条规范,其构成要件包括两个方面:一是继承主体丧偶;二是继承主体对公婆或岳父母尽了主要赡养义务。

(一)主要赡养义务的阐释

"主要"一词,意味着若丧偶的儿媳或者女婿对公婆或岳父母只是尽了一般赡养义务,则其无法成为第一顺序继承人继承财产;只有尽了主要赡养义务,才能作为第一顺序继承人继承遗产。对于"尽了主要赡养义务"的判断标准,《继承法意见》第 30 条明确规定,"对被继承人生活提供了主要经济来源,或在劳务等方面给予了主要扶助的,应当认定为尽了主要赡养义务或主要扶养义务"。在具体适用该规范时,应注意以下内容:

一是经济上的供养。其体现为丧偶的儿媳或者女婿对公婆或者岳父母提供了主要经济来源,即主要生活费用。关于生活费用的具体数额,一方面要考虑丧偶的儿媳或者女婿自身的经济收入,另一方面还要考虑公婆或者岳父母的实际需要。赡养费用的标准,一般不应低于当地的生活水平。如果丧偶的儿媳或者女婿自身的经济收入并不可观,可以适当少给付赡养费,如果丧偶的儿媳或者女婿自身的经济收入较理想,可以适当多给付一些赡养费,其需要具体判断和衡量。赡养费的支付,可以是金钱支付、实物支付,也可以按月支付、定期支付。

二是生活上的照料。物质帮助仅为赡养的一方面,生活帮助也是必要的,其涉及照顾公婆或者岳父母的饮食起居、看病护理、家庭劳作等各方面。尤其是那些体弱多病甚至丧失了生活自理能力的老人,其需要丧偶的儿媳、女婿的妥善照顾和细致关心。

三是精神上的慰藉。物质上和生活上的主要帮助,都能通过实物或者外在的行为表现出来。老人的年纪越大,精神生活就会越孤独。如果不注意做好老人的精神安慰工作,那么往往是会影响老人身心健康的。因而,丧偶的儿媳、女婿做好安慰老人的精神工作,让老人在情感上得到寄托,精神上得到慰藉、身心愉悦,依然是一种赡养,且是精神上的赡养。

(二)丧偶的儿媳、女婿继承权的维护

依《继承法》第 12 条之规定,尽了主要赡养义务的丧偶儿媳或丧偶女婿,作为第一顺序法定继承人继承其公婆或者岳父母遗产的,既不影响其子女代位继承,也不影响他们本人对其父母的遗产继承。其依法享有的继承权,无论其是否再婚,均不受影响。丧偶儿媳或者丧偶女婿继承权的维护,还须注意以下问题:

首先,继承权的享有,以履行了对被继承人的主要赡养义务为前提。《继承法》第 12 条规定的"尽了主要赡养义务",应具体问题具体分析。关于赡养义务的履行,在现实生活中经常出现以下问题:一是开始不赡养,后来赡养。在这种情况下,只要赡养期间构成主要赡养,

丧偶的儿媳或者女婿就享有遗产继承权。继承遗产的份额,可根据权利与义务相一致的原则进行确定。二是开始赡养,后来不赡养。在这种情况下,丧偶的儿媳或者女婿不应享有对公婆或者岳父母的遗产继承权。因为,该赡养不构成履行了主要的赡养义务。三是赡养不连续。在这种情况下,丧偶的儿媳或者女婿也应享有一定的继承权。四是赡养具有连续性。在这种情况下,丧偶的儿媳、女婿对公婆或者岳父母的遗产具有完全的继承权。即主要赡养义务的履行,从始至终未间断,根据权利与义务相一致的原则,应享有遗产继承权。

其次,丧偶的儿媳、女婿只能继承公婆或岳父母的遗产。丧偶的儿媳或者女婿赡养的对象是公婆或者是岳父母,故其作为第一顺序继承人对公婆或岳父母的遗产有继承权。如果丧偶的儿媳或者女婿对公婆或者岳父母均尽了主要赡养义务,那么其对公、婆、岳父、岳母的遗产均具有继承权利。

就法律规定而言,丧偶的儿媳、女婿对公婆或者岳父母并没有相互扶养、赡养的权利义务,即如果其配偶尚生存的话,儿媳或者女婿对公婆或者岳父母进行的赡养一般被认为是协助其配偶履行赡养老人的义务,且儿媳和女婿与自己的配偶一起赡养老人被认为是一种美德,符合传统的爱老、敬老的伦理价值。若公婆或者岳父母死亡在先,那么,未丧偶的儿媳、女婿即使对公婆、岳父母尽了主要赡养义务,也没有继承后者遗产的资格;但其配偶在继承其父母遗产时,依《继承法》第13条的规定可以多分,且于婚姻关系存续期间配偶一方继承的遗产为夫妻共同财产;或依《继承法》第14条的规定,未丧偶的儿媳、女婿可以酌情继承其公婆或者岳父母的遗产。儿媳或女婿只有在发生丧偶情形时,才能在符合《继承法》第12条规定的前提下,作为第一顺序继承人继承公婆或岳父母的遗产。

二、典型案例

【案例一】

山东省济宁市中级人民法院
民　事　判　决　书

(2014)济民终字第1595号

上诉人(原审被告):赵某甲(曾用名赵书巧)。

委托代理人:邹然,山东九州匡正律师事务所律师。

被上诉人(原审原告):周某。

被上诉人(原审原告):赵某乙。

被上诉人(原审原告):赵某丙。

三被上诉人共同委托代理人:徐海燕,兖州大安法律服务所法律工作者。

被上诉人(原审被告):赵某丁。

上诉人赵某甲因继承纠纷一案,不服原兖州市人民法院(2013)兖民初字第416号民事判决,向本院提起上诉。本院依法组成合议庭审理了本案,现已审理终结。

原审法院认定,被继承人赵丙新、王德芹生育二子一女,长子赵书海,即原告周某的丈夫,原告赵某乙、赵某丙的父亲。赵书海于1992年去世。赵丙新于2002年11月去世,赵丙新去世后,王德芹独自一人生活。2010年农历五月,王德芹不慎摔伤,后由被告周某照顾。王德芹于2013年2月去世,去世前3个月由被告赵某甲照顾。赵书海与原告周某育有二女,长女赵某乙、次女赵某丙。诉争房屋位于兖州市龙桥街道黄金阁街

×××号,系赵丙新、王德芹生前房产,登记在赵丙新名下。三原告于 2013 年 3 月 15 日提起诉讼,原告周某要求以第一顺序的继承人继承被继承人的房产,原告赵某乙、赵某丙继承其父赵书海应继承的份额。一审法院受理后,依法公告向被告赵某丁送达了民事诉状、传票等文书,被告赵书海未到庭参加诉讼,一审法院对本案缺席进行了审理。被告赵某甲辩称,被继承人进行房屋翻盖时投资 1000 元,原告不予认可,被告亦未提供证据证实。

原审法院认为,本案争执的焦点为被继承人赵丙新、王德芹的位于兖州市龙桥街道办事处西关村黄金阁街×××号的房产继承分配问题。《中华人民共和国继承法》第 10 条规定:"遗产按下列顺序继承:第一顺序:配偶、子女、父母……继承开始后,由第一顺序的继承人继承,第二项序的继承人不继承。"第 12 条规定:"丧偶儿媳对公婆,丧偶女婿对岳父母尽了主要赡养义务的,作为第一顺序继承人。"在本案中,位于兖州市龙桥街道办事处西关村黄金阁街×××号的房产在被继承人赵丙新去世后,应将属于王德芹的 1/2 的房产析出后,由第一顺序的继承人王德芹、赵书海、赵某甲、赵某丁继承属于赵丙新的 1/2 的房产。王德芹享有房产的 5/8,赵书海、赵某甲、赵某丁各享有房产的 1/8。继承人赵书海先于被继承人赵丙新、王德芹去世。王德芹在 2010 年摔伤后,主要由原告周某照顾,对王德芹尽了主要赡养义务,对王德芹的遗产周某应作为第一顺序的继承人,即王德芹的遗产(房产的 5/8)由赵书海、赵某甲、赵某丁、周某四人继承,每人各自继承整个房产的 5/32。综上所述,原告周某享有涉案房产 5/32 的份额,赵书海、赵某甲、赵某丁各自享有涉案房产 9/32 的份额。因赵书海先于被继承人赵丙新、王德芹去世,根据《中华人民共和国继承法》第 11 条的规定,"被继承人的子女先于被继承人死亡的,由被继承人的子女的晚辈直系血亲代位继承,代位继承人只能继承他的父亲或母亲有继承权的遗产份额",因此赵书海应得的房产的 9/32 的份额由原告赵某乙、赵某丙共同继承。被告赵某甲主张被继承人进行房屋翻盖时投资 1000 元,原告不予认可,被告赵某甲亦无证据证实,不予支持。依照《中华人民共和国继承法》第 11 条、第 12 条、《中华人民共和国民事诉讼法》第 144 条之规定,判决:位于兖州市龙桥街道办事处西关村黄金阁街×××号的房产原告周某享有 5/32 的份额,原告赵某乙、赵某丙共同享有 9/32 的份额,赵某甲、赵某丁各自享有 9/32 的份额。案件受理费 100 元,原、被告各自负担 20 元。

宣判后,赵某甲不服,向本院提起上诉称,原审法院采取公告送达和缺席审理违反法定程序,西关村委会出具的证明及济宁市服役军人××医院的病历能够证实被上诉人赵某丁系因××离家出走,对于赵某丁应当在指定监护人之后再继续审理,而不应采取公告送达和缺席审理的方式。被上诉人周某不应作为第一顺序继承人,王德芹在 2010 年摔伤之前从来不需要人照顾,一直是独自一人生活,虽然王德芹的家距离被上诉人周某的家并不远,但是周某并没有对其进行照顾,更没有××上的沟通。王德芹在 2010 年摔伤之后才短暂的需要人照顾,在 2010 年王德芹摔伤至王德芹能够行动期间,上诉人赵某甲一直在母亲身边,在这期间,周某对王德芹不管不问,上诉人是将母亲照顾到能够简单的自理之后才回的自己的家。2013 年王德芹第二次摔伤,一直是由上诉人赵某甲照顾,期间赵某甲打电话要求被上诉人周某去帮忙照顾一下,被上诉人周某明确表示不会去照顾,因此,一审法院认定事实不清。根据我国《继承法》第 13 条第 2 款的规定,在对被上诉人赵某丁分配遗产时应当予以照顾,表现在份额上应当多分。综上所述,请求二审法院查明事实,撤销一审判决,发回重审;一、二审诉讼费由被上诉人承担。

被上诉人周某、赵某丙、赵某乙答辩称:(1)一审审理程序合法,没有违反法定程序。一审法院在审理过程中,对被上诉人赵某丁采用公告送达的方式送达法律文书符合法律规定。我国《民事诉讼法》第92条规定,"受送达人下落不明,或者用本节规定的其他方法无法送达的,公告送达。自发出送达之日起,经过六十日,即视为送达"。故一审法院在赵某丁下落不明的情况下采用公告方式送达法律文书符合法定程序。至于上诉人以赵某丁是××人而不能采用公告送达的方式送达法律文书的说法没有法律依据。(2)一审法院认定事实清楚。根据《继承法》的法律规定,被上诉人周某应作为第一顺序继承人继承王德芹名下的遗产。根据《继承法》第12条的规定,丧偶儿媳对公、婆,丧偶女婿对岳父、岳母,尽了主要赡养义务的,作为第一顺序继承人。本案的被上诉人周某在其丈夫去世后一直未嫁,抚养两个未成年的女儿直至成年。在王德芹的老伴去世后都是周某和两个女儿对其照顾,虽然说王德芹是一人居住,但是在其生病之前活动不便时也都是周某母女三人对其照顾,所以上诉人以周某没尽照顾义务不应继承王德芹名下的遗产的说法是不正确的。一审庭审期间被上诉人提供了兖州市龙桥街道办事处西关村村民委员会出具的证明,证实在王德芹的丈夫赵丙新去世后是丧偶儿媳周某对王德芹尽到了照顾义务。因为上诉人作为出嫁女在其婆家居住很少照顾老人,作为村干部对周某对于家庭的付出看得一清二楚,所以才会据实出具了证明。至于上诉人以王德芹摔伤后才需要照顾的说法根本不正确,一审已查实。即使在王德芹摔伤后,上诉人也只是照顾了很短时间,大部分时间都是周某在照顾,一审也已查实。所以一审法院判决周某作为丧偶儿媳享有5/32的份额合法有据。请求二审法院驳回上诉人的上诉请求,维持原判。

被上诉人赵某丁未作答辩。

本院经审理查明,赵丙新、王德芹生育二子一女,长子赵书海、次子赵某丁、女儿赵某甲。

二审经审理查明的其他事实与一审认定的事实相一致。

本院认为,本案争议的焦点问题是被上诉人周某是否对公婆尽了主要赡养义务而应认定作为第一顺序继承人,从本案一、二审查明的事实来看,被上诉人周某之夫赵书海去世后至赵丙新去世前,赵丙新、王德芹两人共同生活,赵丙新、王德芹两人具有一定的经济来源,且具有生活自理的能力,并未有证据显示与其他子女或被上诉人周某共同生活。自赵丙新于2002年11月去世至王德芹于2010年农历五月摔伤之前,王德芹具有一定的经济来源,且具有生活自理的能力,亦未有证据显示王德芹与其子女或者被上诉人周某共同生活,上诉人赵某甲亦未提交证据证实在此期间内从经济帮助、生活照顾等方面对王德芹尽了主要赡养义务,自王德芹于2010年农历五月摔伤之后,被上诉人周某对王德芹进行了照顾,从王德芹摔伤后到去世前被上诉人周某对王德芹照顾的时间、结合当事人的陈述等证据来看,一审法院认定被上诉人周某对王德芹尽了主要赡养义务,并无不当,从一、二审查明的事实来看,被上诉人周某符合我国《继承法》第12条所规定的"丧偶儿媳对公婆,丧偶女婿对岳父母尽了主要赡养义务的,作为第一顺序继承人"的规定。上诉人在二审期间提交了赡养母亲协议书,对于该协议书,本院认为,被上诉人赵某甲与王德芹系母女关系,赡养父母系子女的法定义务,从该协议书的内容及形式分析,该协议书应为代书遗嘱,我国《继承法》第17条第3款规定:代书遗嘱应当有两个以上见证人在场见证,由其中一人代书,注明年、月、日,并由代书人、其他见证人和遗嘱人签名。从二审对该协议书查明的情况来看,王德芹的姓名系由王德芹的继承人即被上诉人赵某甲所签,该协议书亦不符合由在场见证人中的其中一人代书的法律规定,经本院审查,该协议书不符合我国《继承法》规定的代书遗嘱的法定形式要件,本院对该赡养母亲协议书不予采信。上诉人主张赵某丁患有××,应当为其指定代理人,上诉人于一审提交了赵某丁的门诊病历及住院治疗期间的相关证据,但并未提交具有资质的专业鉴定机构出具的赵某丁为无民事行为能力或者限制行为能力人的鉴定报告,仅依据赵某丁的门诊病历及住院治疗期间的相关证据等亦不能认定赵某丁符合我国《继承法》规定的生活有特殊困难的缺乏劳动能力的继承人在分配遗产时应当予以照顾的情形。经审查,一审审判程序并未有违反法律规定之处。综上所述,一审法院认定事实清楚,适用法律正确,审判程序合法,上诉人的上诉理由不能成立,本院依法不予支持。依照《中华人民共和国民事诉讼法》第169条、第170条第1款第(1)项、第175条之规定,判决如下:

驳回上诉,维持原判。

二审案件受理费100元,由上诉人赵某甲负担。

本判决为终审判决。

[裁判要旨]自王德芹于2010年农历五月摔伤之后,被上诉人周某(即丧偶儿媳)对王德芹进行了照顾,从王德芹摔伤后到去世前被上诉人周某对王德芹照顾的时间、结合当事人的陈述等证据来看,一审法院认定被上诉人周某对王德芹尽了主要赡养义务,并无不当,从一、二审查明的事实来看,被上诉人周某符合我国《继承法》第12条所规定的"丧偶儿媳对公婆,丧偶女婿对岳父母尽了主要赡养义务的,作为第一顺序继承人"的规定。

【案例二】

广东省广州市中级人民法院

民 事 判 决 书

(2013)穗中法民一终字第3949号

上诉人(原审原告):庚某甲,男,1945年7月21日出生,汉族。

委托代理人:何某某,广东华勋律师事务所律师。

委托代理人:曾某某,广东华勋律师事务所实习律师。

上诉人(原审被告):庚某乙,男,1971年9月6日出生,汉族。

委托代理人:刘某某,广东厚载律师事务所律师。

被上诉人(原审被告):庚某丙,男,1975年5月27日出生,汉族。

被上诉人(原审被告):庚某丁,女,1966年2月18日出生,汉族。

被上诉人(原审被告):庚某戊,女,1967年8月21日出生,汉族。

被上诉人(原审被告):庚某己,女,1970年1月22日出生,汉族。

上诉人庾某甲、庾某乙因法定继承纠纷一案,不服广州市海珠区人民法院(2011)穗海法民一初字第1542号民事判决,向本院提起上诉。本院依法组成合议庭审理了本案,现已审理终结。

原审查明,庾某甲与罗某某于1965年8月17日结婚,婚后生育子女5人,即庾某乙、庾某丙、庾某丁、庾某戊、庾某己。1999年6月5日罗某某死亡,其生前没有立下遗嘱。湛某为罗某某的养母,于2008年3月7日死亡。

另查,庾某甲曾于2008年起诉庾某乙、庾某丙、庾某丁、庾某戊、庾某己,要求法定继承罗某某的遗产,原审法院作出(2008)海民一初字第328号民事判决,在该判决中,原审法院查明:"据广州市公安局海珠区分局凤阳派出所出具的《情况说明》反映,湛某一直以来均是单独居住,无资料记载亲属情况。"后当事人均对上述判决不服并上诉,本院作出(2008)穗中法民一终字第5386号民事判决,判决驳回上诉,维持原判。在该份判决书的"本院认为"部分认为:"因法律并未规定丧偶女婿可代为继承,故庾某甲认为其可继承湛某该部分遗产收益没有法律依据,本院予以驳回。"2010年7月16日,广东省高级人民法院作出(2009)粤高法民一申字第2909号《民事裁定书》,该裁定书中本院经审查认为部分明确:"庾某甲认为其应作为湛某的第一顺序继承人,依据不足,本院不予支持。"

再查,2007年6月,湛某曾作为原告起诉本案庾某甲[(2007)海民一初字第1121号],要求庾某甲向湛某返还村里的分红款579982元及存折、户口本等资料。湛某在其起诉状中诉称:"养女于99年过世后,庾某甲一直随原告的两个外孙子生活,被告从未尽任何义务……并将分红款取走拒不归还,导致原告无任何生活来源。"后该案的起诉状正、副本均作为本案痕迹鉴定的对比样本。

原审诉讼中,庾某乙提交了《遗嘱》一份,拟证明被继承人湛某生前已立下遗嘱对其财产进行了处分。该《遗嘱》内容如下:"本人湛某住在广州市海珠区凤阳街某房,是广州市海珠区凤阳街某社的社员,为免以后发生纠纷,现立遗嘱如下:我湛某死后,我的所有财产以及本人所拥有广州市海珠区凤阳街某社的股份分红的钱和广州市海珠区凤阳街凤和村的股份分红的钱均归我外孙庾某乙所有继承,其他人不得干涉。见证人:胡某:320302××××××,刁某:440104××××××;立嘱人:湛某以上资料由胡某整理记录2008年元月23日。"庾某甲对上述《遗嘱》的真实性提出异议,根据庾某甲的申请,原审法院委托广东南天司法鉴定所对上述遗嘱的形成时间及遗嘱中湛某签名处的指印是否湛某本人捺印进行鉴定。该鉴定所作出粤南(2012)痕鉴字第5312号《痕迹司法鉴定意见书》,鉴定意见为:2008年元月23日的《遗嘱》"立嘱人:湛某"签名处的红色指印,与2007年5月15日的《民事起诉状(正本)》、2007年5月15日的《民事起诉状(副本)》中"起诉人:湛某"签名处的红色指印,不是湛某本人同一手指捺印形成。广东南天司法鉴定所作出粤南(2012)文鉴字第280号《文书司法鉴定意见书》,鉴定意见为:检材《遗嘱》内容文字不是"2008年1月23日"其标称时间书写,而是形成于2008年8月份左右。庾某甲为此支付了鉴定费9600元,并表示要求庾某乙向其返还该鉴定费用。庾某乙对上述两份鉴定意见书存有异议,并申请重新鉴定,但是没有提交相关的证据予以证实。

庾某乙申请了遗嘱的见证人胡某及刁某作为证人出庭作证。在庭审的过程中,对于立遗嘱当时的在场人员的问题,证人胡某称除了被继承人湛某及两证人以外,还有庚某乙的小孩在场;证人习某称当时庚某乙在场;庚某乙称除了其与两证人以外,还有其老婆和子女都在场。

经原审法院询问庚某丙、庚某丁、庚某戊及庚某己,其四人共同称对本案中湛某所立的《遗嘱》毫不知情,现要求将湛某的遗产按照法定继承处理。

庚某甲在原审诉称:我与湛某之养女罗某某于1965年结婚,此时湛某已年近55岁且无文化、无技能,基本靠我们夫妇赡养。1999年6月5日罗某某病逝,此时被告庚某乙仅28岁,庚某丙仅24岁,根本没有能力赡养湛某,甚至于无法赡养庚某甲。而湛某己高龄89岁,只能完全依靠我赡养。虽然有一段时间我与湛某分开居住(相距很近),但仍及时支付湛某生活费用,并不时探视湛某,关注湛某的生活起居。湛某所居住房屋为我夫妇所建,罗某某死后,我并未将房屋出租营利,而是供湛某居住。另外,我还按时为湛某交纳医疗基金及社保费用。我认为作为丧偶女婿,自己对湛某尽了主要赡养义务;依据《中华人民共和国继承法》第12条的规定,应作为第一顺序继承人。湛某于2008年3月7日死亡,死亡时未留下遗嘱。其养女罗某某已先于其死亡,罗某某亲生子女可代位继承罗某某应继承的份额。湛某生前持有广州市海珠区凤阳街某联合社25股股份以及广州市海珠区凤阳街某社1股股份,继承开始后,本案当事人均未放弃继承前述股份,但未就该遗产分割达成一致意见。故我起诉要求(1)对被继承人湛某持有的广州市海珠区凤阳街某联合社25股股份以及广州市海珠区凤阳街某社1股股份进行分割,确定庚某甲应继承被继承人所持有股份1/2的份额;(2)由对方当事人承担本案诉讼费用。

庚某乙、庚某丙、庚某丁、庚某戊、庚某己共同辩称:我们不同意庚某甲的诉讼请求。中级人民法院已经就这个事实作出判决,庚某甲没有继承权。而被继承人的财产已有遗嘱,应该按照遗嘱继承处理。鉴此,请求法院驳回庚某甲的全部诉讼请求。

原审法院认为,本案争议的首要焦点在于庚某甲有否继承权的问题。庚某甲为被继承人湛某的女婿,根据《中华人民共和国继承法》第12条"丧偶儿媳对公、婆,丧偶女婿对岳父、岳母,尽了主要赡养义务的,作为第一顺序继承人"的规定,庚某甲需对被继承人湛某尽了主要赡养义务,才可作为第一顺序继承人继承湛某的遗产。在本案中,庚某甲提交的2005年度至2007年度的湛某的医疗基金及社保费用的收据等均不足以证明庚某甲对湛某尽了主要赡养义务,而庚某乙、庚某丙、庚某丁、庚某戊、庚某己对此提交了广州市海珠区凤阳街凤阳康乐第三经济合作社出具的关于湛某个人医疗、社保负担款均在湛某本人当年的股份分红款中扣除的证明,并结合湛某生前于2007年度对本案庚某甲提起的关于要求庚某甲返还分红款的诉讼(湛某在该诉讼中起诉称庚某甲不对其尽任何义务,导致湛某无生活来源),以及广东省高级人民法院作出(2009)粤高法民一申字第2909号《民事裁定书》(庚某甲认为其应作为湛某的第一顺序继承人,依据不足,本院不予支持),原审法院认为庚某甲要求作为湛某的第一顺序继承人继承湛某的遗产的主张缺乏依据,依法予以驳回。

关于湛某遗留的遗产的继承方式的问题。首先,对于庚某乙提交的《遗嘱》,该《遗嘱》经原审法院委托广东南天司法鉴定所鉴定,意见为遗嘱形成的时间与所标称的时间并不一致,并结合庚某乙提交的证人证言,对立遗嘱当时的在场人员的陈述也存在不一致之处,原审法院认为该《遗嘱》的真实性无法确定,对该《遗嘱》不予采信。虽然庚某乙对该鉴定意见提出异议并申请重新鉴定,但未提供充分证据予以证实,故原审法院对庚某乙的异议及重新鉴定的申请均不予采纳。且广东南天司法鉴定所作为具有相应专业资质的鉴定机构,其以第三方的身份作出的鉴定意见更具证明力,因此,原审法院对广东南天司法鉴定所作出的鉴定意见予以采信。鉴此,由于被继承人湛某生前没有立下遗嘱,故湛某的遗产应按法定继承进行处理。由于湛某的父母、配偶已死亡,其仅有养女罗某某,没有其他亲属,而养女罗某某又先于被继承人湛某死亡,故根据《中华人民共和国继承法》第11条"被继承人的子女先于被继承人死亡的,由被继承人的子女的晚辈直系血亲代位继承"之规定,应由罗某某的子女,即庚某乙、庚某丙、庚某丁、庚某戊、庚某己代位继承湛某的遗产,并各继承1/5的份额。综合上述事实,庚某乙、庚某丙、庚某丁、庚某戊、庚某己各可继承被继承人湛某持有的广州市海珠区凤阳街某联合社25股股份收益以及广州市海珠区凤阳街某社1股股份收益的1/5份额。

关于鉴定费的问题。如前所述,庚某乙、庚某丙、庚某丁、庚某戊、庚某己各可继承湛某的遗产的1/5份额,故根据"权利义务相一致"的原则,对于办理上述继承所支出的鉴定费用,本案五被告也应按照继承遗产的比例各自负担。因此,庚某乙、庚某丙、庚某丁、庚某戊、庚某己各承担1920元,由于该鉴定费已由庚某甲垫付,故庚某乙、庚某丙、庚某丁、庚某戊、庚某己各返还1920元给庚某甲。

综上所述,依照《中华人民共和国继承法》第5条、第10条、第11条、第13条之规定,原审法院作出如下判决:"一、驳回庚某甲的诉讼请求;二、被继承人湛某遗下的广州市海珠区凤阳街某联合社25股股份收益由被告庚某乙、庚某丙、庚某丁、庚某戊、庚某己各占有1/5份额;三、被继承人湛某遗下的广州市海珠区凤阳街某社1股股份收益由被告庚某乙、庚某丙、庚某丁、庚某戊、庚某己各占有1/5份额;四、被告庚某乙、庚某丙、庚某丁、庚某戊、庚某己在判决生效之日起7日内各返还其应负担的鉴定费用1920元给庚某甲。如果当事人未按判决指定的期间履行给付金钱义务,应当依照《中华人民共和国民事诉讼法》第253条之规定,加倍支付迟延履行期间的债务利息。本案受理费100元,由庚某甲负担。"

判后,庚某甲、庚某乙不服。庚某甲上诉称:"一、原审认定事实不清。首先,(2008)海民一初字第328号民事判决、(2008)穗中法民一终字第5386号民事判决均未就庚某甲是否对被继承人湛某尽了主要赡养义务作出认定,其判决理由只是法律未规定丧偶女婿可代位继承。(2009)粤高法民一申字第2909号民事裁定同样未对庚某甲是否尽主要赡养义务作出认定,原审将其作为认定事实的依据没有充分的理由。其次,(2007)海民一初字第1121号生效民事判决确认本案当事人分开居住之日为2003年6月30日,该日之前湛某分红款账户部分取款单上取款人签名为庚某丁代、湛某、李某桃代等;2003年7月1日至2005年3月31日被继承人湛某分红款账户取款单上取款人签名为庚某戊代、湛某、李某桃代等,该判决认定事实可证明直至2003年6月30日,庚某甲与湛某居住在一起;直到2005年3月31日湛某的分红款都是被庚某乙、庚某丙等人取走的。原审应以该判决所确认的事实为依据。再次,庚某甲提交的收款收据是庚某甲为湛某缴纳医疗金及社保费用的原始凭证,而庚某乙、庚某丙等人在原审出具的证明并非当年经办人出具,更非分红账户取款单,证明效力弱于收款收据,原审法院应采纳我方提交的收款收据。最后,庾某甲自与罗某某结婚之日起即与湛某居住在一起,至 2003 年 6 月 30 日止近 38 年,客观上形成事实上的养母子关系。罗某某死亡后庾某甲也与湛某共同生活 4 年,即使庾某甲后来结婚与湛某分开居住,也为湛某提供了住房、生活用品并为其购买医疗和养老保险、股份,尽了主要的赡养义务。二、原审适用法律不当。《中华人民共和国继承法》第 12 条只是规定丧偶女婿对岳父、岳母尽了主要赡养义务的,作为第一顺序的继承;并未规定尽赡养义务的时间在丧偶前还是丧偶后。而庾某甲尽了主要赡养义务。原审法院之所以认为我方未尽赡养义务,应是考虑了赡养时间的先后,但这样考虑并不恰当。退一步讲,我方至少是对湛某扶养较多的人,应分得适当的遗产,原审判决却对我方分得遗产未做任何考虑,违反法律精神。该案 2011 年 8 月由原审法院受理,2013 年 4 月 16 日才作出判决,违反相关法律规定。原审期间,庾某乙主张被继承人湛某的遗产应按遗嘱继承,与庾某丙等人有明显的利益冲突,在一审时庾某乙、庾某丙、庾某丁、庾某戊、庾某己均由一人代理,违反利益冲突规则,原审法院却不制止。总之原审法院认定事实不清,适用法律不当,故上诉请求:一、撤销原审判决第一、第二、第三判项,改判庾某甲继承湛某遗产即广州市海珠区凤阳街某联合社 25 股股份及广州市海珠区凤阳街某社 1 股股份的 1/2 份额;二、一、二审诉讼费用由庾某乙、庾某丙、庾某丁、庾某戊、庾某己承担。"针对庾某乙的上诉,庾某甲答辩称:原审依据遗嘱认定事实正确,代书人出庭作证相互矛盾,庾某乙的上诉请求、事实及理由没有事实及法律依据。

庾某乙上诉称:"原审判决认定事实错误,广东南天司法鉴定所作出粤南(2012)文鉴字第 280 号《文书司法鉴定意见书》形成时间为 2012 年 5 月 28 日,但 2012 年 9 月左右,我方代理律师才在原审法院签名确认文书司法鉴定意见书样本,针对如此鉴定书,我方立即申请了重新鉴定,并提交了书面申请,但原审法院在明显瑕疵的情况下,不同意我方的重新鉴定申请,认定其证明力,严重侵犯了我方的合法权益。为维护我方合法权益,故上诉请求:一、驳回庾某甲的诉讼请求,按庾某乙在一审期间提交的被继承人湛某的《遗嘱》,由庾某乙继承湛某的遗产。二、一、二审受理费、鉴定费由庾某甲、庾某丙、庾某丁、庾某戊、庾某己承担。"针对庾某甲的上诉,庾某乙答辩称:不同意庾某甲的上诉请求、事实及理由,庾某甲未为湛某缴纳医疗及社保费用。

庾某丙、庾某丁、庾某戊、庾某己共同答辩称:不同意庾某甲的上诉请求、事实及理由,庾某甲不存在为湛某缴纳医疗及社保费用。原审对遗嘱的鉴定结论是真实的,庾某乙的家不是很大,如人员流动,没有精神写遗嘱。

本院经审理查明,二审期间,庾某甲提交广州市海珠区康乐中十五巷六号的股权证,其上载明:说明……由私人先垫资,日后租金返还,直至盈利,盈利后,按每人每股平分……湛某壹股(余秋桃代交)……2008 年 3 月 15 日。拟证明购此壹股的款是庾某甲代缴。庾某乙质证称:已过了举证期限,不确认该证据的真实性,即使庾某甲交钱,也是从湛某的存折上拿的钱,(2007)海民一初字第 1121 号诉讼期间庾某甲一直在湛某存折上拿钱。庾某丙、庾某丁、庾某戊、庾某己共同质证称:确认该证据的真实性,海珠区康乐中十五巷六号是属于罗姓一族的老房子,股权证虽写明 2000 元壹股,但没人交过钱,房子盖好后出租,除去水电费后就分股份。因庾某甲不姓罗不能入股,但因他以岳母名义入股,就同意他入股。2013 年 8 月 20 日,二审庭审中,庾某乙出示证据如下:"一、湛某尾数为 2244 的存折两页,拟证明庚某甲在二审出示的股权证上的 2000 元不是庚某甲交的,是湛某自己出的;二、(2009)海民执字第 4141 号执行裁定,拟证明至 2008 年 9 月 8 日湛某尾数为 2244 的存折由庚某甲掌握。"庚某甲质证称:确认证据一的真实性,关联性不确认,存折里的钱是庚某甲自己的,庚某甲确实交了 2000 元。确认证据二的真实性,但与本案无关联。庚某丙、庚某丁、庚某戊、庚某己共同质证称:确认证据的真实性,我方不知庚某甲何时开始拿着存折。

另查明,二审期间,庚某乙提交重新司法鉴定申请书,申请对广东南天司法鉴定所作出粤南(2012)文鉴字第 280 号《文书司法鉴定意见书》、粤南(2012)痕鉴字第 5312 号《司法鉴定意见书》重新鉴定。2013 年 9 月 5 日,庚某甲向本院提交《调查、调取证据申请书》,申请:"一、调取广州市海珠区凤阳街康乐村第三经济合作社 2005 年、2006 年、2007 年湛某名下的股份分红会计计账资料;二、向康乐村村长罗伟健、康乐村第三经济合作社社长罗应章调查《证明》的真实性。"

又查明,一审期间,庚某乙确认其提交的遗嘱上的湛某的签名并非湛某所写。

再查明,广东南天司法鉴定所作出的粤南(2012)痕鉴字第 5312 号《司法鉴定意见书》落款时间为 2012 年 5 月 17 日,2012 年 3 月 31 日庚某乙向原审法院确认指纹鉴定对比样本。粤南(2012)文鉴字第 280 号《文书司法鉴定意见书》鉴定比对样本为原审法院(2007)海民一初字第 1121 号案卷宗中的 2007 年 8 月 29 日《协助查询存款通知书(回执)》和 2008 年 1 月 7 日《民事案件上诉移送函稿》(第 148 页)、本院 2009 年 8 月 12 日《退卷函》(第 149 页),上述鉴定意见书落款时间为 2012 年 5 月 17 日;2012 年 9 月 17 日、18 日当事人分别向原审法院确认以(2007)海民一初字第 1121 号案卷宗中第 148 页、第 149 页的《上诉移送函》《退卷函》作为时间鉴定的样本。(2008)穗中法民一终字第 791 号生效民事判决查明:庚某甲、湛某均确认 2007 年 1 月 24 日从湛某银行账户支取的 14212.8 元已为湛某缴纳了保险金。其余事实与原审判决查明事实一致。

本院认为,原审法院根据双方当事人的诉辩、提交的证据对本案事实进行了认定,并在此基础上依法作出原审判决,合法合理,且理由阐述充分,本院予以确认。关于庚某甲是否对被继承人湛某尽主要赡养义务问题,湛某本人的陈述最具证明力,而湛某在(2007)海民一初字第 1121 号一案起诉称:被告(庚某甲)从未尽任何义务,还拿走了湛某的存折、生产社股权证、大队股权证、身份证、户口本等资料。为取回上述资料,湛某诉至法院;庚某甲主张其对被继承人湛某尽了主要的赡养义务有权继承湛某相应份额的遗产,缺乏充分的事实依据,本院不予采纳。庚某甲主张其为湛某缴纳了社保费用,并申请本院调查,但该主张与其在另案陈述相矛盾,本院不予准许。庚某甲在二审提交的股权证,不能证明庚某甲以自己的财产代湛某交纳了 2000 元,且该款交纳后,由租金返还、可享受分红,即该 2000 元系投资性支出;而 2008 年 3 月 15 日该股权证产生时,湛某已去世,上述 2000 元款项产生的收益并未由湛某收取,该股权证不能证明庚某甲的上诉主张,本院不予采纳。关于应否就广东南天司法鉴定所作出的粤南(2012)痕鉴字第 5312 号《司法鉴定意见书》、粤南(2012)文鉴字第 280 号《文书司法鉴定意见书》涉及的鉴定事项重新鉴定问题,庚某乙申请对南(2012)痕鉴字第 5312 号《司法鉴定意见书》涉及的鉴定事项重新鉴定,没有事实及法律依据,本院不予准许;因当事人确认的鉴定比对样本已包含在粤南(2012)文鉴字第 280 号《文书司法鉴定意见书》涉及的鉴定事项的比对本中,庚某乙申请对粤南(2012)文鉴字第 280 号《文书司法鉴定意见书》涉及鉴定事项重新鉴定,本院不予准许。《中华人民共和国继承法》第 17 条第 3 款规定:代书遗嘱应当有两人以上见证人在场见证,由其中一人代书,注明年、月、日,并由代书人、其他见证人和遗嘱人签名。庚某乙提交的遗嘱,湛某并未签名,庚某乙也无充分证据证明该遗嘱上的指纹系湛某所按,则庚某乙上诉请求依据其在原审提交的遗嘱继承湛某的遗产,依据不足,本院不予支持。故本院认可原审法院对事实的分析认定,即对庚某甲、庚某乙的上诉请求,不予支持。综上所述,原审认定事实清楚,判决并无不当,本院予以维持。依照《中华人民共和国民事诉讼法》第 170 条第 1 款第(1)项之规定,判决如下:

　　　　驳回上诉,维持原判。

　　　　二审案件受理费 100 元,由上诉人庚某甲、庚某乙各负担 50 元。

　　　　本判决为终审判决。

[裁判要旨]本案上诉人庚某甲为被继承人湛某的女婿,《继承法》第 12 条规定"丧偶儿媳对公、婆,丧偶女婿对岳父、岳母,尽了主要赡养义务的,作为第一顺序继承人",庚某甲需对被继承人湛某尽了主要赡养义务,才可作为第一顺序继承人继承湛某的遗产。关于庚某甲是否对被继承人湛某尽主要赡养义务问题,湛某本人的陈述最具证明力。而根据湛某生前的相关陈述,庚某并未对湛某尽到赡养义务,且二审庚某提供的材料也不能表明其对湛某尽到赡养义务。故二审法院维持了原审法院的判决,驳回庚某甲的诉讼请求。

第五节　理论争鸣

关于《继承法》第 12 条,学界存在相关争议。如何理解、应对争议,是完善我国继承法理论的必然路径,并将对《民法典·继承编》的编纂具有一定的意义。

一、关于权利义务相一致原则的争议

关于丧偶的儿媳、女婿在满足特定条件下能否享有继承权,近年来理论争议一直不断。这种争议从最初探讨姻亲关系是否可以作为继承权产生的基础,延伸到继承法上是否存在或应该设立"权利与义务相一致原则"。因此,探讨《继承法》第 12 条相关理论争议,需要明确我国《继承法》是否存在"权利与义务相一致原则"。

(一)赞同说

权利与义务相一致原则,几乎可称为继承法诸原则中最具争议的原则,且相关争议自 20 世纪 80 年代末持续至今。赞同这一原则的学者主张:(1)权利与义务相一致是我国《宪法》的一项重要原则,[①]《继承法》也理应予以确立并贯彻。(2)我国继承立法的主要价值之一即维护家庭的养老育幼职能,取消该原则,很可能使财产继承偏离这一职能的需要,即未

---

　　① 我国《宪法》第 33 条第 4 款规定:"任何公民享有宪法和法律规定的权利,同时必须履行宪法和法律规定的义务。"

尽扶养义务的继承人却有可能得到被继承人的大量遗产。① （3）《继承法》规定的法定继承人在《婚姻法》语境下,都有相互扶养的义务,因此,"相互间没有扶养义务的人就不赋予其继承权,继承立法这种权利义务相一致的考虑还不昭然吗?"②（4）《继承法》确立的一些制度体现了该原则:第一,法定继承人的范围、继承顺序以是否具有扶养关系来确定;③第二,遗产分配取得与履行扶养义务紧密相连;④第三,继承人在清偿被继承人生前债务后才能继承其余遗产,即《继承法》第33条规定的限定继承;第四,遗赠扶养协议是按照权利义务相一致原则创设的法律制度。（5）权利与义务相一致是实现社会主义家庭职能的必然要求。⑤（6）《继承法》第12条的规定,体现了权利与义务相一致的原则。而上述内容与法律规定也构成了权利义务相一致原则的具体内涵。⑥

（二）否定说

反对该原则的观点认为:第一,宪法原则即是继承法原则的逻辑难以成立。权利与义务相一致是否是我国《宪法》的重要原则本就成疑,即使我国《宪法》确立了此原则,宪法原则、民法基本原则、继承原则之间是存在区别的,如果《宪法》原则即属法律原则的逻辑成立,就可得出:权利与义务相一致原则是婚姻法、商法、刑法、行政法等所有部门法的基本原则,其逻辑缺失显而易见。⑦ 第二,该原则的确立在实践中易带来负面误导,形成不必要的民事诉讼。⑧ 虽然《继承法意见》第46条已经明确规定了此种放弃继承权的行为无效,但是这并不能有效阻止实践中仍有案件频生。因此,有学者指出,确立继承法上的权利与义务相一致原则,必然会导致实践中出现继承人以自愿放弃权利为由而不尽扶养义务的情形,这既不合法也不合理。⑨ 第三,权利义务相一致原则混淆了继承法律关系中的权利义务关系与扶养法律关系中的权利义务关系,以不同法律关系中的权利义务主体的一致性替代了同一法律关系中法律分配权利义务的等量性。而且继承制度中的权利、义务不存在因果关系,概括继承原则所体现的"权利义务同时继承","是作为遗产的财产的整体性决定的,而不是权利与义

---

① 蓝承烈、杨震:《继承法新论》,黑龙江教育出版社1997年版,第27页。

② 王海明:《论权利与义务的关系》,载《伦理学研究》2005年第6期。

③ 如继子女与继父母之间,继兄弟姐妹之间,以是否存在扶养关系来确定是否享有继承权;再如丧偶儿媳和女婿获得继承权的前提是履行了赡养义务。

④ 根据我国《继承法》第13、14条的规定,在遗产分配时,对被继承人尽了主要扶养义务或者与被继承人共同生活的继承人,可以多分;有抚养能力和扶养条件的继承人,不尽扶养义务的,分配遗产时,应当不分或者少分;继承人以外的对被继承人扶养较多的人,可以分配给他们适当的遗产。

⑤ 上述观点参见郑立、曹守晔:《我国继承法权利与义务相一致原则》,载《法学杂志》1988年第6期;刘春茂主编:《中国民法学·财产继承》,中国人民公安大学出版社1990年版,第55~61页;彭万林:《民法学》,中国政法大学出版社1994年版,第690页;王歌雅:《婚姻家庭继承法学》,中国人民大学出版社2009年版,第215~216页;梅卓苹:《我国继承法的基本原则》,载《中山大学学报(社会科学版)》1986年第2期;蓝承烈、杨震:《继承法新论》,黑龙江教育出版社1997年版,第26~29页。

⑥ 任江:《论继承法的权利义务相一致原则》,载《黑龙江省政法管理干部学院学报》2013年第5期。

⑦ 郑淑娜:《权利义务一致不是继承法的基本原则》,载《法学》1985年第11期。

⑧ 王利明:《中国民法案例与学理研究·侵权行为篇、亲属继承篇》,法律出版社1998年版,第513~517页,其所分析之案例,即属以规避扶养义务而放弃继承权之典型。

⑨ 刘素萍:《继承法》,中国人民大学出版社1988年版,第103~105页。

务相一致的体现"。①

（三）质疑理由的辨析

首先，宪法原则不等于部门法原则，但是，宪法原则的确立为部门法原则的设立提供了法律渊源，亦为部门法确立了价值追求。《宪法》第 33 条第 4 款强调的是当事人在享有宪法和法律赋予的权利的同时，亦要履行其应尽的义务，这种权利与义务并非"量"上的对应或等价交换，而是法律主体不能选择只享有权利而不承担义务，其逻辑终点是法律主体资格，即法律主体是享有权利、承担义务的资格。这种权利义务的一致性是方向上的一致性，即均指向法律主体。而继承法之所以强调权利义务一致，源自继承法具有多重属性和继承法的立法价值追求。前者要求继承人在享有承受财产法权利义务的同时，往往要承担身份法上的扶养"义务"②；而后者则赋予继承法在规范财产继承制度的同时，更要关注社会弱势群体的生存状态，要体现社会的人文关怀。这种人文关怀价值本身就意味着继承主体必须要承担遗产以外的其他法定义务。③ 因此，虽然宪法与继承法对该原则的表述相似，但是二者的含义并不一致，前者意在法律主体资格的成立条件，后者意在立法价值追求和制度构建理念，二者不能混同替代。

其次，"义务的履行目的是满足权利人的利益，而不是直接实现义务人自身的利益"。"义务人负有义务的同时常常相应地取得一定权利"，"虽然此时义务人履行一定的义务是其享受权利的前提，义务人并没有直接享有利益。义务是权利实现的手段，法律设定义务的主要目的在于保障权利的实现"④。因此，"一个人以一定方式行使的权利，便是另一个人对这个人以一定方式履行的义务。"⑤而"同一种权益，对于应得者便叫做权利；对于应付者则叫做义务。"⑥由此可见，在同一法律关系中，同一主体履行义务的目的非为自己获得权利，乃在于满足相对人的权利得以实现。而按照否定"权利义务一致性原则"学者的理论进行推理演绎，所谓的"一致性"体现在扶养人是以履行自己的扶养义务换取自己获得的继承利益，义务人履行义务的目的不在于满足权利人权利的实现，而是满足自己利益的实现，这不符合权利义务关系的基本法理。但是作为法律原则的权利义务相一致关注的不是个案中的法律主体所享有的权利与承受的义务是否等量——这是具体法律制度规范所应关注的，而是关注宏观层面的权利义务是否对应，防止出现只享有权利或只承担义务的法律主体——这也是前述宪法上权利义务一致原则的含义。而按照否定论观点，则可推演出继承法律主体只享有权利而不承受义务的结论。而且，在同一法律关系中的权利义务一致，也并非仅是权利人享有的权利与其承担的义务等量，也蕴含着权利、义务的方向一致，均指向同一法律客体。

---

① 上述理由总结自郑淑娜：《权利义务一致不是继承法的基本原则》，载《法学》1985 年第 11 期；陈苇：《外国继承法比较与中国民法典继承编制定研究》，北京大学出版社 2011 年版，第 70 页；侯国跃：《继承法原则体系的构建》，载《贵州师范大学学报（社会科学版）》2004 年第 5 期。

② 身份法上的此种扶养"义务"并非纯粹的"不利"。

③ 王歌雅：《俄罗斯联邦继承法的私权守望与价值追求》，载《俄罗斯中亚东欧研究》2009 年第 5 期。

④ 王利明：《民法总则研究》，中国人民大学出版社 2003 年版，第 253～254 页。

⑤ ［美］凯尔森：《法与国家的一般理论》，沈宗灵译，大百科全书出版社 1996 年版，第 87 页。

⑥ L. T. Hobhouse，The Elements of Social Justice，Routledge Thoemmes Press，1993，p. 37.

（四）权利义务相一致的法价值分析

"亲权是一种权利义务的集合"，"是一种利他的权利"，[①]在继承法律关系中，被继承人指定继承人更多体现的是血缘、姻亲等身份利益，而非继承人履行了何种义务；继承人往往负有扶养义务，亦属基于血缘、姻亲等身份关系而设定。无论是遗嘱人指定继承人，还是继承人履行扶养义务，其本质是人的亲属伦理价值的"法价值实践活动"，体现的是人作为"法律主体的理性能动"，满足的是人在亲属关系（包括人际关系）中的"价值性需求"。[②]这种价值性需求通过上述法实践活动中的义务履行得以满足，从而体现出权利义务的一致性。

恰如黑格尔所说，"一个人负有多少义务，就享有多少权利；他享有多少权利，也就负有多少义务"。社会公正，是一个人所享有的权利与他所负有的义务相等；个人公正，是一个人所行使的权利与他所履行的义务相等。[③]法律要保证的是社会公正，即分配给个人的权利、义务等量，而个人公正更多地取决于个人选择，非法律的强制保障，即罗尔斯所指出的"份外善行"[④]。这种社会公正在民法上通过贯彻公平原则得以体现，而民法公平原则即具有"民事主体在从事民事活动时，要体现权利义务相一致的精神"之含义。[⑤]作为继承法原则的权利义务相一致，注重保障的是社会正义，而非个案中法律主体行使的权利与他履行的义务是否相等。判断法律分配的权利、义务是否等量体现的是法律是否公平，是法律价值判断，其判断标准是法律所分配的权利、义务能否最终实现人格尊严价值，后者是"民法精神的终极价值"。否定继承法不存在权利义务相一致原则，恰恰用事实判断标准来衡量价值判断，即以个案的权利、义务是否等量论证法律分配的权利、义务是否等量，其结论自然无法成立。因此，继承法应确立该原则以实现社会分配正义，指导继承法的现代化发展与立法完善。

在明确《继承法》理应设立权利义务相一致原则的前提下，赋予履行了赡养义务的丧偶的儿媳、女婿以继承权，即有了法的价值依据。

二、丧偶儿媳、女婿继承权之存废

丧偶的儿媳、女婿是否应该享有继承权，其争议不断，甚至形成了针锋相对的观点。一是认为此种继承权须予以保护，即肯定说；二是认为此种继承权只是囿于《继承法》立法之时社会保障体系尚未完善而采取的立法"过渡"之举，且法理上不应存在这种继承权，即否定说。

（一）肯定说

持本观点的学者认为，该制度的设计较为公平合理。即将该姻亲作为法定继承人的立法例，是我国继承法的突出特色，也是我国司法实践的经验总结和智慧发展。这有利于对年

---

① 余延满：《亲属法原论》，法律出版社 2007 年版，第 450 页。

② 杨震：《法价值实践观的理性选择》，载《苏州大学学报》2005 年第 5 期。

③ 王海明：《论权利与义务的关系》，载《伦理学研究》2005 年第 6 期。

④ John Rawls. A Theory of Justice. (Revised Edition), The Belknap Press of Harvard University Press Cambridge, Massachusetts, 2000, p.100.

⑤ 王歌雅：《民法的精神与道德的基础》，载《学术交流》2005 年第 4 期。

老的公婆、岳父母进行生活上的照料和精神上的安慰,有利于发扬中华民族的传统美德、发挥家庭的扶养职能,其"制度在鼓励对无子女、丧子老人的赡养方面发挥了重要作用,而且与平等、自由、公平和效率的理念并不冲突。这些制度不仅能够满足社会需要,而且对社会发展是有益无害的。"①如果不把尽了主要赡养义务的丧偶儿媳和丧偶女婿列入法定继承人第一顺序,既不利于鼓励他(她)们赡养老人,同时也违背了权利与义务相统一的原则。② 也有学者指出,坚持遗产所具有的扶养功能,能够"避免家族机能的衰退,强调家庭在生存、养老等方面的基本职能"。因此,应"鼓励丧偶儿媳、女婿对公婆、岳父母尽扶养义务,使其获得继承权"③。如此规定,反映了社会主义道德的要求,其作用在于提倡赡老养幼和相互扶助的优良社会风尚。同时,在我国的传统习惯中,也存在着丧偶儿媳、招赘女婿应赡养公婆、岳父母的习俗,否则其不能"托管"配偶的遗产。这种习俗在一定程度上也获得了司法实践的确认,如发生在山东省平度市某村的"公婆诉儿媳李某未尽赡养案"中,法院将当地农村丧偶儿媳、招赘婿应赡养公婆、岳父母之风俗引入调解当中,最终使双方当事人接受调解,解决了纠纷。④

(二)否定说

否定说从四个方面质疑了丧偶的儿媳、女婿继承权的存在。其学术主张涉及的层面较多。

1. 导致继承结果的不公平

围绕《继承法》第 12 条的规定,有学者认为会导致司法实践结果的不公平。具体理由如下:

(1)有违按支继承的传统习惯法

根据我国的传统习惯法,对父母的赡养与对父母的遗产的继承一般都由子女按支进行。⑤ 按支继承,是指在子女及其直系卑亲属这个亲系之中,按照子女的人数划分为若干支,每个子女及其后裔为一支,遗产在这个亲系中按支分配而不是按人分配。⑥ 从赡养的角度来看,各支对其父母都应承担基本相同的法定赡养义务,但每一支的家庭结构在现实生活中多表现为由丈夫、妻子及其子女构成的家庭。从整体上看,赡养老人的义务是由每一支的成员共同承担履行的。具体到义务人,则往往是只有被赡养人的晚辈直系血亲才是法定的赡养人,而与被赡养人形成姻亲关系的人对其不具有法律上的赡养义务。

根据按支继承规则,每一支需要按照亲等的亲疏远近来确定继承,假若在某一支中,亲等近的人先于被继承人死亡,那么就会由晚辈直系血亲代位继承。⑦ 因为各支承担的赡养

---

① 房绍坤:《关于修订继承法的三点建议》,载《法学论坛》2013 年第 2 期;张玉敏:《继承法律制度研究》,法律出版社 1999 年版,第 206 页。

② 刘春茂主编:《中国民法学·财产继承》,中国人民公安大学出版社 1990 年版,第 244~245 页。

③ 孙毅:《继承法修正中的理论变革与制度创新——对《〈继承法〉修正草案建议稿》的展开》,载《北方法学》2012 年第 5 期。

④ 白冰等:《习惯规则司法适用的困境及出路》,载《理论月刊》2010 年第 4 期。

⑤ 郭明瑞、房绍坤、关涛:《继承法研究》,中国人民法学出版社 2003 年版,第 75 页。

⑥ 李红玲:《继承人范围两题》,载《法学》2002 年第 4 期。

⑦ 张玉敏:《继承法律制度研究》,法律出版社 1999 年版,第 324 页。

义务基本上是相同的,所以,我国血亲赡养与继承之间存在着一种对应关系。

即便在被赡养人的子女结婚之后,子女的配偶与被赡养人形成姻亲关系,但这种姻亲关系的形成,并不会导致原来存在的血亲赡养义务的增加或减少,也不会影响原来的血亲继承权。但对丧偶儿媳或者丧偶女婿的特殊规定,则会因同时发生的代位继承而和按支继承的传统相冲突。① 故因按支继承观念的存在而建议,在丧偶儿媳或丧偶女婿的子女发生法定继承时期不再属于第一顺序的遗产继承人。②

虽然我国当下存在着妻子代替丈夫或者丈夫代替妻子对公婆或者岳父母进行赡养的事例,但是儿媳、女婿在更多情况下是履行家庭的道义责任,亦即依照传统习俗履行这一支对老人的赡养义务,而不是儿媳、女婿个人的法定义务。

举例而言:甲有两个儿子,分别是乙和丙,乙的妻子是丁,乙和丁生儿子戊。

情形一:甲去世之后,遗留 300 万元的遗产,没有其他的债权债务关系。假若甲并没有留下遗嘱,那么对甲遗产的处理就会按照法定继承顺序来办理。如果乙和丙都在世,那么乙和丙作为第一顺序继承人,平均分配老人的遗产,即乙和丙每人获得 150 万元,而乙获得的 150 万元属于乙和丁的夫妻共有财产,因此乙和丁每人都获得了 75 万元。

情形二:如果乙先死亡,在乙死亡后,乙的妻子丁对甲尽了主要的赡养义务,即为甲提供了生活上的帮助和精神上的支持。当甲死亡时,若甲没有留下遗嘱,那么对甲的遗产就会按照法定继承来办理。此时,根据《继承法》第 12 条的规定,由于乙的妻子丁对甲尽了主要赡养义务,故丁有权作为第一顺序继承人继承甲的遗产;与此同时,丙作为甲的儿子,也同时是第一顺序继承人,也能够继承甲的遗产;又因乙先于甲死亡,乙的儿子戊如符合代位继承条件的,则适用代位继承,戊则能够代位乙继承甲的遗产。因此,丙、丁、戊三人平均分 300 万元,每人得到 100 万元。

对于情形一,目前学界基本没有争议。对于情形二,则是争议较多的。因为,这一情形体现出丧偶的儿媳、女婿在对其公婆、岳父母尽了主要赡养义务后取得的第一顺序继承资格与代位继承制度之间的矛盾。即根据《继承法意见》第 29 条的规定:"丧偶儿媳对公婆、丧偶女婿对岳父、岳母,依继承法第十二条作为第一顺序继承人时,不影响其子女代位继承。"所以,当有子女的丧偶儿媳、女婿成为第一顺序法定继承人时,即在《继承法》第 12 条与代位继承制度的共同作用下,丧偶一支则获得了双份继承,而赡养义务基本相同,由此可能会产生被继承人的遗产在多个子女间的分配不公平的结果。

（2）导致主体的特殊化

按照《继承法》第 12 条的规定,只有尽了主要赡养义务的丧偶的儿媳或者女婿才享有第一顺序继承人的资格,而其他对老人同样尽了主要赡养或者扶助义务的人（如老人的兄弟姐妹、老人的侄子、子女、朋友、邻里以及未丧偶的儿媳或者女婿等等）却不能同时享有第一顺序继承人的资格。例如,未丧偶的儿媳或者女婿对公婆或者岳父母赡养较多,特别是当未丧偶儿媳的丈夫或者未丧偶女婿的妻子在外地工作或者没有劳动能力,或者拒绝履行赡养义务,而另一方则代其配偶对其父母尽了主要赡养义务,如按《继承法》第 12 条的规定,在公婆或者岳父母去世后,未丧偶的儿媳或者女婿是无法享有第一顺序继承人的资格的,这显然不

---

① 朱纪诚:《论我国继承法的修订与完善》,载《濮阳职业技术学院学报》2015 年第 5 期。
② 颜林:《中外法定继承人之继承人范围及其份额的比较法研究》,载《山西师大学报》2009 年第 6 期。

合理。所以,在现行《继承法》第12条规定的立法导向下,就会导致合法但不合理的继承结果,引发司法实践中的不公平。良好的法律在于维护社会的公平正义,故有学者提出,丧偶的儿媳、女婿"为法定继承人,以其尽了主要赡养义务为前提条件,这就决定了不可能出现公平的结果"[1]。

(3)引起遗产外流的后果

依据现行的规定,当公婆或者岳父母死亡后,死者的父母、子女均已死亡或者丧失继承权,且子女亦无直系卑血亲代位继承,也就是无其他同顺序的血亲继承人时,如果丧偶儿媳和丧偶女婿对他们尽了主要赡养义务,则丧偶的儿媳或者女婿就有权利作为第一顺序继承人继承其全部遗产,而将第二顺序的继承人排除在外。假若丧偶的儿媳或者女婿在丧偶后再婚,就会引发遗产全部流入原家庭之外,其显然有损被继承人其他血亲继承人的利益,不符合从氏族社会发展至今的传统习惯,即财产尽可能留在本家族内的原则,[2]也不符合中国民众的继承感情,同时与世界各国均不承认其继承权的立法通例相悖,且有违被继承人之意愿和家庭职能的发挥,这也能造成某些不公平,甚至更多的矛盾。[3]

2. 有违继承法传统理论

继承权,是自然人按照被继承人所立的合法有效的遗嘱或法律的直接规定而享有的继承被继承人遗产的权利。[4] 法律规定哪些人可无须借助于遗嘱而直接继承遗产,"也就表明其具有继承被继承人遗产的资格即继承遗产的权利能力。法律在规定继承人范围时,权衡、考量且决定哪些人在何种情形可以继承遗产时,所依据的原理、标准或遵循的原则正是继承权产生的基础或缘由"[5]。无论从历时态考察还是从共时态考察,法定继承人范围的确定,在反映当时社会家庭伦理的同时,更取决于统治者的统治利益,在很大程度上,是婚姻、血缘、家庭关系与社会经济基础、统治者根本利益的结合产物。[6] 但从历史层面来看,虽然各国对亲属关系范围的规定存在着具体的差异,但是继承权作为基于特定身份而产生的财产权利,除配偶外,享有继承权必须与被继承人存在一定的血亲关系而非交换性质的关系为前提,姻亲自然从来不在其中,这也是古今中外继承法所信守的法则。

(1)不符合继承权产生的基础

当今世界一般有两种确定法定继承人资格的依据,即继承人享有继承权必须与被继承人存在一定的亲属关系。第一为婚姻关系,是指只有具备合法婚姻关系的配偶双方有权相互继承各自的遗产;第二为血缘关系,是指基于婚姻关系和出生事实而产生的子女、父母、(外)祖父母之间的直系血亲关系和兄弟姐妹间的旁系血亲关系。这两种关系的归纳为世界通例,虽然各国关于法定继承人资格范围的规定不尽相同,但是姻亲关系从来不在其中,这也是普遍遵循的继承法规则。我国《继承法》第12条中,丧偶儿媳与公婆之间、丧偶女婿与岳父母之间并非血亲关系,更非婚姻关系,而是姻亲关系,而姻亲关系原则上并不发生继承。

---

① 张平华、刘耀东:《继承法原理》,中国法制出版社2009年版,第179页。

② 杜江涌:《论尊重习惯法原则在继承立法中的贯彻》,载《内蒙古社会科学(汉文版)》2005年第1期。

③ 王光辉:《论我国〈继承法〉的修改及完善》,载《法学杂志》2009年第9期。

④ 杨立新、朱呈义:《继承法专论》,高等教育出版社2006年版,第64页。

⑤ 杨立新:《继承法修订入典之重点问题》,中国法制出版社2016年版,第61页。

⑥ 侯放:《继承法比较研究》,澳门基金会1997年版,第31页。

即一旦婚姻关系解除,姻亲关系亦消灭,其不具有稳定性。规定尽了主要赡养义务的丧偶儿媳或者女婿作为公婆或者岳父母遗产的第一顺序继承人与法定继承人以血缘关系和婚姻关系为基础的通例相违背,这在一定程度上也破坏了整个继承法的体系。[①]

继承理论发展至今,血缘关系均是取得继承权的基础。血缘关系的远近亲疏是确定法定继承人范围与顺序的规则,法定继承权的取得恰恰是法律对血缘关系主体之间权利义务关系的确认。以血缘关系来明确法定继承人,能保证死者财产最大限度地流转在血亲范围之内,使社会家庭的各项功能得以正常发挥。除了血缘关系外,婚姻关系也是继承权取得的另一个基础。在社会早期时,婚姻关系主体之间的相互继承权利曾基于主体间的非血缘性而被排除在继承之外,但婚姻关系作为血亲关系的源头,其同时也是人类繁衍发展的必需。基于对生存配偶合法权益的保护,该关系也较早作为继承权产生的基础而被固定下来,各国多如此规定。

在少数情况下,国家或者某些机构被规定为继承主体,仅是极少数国家为了避免被继承人的遗产没有血缘关系、婚姻关系的继承主体时,防止遗产无人管理、闲置浪费。即除了血缘关系、婚姻关系,法律并不承认任何其他关系作为继承权产生的基础。当没有这两种关系的继承主体时,法律宁愿让被继承人的遗产归属于国家或者其他机构也不希望归属于其他人。可见,在世界范围内,血缘关系和婚姻关系作为继承权取得的依据已被确定下来并为各国所遵循,而姻亲关系在世界范围内从来也不是继承权产生的基础。

目前,中国正处于老龄化社会,为了保障老年人的生活水平,让他们安度晚年,除了健全国家的社会保障制度之外,还应通过法律对继承领域财产分配方式进行适当地调整,以维护社会秩序的和谐稳定。现行《继承法》第 12 条规定,基于丧偶的儿媳、女婿与公婆、岳父母间原来存续的赡养关系,意图让赡养人在被赡养人死后能够在经济上得到补偿,其立法本意确实值得肯定。但是,赋予赡养人——丧偶的儿媳、女婿以第一顺序继承权的做法,突破了几千年来继承权仅限于血亲而不及于姻亲的传统,其合理性值得商榷。

(2)姻亲继承之否定

姻亲继承的产生并不符合世界发展的潮流,将姻亲关系确立为继承权产生的基础,存在以下问题。

第一,姻亲继承是对继承权基础的直接违背。继承权是自然人按照被继承人所立的合法有效的遗嘱或法律的直接规定而享有的继承被继承人遗产的权利。[②] 法律在规定继承人范围时,会衡量哪些人可以继承遗产,此时所依据的原理、标准或者所遵循的原则就是继承权产生的基础或者缘由。各个国家的各个历史时代的继承法关于法定继承人范围的规定,都是根据当时社会统治者的根本利益和意志,主要是以婚姻关系和血缘关系为基本要素,同时参考各时代和各国的具体情况而制定的。[③] 在司法实践中,虽然各国对具体的继承亲属关系的范围不尽相同,但是继承权作为基于特定身份而产生的财产权利,姻亲关系从来不在其中,这也是从古至今一直信守的法则。

在古罗马,曾经出现儿媳作为自家继承人享有继承权的情形,但这种情形的本质与我国

① 张平华、刘耀东:《继承法原理》,中国法制出版社 2009 年版,第 179～180 页。

② 杨立新、朱呈义:《继承法专论》,高等教育出版社 2006 年版,第 64 页。

③ 侯放:《继承法比较研究》,澳门基金会 1997 年版,第 31 页。

现在所规定的尽了主要赡养义务的丧偶儿媳、女婿享有继承权有实质上的不同。① 在古罗马，儿媳享有的继承，形式上为个人继承，但从实质上看，仍为家庭意义上的继承，并不是儿媳自己独立的继承，这种继承是有名无实的。在古代中国，身份和财产继承是以宗祧继承为前提的，而且还受到宗法观念的严格控制，一般说来，继承人仅限于被继承人的直系血亲卑亲属中的男子及嗣子。发展到现代，各国继承法大多依照法定继承人与被继承人的亲疏关系而决定继承顺序，一般是以亲等近者优先。② 继承权正是法律基于自然人之间存在的身份关系而赋予的，亲属关系的存在是产生继承权的基本前提。对于亲属关系的范围，各国的规定不尽相同，但姻亲都不在亲属关系内，其并不属于法定继承人的范围。法谚语"无婚姻，无寡妇产"，其意为：即使继承丈夫的遗产，也必须是合法的妻子，否则就没有相应的继承的权利。③ 所以，合法的夫妻关系是目前世界上唯一被认可的非血缘关系人之间相互享有继承权的基础，也就是我们所谓的婚姻关系。但是，基于婚姻关系而享有继承权的主体仅限于婚姻关系的配偶双方，并不涉及其他第三人。

第二，姻亲继承是对民众继承习惯的背离。《继承法》是以血缘关系、婚姻关系为基础的财产法，从《继承法》的产生开始就具有固有法的特征，不同的地域民风民俗的特点注定不同国家和不同地区民众的继承习惯各具差异，所以，准确了解本国民众现实生活的继承习惯是任何一名立法者都必须重点考量的因素。所以国家在进行立法时必须充分考虑、尊重民众的习惯和风俗等。④ 正是源于民众继承习惯在继承领域的重要作用，所以，我国学者近年来特别组织人员，对此进行调查，并形成了书面报告，这也是自新中国成立以来，我国第一次选择具有一定代表性的省市进行较大范围的当代民众继承习惯的调查。我国香港、澳门、台湾地区，因其非常重视血缘关系并坚持以此为继承权产生的基础，故其既不承认继父母与继子女互有继承权，更不承认尽了主要赡养义务的丧偶儿媳、丧偶女婿能够继承公婆及岳父、岳母的遗产。在他们看来，这些亲属之间仅有姻亲而非血亲关系，自然无继承权可言。在香港特区，甚至因认为全血缘兄弟姐妹与被继承人之间的关系较半血缘兄弟姐妹与被继承人之间的关系更为密切，所以在《无遗嘱者遗产条例》第4条中规定，半血缘兄弟姐妹虽享有继承权，但其继承顺序次于全血缘兄弟姐妹。同样，在叔、伯、姑、舅、姨继承遗产的时候，无遗嘱者的父或母的全血缘的兄弟姐妹优先于半血缘的兄弟姐妹。"按现代继承法的发展趋势看，如此细分血缘亲疏以区别确定继承权有显过分之嫌，故不一定合理，但可由此看出血缘关系对继承权基础的决定作用。"⑤

根据学者调查结果显示，在对法定继承人范围的选择及排序中，被调查的民众认为血缘关系的远近亲疏和婚姻关系是最重要的确认标准。比如：配偶地位被充分肯定特别明显，"侄子女"和"外甥子女"这类血缘关系较远亲属的法定继承顺序被排在第三、第四顺位。《继承法》所确认的丧偶儿媳、女婿在尽了主要赡养义务后取得第一顺序法定继承人资格的规定不为大部分民众所赞同，对继父母与继子女因形成扶养关系而成为法定继承人的规定，也只

---

① 盖尤斯：《法学阶梯》，黄风译，中国政法大学出版社2008年版，第137～138页。
② 刘素萍：《继承法》，中国人民大学出版社1988年版，第215页。
③ 郑玉波：《法谚（二）》，法律出版社2007年版，第247页。
④ 周旺生：《立法学》，法律出版社2009年版，第406页。
⑤ 杨立新：《继承法修订入典之重点问题》，中国法制出版社2016年版，第63页。

有少数民众赞同。可见,血缘关系的远近亲疏和婚姻关系仍然是现今我国民众确认继承人资格的最重要因素。民众更倾向于让尽了主要赡养义务的丧偶儿媳、女婿以及其他形成了抚养教育关系的继父母与继子女在继承立法中被确认为酌分遗产的人。关于法定继承人以外的人请求酌分遗产及其理由,被调查地区民众普遍强调亲属关系的存在对确定酌分遗产人的重要性,这与现行法的立法意志有一定的差异。[①]

3. 混淆了法律与道德的界限

有学者认为《继承法》第 12 条的立法旨意在于通过赋予丧偶的儿媳或女婿以继承权来激励其赡养老人,根据我国《宪法》《婚姻法》等法律的规定,儿媳对公婆、女婿对岳父母无论其丧偶与否,均没有法定的赡养义务。现行《婚姻法》第 21 条第 1 款规定:"……子女对父母有赡养扶助的义务。"此处子女应指成年子女,包括婚生子女、非婚生子女及因收养而形成父母子女关系的养子女。即使在《婚姻法》中,儿媳与公婆、女婿与岳父母也不存在法定的赡养扶助义务。因为依据我国的传统,儿媳或女婿在其夫或其妻尚生存时,其或者与配偶共同履行赡养义务,或者代配偶履行赡养义务,在夫妻关系存续期间,这种赡养义务是法定的,故在被赡养人去世后,夫或妻继承的遗产均为夫妻共同财产,除非该被赡养人以遗嘱的方式指明其遗产仅由夫或妻一方继承。而一旦其夫或其妻死亡后,婚姻关系即消灭,若其仍然对公婆、岳父母进行赡养扶助,这和其他与老人无任何关系之人,基于自愿照顾老人的行为,并无实质上的差别。《继承法》第 12 条如此规定,实际上是将本应该由道德规范调整的问题纳入法律规范来调整,是一种立法失误,缺乏法律条文应有的严谨性。[②]

4. 在法律体系上的冲突问题

《继承法》第 12 条、第 14 条在内容上是存在着冲突问题的。《继承法》第 14 条规定:"对继承人以外的依靠被继承人扶养的缺乏劳动能力又没有生活来源的人,或者继承人以外的对被继承人扶养较多的人,可以分给他们适当的遗产。"同样对老人履行了照料、扶养(赡养)义务,也均与老人无血缘关系,丧偶的儿媳、女婿能够享有第一顺序的法定继承权,而其他扶养较多的人却只能请求酌分遗产,在差异的背后,似乎很难找到恰当的法理依据对此进行解释。何况从体系解释来看,履行了主要赡养义务的丧偶的儿媳、女婿本身也属于"继承人以外的对被继承人扶养较多的人",两个条文自身就存在着冲突。所以有学者认为,对公婆尽了主要赡养义务的丧偶儿媳和对岳父母尽了主要赡养义务的丧偶女婿,也可以完全适用《继承法》第 14 条的规定。[③] 学者进一步认为,"如果说我国丧偶儿媳、女婿获得继承权的基础或理由在于其为姻亲,则与其他姻亲履行此赡养行为后至多能获得酌情分得适当遗产权利相矛盾;如果说其获得继承权的基础或理由在于其履行赡养扶助义务,则与其他非血亲、婚姻关系人履行赡养扶助义务后至多能获得酌情分得适当遗产权利相矛盾。但法律规定丧偶儿媳、女婿因此得到第一顺序继承权,而且其是否再婚均不受影响,这更是直接侵害了其他法定继承人的利益。如此标准不一的规定,于理不通,有违逻辑,于法不协调统一,更直接违

---

①　陈苇:《当代中国民众继承习惯调查实证研究——北京市、重庆市、武汉市和山东省四地民众继承习惯调查报告》,群众出版社 2008 年版,第 54~71 页。

②　孙科峰、朱红英:《我国法定继承人的地位研究》,载《浙江工业大学学报》2008 年第 2 期。

③　陈苇、冉启玉:《完善我国法定继承人范围和顺序立法思考》,载《法学论坛》2013 年第 2 期。

背姻亲不得为继承的传统,且不甚公平,实应商榷修正"[1]。

三、儿媳、女婿的配偶与公婆或者岳父母同时死亡的处理

依《继承法》第 12 条的规定,儿媳或者女婿在丧偶后,继续对公婆或者岳父母尽了主要赡养义务,则丧偶的儿媳或者女婿就取得公婆或者岳父母的遗产第一顺序继承权。如果公婆或者岳父母与儿媳的丈夫、女婿的妻子一同死亡(发生这种情况是极偶然的,概率很低,可能因出现自然灾害或者意外事件儿媳的丈夫、女婿的妻子与公婆或者岳父母一同死亡),那么丧偶的儿媳或者女婿是否同样适用《继承法》第 12 条的规定,即享有继承公婆或者岳父母遗产的权利?学者对此观点不同。

有学者认为,这种情况下的丧偶的儿媳或女婿对公婆或者岳父母的遗产没有继承权。因为公婆或者岳父母已经去世,丧偶的儿媳或者女婿已经不可能再对公婆或者岳父母尽主要赡养义务。[2] 所以,丧偶的儿媳或者女婿对公婆或者岳父母的遗产继承需要有一定的限制:第一,所谓的"丧偶",指的仅是配偶的死亡先于公婆或岳父母,不包括同时死亡;第二,丧偶的儿媳或女婿对老人所尽的主要赡养义务,仅指在配偶去世后自己所履行的义务,并不包括其与配偶生存时共同履行的义务。

举例说明:甲有两个儿子乙和丙,乙的妻子丁平时对甲仅尽了较少的关心和照顾,丙和丙的妻子戊平时与甲共同生活,并对甲尽了主要赡养义务。甲突患疾病,次子丙将甲在送往医院的途中发生车祸,父子双双身亡。甲生前没有遗嘱,其遗产两栋房屋将按照法定继承来处理。

情形一:如果丧偶的儿媳戊在公公甲生前尽了主要赡养义务,但因甲与其子丙一同死亡,次子丙家里的子女无法代位继承,那么,甲的另一个儿子乙作为唯一的第一顺序法定继承人就可以继承两栋房屋。

情形二:因丧偶的儿媳戊在公公甲生前尽了主要赡养义务,虽然甲与其子丙一同死亡,次子丙家里的子女虽无法代位继承,但甲的儿媳戊还是可以以第一顺序法定继承人的身份继承相应的遗产。

如果按照情形一的方式来处理,其结果是不会为社会所赞许的,对比《继承法》第 14 条的规定,其不符合立法原意。如果按照情形二的方式来处理,是能够得到支持的,因为这种方式符合《继承法》第 12 条规定的两个法定条件,根据《继承法》第 13 条的规定,尽了主要赡养义务的丧偶儿媳甚至还可以多分,这样处理,才符合立法所体现的权利与义务一致的精神,有利于发扬赡养老人的传统美德。

四、丧偶儿媳、女婿在短时间内能否再婚

尽了主要赡养义务的丧偶的儿媳、女婿,如在短时间内再婚能否取得第一顺序法定继承人的资格?学者对此也有不同的观点。

有学者认为,丧偶的儿媳、女婿在短时间内再婚,对他们获得继承公婆、岳父母遗产的权

---

[1] 杨立新:《继承法修订入典之重点问题》,中国法制出版社 2016 年版,第 60 页。

[2] 舒炼、余年凤:《试析丧偶儿媳、女婿对公、婆及岳父岳母遗产的继承权》,载《法学评论》1986 年第 2 期。

利则有很大的影响。其理由为：第一，短时间内再婚，不符合我国的传统习俗和道德标准。中国作为世界上最古老的国家之一，有着几千年的封建历史，人们的思想中还存有封建迷信思想，有些旧习惯、旧习俗还需要尊重。若不按照传统习俗来处理再婚问题，则不利于家庭情感的沟通和交流。第二，短时间内再婚对其所赡养的老人不利。丧偶的儿媳、女婿对公婆或者岳父母尽的主要赡养义务，包括三个方面，即物质上、生活上和精神上的帮助和安慰。若丧偶的儿媳、女婿在短时间内再婚，他们对公婆、岳父母的照顾就可能不方便、不周到；如果再婚后不与公婆或者岳父母一起居住，则生活上的关心和照顾将困难重重，心有余而力不足。第三，再婚将导致《继承法》第12条失去伦理基础。儿媳、女婿与其配偶的婚姻关系因配偶一方死亡而归于消灭。婚姻关系的终止，将导致丧偶的儿媳、女婿与公婆或者岳父母之间的关系发生变化。如若丧偶的儿媳、女婿没有再婚，那他们与公婆或岳父母之间可能会继续保持姻亲关系；如若丧偶的儿媳、女婿再婚，就会产生新的姻亲关系，其与原来的公婆、岳父母继续保持姻亲关系将面临伦理争议。根据上述分析，不应适用《继承法》第12条的规定，即应丧失对其前公婆及前岳父母遗产的继承权。这一观点，较为牵强。

也有学者认为，尽了主要赡养义务的丧偶的儿媳、女婿是否在短期内再婚并不影响其第一顺序继承人资格的取得。因在生活中经常会有这样的情况，儿媳、女婿与其配偶和公婆、岳父母居住在一起，关系融洽，老人视儿媳、女婿为己出。在老人的子女去世后，公婆、岳父母有时主动要求丧偶的儿媳、女婿赶快找个合适的伴侣共同生活、共同维持家庭生计，甚至还亲自帮助物色伴侣，以促成新的婚姻家庭关系的成立。而有的丧偶的儿媳、女婿为了继续照顾公婆、岳父母并不改嫁或者再娶。所以，丧偶的儿媳、女婿在丧偶后短期内再婚并不违背习俗和道德，而且有利于对老人的赡养、合情合理。在这种情形下，虽然丧偶的儿媳、女婿已经再婚，但是他们与前公婆或者前岳父母一般都能继续亲密相处，保持原来的称呼。即只要丧偶的儿媳或者女婿在再婚后仍继续赡养前公婆或前岳父母，就应适用《继承法》第12条的规定。况且，依《继承法意见》第29条之规定，丧偶的儿媳、女婿是否享有对其公婆、岳父母的遗产继承权，仅在于其是否尽了主要的赡养义务，而不考虑其是否再婚或再婚时间的早晚。

第六节　相关法律与司法解释

关于丧偶的儿媳、女婿继承权的相关规定，立法及司法解释的规范并不多，主要规定如下。

一、《老年人权益保障法》的相关规定

第十三条　老年人养老以居家为基础，家庭成员应当尊重、关心和照料老年人。

第十四条　赡养人应当履行对老年人经济上供养、生活上照料和精神上慰藉的义务，照顾老年人的特殊需要。

赡养人是指老年人的子女以及其他依法负有赡养义务的人。

赡养人的配偶应当协助赡养人履行赡养义务。

二、《妇女权益保障法》的相关规定

第三十五条　丧偶妇女对公、婆尽了主要赡养义务的，作为公、婆的第一顺序法定继承

人,其继承权不受子女代位继承的影响。

三、《继承法意见》的相关规定

第二十九条 丧偶儿媳对公婆、丧偶女婿对岳父、岳母,无论其是否再婚,依继承法第十二条作为第一顺序继承人时,不影响其子女代位继承。

第三十条 对被继承人生活提供了主要经济来源,或在劳务等方面给予了主要扶助的,应当认定其尽了主要赡养义务或主要扶养义务。

第七节　比较法考察

《继承法》第 12 条乃我国《继承法》的特色规定。到目前为止,尚未发现与之相似的比较法立法例,可供研究的比较法经验多局限于苏联时期的继承法,这在前述"姻亲继承的历史梳理"中已经介绍。

第八节　立法发展趋势

关于丧偶的儿媳、女婿的继承权,学界存在争议。其争议体现在学者对我国《继承法》的修改意见以及《民法典·继承编》的编纂争论中。

一、坚持现行立法例

有学者认为,应该继续坚持将尽了主要赡养义务的丧偶的儿媳、女婿作为公婆、岳父母的第一顺序法定继承人的规定。因为《继承法》第 12 条在理论上和实践中都具有重大的价值:首先,丧偶儿媳和丧偶女婿具有第一顺序继承人资格已经存在了三十多年,其观念已经深入人心,不宜直接取消这项规定,只需技术性地避免其弊端就能达到双重目的;其次,立法规定具有一定的政策导向性,不必因为理论上的法定继承人资格的确定依据血缘关系和配偶关系就取消姻亲关系作为第一顺序法定继承人的资格。立法者可以在设定的条件下,赋予存姻亲关系的丧偶儿媳和丧偶女婿以第一顺序法定继承人的资格。这样规定,有利于发扬中国特色社会主义的道德风尚,促进社会主义精神文明建设;有利于巩固我国社会主义家庭的和谐与团结互动,减轻社会负担,促进社会安定团结。

二、舍弃现行规定

有学者建议,取消丧偶的儿媳和女婿对其公婆、岳父母的第一顺序继承人的资格。因为,《继承法》第 14 条与《继承法》第 12 条相比,虽同样对老人尽了赡养扶助义务,且与被赡养人均没有血亲关系,但丧偶的儿媳、女婿就可以获得第一顺序继承权,而其他人仅能酌分适当遗产。[①] 如果仅因为前者是姻亲关系便有如此差别,其妥当性便受质疑,因为依《继承法》第 14 条规定而酌分遗产的人是继承人以外的人,其中也包括丧偶儿媳、丧偶女婿及其他亲属在内。

---

① 陈苇、冉启玉:《完善我国法定继承人范围和顺序立法的思考》,载《法学论坛》2013 年第 2 期。

对于尽了主要赡养义务的丧偶的儿媳、女婿而言,还是应适用《继承法》第 14 条规定的遗产酌分请求权制度加以规范,使尽了主要赡养义务的丧偶的儿媳、女婿获得适当酌分遗产的资格,以鼓励其对老人的赡养。[①] 这种鼓励的程度,可以参照他们的特殊身份以及赡养行为的特殊性,依其所尽义务的多少,在继承遗产的范围上加以分配。即酌分的遗产可以比照第一顺序法定继承人的应得份额,并参照其所尽义务的多寡进行酌定。这样就避免了现实中可能发生的继承纠纷,一举多得。[②] 如既可以坚持继承人资格的确定性和严肃性,又可以坚持权利义务的一致。[③] 而且,将丧偶的儿媳或者女婿作为适当分得遗产的人给予补偿,虽有利于鼓励其赡养老人,但是仍具有不稳定性,且缺乏保障力度。因此,通过完善我国的收养制度,规定成年人也可以成为收养对象,双方自愿的,可以建立父母子女关系。如此,更有利于鼓励赡养老人,同时保障丧偶的儿媳或者女婿的利益。[④]

三、保留现行制度并适当调整

有学者认为,将尽了主要赡养义务的丧偶的儿媳、女婿列入法定继承人范围,将有利于鼓励其承担起赡养公婆和岳父母的义务,使年老的公婆和岳父母在痛失儿女后在生活上仍然能得到照料,精神上能得到慰藉,有利于发扬中华民族尊老、爱老的传统美德。而且,《继承法》以扶养关系作为确定法定继承人范围的依据,在体现鲜明的中国特色的同时且有一定的积极意义。故未来《民法典·继承编》可以继续将丧偶的儿媳和女婿列为法定继承人,但必须协调该规定与代位继承之间的冲突。[⑤]

按照《继承法》第 12 条的规定,丧偶的儿媳、女婿只要符合对公婆或岳父母尽了主要赡养义务的条件,则无论其是否再婚,均得为第一顺序法定继承人,且不影响其子女的代位继承权。而如果除了丧偶的儿媳、女婿可以成为第一顺序继承人外,他们的子女即被继承人的孙子女可以因被继承人的子或女的先行死亡而发生代位继承,不但与我国按支继承的传统相悖,而且在被继承人有多个子女的情况下可能会因为其中一个子女死亡,而侵害到其他继承人的利益。[⑥] 如果按现行做法,丧偶的一方因尽了主要赡养义务为第一顺序继承人,而其子女又可以依代位继承参与继承,而未丧偶的一方则只能由子或女参加继承,这样丧偶的一支可以取得两份遗产,而另一支却只能得到一份遗产,如两支所尽的赡养义务基本相同的,则显然不妥。

为了协调原规定与代位继承制度的冲突,如规定丧偶的儿媳、女婿对公婆或岳父母尽了主要赡养义务时,若没有代位继承人的,可以作为第一顺序法定继承人参加继承;有代位继承人的,应当按照遗产酌分请求权分给其适当的遗产。[⑦] 我国《继承法》第 12 条的规定,曾被认为是我国继承法在继承顺序上的一大特色,但丧偶的儿媳、女婿对老人尽了主要赡养义务的,就相当于彼此间形成了事实上的扶养关系,就应当给予一定的补偿。但是,由于丧偶

---

①　郭明瑞:《完善法定继承制度三题》,载《法学家》2013 年第 4 期。

②　范贤聪:《法定继承人范围与顺序之完善》,载《湖北警官学院学报》2015 年第 4 期。

③　梁慧星:《中国民法典草案建议稿附理由(侵权行为编·继承编)》,法律出版社 2004 年版,第 158 页。

④　孙科峰、朱红英:《我国法定继承人的地位研究》,载《浙江工业大学学报》2008 年第 2 期。

⑤　郭明瑞、房绍坤、关涛:《继承法研究》,中国人民大学出版社 2003 年版,第 224 页。

⑥　陈苇、杜江涌:《我国法定继承制度的立法构想》,载《现代法学》2002 年第 3 期。

⑦　王利明:《中国民法典草案建议稿及说明》,中国法制出版社 2004 年版,第 378 页。

的儿媳、女婿与公婆、岳父母之间是姻亲关系而非血亲关系,更不是婚姻关系,规定尽了主要赡养义务的丧偶的儿媳、女婿以第一顺序继承人的资格,从继承法理论上来说,显然与法定继承人以血缘关系或者配偶关系为基础的观念相悖。所以,为了公平起见,应规定只有在特定的条件下,丧偶的儿媳、女婿才能参与继承。① 这样,一方面可以克服仅以配偶一方死亡且尽了主要赡养义务的儿媳或女婿就为第一顺序继承人而带来的不公及与按支赡养、继承的习俗不合的现象,另一方面也可以在一定程度上激励丧偶的儿媳、女婿赡养公婆或岳父母。②

---

① 郭明瑞:《完善法定继承制度三题》,载《法学家》2013 年第 4 期。
② 郑帅旗:《论丧偶儿媳和丧偶女婿的法定继承权——兼评〈继承法〉第 12 条的规定》,载《学理论》2013 年第 18 期。

第七章
法定继承遗产分配评注

> ➡ **第十三条** 同一顺序继承人继承遗产的份额,一般应当均等。
>
> 对生活有特殊困难的缺乏劳动能力的继承人,分配遗产时,应当予以照顾。
>
> 对被继承人尽了主要扶养义务或者与被继承人共同生活的继承人,分配遗产时,可以多分。
>
> 有扶养能力和有扶养条件的继承人,不尽扶养义务的,分配遗产时,应当不分或者少分。
>
> 继承人协商同意的,也可以不均等。

《继承法》第13条,是对法定继承中同一顺序的继承人继承遗产份额的分配原则的规定。遗产分配,是指在继承开始后,根据法定继承、遗嘱继承而对被继承人留下的遗产进行份额分配的制度。通常情况下,在顺序相同的继承人之间,一般应遵循平均分配遗产的原则。而法定继承中的遗产分配原则,是指在共同继承中,确定同一顺序的各法定继承人应分得遗产份额的基本规则。《继承法》第13条的规定包括两种情形:

第一,同一顺序继承人继承遗产的份额,一般应当均等。这是法定继承中遗产分配的一般原则,即当同一继承顺序存在多位法定继承人时,各继承人应"平均分配"遗产。这里的"一般"是指法律没有特别规定的情况。

第二,在特殊情形下,法定继承人的应继份额可以不均等。这里的特殊情况又具体分为四种:一是生活有特殊困难且又缺乏劳动能力的继承人,分配遗产时应当给予必要的照顾,即应适当多分。继承人只有同时具备生活有特殊困难和缺乏劳动能力这两项条件,才符合本条规定的情形。即只要同时满足这两个条件,就须给予照顾。二是对被继承人尽了主要扶养义务或者与被继承人共同生活的继承人分配遗产时,可以多分。可以多分,但非必然多分或少分。三是有扶养能力和扶养条件的继承人,如其不履行扶养义务,分配遗产时应该不分或少分。不分或少分遗产的继承人,必须同时满足"有扶养能力和有扶养条件"和"不尽扶养义务"两个条件。四是如果各继承人协商同意,遗产也可以不平均分配。以体现法律对继承人意思自治的保护。

上述法定继承中的遗产分配原则,符合我国国情,具有中国特色,体现了我国养老育幼、怜贫恤孤的优良传统,有利于保护公民的合法继承权,促进社会的和谐发展和家庭关系的稳定。

第一节 立法目的

法定继承的应继份,也有学者写作"应继分"①,是指在共同继承中,各继承人依法承受被继承人遗产(包括积极财产与消极财产)的份额比率。当继承人为一人时,遗产自应由该继承人全部继承,不存在遗产分配的问题,也就不存在应继份。因此,只有在共同继承中,也就是继承人为多人时,才存在应继份。在通常情形下,遗嘱人会在遗嘱中指定各遗嘱继承人的应继份,只要不违反特留份的规定,该遗嘱指定有效。但若遗嘱人未能在遗嘱中具体指定遗嘱继承人的遗产份额,或者该指定部分无效、被撤销,则各遗嘱继承人继承遗产的份额应适用法定继承的应继份规则。

在《继承法》制定之时,我国对同一顺序法定继承人继承遗产的份额依据和原则如何确定,长期存在着两种不同的意见:一种主张以平均分配为原则,酌情考虑所尽义务的多少和劳动能力、生活来源等情况。另一种则主张首先应考虑老、幼、病、残等特殊需要及所尽义务多少,不能平均分配。前者强调的是均等原则,后者强调的是特定因素。《继承法》第 13 条基于多重考虑确立遗产分配理念,体现出多维价值取向。

一、体现社会主义家庭伦理观念

《继承法》第 13 条又被称为"均等继承的有限原则",指同一顺序继承人继承遗产的份额,在一般情况下的均等与特定情况下的不均等相结合。即同一顺序法定继承人不论男女,不分尊卑,继承遗产的份额一般应当是均等的;但这种均等又不是绝对的,而是有一定条件限制的。只要有法定的或酌定的不均等情节时,就应当不均等或可以不均等。这是马克思主义辩证唯物论的原则性与灵活性的统一,一般性与特殊性的统一,也是我国建立继承制度的目的及其在实现社会主义家庭职能方面的必然要求。②

公民个人财产所有权是对个人财产依法享有占有、使用、收益、处分的权利。我国财产继承制度包括两种形式:法定继承和遗嘱继承,立遗嘱是被继承人生前对自己的财产所做的预先处分并待其死后发生法律效力的行为;法定继承则是以继承人与被继承人的婚姻关系和血缘关系(包括法律拟制的血缘关系)为前提,以男女平等、养老育幼、照顾病残、相互履行扶养义务为原则来确定继承人的范围、继承顺序和继承份额,它实际上是对已故被继承人生前意愿的一种法律推定。死者给予与自己有婚姻关系和血缘关系的亲属以遗产,不仅体现了亲属间的和睦团结、"天然相爱",也体现出家庭的经济职能。

在社会主义制度下,由于推翻了剥削制度、生产资料公有制代替了生产资料私有制,每个公民都有通过劳动获得消费资料的权利,人们的衣食住行一般都能得到可靠的保障,依靠遗产度日的人极少。况且,我国的《宪法》《婚姻法》等对继承人与被继承人间的权利义务关系已做明确规定,如果继承人不履行应尽的扶养义务,被继承人就可以要求义务人履行扶养义务或通过诉讼程序解决纠纷。同时,由于家庭结构类型的不同以及继承人与被继承人之间的扶养关系及具体条件的不同,继承人对被继承人所履行的扶养义务的形式也不同。如

---

① 张平华、刘耀东:《继承法原理》,中国法制出版社 2009 年版,第 218 页。
② 刘野:《略论我国同一顺序法定继承人均等继承的有限原则》,载《法学研究》1986 年第 2 期。

金钱抚恤、物质资助、生活照料、精神慰藉等形式各异,相互之间不具有可比性,且很难用一个统一的尺度来衡量。因此,对那些情况大体相同的同一顺序法定继承人来说,实行均等继承不但有利于家庭的团结和睦与经济互助,也有利于遗产纠纷的迅速解决。但是,这种均等继承并不是绝对的、无条件的,而是要受法定的或酌定的不均等继承情节的限制。只有不存在法定非均等继承或酌定不均等继承的情况下,才应实行均等继承或可以实行均等继承。否则,就应该实行不均等继承或可以实行不均等继承。

《继承法》第 13 条对同一顺序法定继承人实行均等继承的有限原则,完全符合社会主义原则和我国国情,具有中国特色。正确实行这一原则,对加强家庭内部的团结互助,发扬中华民族养老育幼、怜贫恤孤的优良传统,减轻国家的负担,促进社会安定和经济发展都是十分有利的。①

二、一般情况与特殊情况兼顾的利益平衡

《继承法》第 13 条第 1 款规定:"同一顺序继承人继承遗产的份额,一般应当均等。"该规定体现了平均分配遗产份额的原则。而采用该原则能够在一定程度上避免纠纷,使同一顺序的继承人都能平等地获得被继承人的遗产,符合平等、公正的继承思想。当然,平均分配遗产的方法虽简单易行,但也容易导致不考虑各法定继承人的具体情况而把平分遗产作为唯一的原则,从而使形式上的不平等转为实际上的不平等。因此,本条款是在均分的基础上又作出一定的限制,即只有在各法定继承人条件大体相同的情况下,才可以平均分得被继承人的遗产,即"一般应当均等"。同时,也意味着在出现本条第 2 款至第 5 款的情形时,可以制约或限制第 1 款均等分配遗产的规定。

生活有特殊困难的继承人,主要是指没有生活来源的未成年人、老年人以及病残者。他们由于没有生活来源、缺乏劳动能力而导致生活困难,不能维持最基本的生存条件,处于弱势地位,所以在分配遗产时,应当给予适当的照顾。通过本条规定,能够更好地维持弱势群体的生活稳定,保障老年人能够安度晚年以及未成年人的健康成长。而本条最后一款规定:"继承人协商同意的,也可以不均等。"其立法目的在于充分尊重继承人的意愿,即在各个继承人本着团结和睦、互谅互让的原则而达成一致意见的情况下,可以自行决定遗产分配的多少,这是家庭关系和谐稳定的体现。

三、权利义务相一致原则的贯彻

权利义务相一致的原则,是贯穿于《继承法》始终的一项基本原则。该原则决定了遗产分配时,必须要考虑各法定继承人对被继承人生前所尽义务的多少。即在各法定继承人其他条件基本相同时,对于履行扶养义务较多的继承人,应当多分;对于履行扶养义务较少的继承人,应当少分;对于有扶养能力而不尽扶养义务的继承人,应当不分。

《继承法》第 13 条的规定,贯彻了权利义务相一致的原则,既体现了对尽到扶养义务的继承人的鼓励,又体现了对少尽扶养义务和不尽扶养义务的继承人的惩罚,是较为公平的一项基本原则。

---

① 刘野:《略论我国同一顺序法定继承人均等继承的有限原则》,载《法学研究》1986 年第 2 期。

第二节 法理基础

《继承法》第13条对法定继承人应继份额的原则规定,既对社会稳定起到了积极的促进作用,又对弱势群体的不利地位发挥了保障功能。

一、保护公民的合法继承权

保障同一顺序继承人在一般情况下都能均等分得遗产,可以减少家庭纠纷,促进社会的和谐以及家庭关系的稳定。当然,对同一顺序继承人的应继份额并非绝对的平均分配,而是在具体条件大致相同的情况下平均分配遗产份额。该规定从便于处理继承纠纷和分配遗产的实际需要出发,既公平合理,也有利于家庭关系的和谐建设。

二、弘扬中华民族的传统美德

弘扬中华民族的传统美德,即弘扬我国养老育幼、怜贫恤孤的优良传统。在考虑法定继承人的应继份额时,适当考虑继承人在生活上是否有特殊困难、是否缺乏劳动能力,是从方便人民生活的立场出发。而在继承人的生活难以维持正常生活水平的情形下,对其予以适当的照顾,则是家庭内部团结互助精神的体现,有利于弘扬中华民族的传统美德。

三、激励义务人履行扶养义务

对被继承人尽了主要扶养义务或者与被继承人共同生活的继承人,其在日常生活中对被继承人扶养较多,甚至承担了主要的家庭责任。因此,作为一种奖励机制,其可以多分遗产,有利于进一步提高继承人履行扶养义务的积极性。同时,可以激励法定继承人更好地履行扶养义务。

四、实现继承人之间的意思自治

《继承法》第13条第5款的规定,倡导了继承人之间协商同意处理遗产分配份额的理念,有助于加强继承人之间的团结和睦,便于通过民主协商的方式处理遗产继承问题。

五、消解继承纠纷

《继承法》第13条之诸规定,相辅相成、互相联系。其具体适用、共同作用,不但保护了公民的合法继承权,促进了社会的和谐发展和家庭关系的稳定,而且也体现了社会主义法制与社会主义道德的结合以及理论与实践的统一。本条规定对有效处理公民继承遗产的纠纷,保护公民合法继承权和个人财产所有权,以及进一步发挥社会主义家庭的经济职能,促进社会的安定、团结具有积极的意义。

《继承法》第13条规定的遗产应继份额的分配制度,将继承人之间的互谅互让、和睦团结的精神贯穿于遗产分配的整个过程,坚持了原则性和灵活性的结合。而力求做到合理分配遗产,增强继承人之间的内部团结,促进社会主义家庭的稳定发展,符合我国的国情,具有中国特色。

第三节　历史沿革

《继承法》第 13 条对同一顺序继承人遗产分配原则的规定,既是我国国情的写照,也是长期司法实践的总结。

一、司法解释的界定

20 世纪 50 年代初,最高人民法院的相关文件曾规定了法定继承中同一顺序继承人遗产应继份额的分配制度,即一般以平均分配为基础,同时以各个继承人的实际生活条件为考量因素适当增减一定的继承份额。但在实际案件中,各个继承人的具体生活条件往往存在一定的差异,审判中各个继承人实际上很难分得平均的份额,也只有在各个继承人生活条件差异不大或者遗产数额较大时,才能做到大体上的平均分配。

在长期的司法实践中,1963 年全国第一次民事审判工作会议第一次规定了遗产分配原则。即"同一顺序法定继承人中继承的财物和数额,应首先照顾未成年人和无劳动能力的人,其次应考虑继承人对被继承人生前所尽扶养义务和生产、生活的实际需要情况"。

1979 年全国第二次民事审判工作会议和 1982 年全国第三次民事审判工作会议,再次指出:"同一顺序继承人享有平等的继承权,但在分配遗产时,要贯彻权利义务一致的原则,考虑继承人对被继承人所尽义务的多少。对年老、年幼、无劳动能力和有实际困难的人应该适当照顾。"

1984 年全国第四次民事审判工作会议又提出:"同一顺序法定继承人之间分配遗产,如果继承人的情况基本相似,一般可以平均分配。但对未成年和无生活来源的继承人,应予照顾。"

二、继承法的规定

通过总结 1949 年至《继承法》立法之时的三十余年审判实践经验,我国继承法领域逐渐形成了独特的遗产分配原则,即"一般平均和对老幼、无劳力无生活来源者照顾的社会主义的遗产分配原则"。依据该遗产分配原则,形成了《继承法》第 13 条规定。其第 1 款规定了一般均等(这里的"一般"就是指"继承人的情况基本相似");又以第 2 款至第 4 款规定了对有特殊困难的缺乏劳动能力者的特殊"照顾",对尽了主要扶养义务者的"多分",对不尽扶养义务者的"不分或者少分";通过第 5 款对自愿协商予以尊重。从而形成了较为全面的遗产继承原则,体现了一般均等与特殊不均等的辩证结合。

本条规范的拟定,是新中国成立后三十多年司法实践经验的结晶,也是对中华民族优良传统的继承和发扬。该规定所形成的"一般情况下平均分配和对无生活来源、无劳动能力者予以照顾"的遗产分配理念,具有中国特色,符合我国国情。

第四节　法条诠释

《继承法》第 13 条规定的遗产分配原则,充分体现了社会主义法制与社会主义道德的结合。该条规范的实施,有助于处理遗产继承纠纷,维护公民的合法继承权和个人财产所有权,促进社会的安定、团结。

一、一般应当"均等"的含义

同一顺序继承人的应继份额一般应当均等,是指在没有法律规定的特别情形下,其法定继承人应当按照人数平均分配遗产。我国的法定继承虽然是按照身份关系来确定继承的顺序的,但是在同一顺序内部的遗产分配上,却不以身份关系的远近来分配遗产,原则上都是均等分配的。

《继承法》第 13 条第 1 款是法定继承中遗产分配的总原则,即同一顺序中的各个法定继承人,在劳动能力、生活状况以及对被继承人所尽的扶养义务等方面基本相同或相近时,不论男女,也不分尊卑,均可以平均分配被继承人的遗产。由此可见,取得均等份额遗产的同一顺序法定继承人,必须具备三个条件:第一,必须位于同一继承顺序,否则不能成为共同继承人,也就不能取得均等的继承份额;第二,必须处在应召继承的继承顺序上,即在有第一顺序继承人的情况下第二顺序的继承人不得继承其遗产,不同顺序的继承人不能同时继承遗产,必须处在在先顺序的同一顺序的继承人才能继承遗产;第三,处在同一顺序的各继承人条件基本相同的,才能取得均等的继承份额。同一顺序的各继承人条件基本相同,主要包括三个方面的内容:

第一,同一顺序各继承人的劳动能力基本相同。如都具有完全的劳动能力或都没有劳动能力或缺乏劳动能力。在对遗产进行分配时,必须考虑各继承人的实际劳动能力,充分保护没有劳动能力和缺乏劳动能力的继承人的基本生活水平,对其予以一定的照顾。在各继承人劳动能力基本相同时,再考虑其他条件是否相同。

第二,同一顺序的各继承人对被继承人所尽的扶养义务基本相同或与被继承人共同生活的时间、照顾的程度基本相同。这种标准在实际生活中很难判断,在各继承人都尽了一定扶养义务的情况下也很难分清主次,这就要求法官不仅要结合继承人给予被继承人的金钱或物质帮助来作一定的判断标准,更要考虑继承人在以往的生活上、精神上是否给予被继承人以更多的照顾和慰藉。即根据实际情况来认定各继承人所尽的扶养义务是否大致相同。

第三,同一顺序的各继承人的扶养能力或扶养条件基本相同。本条规定是权利义务相一致原则的具体体现。即在遗产分配时,对于没有扶养能力或没有扶养条件的继承人,则不能片面地要求其与经济状况不同的继承人在物质上尽相同的扶养义务,只要继承人各尽所能,就应当均分遗产。

因此,只有具备上述条件,同一顺序的法定继承人才能按照均等的分配原则取得各自的遗产份额。

二、特殊予以照顾的解释

同一顺序继承人的继承权平等,不等于分配遗产时绝对平等,在有法定或酌定情形下,应当不均等或可以不均等。在具体确定遗产份额时,要在保护合法继承权的前提下,针对千差万别、情况各异的继承人的实际,实事求是、合理分配,更重要的是,应针对继承人的实际情况具体对待,以做到合情合理地分配遗产。① 具体而言,在特殊情况下,即便处于同一顺

---

① 陈又遵:《论遗产分配原则》,载《内蒙古大学学报(哲学社会科学版)》1984 年第 2 期。

序的法定继承人也存在可以或应当不均等地分配遗产的情形。

首先，对生活有特殊困难的缺乏劳动能力的继承人，分配遗产时应当予以照顾，以保障老、幼以及无劳动能力、无生活来源的继承人的生活需要。这种情形的继承人，必须同时具备"生活有特殊困难"和"缺乏劳动能力"两个条件，对于生活有特殊困难但有劳动能力或者虽有年老、病残等情形但生活无特殊困难的继承人，则均不予照顾。即法定继承人的经济收入难以维持最基本的生活水平或者没有独立的经济来源，以及存在继承人因年迈、病残等原因而丧失或部分丧失劳动能力或属于尚未具备劳动能力的未成年人的情形时，才能在遗产分配时给予照顾，即应当根据其生活特殊困难和缺乏劳动能力的程度来决定给予照顾的界线。

其次，考虑被继承人与继承人之间的实际扶养关系。即对被继承人尽了主要扶养义务或者与被继承人共同生活的继承人，分配遗产时可以多分。对被继承人尽了主要扶养义务的继承人，如负担了被继承人的主要生活费用、在劳务上给予了主要扶助，那么在分配遗产时多分合情合理，也符合继承法的基本原则。对于与被继承人长期生活在一起对其照顾较多的继承人，在分配遗产时，也可以多分。因为，相较于未与被继承人共同生活的继承人，其与被继承人之间的情感更为深厚，在物质生活或精神慰藉等方面的联系也更为密切，所以相对于其他继承人应当予以照顾。而在遗产数量不多的情况下，则必须优先给生活有特殊困难和缺乏劳动能力的继承人予以多分。

再次，对于有扶养能力和有扶养条件的继承人，不尽扶养义务，分配遗产时，应当不分或者少分。继承人与被继承人存在法定的权利义务关系，如果被继承人需要继承人的扶养，继承人也有扶养能力和扶养条件而不尽扶养义务是严重违反社会公德的，对于此类继承人，应当不分或者少分遗产份额。其既体现出对欲谋夺遗产的继承人的有力制裁，也反映出对尽到扶养义务的继承人的权利的切实保障。具体而言，对于应当不分或少分遗产的继承人，必须同时具备以下两个条件：(1)被继承人需要被扶养而继承人不尽扶养义务。所谓"扶养"，不仅包括经济上的扶养，还包括劳务上的扶养。例如，被继承人为年老、多病者，自己虽然有足够的养老金或者其他生活来源，无须继承人经济上的扶助，但是其生活难以自理，不能独自生活，需要继承人劳务上的扶助。需要指出的是，被继承人需要扶养，继承人也愿意扶养，但其自身生活有特殊困难和缺乏劳动能力而无法履行扶养义务的，则是由客观原因而非主观原因导致的履行扶养义务不能，故不应将他们划分到应当不分或少分之列。(2)继承人有扶养能力和扶养条件而不尽扶养义务。即被继承人需要扶养，继承人有能力尽扶养义务而不扶养的，尽管继承人与被继承人共同生活，都应当不分或少分遗产。但是被继承人有独立生活来源，不需要继承人扶养，即继承人既有扶养能力和扶养条件，也愿意尽扶养义务，但由于被继承人明确表示不需要该继承人扶养的，则不能因此而减少或不分给该继承人以应分得的遗产份额。

最后，在法定继承人协商同意的情况下，可以非均等地继承被继承人的遗产。一般情况下，当继承人协商同意不均等分配遗产时，法律并不干预，且充分尊重继承人行使其继承权。但是，协商同意也应具备一定的条件：(1)继承人协商的意见是合法的，不能违反法律规定和继承法的基本原则；(2)同一顺序继承人的协商意见应是全部同一顺序继承人的意见，而不是部分继承人的协商意见；(3)协商意见应是继承人的真实意思，而不是在胁迫或欺骗的情形下所作出的意思表示。

上述同一顺序的法定继承人可以或应当不均等分配遗产的情形,只是对均等分配遗产原则的一些限制,从而使均等原则免于绝对化。由此可见,我国《继承法》第13条第1款所实行的均等分配原则,与世界上其他一些国家实行的血亲继承人继承遗产时的平均分配原则是有所区别的。因为,该原则是我国民间长期以来形成的各共同继承人之间互谅互让、和睦团结解决遗产继承问题的优良传统的体现。

三、典型案例

河北省邯郸市中级人民法院
民 事 判 决 书

(2013)邯市民一终字第 1187 号

上诉人(原审原告):樊某某,男,1988 年 12 月 14 日生,汉族。

委托代理人:岳某,邯郸县东方法律服务所法律工作者。

被上诉人(原审被告):吴某某,女,1965 年 6 月 19 日生,汉族。

委托代理人:王某,邯郸市丛台区和平法律服务所法律工作者。

上诉人樊某某因法定继承纠纷一案,不服邯郸市邯山区人民法院(2013)邯山民初字第 352 号民事判决,向本院提起上诉,本院依法组成合议庭审理了本案,现已审理终结。

原审认定,原告樊某某的父亲樊某某平与被告吴某某的姐姐吴某某军于 1991 年 7 月 31 日结婚,樊某某平于 1998 年 8 月 4 日去世。2006 年 12 月 15 日原告樊某某与樊某某乙、赵某英(樊某某祖父母)作为共同原告起诉吴某某军(吴某某姐姐)。要求依法继承樊某某平遗产房产一套和现金 20000 元。诉状中自述樊某某平去世后,被告吴某某军作为继母没有能对原告尽抚养义务,使原告樊某某一直随祖父母樊某某乙和赵某英共同生活。2007 年 7 月 12 日法院经调解作出(2007)邯山民初字第 121 号民事调解书,调解内容为:"一、邯郸市邯山区陵园路勘探胡同 13-1-18 号房产归原告樊某某所有,过户至樊某某的名下,全部过户费用由原告樊某某承担。二、邯郸市邯山区罗三家属院 12-4-11 号房产归被告吴某某军所有。"后吴某某军购买了邯山区中华南开元小区 10-6-6 号房屋,原告樊某某、吴某某军各自居住。2009 年 6 月 7 日吴某某军病逝。吴某某军在生病、住院期间均由其妹妹被告吴某某照顾,其后事办理也为被告吴某某所为。2012 年 10 月原告到吴某某军住处要其父亲的骨灰存放证时,发现继母吴某某军已于 2009 年 6 月病逝。吴某某军在生病、住院期间原告没有在其身边照顾,也未参加吴某某军的后事料理。后原、被告因房产继承未能达成一致,导致诉讼。

另查明,吴某某军在中国建设银行股份有限公司中华北大街分理处有存款 2246.03 元。

原审认为,原告樊某某与被告吴某某姐姐吴某某军,因原告父亲樊某某平与吴某某军结婚而形成继子女关系。三人共同生活期间为 1991 年 7 月至 1998 年 8 月。原告樊某某自其生父樊某某平病逝 11 年间,彼此间并未履行扶养义务。且原告樊某某与吴某某军于 2007 年对原告之父樊某某平与吴某某军的婚后共同财产经过诉讼进行了分割。据此,可视为原告樊某某与吴某某军有继母、继子之名,因彼此之间并未尽到抚养和赡养义务,而无继母、继子之实。尤其是在吴某某军病逝 3 年后,原告因其他事情需要找到吴某某军,其才知道吴某某军已病逝,显见双方关系之淡漠。虽然原告樊某某与吴某某军形成继子女关系,属于第一顺序继承人,但是共同生活时间仅7年,且在吴某某军生病住院期间原告樊某某未尽义务。依据客观、公正公序良俗的原则,亦为安慰逝者,原告樊某某对吴某某军之遗产应少分为宜。被告吴某某虽不是第一顺序继承人但在其姐姐吴某某军生病、住院期间给予照顾,在吴某某军去世后,办理丧事,尽了主要义务。根据权利与义务相一致原则,被告吴某某应享有吴某某军遗产的权利,由被告吴某某从吴某某军遗产中分出一部分房屋折价100000元给付原告樊某某为宜;银行存款2246.03元,原告樊某某分得700元,被告吴某某分得1546.03元。依照《中华人民共和国继承法》第10条、第13条、第14条、第29条之规定判决:"一、吴某某军名下邯郸市邯山区中华南开元小区10-6-6号房屋归被告吴某某所有。被告吴某某给付原告樊某某该房屋部分折价100000元(本判决生效后15日内履行)。二、吴某某军名下2246.03元,原告樊某某分得700元,被告吴某某分得1546.03元。三、驳回原告樊某某的其他诉讼请求。案件受理费5050元,原、被告各负担2525元。"

宣判后,上诉人樊某某不服,向本院提起上诉,主要上诉理由:(1)一审适用法律错误。根据继承法的相关规定,一审将第一顺序和第二顺序继承人混淆,一审所说被上诉人尽了赡养义务,没有任何证据证明。原判依据《继承法》第13条对被继承人尽了主要扶养义务或者与被继承人共同生活的继承人,分配遗产时可以多分是指在顺序继承人范畴内,而被上诉人属于第二顺序继承人,不应适用该法条。(2)上诉人与被上诉人一直共同生活,关系融洽,有公安局证明的家庭成员信息、证人证言、单位证明可以证实。被上诉人未尽过任何扶养义务,也未向法院提交任何证据证明其尽了扶养义务,被继承人身体健康,不需要扶养,死亡时也是突发死亡。(3)被上诉人恶意侵占吴某某军的遗产,在被继承人死亡后隐瞒死亡消息,将被继承人房屋出租所得占为己有,侵占了遗产现金、存款、保险、基金、首饰及200余个氧气瓶的租赁费及家具家电、住房公积金、养老保险金和相关债权、丧葬补助等财产。

被上诉人辩称,原审法院适用法律正确。(1)2006年起诉吴某某军后,经法院调解已分割了家庭财产,上诉人与吴某某军的母子关系已不存在。对此,上诉人在2006年诉中已明确说明,与吴某某军未在一起共同生活,上诉人在其父亲去世后与吴某某军没有任何来往,相互之间没有尽任何义务。另外,在吴某某军去世后4年才因需要其父亲的骨灰证才找的吴某某军,足见双方关系之冷漠,继母子关系实际已不存在。(2)上诉人与吴某某军并未共同生活,特别是自1998年其父亲去世后,上诉人一直随其祖父母共同生活,有2006年樊某某与吴某某军遗产纠纷案的起诉状可以证实。吴某某军很早就患有哮喘病,因为长期要吃药并使用激素,所以与樊某某平结婚后未能生育,特别是2006年诉讼后,吴某某军与樊某某就断绝了所谓的继母子关系,平时都是由被上诉人照顾的,如果是正常的母子关系,不可能其母亲去世4年了还不知道。(3)自1998年上诉人的父亲去世后的11年的时间里,双方仅在2006年分割财产的诉讼中在法庭上见过面,吴某某军的日常生活,生病住院以及吴某某军去世全部由被上诉人吴某某料理,吴某某军生前及死后,上诉人未尽任何义务,特别是2006年以后双方就不存在关系,上诉人称被上诉人恶意侵占遗产没有任何证据。

本院认为,《中华人民共和国继承法》第14条规定对继承人以外的依靠被继承人扶养的缺乏劳动能力又没有生活来源的人,或者继承人以外的对被继承人扶养较多的人,可以分给他们适当的遗产;《最高人民法院关于贯彻执行〈中华人民共和国继承法〉若干问题的意见》第 30 条规定对被继承人生活提供了主要经济来源,或在劳务等方面给予了主要扶助的,应当认定其尽了主要赡养或主要扶养义务;第 31 条规定依《继承法》第 14 条规定可以分给适当遗产的人,分给他们遗产时,按具体情况可多于或少于继承人。本案中,上诉人樊某某自其生父樊某某平病逝后 11 年间一直随其祖父母生活,樊某某与吴某某军于 2007 年对樊某某平与吴某某军的婚后共同财产通过诉讼进行了分割后,其与吴某某军之间互无来往,尤其是在吴某某军病逝 3 年后,上诉人因其他事情需要找到吴某某军,才知道吴某某军已病逝,显见彼此之间并未尽到扶养和赡养义务,前述事实有 2006 年 12 月 15 日上诉人起诉状中的陈述可以证实。虽然樊某某与吴某某军形成继子女关系,属于第一顺序继承人,但是其未对吴某某军尽任何义务。被上诉人吴某某虽不是第一顺序继承人,其对姐姐吴某某军的生活予以关照,特别是在吴某某军生病、住院期间给予照顾,在吴某某军去世后,办理丧事,尽了主要义务,应属于对被继承人扶养较多的人,应当分得适当的遗产。据此,一审法院根据权利义务相一致及公序良俗等原则对被继承人吴某某军的遗产予以分割并无不妥,且符合《中华人民共和国继承法》第 14 条、《最高人民法院关于贯彻执行〈中华人民共和国继承法〉若干问题的意见》第 30 条、第 31 条的规定。故上诉人称一审适用法律错误、上诉人与被继承人一直共同生活,关系融洽,被上诉人未尽任何赡养义务等理由不能成立,本院不予采纳。关于上诉人称被上诉人恶意侵占被继承人财产问题,一审法院对涉及被继承人的存款,已经予以分割,上诉人所称保险金问题,从被上诉人所举证据——中国平安保险人身保险个人保险单显示,该保险的投保人为被继承人吴某某军,而该保险的身故受益人为被上诉人吴某某。上诉人称被继承人还有其他财产,但其未提供相关证据。故上诉人的该项上诉理由亦不能成立。本院不予支持。据此,依照《中华人民共和国民事诉讼法》第 170 条第 1 款第(1)项之规定,判决如下:

  驳回上诉,维持原判。

  二审案件受理费 5050 元,由上诉人樊某某负担。

  本判决为终审判决。

  [裁判要旨]本案中,上诉人樊某某自其生父樊某某平病逝后一直随其祖父母生活,樊某某与吴某某军于 2007 年对樊某某平与吴某某军的婚后共同财产通过诉讼进行分割后,其与吴某某军之间互无来往,彼此之间并未尽到扶养和赡养义务。虽然樊某某与吴某某军形成继子女关系,属于第一顺序继承人,但其对吴某某军未尽任何义务。被上诉人吴某某虽不是第一顺序继承人,其对姐姐吴某某军的生活予以关照,特别是在吴某某军生病、住院期间给予照顾,在吴某某军去世后,办理丧事,尽了主要义务,应属于对被继承人扶养较多的人,应当分得适当的遗产。据此,一审法院根据权利义务相一致及公序良俗等原则对被继承人吴某某军的遗产予以分割并无不妥,且符合《中华人民共和国继承法》第 14 条、《最高人民法院关于贯彻执行〈中华人民共和国继承法〉若干问题的意见》第 30 条、第 31 条的规定。

第五节　理论争鸣

关于法定继承中同一顺序继承人遗产分配的原则,理论上和实践中仍存在一些争议,其主要争议体现在以下方面。

一、是否与比例分配原则相结合

在法定继承人的应继份额上,是继续坚持同一顺序的继承人平均分配遗产,还是采用平均分配与比例分配相结合的方式分配遗产,是本条争议的主要焦点。

第一种观点认为,在继承份额上,处于同一顺序的继承人应平均分配遗产,即保持我国现行《继承法》第13条的规定。如梁慧星教授的《中国民法典学者建议稿》、徐国栋教授主持的《绿色民法典草案》以及王利明教授主持完成的《中国民法典草案建议稿及说明》,对法定继承人继承份额的规定,沿袭了中国现行继承法的立法模式,且坚持与现行继承法保持一致。即处于同一顺序的继承人继承遗产的份额一般应均等。但在法定特殊情况下,可以不均等。配偶、父母、子女同为第一顺序的法定继承人,在共同继承时,原则上按照人数平均分配遗产。即配偶仍作为第一顺序继承人,其与被继承人的父母、子女共同参与遗产分配,如果父母、子女健在,无论其人数多少,配偶都与其按照人数平均分配遗产,如果父母、子女均不存在,那么才由配偶一人继承全部遗产。

第二种观点则认为,同一顺序继承人的应继份额应采用平均分配与比例分配相结合的方式。坚持此观点的学者认为,在继承份额上,应当采用均分制与比例制相结合的模式,即在配偶与第一顺序的继承人共同继承时,各个继承人的应继份额均等;在配偶与第二顺序继承人共同继承时,配偶的应继份额是遗产的1/2;在配偶与第三顺序继承人共同继承时,配偶的应继份额为遗产的2/3;在配偶与第四顺序的继承人共同继续时,配偶的应继份额为遗产的3/4。其规定的理由在于,婚姻关系是确定配偶继承权的依据,婚姻是家庭的前提与基础,夫妻双方在日常生活中相互扶持、相互帮助,与其他的血亲继承人相比,配偶之间的关系更密切,因此配偶的继承权得到重视也是理所当然的事情。[①]

二、配偶是否应当与血亲分开继承遗产

配偶是否应当与其处于同一顺序的血亲继承人分开继承遗产;如果分开继承遗产,配偶与其他继承人之间的利益冲突如何解决。关于这一争议,主要观点如下。

有观点认为,配偶与血亲继承人分开继承遗产且分别确定遗产继承份额是非常必要的。

首先,就配偶的角度而言,《继承法》第13条将配偶作为第一顺序继承人与其同顺序的血亲继承人均分遗产,显然不能突出对配偶继承地位的重视,也不能很好地保护配偶的继承权,甚至会导致配偶的利益不能得到全面的保护。若被继承人没有父母、子女,配偶当然地分得全部遗产;若在被继承人有父母、子女甚至是多个子女的情况下,配偶、父母、子女共同作为第一顺序法定继承人按人数均分遗产份额,那么,配偶获得的继承份额就相当有限。这显然弱化了配偶在家庭生活中的重要地位,不利于对配偶继承权的保护。

[①]　张玉敏:《中国继承法立法建议稿及立法理由》,人民出版社2006年版,第83~86页。

其次,就血亲继承人的角度而言,当配偶与血亲的利益发生冲突时,《继承法》第 13 条不能较好地平衡两者之间的关系。即在现实生活中,被继承人与其兄弟姐妹、祖父母、外祖父母都曾一起生活,甚至其可能存在由兄姐、祖父母或者外祖父母抚养长大的情况,彼此之间的亲情联系密切、感情深厚,而且这种血缘关系是不可改变、不能割断的。但婚姻关系则不同,其具有很强的可改变性,尤其是在被继承人的婚姻状况不稳定或是夫妻关系持续时间较短的情况下,将配偶固定为第一顺序继承人,如果被继承人没有父母、子女,加之兄弟姐妹、祖父母、外祖父母属于第二顺序的继承人,那么,配偶则会分得全部遗产,这对于与其共同生活或抚养其长大的兄弟姐妹、祖父母外祖父母而言显然是不公平的。同时,也会损害民众创造财富的积极性,纵容不劳而获思想的滋生。此外,如果配偶再婚,被继承人的财产则会流到家庭之外。而死者的血亲分不到任何遗产份额,显然与公平原则相悖。因此,只有将配偶与血亲继承人分开继承遗产,才能有效防止配偶与血亲之间的利益冲突。

第六节　相关法律与司法解释

关于同一顺序继承人对遗产应继份额的分配,相关法律规定和司法解释如下。

一、法律法规中的有关条款

除 1985 年 4 月 10 日发布,1985 年 10 月 1 日实施的《继承法》第 13 条明确规定了同一顺序继承人对遗产应继份额的分配方式外,2005 年颁布的《妇女权益保障法》第 34 条第 1 款也对本条第 1 款作出补充:"妇女享有的与男子平等的财产继承权受法律保护。在同一顺序法定继承人中,不得歧视妇女。"

此外,《宪法》第 33 条第 2 款也体现了《继承法》第 13 条第 1 款的规定。即"中华人民共和国公民在法律面前一律平等"。

上述条款均体现了同一顺序法定继承人在一般情况下,应当均等分配遗产的原则。

二、司法解释中的有关规定

1984 年 8 月 30 日发布实施的最高人民法院《关于贯彻执行民事政策法律若干问题的意见》第 42 条规定:"同一顺序法定继承人之间分割遗产时,如果继承人的情况基本相近,一般可以平均分配。但对未成年、无生活来源或对被继承人尽义务较多的继承人,应予照顾。对有抚养能力而不尽义务的继承人,可酌情少分或不分给遗产。"

第 6 条规定:"遗嘱继承人依遗嘱取得遗产后,仍有权依《继承法》第十三条的规定取得遗嘱未处分的遗产。"

第 30 条规定:"对被继承人生活提供了主要经济来源,或在劳务等方面给予了主要扶助的,应当认定其尽了主要赡养义务或主要扶养义务。"

第 33 条规定:"继承人有扶养能力和扶养条件,愿意尽扶养义务,但被继承人因有固定收入和劳动能力,明确表示不要求其扶养的,分配遗产时,一般不应因此而影响其继承份额。"

第 34 条规定:"有扶养能力和扶养条件的继承人虽然与被继承人共同生活,但对需要扶养的被继承人不尽扶养义务,分配遗产时,可以少分或者不分。"

上述这些条款,均体现了同一顺序法定继承人在特殊情况下,如何具体分配遗产的原则,有助于化解继承纠纷,维护继承主体的权益。

第七节 比较法考察

法定继承人的应继份额,是指各共同继承人在实行无遗嘱而依法分配遗产时,法律规定其应当取得的遗产份额,一般分为配偶的继承份额和血亲继承人的继承份额。[1]

一、比较法例介绍

不同的国家对法定继承人继承遗产份额的规定原则不同,且往往具有本国的传统与立法特色。关注不同国家的立法例,有助于在区分异同的基础上进行立法借鉴。

(一)大陆法系国家的立法例

即使是大陆法系国家,基于各国继承传统与继承文化的不同,其有关规定及立法模式也不同。

1. 均等继承模式

《俄罗斯联邦民法典》规定,除代位继承外,同一顺序的继承人继承遗产的份额均等。[2] 即处于同一顺序的继承人,无论是配偶,还是血亲继承人均平等地继承遗产。具体而言,当配偶、父母、子女以及扶养不少于一年以上的无劳动能力人都同处于第一顺序的继承人时,他们的继承份额均等;当兄弟姐妹、祖父母以及扶养不少于一年以上的无劳动能力人都同处于第二顺序的继承人时,他们也都取得平均的继承份额。因此,《俄罗斯联邦民法典》所规定的法定继承人的应继份额,是一种绝对的平均份额,没有其他条件作为限制。

此外,《越南民法典》《蒙古民法典》《匈牙利民法典》等也均采取了类似于《俄罗斯联邦民法典》的绝对平均分配遗产份额的方式,即不因其他条件而导致继承份额的变化。

2. 比例继承模式

《德国民法典》规定,配偶的应继份是:若配偶与第一顺序的血亲共同继承时,则配偶可继承遗产的1/4;配偶与第二顺序血亲或者与祖父母、外祖父母共同继承时,配偶则继承遗产的1/2。祖父母、外祖父母的晚辈直系血亲与祖父母、外祖父母共同继承时,配偶从遗产的另一半中获得归属于晚辈直系血亲的份额。若既没有第一顺序的直系血亲或第二顺序的直系血亲,也没有祖父母、外祖父母,生存配偶获得全部遗产。若在继承开始时存在财产制,并且被继承人的一个或两个子女也具有法定继承人资格,与生存配偶共同作为法定继承人,则生存配偶与各子女等份继承,但此时生存配偶至少继承1/4。[3] 生存配偶与第二顺序直系血亲或与祖父母同为无遗嘱继承人时,除应继份外,以属于婚姻家庭的标的不是土地从物为限,这些标的和结婚礼物作为先取份归属于生存配偶,生存配偶和第一顺序直系血亲同为无遗嘱继承人的,这些标的归属于生存配偶,但以生存配偶为操持适当的家务而需要它们为

---

[1] 陈苇:《外国继承法比较与中国民法典继承编制定研究》,北京大学出版社2011年版,第371页。
[2] 《俄罗斯联邦民法典》第1141条第(2)款。
[3] 《德国民法典》第1931条。

限,①此种属于配偶的先取权。

被继承人的血亲应继份是:子女的应继份相等,父母的应继份相等。父母一方死亡,其应继份由其晚辈直系血亲代位继承,无晚辈直系血亲时,该应继份归属于另一方父母。祖父母为继承人时,先将归属于祖父母的应继份分为两股,父系祖父母和母系祖父母各一股,每系之内再分两股,祖父和祖母各一股。若一方死亡,应继份由其晚辈直系血亲代位继承,无晚辈直系血亲则归属于他方,若他方亦不存在,归属于他方的晚辈直系血亲。若父系祖父母双方均死亡且无晚辈直系血亲时,该股即转归母系的祖父母。若母系祖父母双方均死亡且无晚辈直系血亲时,该股即转归父系的祖父母,亲系继承止于祖父母,曾祖父母不分亲系平均继承。②

《德国民法典》所规定的继承份额,对于各血亲继承人之间来说,也是绝对的平均份额,不受其他条件的限制。

(二)英美法系国家的立法例

根据英国《遗产管理法》的规定,配偶无固定继承顺序,可以与第一顺序、第二顺序及第三顺序的血亲继承人共同继承遗产。无遗嘱继承人包括配偶继承人和血亲继承人。

配偶与子女共同继承时:如果无遗嘱者死亡时留有配偶及子女,配偶先取一定的法定遗产份额及自无遗嘱者死亡之日起先取遗产的法定利息加上无遗嘱死亡者的动产,③并对剩余遗产的一半享有终身权益,剩余遗产的另一半为子女利益而信托持有。④ 若无遗嘱死亡者在1987年6月1日至1993年11月30日之间死亡,生存配偶先取的该法定遗产是7.5万英镑,在1993年12月1日之后死亡的,其先取的该法定遗产是12.5万英镑。⑤

配偶或者子女单独继承时:如果被继承人生前未留有遗嘱,在没有晚辈直系血亲、父母、全血缘的兄弟姐妹以及其晚辈直系血亲时,剩余遗产以信托方式为生存配偶一方所持有。如果被继承人未留有遗嘱,在留有子女而无配偶时,则尚存子女以法定信托的方式持有整个遗产。⑥

配偶与父母或者全血缘的兄弟姐妹及其晚辈直系血亲共同继承时:配偶的继承份额为法定先取份额及该先取遗产的法定利息,加上无遗嘱死亡者的动产,并对剩余遗产的一半享有绝对权益,剩余遗产的另一半为父母利益而信托持有。若未留有遗嘱的被继承人未留下父母,配偶则与其全血缘的兄弟姐妹共同继承。未留有遗嘱的被继承人在1987年6月1日至1993年11月30日之间死亡的,生存配偶先取的该法定遗产是12.5英镑,在1993年12月1日之后死亡的,生存配偶先取该法定遗产是20万英镑。⑦

此外,根据英国《无遗嘱者遗产法》的规定,配偶对住房享有优先权,若生存配偶生前与被继承人共同生活的,被继承人死亡后该生存配偶希望获得该住房时,无论住房的价值大

---

① 《德国民法典》第1932条。
② 《德国民法典》第1924条至第1929条。
③ 〔英〕安德鲁·伊沃比:《继承法基础》,武汉大学出版社2004年版,第145~146页。
④ Administration of Estates Act,s46。
⑤ 〔英〕安德鲁·伊沃比:《继承法基础》,武汉大学出版社2004年版,第147页。
⑥ Administration of Estates Act,s46(3)(ii)。
⑦ 〔英〕安德鲁·伊沃比:《继承法基础》,武汉大学出版社2004年版,第147页。

于、小于或是等于该配偶所享有的继承份额,其可以要求遗产代理人分配该住房,而不是用其他财产来满足该配偶所继承的遗产。该权利应当在授予遗产管理委任书之日起 12 个月之内行使,在这 12 个月内,没有经过配偶书面同意的,遗产代理人不得处分该住房。但是在特殊情况下,若在被继承人死亡时该住房没有用于家庭使用,或者该住房为某建筑物的一部分,而该整栋建筑物构成剩余遗产的一部分等情况下,配偶不能行使此优先权。[①]

对于其他血亲继承人的应继份额,如果未留有遗嘱的被继承人未留下配偶、父母或晚辈直系血亲,则剩余遗产以信托的方式由全血缘的兄弟姐妹及其晚辈直系血亲、半血缘的兄弟姐妹及其晚辈直系血亲、祖父母、外祖父母、全血缘的伯、叔、舅、姨、姑及其晚辈直系血亲以及半血缘的伯、叔、舅、姨、姑及其晚辈直系血亲一律按照继承顺序均等继承。[②]

(三)不同法系立法例的启示

通过关注上述国家对法定继承人应继份额的规定,可以将其概括为以下几种形式:

1. 配偶的应继份额

对于配偶的应继份额,当前世界上主要存在三种立法例:第一种是均等继承。即多数国家对同一顺序继承人的遗产继承份额均采均等的分配原则——配偶与同一顺序的其他血亲继承人均等继承遗产。例如,我国《继承法》和《俄罗斯联邦民法典》的相关规定。第二种是根据配偶参与继承顺序的血亲继承人的不同而继承不同比例的遗产。如德国、法国、日本等国的相关规定。第三种是配偶先取得一定的继承份额,再继承剩余遗产的一定比例而共同组成配偶的应继份额。如果遗产没有超过该法定遗产份额,那么配偶取得所有遗产。在英美法系的国家中,英国、澳大利亚等国则多采此种立法例。

2. 血亲继承人的应继份额

对于血亲继承人的应继份额,当前世界上主要存在两种立法例:第一种是同一顺序同亲等的法定继承人应继份额相同,如我国和俄罗斯的立法;第二种是采取亲等与亲系相结合的方式以确定继承份额,即同一顺序的继承人按照亲系的不同,各亲系的法定继承人继承的份额均等或不均等,再在同亲系同亲等的继承人之间再均分该亲系的应继承的份额,如《法国民法典》。对于同一顺序继承中的各子女的遗产分配方面,多数国家都规定为婚生子女与非婚生子女以及养子女都均等地分得遗产,即半血缘的旁系血亲与全血缘的旁系血亲分得的继承份额相同,但也有少数国家规定半血缘的兄弟姐妹与全血缘的兄弟姐妹分得的遗产份额不均等,如意大利和日本均规定半血缘的兄弟姐妹的继承份额是全血缘的兄弟姐妹的一半。

二、比较法经验借鉴

通过关注不同法系国家的遗产分配规则的立法例,可以感受到我国《继承法》第 13 条的规定与其他国家的异同。

---

① Intestate's Estates act,Second Schedule,ss1-7。

② C. H. Sherrin, R. C. Bonehill, The Law and Practice of Intestate Succession(Second Edition), London:Sweet & Maxwell,UK,1994,pp.164-166.

（一）我国与他国的区别

我国《继承法》第13条对法定继承人应继份额的规定，与俄罗斯、越南等国虽然相似，即不区分配偶继承人和血亲继承人，只要是处于同一顺序的法定继承人，继承遗产的份额就均等。但是我国《继承法》第13条所规定的均等，不同于多数国家所实行的绝对均等。以《俄罗斯联邦民法典》为例，《俄罗斯联邦民法典》规定的均等，是无论配偶、父母、子女作为同一顺序继承人是否有特殊困难或缺乏劳动能力，都是绝对的平均分配遗产。而我国《继承法》第13条规定的均等分配遗产，则是一种相对的均等，是同一顺序的继承人在条件大体相同的情况下的均等，是以特定条件为确定标准的，即继承人可以因其对被继承人所尽扶养义务的多少、有无或是否与其共同生活、是否具有生活来源和是否缺乏劳动能力等情况而不均等地继承被继承人的遗产。

此外，我国对法定继承人应继份额的规定与德国、英国、法国等国的规定也是不同的。即这些国家规定的配偶与血亲的应继份额均各不相同，几乎每一继承顺序都存在着一定的差异；即使在同一顺序的血亲之间也往往实行着父系血亲和母系血亲各半继承的方式。只有在父母、子女、亲兄弟姐妹之间才实行按人数均分，且这种均分一般也不会因其他条件的影响而发生变化。因此，《继承法》第13条对法定继承应继份额的规定具有很强的中国特色。

（二）各国之间的共性规定

从各国的立法例来看，关于法定继承应继份额的规定具有一些共性：一是除按亲系继承和代位继承之外，有关配偶之外的其他血亲继承人的应继份额，在一般情况下，均规定为同一顺序的继承人均等继承。二是从现代各国继承法的发展趋势来看，配偶在法定继承中的地位在多数国家都得到了较高的重视，配偶的应继份额也体现出逐渐增加的趋势。

（三）我国继承法的反思

《继承法》第13条有关法定继承人应继份额的规定，虽然出于防止绝对平均主义而对继承方式作出一定的限制，具有一定的合理性，但是通过关注当前各国继承立法发展趋势以及对多数国家有关配偶应继份额的制度介绍就不难发现，我国将配偶与父母、子女同时规定为第一顺序的继承人，且均等分配遗产，显然不能很好地保护配偶的继承权益，也没有体现出对配偶利益的特殊保护，故我国有必要在借鉴国外相关立法例的基础上，相应提高配偶的继承地位。例如，增设有关配偶住房的法定用益权的相关规定等，以弥补《继承法》在事实上未对配偶利益作出特殊保护的欠缺，更好地顺应世界继承立法的发展潮流，保障配偶的合法利益。

第八节　立法发展趋势

当前多数国家均对配偶的应继份额加大了保护力度，即给予配偶一定的照顾和优待，甚至赋予其更多的权利。例如，补充关于配偶对婚姻住房的先取权、对夫妻共同生活中日常用品的先取权等规定。而《继承法》第13条则由于按人数平均分配遗产份额的限制，使得配偶

处于同父母、子女同等的继承地位上,反而使配偶得不到更多的继承权益。① 因此,我国未来关于同一顺序法定继承人的应继份额的规定,也应当结合我国的国情,加强对配偶继承权的保护力度,适当增加配偶的继承份额,以确保配偶在家庭关系中的核心地位。

一、确定配偶法定应继份额的优先性

随着我国计划生育政策的实施,传统的大家庭结构逐渐向小家庭结构过渡。当夫妻一方死亡后,多数生存配偶即将面临可能独自生活的现实问题。为了保障此类生存配偶的生活来源,可以将法定应继份额进一步细分为配偶的应继份额和血亲的应继份额,并明确规定配偶继承人与血亲继承人应继份额的比例,以最大限度地保护配偶的利益。

从配偶在家庭中的重要地位来看,配偶是产生姻亲和血亲关系的基础,在家庭生活中起着举足轻重的作用。② 在多数情况下,生存配偶与死者之间相互照顾、相互扶持,彼此关系最为密切,所尽到的相互扶养义务远远多于其他血亲。关于死者的遗产,其在很多情况下也是夫妻关系存续期间共同创造的。因而,增强对配偶继承权的保护,不仅是对其经济上的补偿和精神上的抚慰,也是对其生活的必要保障。对此,也可采取以下遗产分配规则:即在配偶与第一顺序继承人共同继承时,遗产均等分配;与第二顺序继承人共同继承时,分得遗产的一半。如此规定,在一般情况下,往往要比现行法的规定对配偶更为有利。而祖父母是二等直系血亲,兄弟姐妹是最近的旁系血亲,与被继承人的关系都较密切,其作为第三顺序的继承人较为符合我国的国情。对于配偶与兄弟姐妹或祖父母共同继承的情形,如果法定继承人的人数较少,配偶应当分得遗产的 3/4;如果法定继承人的人数较多,配偶应当分得遗产的 2/3;在没有第三顺序血亲继承人时,配偶分得全部遗产。

将法定应继份额细分为配偶的应继份额和血亲的应继份额,明确规定配偶继承人与血亲继承人应继份额的比例并保留对生活有特殊困难、缺乏劳动能力的继承人给予照顾的规定,不但符合我国的国情和伦理道德,而且在不损害配偶利益的基础上,又可以照顾死者与血亲之间的利益和感情,较为合适。同时,随着社会经济的发展和家庭结构的变化,夫妻间彼此照顾、帮助的程度日益加强,故增强对配偶利益的保护已经成为当今法定继承立法的必然趋势。

二、增加配偶对婚姻住宅及日常生活用品的先取权

从立法比较中可以看出,我国《继承法》第 13 条对同一顺序继承人的应继份额的规定欠缺对配偶继承权的周全保护。如在现实生活中,当配偶一方死亡后,夫妻双方共同居住的住房以及日常生活用品(家具等基本生活资料),一般不应当作为遗产进行分割,而应当由生存配偶继续居住和使用。但我国现行《继承法》第 13 条仅规定可以由继承人来协商确定遗产的分配,并未对生存一方的配偶权利作出保护性的规定。如果其他的血亲继承人坚持要分割这部分的遗产,势必会对生存配偶一方的正常生活造成严重的影响。故国外一些国家在没有改变遗产性质的情况下,增加了对配偶住房及日常生活用品先取权的规定,对生存配偶作了充分的利益保护,值得我们学习和借鉴。

---

① 刘春茂主编:《中国民法学·财产继承》,法律出版社 1999 年版,第 224 页。
② 刘春茂、陈跃东:《配偶继承权的法律思考》,载《中央政法干部管理学院学报》1994 年第 5 期。

2011 年,梁慧星教授在其主持的《中国民法典学者建议稿》中增加了配偶对住房和日常生活用品的先取特权的规定。即配偶可以在遗产中享有先取得自己曾使用的住房和日常生活中的用品的权利,而且此项权利可以免受遗产清偿债务的影响。如果该先取权中的财产价值大于配偶的应继遗产份额,那么,生存配偶的应继份额则可以扩大为该项先取特权。该项规定的理由在于:我国作为发展中国家,大部分的民众拥有的财产数量是比较少的,而且大多是以生活消费资料为主。此外,在社会养老保障方面,虽然我国农村地区的社会保险范围已经在大部分地区得到普及,但是总体来说保险金额仍不足以保障人们的正常晚年生活。而我国民众习惯于将住房和日常用品等作为最基本的生活资料,即使夫妻一方死亡,有继承权的继承人一般也不会对这些生活基本资料作为遗产进行分配,多数是由生存配偶继续居住和使用。从法律层面来看,该项权利属于使用权,对生存配偶的生活习惯以及生存的基本条件有较好的保障作用,法律应当加以确认和保护。尽管我国现行《继承法》第 13 条明确规定继承人可以协商确定遗产分割的时间、办法和份额,此种规定对于关系和睦的共同继承人来说,自然可以协商确定;但对于关系恶劣的共同继承人而言,其坚持要求分割住房和日常生活用品的案例并不少见,如果按照现行法律规定进行分配,势必会影响生存配偶的正常生活。因此,在此种情况下,法律有必要考虑民众的继承习惯与继承需求,同时结合我国的国情和现实发展状况,对生存配偶的住房和日常生活用品的先取权加以规定。

2011 年陈苇教授主持完成的《外国继承法比较和中国民法典继承编制定研究》中也曾提出,配偶应对婚姻住宅和家庭日常生活中的用品享有优先取得的权利。即如果家庭日常生活用品的价值超过了生存配偶可以取得的继承份额时,该生存配偶可以选择享有终身使用该家庭日常生活用品的权利。对于遗留下来的婚姻住宅,生存配偶可以优先扣除其可继承的遗产份额。如果生存配偶能够继承的遗产份额相较于该家庭日常生活用品的价值比较低时,其可以选择终身使用该家庭日常生活用品。在有关婚姻住宅权利方面,生存配偶可以其继承的遗产份额进行优先扣除。如果婚姻住宅的价值大于配偶继承的遗产价值时,生存配偶可以选择终身居住于该婚姻住宅。

从学者的建议和我国的继承发展趋势来看,《继承法》的修正以及《民法典·继承编》的编纂,应更加注重对配偶住宅及日常生活用品的先取权的保护。赋予配偶对住宅及日常生活用品先取权,合乎继承法的目的,也与我国现实生活中对住房一般不予以分割,而是由生存一方配偶继续居住的传统习惯相符合。而从法律上赋予配偶对于住房的居住权和使用权,则是对其权利在法律上的确认。如果法律对此不加以保护,那么,在其他继承人坚持分割该类财产的情况下,必将会危及生存配偶的正常生活。

总之,增加生存配偶的住宅及日常生活用品等先取权,给予生存配偶以特殊保护,是适应世界各国注重保护配偶继承权的发展趋势的体现。[1]

---

① 任江:《遗产税制度构建论纲》,载《理论与改革》2013 年第 4 期。

第八章
遗产酌分请求权评注

> ➡第十四条 对继承人以外的依靠被继承人扶养的缺乏劳动能力又没有生活来源的人，或者继承人以外的对被继承人扶养较多的人，可以分给他们适当的遗产。

本条是关于遗产酌分请求权的具体规定。即继承人以外的人，由于其扶养了被继承人或依靠被继承人扶养，从而与被继承人生前形成了某种扶养关系，因此其可以依法适当分得被继承人的遗产。

遗产酌分请求权，是指继承人以外的人由于与被继承人生前形成某种扶养关系，依法享有请求分得适当遗产的权利。享有该权利的人为遗产酌分请求权人，即酌分权人。酌分的"遗产"，包括财产及财产性权利；"酌分"，指根据实际情况酌情分得遗产。遗产酌分请求权，属于财产权、对人权和请求权。"酌分权的义务主体为被继承人的合法继承人，酌分权是特定权利主体对抗特定义务主体的权利，即对人权。"[1]

遗产酌分请求权的基础并不是继承权，而是基于法律的规定。法定的可以酌分遗产的人主要包括以下两类：一是继承人以外的依靠被继承人扶养的缺乏劳动能力又没有生活来源的人；二是继承人以外的对被继承人扶养较多的人。一般而言，对于依靠被继承人扶养的缺乏劳动能力又没有生活来源的人，应当依据被继承人对其扶养的情况来分给其适当的遗产，即以满足其基本需求为限。对于对被继承人扶养较多的人，则应当酌情分给适当的遗产，体现权利与义务相一致的原则。需要注意的是，法定继承人以外的依法有权取得被继承人遗产的主体并不包括受遗赠人和遗赠扶养协议中的扶养人。

遗产酌分请求权的特征：一是其仅适用于法定继承，并不适用于遗嘱继承。二是其权利主体限于法定继承人以外的与被继承人生前形成某种关系的人。三是遗产酌分请求权的性质，既不同于受遗赠权，也不同于继承权，它是我国法定继承中的一种特殊性质的权利。当然，许多国家的继承法都规定了遗产酌分请求权，如《日本民法典》第958条、《瑞士民法典》第606条、《德国民法典》第1969条等，但多数国家仅将遗产酌分请求权赋予受被继承人生前扶养的人，而不涉及对被继承人生前扶养较多的人，且多将其规定为短期内的临时性的法律救助。

第一节 立法目的

《继承法》第14条，赋予继承人以外的依靠被继承人扶养的人和对被继承人扶养较多的

---

[1] 蓝承烈、杨震主编：《继承法新论》，黑龙江教育出版社1993年版，第120页。

人以遗产酌分请求权,体现了我国《继承法》所贯彻的权利与义务相一致的原则,有助于鼓励相关当事人积极履行义务、提倡互帮互助。当然,不同主体之间的互助关系可以通过权利义务相一致的原则得以激励与保障,也可以通过倡导社会主义道德来践履。

一、满足民众需要

伴随着公民遗产数额的增加、遗产形态的变化以及计划生育政策的实施,当下中国最普遍的家庭模式是由夫妻及子女组成的核心家庭。独生子女家庭的增加,也在一定程度上使"失独家庭"数量增加;导致独生子女婚姻所形成的"四二一"式家庭结构。老龄化进程的加快,使得传统的扶养方式不能满足社会的需求,于是引发被继承人与非法定继承人之间的遗产酌分关系。

二、顺应社会变化

受我国传统法律文化的影响,继承与家族祭祀和身份关系相联系,故继承人与被继承人之间必须具有血缘关系与亲属关系。有关学者认为,旧律中的酌给遗产是对一定的近亲(非本宗继承人)、义子女、对家产增值有功的赘婿,给予一定的财产。现行民法不问是否属于亲属,对于需要扶养的人,基于被继承人生前扶养的事实,酌情给与遗产。[①] 我国《继承法》第10条明确规定,非法定继承人不得继承遗产。但非法定继承人若是对被继承人尽了扶养义务或者依靠被继承人扶养,其权利依据客观事实加以保护,遗产酌分请求权应运而生。当然,该制度并非根据婚姻或血缘关系而赋予其遗产酌分请求权,而是根据事实上的扶养关系赋予遗产酌分请求权人以酌分被继承人遗产的权利,这是一种新的取得继承权的根据。[②]毫无疑问,遗产酌分请求权制度有利于体现《继承法》的间接调整遗产分配的功能,当确定要给予法定继承人以外的人以适当遗产时,就需要遗产酌分请求权制度的填补。

三、缓解扶养矛盾

通过完善遗产酌分请求权制度,可以避免亲属法律制度间的冲突,以应对新家庭形态导致的社会问题。即随着我国社会的日益发展,一些新的家庭形态在当今社会逐渐产生。例如,未婚同居者构成的家庭,有配偶者与他人同居构成的家庭,事实婚姻配偶构成的家庭,事实收养主体构成的家庭,重婚形成的家庭,法律禁止的近亲结婚者形成的家庭等。由于我国《〈婚姻法〉司法解释(一)》和《收养法》均明确规定有条件地承认事实婚姻和事实收养关系,故对基于共同生活事实而形成的家庭成员间的扶养关系,应予以关注并维护,而通过遗产酌分请求权制度的立法设计,则可以使没有法定继承权的主体通过该制度规范寻求法律的保护,即其有权向法院请求酌分适当的遗产,以避免社会矛盾激化,实现法律的公允正义。

第二节　法理基础

遗产酌分请求权的制度规定,体现了我国《宪法》有关保护公民继承权的立法精神,顺应

---

①　戴炎辉、戴东雄:《中国亲属法》,台湾:顺清文化事业有限公司 2002 年版,第 106 页。
②　高留志:《抚养制度研究》,法律出版社 2006 年版,第 26 页。

了我国继承领域的现实需要,有利于发扬我国养老育幼的优良传统,减少或避免遗产继承纠纷;有利于促进家庭成员之间的团结友爱,维护社会稳固,促进社会主义经济的发展。

一、伦理价值

遗产酌分请求权作为我国《继承法》中的特别规定,具有重要的法律意义及社会价值。该制度的确立,可以有效弥补法定继承制度的不足,以维持那些缺乏劳动能力又没有生活来源的受扶养人的基本生活,回报那些对被继承人生前尽了较多扶养义务的扶养人。

在现实生活中,当被继承人死亡后,受其生前扶养的人可能会因此而陷入生活困境,甚至失去生活来源。赋予继承人之外的受扶养人以遗产酌分请求权,无疑可以保障受扶养人的基本物质生活条件,减少社会的不安定因素;而继承人以外的对被继承人生前尽了较多扶养义务的人,其本来对被继承人就没有法定的扶养义务,出于道义对被继承人进行扶养,赋予该类扶养人以遗产酌分请求权,必定有利于补偿并奖励扶养人对被继承人的生前扶养行为,有利于弘扬尊老爱幼、乐于助人的传统美德。[1]

人类社会虽以共同生活作为主要的生活方式,但共同生活的人并非都是具有法律上的权利义务关系的人。当被继承人死亡后,被继承人的法定继承人,如配偶、父母和子女可通过继承来得到遗产。而与被继承人共同生活的非法定继承人由于与被继承人没有法律上的权利义务关系,则可能会因此陷入难以维持正常生活的境地。为避免此种现象的发生,给予他们适当的财产以维持生活无疑是必要的。对于扶养被继承人的人,其对被继承人既没有法定义务,又不以分得遗产为目的,而是"本于情义及相互依倚关系"[2],给予扶养人以适当的遗产,无疑是值得肯定的。故遗产酌分请求权制度是多种认知综合作用的成果,作为中华法系所特有的遗产分配制度,在当今具有重要的社会价值。[3]

二、制度功能

遗产酌分请求权制度,具有独特的价值功能。即该制度摆脱了遗产移转需与身份关系相关联的逻辑,使继承人以外的主体可以通过与被继承人之间形成的扶养照顾事实、护理事实、共同生活事实受到继承法律制度的保护,不但丰富了法定继承制度,而且适度关注了制度的内涵。

遗产酌分请求权制度,能够赋予法官以自由裁量空间,通过灵活利用实现个案正义。即可以根据具体情况来判断是否对相应主体酌情分给遗产以及分给多少遗产。同时,该制度在适用上灵活性强,贴近社会现实。如对遗产酌分请求权人与被继承人生前形成的扶养关系而言,法官需要对受扶养人的经济状况、生存能力等进行综合考虑,并以此来决定酌分遗产的数额。因此,遗产酌分请求权制度能够贴近被继承人的真实意愿,给予请求权人以适当的保护,弥补法律规定的不足。

遗产酌分请求权制度,可在一定程度上维持与被继承人形成扶养关系的既缺乏劳动

---

[1]　袁翠清:《论我国遗产酌给请求权的立法现状及完善建议》,载《河南司法警官职业学院学报》2016年第2期。

[2]　史尚宽:《继承法论》,中国政法大学出版社2000年版,第167页。

[3]　任江:《遗嘱执行人概念基本概念解析及其制度建构》,载《望江法学》法律出版社2013年版。

能力又没有生活来源的人的基本生活,减少社会矛盾,维护社会安定;能够回报继承人以外的对被继承人扶养较多的人,有利于补偿其对被继承人生前的扶养行为;有利于弥补遗嘱继承和法定继承制度的不足,弘扬尊老爱幼、乐于助人的传统美德。遗产酌分请求权制度作为遗产继承制度的补充,改变了人们获得遗产路径的单一性,维护了依靠被继承人扶养的人的合法权益;有利于鼓励法定继承人以外的人扶养被继承人,维护社会的和谐与稳定。

三、权利特征

遗产酌给分请求权具有以下法律特征:第一,权利主体的广泛性。遗产酌分请求权的权利主体有二:一是被继承人生前扶养过的人,即受扶养的自然人;二是被继承人生前对其进行了较多扶养的自然人或者法人。第二,权利客体的特定性。在遗产酌分请求权法律关系中,被继承人的遗产是酌分权人请求权的客体,同时也是继承人义务指向的对象。继承人可以选择以遗产原物向酌分权人为给付或者以遗产的对价为给付,遗产或遗产的实际价值是继承人承担义务的依据和基础,因而仅以遗产为限向酌分权人承担义务。第三,权利内容的具体。遗产酌分请求权由给付请求权、给付受领权、保护请求权三项权能构成。给付请求权,是指遗产酌给请求权人可以请求继承人分给其适当数额的被继承人遗产的权利。给付受领权,是指遗产酌分权人接受并保持酌分所得遗产的权利。保护请求权,是指继承开始后继承人不履行义务或者其他侵害酌分权人请求权的行为发生时,权利人有权请求人民法院保护其权利顺利实现的权利。

诚然,继承必须以血缘、婚姻关系为基础,遗嘱自由必须获得尊重,这是继承所信守的准则。但近现代以来,以苏联为代表的极少数国家,基于不同的利益需要,将曾与被继承人存在一定扶养关系的非婚姻、非血缘关系之人纳入继承人范围,以此发挥社会保障制度的替代功能,缓解社会压力。当然,实行类似制度的国家并不多,且大部分国家并未将此类人纳入继承人范围,而是适用遗产酌分请求权。而通过遗产酌分请求权对特定非继承人的利益进行保护已在部分国家成为共识。

在与继承原理不冲突的情况下,以遗产酌分请求权的方式对与被继承人存在扶养关系的人进行遗产利益保护,基于符合被继承人死后的扶养思想及扶养行为报偿理论的功能。即凡与被继承人曾存有特定扶养关系的人,如果其为被继承人的配偶或亲密血亲,其将以法定继承人的身份获得继承权;如果其为法定继承人却因继承顺序在后而不能成为继承人,或者虽为被继承人的血亲但因关系较远而未被列入法定继承人范围,或与被继承人无任何血缘关系,但其缺乏劳动能力又没有生活来源且一直依靠被继承人扶养,或者曾对被继承人扶养较多,即可通过遗产酌分请求权获得适当的遗产以维持生活之需或作为其扶养行为的报偿。

第三节　历史沿革

遗产酌分请求权制度,并非继受外国立法例,而是沿袭我国的固有制度。[①] 关注其制度

---

① 林秀雄:《继承法讲义》,台湾元照出版有限公司 2005 年版,第86页。

的演进与变化,对于了解、认知该制度的价值具有意义。

一、古代法的规定

我国明代《问刑条例》规定:"若义男女婿为所后之亲喜爱者,听其相为依倚,不许继子并本生父母用计逼遂,仍大明令分给财产。"[1]即如果义子或者女婿尽了赡养义务并且深得其赡养送终的长辈喜爱,就可以获得相应的财产。《大清律例》中也有类似的规定,如"凡乞养异姓义子有情愿归宗者,不许将分得财产携回本宗。其收养三岁以下遗弃之小儿,仍依律即从其姓,但不得以无子遂立为嗣。仍酌分给财产,俱不必勒令归宗。如有希图觅财冒认归宗者,照律治罪"。[2]

二、近现代法的规定

有关遗产酌给请求权的近现代规定,最早出现于1911年《大清民律草案》中,并将遗产酌分制度扩大到扶养关系,其第1469条似规定:"乞养义子,或收三岁以下遗弃小儿,或赘婿素与相为依倚着,得酌给财产,使其承受。"[3]即收养的义子、三岁以下的孩童或者赘婿,如与被继承人相互依靠生活,可以酌情分给其适当的遗产。

1927年修成的《民国民律草案》第1314条规定:"养子或赘婿素与相为依倚者,于继承开始时,得请求酌给遗产归其继承。"第1340条至第1342条用三个条文分别规定了三类遗产酌给情形,即"所继人之亲女"之酌给、"养子或赘婿素与相为依倚者"之酌给、"所继人之妻"按需酌提。

1930年颁布的《民国民法典》第1149条规定:"被继承人生前继续扶养之人,应由亲属会议依其所受扶养之程度及其他关系,酌给遗产。"1933年院字第851号解释认为:"妻依民法第1147条继承夫之遗产,即属妻之所有,带产出嫁,并无限制。"至无嗣之寡妻及其收养之子女,关于其翁姑之遗产,依《民法》第1140条,并无为其夫或其养父母代位继承之权,但得依《民法》第1149条酌给遗产。

1949年中华人民共和国成立后,我国借鉴苏联经验对我国遗产酌分请求权制度进行了立法设计。1984年8月30日《最高人民法院关于贯彻执行民事政策法律若干问题的意见》第43条、1985年《继承法》等都规定了遗产酌分请求权制度。

第四节　法条诠释

如何理解《继承法》第14条的规定,关系到其立法设计与具体适用。明确该权利的构成与行使条件,便于解决相关的纠纷。

一、遗产酌分请求权的主体

遗产酌分请求权人,须为被继承人生前扶养或者扶养被继承人的人。被继承人生前扶

---

[1]　怀效锋点校:《大明律》,法律出版社1999年版,第369页。

[2]　田涛、郑秦点校:《大清律例》,法律出版社1999年版,第179页。

[3]　杨立新:《大清民律草案、民国民律草案》,吉林人民出版社2002年版,第188页。

养或者扶养被继承人的人,无须限于法定扶养义务人的范畴,只要事实上形成扶养关系即可。[①]

依现行《继承法》第 14 条的规定,遗产酌分请求权人包括两类:一类是依靠被继承人扶养的缺乏劳动能力又没有生活来源的人;另一类是扶养被继承人的人。对于"既缺乏劳动能力又没有生活来源"的人,从维持其生活需要以及保障遗产债权人利益的角度出发,应在遗产债权优先分配的前提下,酌分"双缺乏人"以适当的遗产。对于扶养被继承人的人,基于权利与义务相一致的原则而赋予其遗产酌分请求权。

二、被继承人(扶养人)未为相当的遗赠

若被继承人对其生前扶养的人,或者扶养人生前对被继承人有相应的遗赠,那么,则无须再赋予这些主体以遗产酌分请求权。关于如何判定"数量上相当的遗赠",可根据当事人的具体情况加以判断。

三、酌分遗产的数额

关于酌分遗产的数额,我国《继承法》未作明确的规定。通常情况下,应参酌相关因素。具体而言,受扶养人的遗产酌分数额,主要由两个因素决定:一是受扶养人生活、学习的实际需要;二是被继承人的遗产数额。扶养人的遗产酌分数额,应斟酌两个因素:一是扶养人对被继承人所尽义务的大小。"义务大小",应当综合经济、劳务、精神等方面的付出进行全面的考虑。即所尽义务多,则适当多分;反之,则少分。二是被继承人的遗产数额。即遗产较多,则可多分;反之,则少分。[②]

四、遗产酌分请求权主体的特定条件要求

根据我国《继承法》第 14 条的规定,遗产酌分请求权主体只有符合相应的条件,才能具有遗产酌分的资格。

(一)受扶养人的遗产酌分条件

在通常情况下,受扶养人的遗产酌分请求权应具备下列条件:一是受扶养人必须是继承人以外的人;二是受扶养人依靠被继承人扶养的事实状态必须持续到继承开始;三是受扶养人缺乏劳动力;四是扶养人没有生活来源;五是受扶养人未受相当的遗赠。[③]

在上述要件中,除共性要件外,尤其要关注受扶养人的特殊要件,即其须既缺乏劳动能力又没有生活来源。关于是否缺乏劳动能力,应当依据事实状态来判断。如因为未成年而尚未取得或尚未完全取得劳动能力;因年老、病残等原因,全部或部分丧失劳动能力。而是否缺乏劳动能力,应以继承开始的时间为判断的时间标准。[④] 关于没有生活来源,则指:一

---

① 史尚宽:《继承法论》,中国政法大学出版社 2000 年版,第 167 页。

② 蓝承烈、杨震主编:《继承法新论》,黑龙江教育出版社 1993 年版,第 120～125 页。

③ 蓝承烈、杨震主编:《继承法新论》,黑龙江教育出版社 1993 年版,第 120～123 页。

④ 蓝承烈、杨震主编:《继承法新论》,黑龙江教育出版社 1993 年版,第 123 页。

是没有相当的财产;二是无相当的收入;三是无扶养义务人或扶养义务人无力承担扶养义务。①

(二)扶养人的遗产酌分条件

在通常情况下,扶养人的遗产酌分请求权应具备下列条件:一是扶养人必须是继承人以外的人;二是扶养人对被继承人进行事实上的扶养;三是扶养人对被继承人尽的扶养义务较多;四扶养人未受相当的遗赠。②

在上述要件中,除共性要件外,尤其要关注扶养人的特殊要件,即其须对被继承人所尽义务较多。"所尽义务较多",具体理解为:一是所尽义务的形式,不能单纯理解为支付一定的财产,还须考虑劳务和精神的付出。二是所谓较多,可以是与继承人所尽义务相比较,也可以是以被继承人的实际需要为标准,更可以以人们的一般观念为标准。③

关注遗产酌分请求权主体的特定要件,可准确把握《继承法》第14条的适用,更好地维护民众的继承权益。

五、适用条件

结合生活实际,遗产酌分请求权应统一适用于以下三类扶养行为。④

(一)非法定扶养行为

我国法定继承人的范围较窄,即除配偶外,继承人的范围往往限制在两等亲以内直系血亲和旁系血亲之间。所以,符合《继承法》第14条规定的遗产酌分请求权人,可能是被继承人的其他血亲或姻亲。因此,只要是继承人以外的人,只要其与被继承人、受扶养人形成事实上的扶养关系,就可获得酌分的遗产,而无须以彼此是否具有法定扶养关系为必要。

(二)同居扶养行为

随着社会的发展,非婚同居作为一种生活方式已经大量出现。且越来越多的国家承认同居关系具有一定的法律效力。故基于同居而形成的扶养关系,只要符合《继承法》第14条规定的条件,彼此之间应享有遗产酌分请求权。

(三)姻亲扶养行为

符合《继承法》第12条规定的姻亲——丧偶儿媳及丧偶女婿,可以作为第一顺序法定继承人。而不符合《继承法》第12条的规定,但符合《继承法》第14条规定的姻亲,则可以享有遗产酌分请求权。故姻亲之间的扶养行为,同样可以成为遗产酌分请求权的基础。

---

① 蓝承烈、杨震主编:《继承法新论》,黑龙江教育出版社1993年版,第123页。
② 蓝承烈、杨震主编:《继承法新论》,黑龙江教育出版社1993年版,第124~125页。
③ 蓝承烈、杨震主编:《继承法新论》,黑龙江教育出版社1993年版,第125页。
④ 和丽军:《对遗产酌给请求权的反思与重构》,载《法治研究》2013年第10期。

六、典型案例

【案例一】

四川省高级人民法院

民　事　裁　定　书

(2015)川民申字第 396 号

再审申请人(一审被告、二审上诉人):阳某某,女,汉族,1943 年 4 月 29 日出生。

委托代理人:何英(系阳某某之侄儿媳妇),女,汉族,1965 年 10 月 5 日出生。

委托代理人:朱联(系阳某某之侄女),女,汉族,1959 年 12 月 4 日出生。

被申请人(一审原告、二审被上诉人):谢某某,女,汉族,1963 年 2 月 28 日出生。

一审第三人:资阳市凯利建设投资有限责任公司。住所地:四川省资阳市雁江区政府西路××号。

法定代表人:李国军,该公司总经理。

再审申请人阳某某因与被申请人谢某某、一审第三人资阳市凯利建设投资有限责任公司因共有物分割、遗赠抚养协议纠纷一案,不服四川省资阳市中级人民法院(2013)资民终字第 597 号民事判决,向本院申请再审。本院依法组成合议庭对本案进行了审查,现已审查终结。

阳某某申请再审称:(1)原判决超出诉讼请求。本案谢某某的诉讼请求是要求享有吴某某 84% 份额的房产,即共建房屋应分 50% 份额,法定继承 17% 份额,吴某某遗赠的其继承吴某某的 17% 份额,并没有以非继承人身份提出分割 50% 份额房产的诉讼请求。二审判决认定谢某某是"继承人以外的对被继承人扶养较多的人",判决分割 50% 的房产,超出本案的诉讼请求,违反"不告不理"的民事诉讼原则。(2)二审判决认定谢某某对吴某某"扶养较多",缺乏证据证明。①本案没有直接证据证明谢某某"扶养较多",遗产应当由阳某某继承。被继承人吴某某一岁时父母双亡,是其叔吴某某与阳某某共同将其抚养成人。阳某某抚养吴某某 18 年,将其从幼儿抚育成人。而谢某某未离婚便以夫妻名义与吴某某同居 3 年,谢某某一直闲居家中,由吴某某养活。因此,要证明谢某某的扶养较多,应当提供其扶养吴某某的时间比阳某某扶养时间长的证据,提供其对吴某某付出的生活生存费用、教育费用等比阳某某所付出的更多的证据,提供其承担吴某某医疗费用及办理其后事安葬的证据。但是,谢某某没有相应的证据证明。②本案的证据不能证明"扶养较多"的认定。二审判决作出"扶养较多"认定所依据的是村委会的证明、任某某的证言和联名证明三份证据,这三份证据均不符合法律规定,不能采信。(3)二审判决认定的事实不能证明"扶养较多"的认定。阳某某依照《中华人民共和国民事诉讼法》第 200 条第 2 项、第 11 项的规定申请再审。

本院认为:因吴某某父母双亡后即随阳某某和吴某某夫妻生活,吴某某与阳某某和吴某某形成了养父母子女关系。谢某某与吴某某因未办理结婚登记手续即同居生活,也不符合事实婚姻的构成要件,因此谢某某与吴某某双方形成同居关系。吴某某病逝后,阳某某和吴某某为其法定继承人。谢某某虽不是吴某某的法定继承人,但在双方同居期间,谢某某对患病而丧失劳动能力的吴某某,承担了日常生活的照料、病逝后的安葬等责任,尽了较多义务。谢某某提供了资阳市雁江区宝台镇黄泥村村委会证明、该村十七社及村民联名证明、证人任某某的证言,证实其对丧失劳动能力的吴某某,承担了日常生活的照料、病逝后的安葬等责任,尽了较多义务。阳某某提出谢某某对吴某某未尽较多义务,但未提供证据予以证实。依照《中华人民共和国继承法》第 14 条:"对继承人以外的依靠被继承人扶养的缺乏劳动能力又没有生活来源的人,或者继承人以外的对被继承人扶养较多的人,可以分配给他们适当的遗产"和《最高人民法院关于贯彻执行〈中华人民共和国继承法〉若干问题的意见》第 31 条"依继承法第十四条规定可以分给适当遗产的人,分给他们遗产时,按具体情况可多于或少于继承人"的规定,二审法院确认谢某某可分割吴某某 50% 的遗产正确。

谢某某提出的确认其系讼争房屋共有人的诉讼请求不成立,被一审法院判决驳回。谢某某提出的分割讼争房屋的诉讼请求成立,但因该房屋被拆迁,一审法院对原房屋的替代补偿物进行分割,并未超出谢某某的诉讼请求。因此阳某某关于原审判决超出本案的诉讼请求的申请再审理由,不能成立,本院不予支持。

综上所述,阳某某的再审申请不符合《中华人民共和国民事诉讼法》第 200 条第 2 项、第 11 项规定的情形。依照《中华人民共和国民事诉讼法》第 204 条第 1 款之规定,裁定如下:

驳回阳某某的再审申请。

[裁判要旨]谢某某虽不是吴某某的法定继承人,但在双方同居期间,谢某某对患病而丧失劳动能力的吴某某尽了较多义务。谢某某提供了其尽到相应义务的证明。阳某某提出谢某某对吴某某未尽较多义务,但未提供证据予以证实。依照《继承法》第 14 条"对继承人以外的依靠被继承人扶养的缺乏劳动能力又没有生活来源的人,或者继承人以外的对被继承人扶养较多的人,可以分配给他们适当的遗产",以及《继承法意见》第 31 条"依继承法第十四条规定可以分给适当遗产的人,分给他们遗产时,按具体情况可多于或少于继承人"的规定,二审法院确认谢某某可分割吴某某 50% 的遗产。

【案例二】

山东省滨州市中级人民法院

民　事　判　决　书

(2016)鲁 16 民终 1744 号

上诉人(原审被告):朱某。

委托诉讼代理人:杨克民,山东宏臣律师事务所律师。

被上诉人(原审原告):祝某甲。

被上诉人(原审原告):祝某乙。

以上两被上诉人委托诉讼代理人:杨卫华,山东兵圣律师事务所律师。

上诉人朱某因与被上诉人祝某甲、祝某乙法定继承纠纷一案,不服惠民县人民法院(2015)惠民初字第 1733 号民事判决,向本院提起上诉。本院于 2016 年 8 月 29 日受理后,依法组成合议庭审理了本案,现已审理终结。

朱某的上诉请求:请求撤销一审判决第二项;依法确认上诉人有权对涉案遗产 41091.60 分得相应份额,并依法分割,或发回重审;一、二审诉讼费用由被上诉人负担。

事实和理由：一审法院认定事实有误。王金玲与上诉人的父亲朱新民××××年××月登记结婚，双方均系再婚。因发生安全事故，朱新民被判刑坐牢，王金玲便通过法院起诉离婚，最后法院判决离婚。朱新民出狱后，仍然和王金玲同居生活在一起，和没离婚一样，上诉人对他们离婚不知情，把王金玲当作继母对待孝敬，在日常生活中予以照顾，过年过节去探望，并给他们一定的生活费用。特别是自2014年2月到王金玲去世，王金玲因病住院四次，在这四次住院期间都是上诉人和家人对其护理照顾，无论在物质上和精神上对其都尽到了赡养义务。而两被上诉人作为王金玲的亲生儿子，远在苏州，平时几乎没有来看望过王金玲，更不用说对王金玲尽赡养义务了，在王金玲临近去世的时候才从苏州赶来，前三次王金玲住院护理根本没有参与。上诉人有大量的证据证实，根据《中华人民共和国继承法》第14条的规定，上诉人作为继承人之外的对被继承人扶养较多的人，有权分得王金玲的部分遗产。一审法院却没有依据案件事实和相关法律规定，依法分割涉案遗产，剥夺了上诉人分得遗产的权利，所做的判决显然不当，应该予以撤销。

祝某甲、祝某乙辩称：一审判决认定事实清楚，适用法律正确，审判程序合法，判决结果公正。请求二审法院驳回上诉，维持原判。争议的遗留统筹支付金应当参照遗产处理。我方提供的缴费明细单和惠民县信用社交易明细足以证实生母王金玲交费的细节，该证据来源合法，与案件事实联系紧密，证明力较强，上诉人没有按照规定提交相应的证据和材料，其主张没有事实和法律依据。

祝某甲、祝某乙向一审法院的诉讼请求：判决争议的统筹支付金49091.60元归其所有；本案诉讼费由朱某承担。

一审法院认定事实：祝某甲、祝某乙系兄弟关系。祝某甲、祝某乙的母亲王金玲（身份证号码××）与其父亲祝宝春于2001年4月19日经金昌市金川区人民法院判决离婚。××××年××月××日，王金玲与朱某之父朱新民登记结婚，婚后无子女，双方均系再婚。2006年7月27日，朱新民以危险品肇事罪被一审法院判处有期徒刑两年，刑期自2006年4月20日起至2008年4月19日止。2006年9月28日，王金玲向一审法院提起离婚之诉，要求与朱新民离婚。2006年12月8日，一审法院作出(2006)惠民一初字第1376号民事判决书，判决："一、准予王金玲与朱新民离婚；二、夫妻共同财产'北京五星牌'摩托三轮车一辆价款2500元，由王金玲付给朱新民1250元。"朱新民不服该判决，上诉至滨州市中级人民法院。2007年5月28日，滨州市中级人民法院作出(2007)滨中民一终字第112号民事判决书，判决："一、维持惠民县法院(2006)惠民一初字第1376号民事判决书；二、王金玲于判决生效之日后十日内付给朱新民房屋款3200元。"朱新民出狱后，又继续与王金玲共同生活，但未办理复婚登记手续。2015年4月15日，王金玲因病医治无效死亡。

一审法院认为，本案案由应为法定继承纠纷。祝某甲、祝某乙母亲王金玲在住院治疗期间共支付费用79000元，诉争双方均认可祝某甲、祝某乙支付25000元，对其余54000元的出资情况双方存有争议。朱某辩称该54000元均为其支付，祝某甲、祝某乙主张该54000元中，朱某仅支付8000元，其余46000元系王金玲自己支付，但双方均未提供证据予以证明，经综合分析，认定王金玲在滨州市中心医院住院治疗期间支出的医疗费79000元中，祝某甲、祝某乙支付25000元，朱某支付8000元，王金玲本人支付

46000 元。遗产是公民死亡时遗留的个人合法财产,故王金玲身故后在滨州留有49091.60 元,应为王金玲的遗产。继承遗产应当清偿被继承人依法应当缴纳的税款和债务。朱某对王金玲无法定赡养义务,其所支付的 8000 元医疗费应为王金玲的个人债务,应该从王金玲遗产中予以偿还。王金玲遗产 49091.60 元偿还被告 8000 元后剩余的 41091.60 元,应该由祝某甲、祝某乙继承。庭审中,朱某称其在王金玲住院期间尽了大量的照顾义务,在分割遗产时应当继承相应的份额,但未提供证据予以证明,故对朱某的该辩解意见不予采信。依照《中华人民共和国继承法》第 2 条、第 5 条、第 10 条、第33 条,《最高人民法院关于民事诉讼证据的若干规定》第 2 条之规定,判决如下:"一、被继承人王金玲在滨州市中心医院的统筹支付金 49091.60 元由祝某甲、祝某乙继承,祝某甲、祝某乙于本判决生效之日起五日内支付朱某 8000 元;二、驳回祝某甲、祝某乙对朱某的其他诉讼请求。案件受理费 1027 元,由祝某甲、祝某乙负担 200 元,由朱某负担827 元。"

二审中,上诉人朱某提交自 2014 年 2 月到 2015 年 4 月王金玲住院四次的病历,用以证实王金玲住院四次均由上诉人送院治疗并陪护,尽到了赡养的义务;活期账号交易单一份,用以证实上诉人曾将活期存单交付王金玲,用于其日常的开支和生活,对王金玲尽到了赡养义务;申请证人羊某、姜居新作证。被上诉人祝某甲、祝某乙质证认为,被上诉人母亲王金玲确实患病曾住院治疗,但四份病历不能证实朱某尽到主要赡养义务,银行交易单没有加盖银行的公章,不能证实其真实性和合法性,也无法证实该笔款项由王金玲取得,证人证明内容不真实,王金玲生前有较为稳定的收入,其生病前生活能自理无须人照顾。本院经审查认为,两名证人证言中关于朱某对王金玲照顾的陈述与王金玲住院病历相互印证,应作为证据予以采信,可以证实朱某与王金玲并未共同生活,但曾对王金玲进行赡养。活期交易单无法证实与本案的关联性,本院不予采信。本院对一审查明的其余事实予以确认。

本院认为,本案中朱某在父亲朱新民与王金玲结婚时早已成年,未与王金玲形成抚养关系,朱某并非王金玲的法定继承人,其请求分得可作为遗产处理的统筹支付金49091.60 元,需举证证实其对被继承人扶养较多。朱某提交的证据可以证实其对王金玲曾进行扶养,但是因朱某的父亲已经于 2007 年与王金玲诉讼离婚,而朱某也并未实际与王金玲共同生活,且现有的证据也不能证实王金玲住院期间,朱某对其进行了长期的护理和照顾,结合其支出的医疗费金额的占医疗费支出总额的比例较低,故不能推定其对王金玲扶养较多,其要求分割遗产的诉求本院不予支持。综上所述,一审法院认定事实清楚,适用法律正确,本院予以维持,依照《中华人民共和国民事诉讼法》第 169 条、第 170 条第 1 款第(1)项、第 175 条之规定,判决如下:

驳回上诉,维持原判。

二审案件受理费 1027 元,由上诉人朱某负担。

本判决为终审判决。

[裁判要旨]朱某在父亲朱新民与王金玲结婚时早已成年,未与王金玲形成抚养关系,朱某并非王金玲的法定继承人,其请求分得可作为遗产处理的统筹支付金,需举证证实其对被继承人扶养较多。但现有的证据不能证实王金玲住院期间,朱某对其进行了长期护理和照

顾,结合其支出的医疗费金额占医疗费支出总额的比例较低,故不能推定其对王金玲扶养较多,其要求分割遗产的诉求本院不予支持。

【案例三】

黑龙江省哈尔滨市中级人民法院
民 事 判 决 书

(2014)哈民一民终字第272号

上诉人(原审原告):马悦,男,1985年9月12日出生,汉族,上海市航天局第803研究所焊接工,住上海市浦东新区沪南公路3468弄××号×××室。

上诉人(原审原告):潘石鞭,女,1993年11月26日出生,汉族,南通大学建筑工程学院建筑系学生,住该校学生宿舍。

二上诉人委托代理人:孙晓明,黑龙江法联律师事务所律师。

上诉人(原审被告):孙德友,男,1962年10月4日出生,汉族,无职业,住哈尔滨市香坊区安埠小区102号×单元×××室。

委托代理人:付广起,黑龙江美盛泰富律师事务所律师。

上诉人马悦、潘石鞭及上诉人孙德友因继承纠纷一案,不服哈尔滨市香坊区人民法院(2013)香民一初字第436号民事判决,向本院提起上诉。本院于2014年3月26日受理后,依法组成合议庭,于2014年5月13日公开开庭进行了审理。上诉人马悦及其委托代理人孙晓明,上诉人潘石鞭的委托代理人孙晓明,上诉人孙德友及其委托代理人付广起到庭参加诉讼。本案现已审理终结。

马悦、潘石鞭在一审诉称:被继承人石瑜因病于2013年4月8日去世,留有遗产房产一处(位于香坊区安埠小区×××号)、现金71000元(孙德友提出)、住房公积金约100000元、银行卡存款、股票基金若干(提供线索待查)、家具家电和大量纪念币(由孙德友带走持有)。石瑜早年短婚未育,无子女,于1998年5月27日立下遗嘱,遗嘱内容为"在我没有结婚之前,我有意外的话需要我姐姐石敏、妹石良为我料理后事,我所有的财产由马悦(石敏儿子)继承百分之六十,由潘石鞭(石良女儿)继承百分之四十。如果我结婚以后,此遗嘱无效"。石瑜一直未婚,后认识孙德友,并建立恋爱关系。石瑜去世后,马悦、潘石鞭要求按遗嘱约定继承遗产,孙德友不同意并主张其自己也有权利继承部分财产,双方发生争议,故诉至法院,请求依法判令马悦、潘石鞭继承:"1.位于哈尔滨市香坊区安埠街×××号住房;2.银行存款人民币307000元,美元345.47元;3.基金12种,现值290236元;4.住房公积金108115.52元;5.丧葬费、抚恤金10000元;6.企业年金约13000~20000元;7.养老保险账户余额44124.98元;8.医疗保险账户剩余4500元;9.孙德友欠款71000元,以上共计847354.35元(不包括房产);10.石瑜的身份证、工资卡、死亡证明应返还给马悦、潘石鞭。"

孙德友在一审辩称:孙德友与石瑜的共有财产作为遗产侵犯了孙德友的利益。孙德友与石瑜以夫妻名义共同生活了15年,积累了大量共有财产,包括存款及基金。孙德友于1998年6月经人介绍与石瑜相识恋爱,当时双方均系离婚,因双方感情较好并以夫妻名义同居。孙德友开洗衣店10年,1997年10月份至2007年将洗衣店出兑,石瑜上班。双方积累了存款、基金等及共同房产。涉案住房系孙德友与石瑜共同出资购买,孙德友出资 25000 元,石瑜出资 22000 元。双方出资装修,一直由双方共同居住。石瑜住院后,孙德友拿出前妻留下的 120000 元用于住院花销,后石瑜将剩余的 70000 元交给孙德友。石瑜去世后,孙德友为其办理了后事,均系孙德友出资。如今马悦、潘石鞿以石瑜所立遗嘱为由要求分割共同财产,却将石瑜与孙德友的共同财产作为遗产进行分割,侵犯了孙德友的权益。根据最高人民法院《关于人民法院审理未办结婚登记而以夫妻名义同居生活案件的若干意见》第 10 条的规定,解除非法同居关系时,双方共同所得和购置的财产按一般共有处理,故双方同居期间的财产应按一般共同财产处理。共同关系终止时有协议的按协议,没有协议按等份处理,故石瑜的财产,孙德友有一半的权利,至少应分得住房、存款、基金的一半。孙德友有权按《继承法》第 14 条的规定,适当分得石瑜的遗产。70000 元不属于遗产,该款是孙德友怕住院费不够,从前妻留给孩子的 110000 元中拿出给石瑜住院用的,但石瑜返还给了孙德友。用于石瑜丧葬费的 70000 元,应从遗产中扣除。

一审判决认定:马悦系石瑜姐姐石敏的儿子,潘石鞿系石瑜妹妹石良之女,孙德友与石瑜系同居关系。

1998 年 5 月 27 日,石瑜留有一份遗嘱:"在我没有结婚之前,我有意外的话(因为工作意外除外),需要我姐石敏、妹石良为我料理后事,我所有的财产由马悦继承百分之六十,由潘石鞿继承百分之四十。如果我结婚以后,此遗嘱无效。"

1999 年 12 月 6 日,石瑜以 24221 元的价格买断位于哈尔滨市香坊区安埠小区×××号 5 单元 401 室住房,建筑面积 67.29 平方米。

2013 年 4 月 8 日,石瑜去世,之前其一直未结婚。

孙德友于 2013 年 4 月 8 日将存在石瑜名下的存款中提取 142000 元,大部分为石瑜治疗及办理葬礼支出,现剩余 50000 元在孙德友处。

经查询:石瑜名下存款 307000 元、美元 345.47 元、基金 040002 华安中国 A 股现市值 29258.45 元、050001 博石价值增长基金现市值 13610.21 元、100039 富国通胀通缩现市值 4564.44 元、202101 南方宝元债券基金现市值 33422.84 元、270001 广发聚富现市值 46312.75 元、270006 广发策略优选现市值 59155.14 元、270007 广发大盘现市值 7526.26 元、310308 申万菱信盛利精选现价值 64700.33 元、481001 工银瑞信核心价值现市值 4326.89 元、481009 工银沪深 300 现市值 5136.56 元、483003 工银平衡现市值 5489.44 元、519018 添富均衡现市值 16738.87 元,总计 290242.18 无。住房公积金 108115.52 元、单位给付的丧葬费 4000 元、抚恤金 6000 元、企业年金 13000 元、个人账户中缴纳的养老保险 44124.98 元、个人账户的医疗保险剩余 4500 元。

马悦、潘石鞿与孙德友协商继承未果,马悦、潘石鞿于 2013 年 7 月诉至法院。

一审判决认为:石瑜所立遗嘱有效,根据《继承法》第 16 条的规定,马悦、潘石鞿均不是石瑜的法定继承人,故该遗嘱的性质应为遗赠。石瑜死亡后,继承开始。继承开始后,马悦、潘石鞿作为受遗赠人即向孙德友主张权利,作出接受遗赠的表示,符合《继承法》第 25 条的规定,故本案应按遗赠处理。关于遗产的范围,孙德友与石瑜为同居关系。最高人民法院《关于人民法院审理未办结婚登记而以夫妻名义同居生活案件的若干意见》第 10 条规定:"同居生活期间双方共同所得的收入和购置的财产,按一般共有财产处理。"现诉争之房产、存款、基金均登记在石瑜名下,孙德友不能证明上述财产为共同生活期间共同所得的收入和购置的财产,故孙德友提出的上述财产为共同财产的主张不成立。孙德友提出的其从前妻留给孩子结婚用款中支出 120000 元存入石瑜账户,石瑜手术后将剩余的 70000 元退回给孙德友的主张,证据不足,不予支持。根据石瑜的遗嘱,其后事应由其姐妹即马悦、潘石鞭母亲料理,实际上由孙德友办理并支出一定的费用,故办理石瑜丧事的费用应从遗产中扣除,给付孙德友。孙德友提出的支付丧事费用 21413.20 元相对合理,该院予以确认。因孙德友在石瑜住院期间及死亡前对石瑜承担了较多的扶养义务,且为石瑜料理了后事,现又要求继承遗产,符合最高人民法院《关于人民法院审理未办结婚登记而以夫妻名义同居生活案件的若干意见》第 13 条及《继承法》第 14 条之规定的情况,可以分得适当的遗产。综上所述,遗产具体处理如下:石瑜剩余存款 50000 元(在孙德友处)、丧葬费 4000 元、抚恤金 6000 元、企业年金 13000 元、医疗保险 4500 元归孙德友所有。孙德友支出的丧葬费用自己承担。石瑜存款 307000 元、美元 340.47 元、基金(12 种)现市值 290242.18 元、住房公积金 108115.52 无、养老保险 44124.98 元及位于哈尔滨市香坊区安埠小区×××号 5 单元 401 室一处住房由马悦继承 60%,潘石鞭继承 40%。关于马悦、潘石鞭称在孙德友处家具家电及大量纪念品问题,因马悦、潘石鞭没有出示证据证实家具家电及纪念品的存在,故马悦、潘石鞭的该项主张,不予认定。

一审法院依照《中华人民共和国继承法》第 14 条、第 16 条第 2 款、第 17 条第 2 款、第 25 条、《最高人民法院关于人民法院审理未办结婚登记而以夫妻名义同居生活案件的若干意见》第 10 条、第 13 条之规定判决:"一、石瑜名下存款 307000 元、美元 340.47 元、住房公积金 108115.52 元、养老保险 44124.98 元,由马悦继承 60%,潘石鞭继承 40%;二、石瑜名下基金(12 种)现市值 290242.18 元,由马悦继承 60%,潘石鞭继承 40%;三、位于哈尔滨市香坊区安埠小区×××号 5 单元 401 室住房一处,由马悦继承 60%,潘石鞭继承 40%;四、石瑜现金 50000 元(在孙德友处)、丧葬费 4000 元、抚恤金 6000 元、企业年金 13000 元、医疗保险 4500 元归孙德友所有;五、驳回马悦、潘石鞭与孙德友其他诉讼请求。案件受理费 15861 元(马悦、潘石鞭已预交),由马悦、潘石鞭承担 14123 元,孙德友承担 1738 元。"

宣判后,马悦、潘石鞭及孙德友均不服上述判决,提出上诉。

马悦、潘石鞭向本院提起上诉称:"一、一审判决第四项依据的事实不清。石瑜丧事并非由孙德友料理,马悦、潘石鞭及家人(石瑜姐姐石敏、妹妹石良还有石瑜哥哥等人)均为石瑜葬礼支出相关费用,冥物用品及石瑜墓地支出款项均由马悦、潘石鞭一方承担,孙德友并未实际支出相关费用。二、孙德友在石瑜病逝前从石瑜银行卡上转账 50000 元,是不当得利之债,故石瑜生前享有对孙德友 50000 元债权,该 50000 元债权属遗产范围;孙德友在石瑜病逝后从石瑜银行卡上提出 21000 元现金,这是非法占有遗产行为,应判令孙德友退回以上 71000 元遗产,交由马悦、潘石鞭继承。三、石瑜单位依相关政策支付的 6000 元抚恤金应给予石瑜近亲属,以使石瑜近亲属因失去亲人而得到抚恤;4000 元丧葬费应支付给料理石瑜丧事的马悦、潘石鞭及其家人;石瑜企业年金 13000 元和医疗保险 4500 元属于遗产范围,应由马悦、潘石鞭继承。孙德友既不是石瑜近亲属,也不是石瑜丧事料理人,更不是遗产继承人,故其无权取得上述财产。四、根据石瑜的《遗嘱》,其后事应由姐姐石敏(马悦母亲)和妹妹石良(潘石鞭母亲)料理,但孙德友在石瑜死亡后一直持有石瑜的工资卡、身份证、《死亡证明》，不交予马悦、潘石鞭一方，致使石瑜家人无法料理其后事；石瑜的工资卡、身份证也是石瑜财产凭证的一部分，孙德友无理持有，导致马悦、潘石鞭无法实现遗产继承权益。马悦、潘石鞭要求其返还是有理有据的，一审判决未予支持错误。请求：撤销一审判决第四项、第五项，并依法改判。"

孙德友向本院提起上诉称："一、一审判决认定事实不清。孙德友与石瑜于1998年6月经他人介绍相识并恋爱，不久便以夫妻名义同居生活，直至2013年4月8日石瑜因病死亡，共同生活已达15年之久。同居生活期间，双方感情较好，孙德友因工伤在家开洗衣店，石瑜正常上班。2007年期间，双方协商将洗衣店出租他人经营，至此二人经营洗衣店10年，共同积累了一定数量的共同财产，包括共同购买的房产、存款、基金以及生活物品。此后双方除工作获取收入外，还靠出租两处房产及工资获取收入，均在石瑜的名下保管，积累的存款多由石瑜用于购买基金等。同居生活期间，于1998年共同出资购买了石瑜工作单位的房改售房一处，即坐落于哈尔滨市香坊区安埠小区×××号5单元401室房屋，当时由孙德友出资25000元，石瑜出资22000元，且买断产权后一直由孙德友与石瑜共同居住。从以上事实可以看出，石瑜于1998年与孙德友同居时，根本没有大量的存款，现有的存款均是孙德友与石瑜同居生活期间积累起来的，应当认定为共同财产。二、石瑜住院期间，孙德友从自己的账户中取出120000元，直接转入石瑜的账户110000元，其余10000元用于石瑜看病支出，一审判决对此未予认定错误。三、孙德友有权按《继承法》第14条的规定，适当分配石瑜的遗产。请求：撤销一审判决并依法改判。"

马悦、潘石鞭及孙德友双方均不认可相对方的上诉主张。

在二审中，孙德友举示如下证据：中国工商银行哈尔滨红旗储蓄所2013年4月2日个人存单2份、牡丹灵通卡2013年4月2日明细清单1份。意在证明孙德友从个人账户支取80000元用于转入石瑜账户70000元、支付石瑜医疗费用10000元以及支取40000元用于支付石瑜医疗费用的事实。同时申请本院对上述事实进行调查。

马悦、潘石鞭的质证意见为：对真实性有异议，认为不是原件。对证明内容有异议，认为仅能证明孙德友支取钱款，并不能证明用于石瑜住院及花销。

本院认证意见为：对孙德友举示的个人存单及灵通卡明细，仅能够证明孙德友在此期间从银行支取现金的事实，无法认定孙德友将该款用于石瑜的住院及医疗花销，故本院对该证据的证明效力不予采信。关于申请本院调查问题，因为根据通常惯例，孙德友如将钱款通过银行（ATM机）存入石瑜账户或用于石瑜的住院花销，银行（ATM机）或医院都将出具收款票据对该事实予以确认，而孙德友在诉讼期间并未举示其交款的票据证明其所主张的事实存在，况且该申请调查的内容亦不属于人民法院收集、调查取证的范围，故本院对其关于调查的申请不予准许。

马悦、潘石鞭在二审未举示新的证据。

本院经审理查明的事实与一审判决认定的事实相同。

本院认为：被继承人石瑜在生前立有遗嘱一份，双方对其真实性均无异议，本院予以确认。根据石瑜的遗嘱内容，马悦、潘石鞭均不属于石瑜的法定继承人，故石瑜的遗嘱应认定为遗赠，一审判决对此认定正确。现本案双方争议的主要焦点问题是石瑜名下的财产应否认定为石瑜与孙德友的共同财产,孙德友应否适当分得石瑜的部分遗产,孙德友从银行支取的 120000 元是否认定为用于石瑜的医疗花销。

关于石瑜名下的财产认定问题。孙德友与石瑜为同居关系的事实客观存在,虽然最高人民法院《关于人民法院审理未办结婚登记而以夫妻名义同居生活案件的若干意见》第 10 条对同居关系作出"同居生活期间双方共同所得的收入和购置的财产,按一般共有财产处理"的规定,但是由于孙德友在诉讼期间并未举示充分证据证明石瑜名下的财产为其与石瑜共同生活期间的共同所得,故仅凭孙德友的自述不足以认定石瑜名下的财产为孙德友与石瑜的共同财产,故孙德友上诉主张石瑜名下的财产为二人共同财产,理由不能成立,对其该项上诉主张,本院不予支持。

关于孙德友应否适当分得石瑜部分遗产的问题。根据《中华人民共和国继承法》第 14 条关于"对继承人以外的依靠被继承人扶养的缺乏劳动能力又没有生活来源的人,或者继承人以外的对被继承人扶养较多的人,可以分配给他们适当的遗产"的规定,孙德友与石瑜系同居关系,因此孙德友不属于是石瑜的法定继承人,但其与石瑜同居生活长达 15 年之久,应当认定双方各自对相对方均有较多的扶养,尤其是在石瑜身体患病后,马悦、潘石鞣以及亲属均在外地,通常情况下无法对石瑜进行照顾,其在诉讼期间也没有举示证据证明由其或亲属对石瑜予以照顾,又没有举示证据证明孙德友在此期间对石瑜存有遗弃或放任不管的行为,所以依据常理应当认定孙德友对石瑜进行了照顾,根据前述的法律规定,孙德友应当适当分得石瑜的部分遗产。因此,马悦、潘石鞣关于孙德友不应分得石瑜部分遗产的上诉主张,理由不能成立,对其该项上诉主张,本院不予支持。关于马悦、潘石鞣在该项上诉主张中提及的石瑜单位支付的 6000 元抚恤金不应判归孙德友所有的问题,该 6000 元抚恤金虽不属于石瑜的遗产,但孙德友与石瑜同居生活多年,一审判决在认定孙德友可以适当分得石瑜部分遗产的基础上,酌定将该 6000 元抚恤金判归孙德友所有,便于判决的履行,并无不当,故对马悦、潘石鞣所提出的各项上诉主张,本院不予支持。

关于孙德友上诉主张支取 120000 元用于石瑜住院及医疗花销,应从石瑜遗产中扣减 70000 元问题。经审查,马悦、潘石鞣在一审举示证据证明孙德友于 2013 年 4 月 6 日、4 月 8 日先后 2 次从石瑜账户中取款 71000 元,一审判决依据双方举示的证据以及双方在一审的庭审陈述认定孙德友于 2013 年 4 月 8 日从石瑜账户中支取 142000 元用于办理石瑜丧葬支出,剩余 50000 元在孙德友处。现孙德友上诉主张其于 2013 年 4 月 2 日支取 120000 元用于石瑜的住院及医疗花销,应从石瑜遗产中扣减 70000 元。首先,由于孙德友在诉讼期间仅举示证据证明其从银行支取 120000 元,并未举示证据证明该款就是用于石瑜的住院及医疗花销;其次,从前述认定的孙德友从石瑜账户中支取钱款的事实情况来看,亦不足以认定孙德友支取钱款就是用于石瑜住院及医疗花销;最后,孙德友与石瑜生前的经济往来,在没有充分证据证明且石瑜死亡的情况下,仅凭孙德友单方陈述并不能认定孙德友所主张的事实成立。故本院对孙德友的该项上诉主张不予支持。

关于马悦、潘石鞣在上诉中提及的请求孙德友返还石瑜的工资卡、身份证以及《死亡证明》等,一审判决综合考虑石瑜与孙德友共同生活多年,马悦、潘石鞣二人及其母亲等亲属均在外地等相关情况,在分配石瑜遗产时将涉及石瑜生前单位的相关费用判归孙德友所有,其余财产判归马悦、潘石鞭所有,充分考虑了双方的便利,符合客观实际。孙德友留存石瑜的工资卡、身份证以及《死亡证明》,亦方便办理上述费用,况且石瑜的工资卡、身份证以及《死亡证明》等,随着上述事宜的办理,也将失去原有的作用。故马悦、潘石鞭的该项上诉主张,理由不能成立,不予支持。

综上所述,一审判决认定事实清楚,适用法律正确。依照《中华人民共和国民事诉讼法》第 170 条第 1 款第(1)项之规定,判决如下:

驳回上诉,维持原判。

上诉审案件受理费 15861 元(马悦、潘石鞭预交 2262 元,孙德友预交 15861 元),由马悦、潘石鞭负担 2262 元,孙德友负担 13599 元。

本判决为终审判决。

[裁判要旨]根据《继承法》第 14 条关于"对继承人以外的依靠被继承人扶养的缺乏劳动能力又没有生活来源的人,或者继承人以外的对被继承人扶养较多的人,可以分配给他们适当的遗产"的规定,孙德友与石瑜系同居关系,因此孙德友不属于是石瑜的法定继承人,但其与石瑜同居生活长达 15 年之久,应当认定双方各自对相对方均有较多的扶养,尤其是在石瑜身体患病后,马悦、潘石鞭以及亲属均在外地,通常情况下无法对石瑜进行照顾,其在诉讼期间也没有举示证据证明由其或亲属对石瑜予以照顾,又没有举示证据证明孙德友在此期间对石瑜存有遗弃或放任不管的行为,所以依据常理应当认定孙德友对石瑜进行了照顾,根据前述的法律规定,孙德友应当适当分得石瑜的部分遗产。

第五节 理论争鸣

关于遗产酌分请求权,学界一直予以关注,并形成了不同的学术观点。关注此领域的理论争论,对完善我国的基础立法具有一定的价值。

一、权利基础厘定

遗产酌分与继承完全不同。继承权是一种法定权利,继承人当然享有。除非继承人明确表示放弃继承,否则视为接受继承。继承人对遗产的继承,既包含对积极遗产的继承;也包含对消极遗产的继承,即承担遗产债务。在分割遗产时,若是找不到个别继承人,也需在法定期间内为继承人保留相应的继承份额。而遗产酌分请求权制度是在非继承人符合法定条件时适当分得遗产的制度。遗产酌分请求权人只取得积极遗产,不承担消极遗产,即不承担遗产债务。在分割遗产时,若遗产酌分请求权人不提出诉讼,则遗产管理人或者继承人就没有义务确认遗产酌分情况是否存在。因此,遗产酌分请求权制度是一种非法定继承人在符合法定条件时取得遗产的权利。

我国《继承法》规定遗产酌分请求权的法理基础主要有两点:首先,基于被继承人意思的推定。即推定被继承人在死后为依靠被继承人扶养和扶养被继承人的人提供一定数额的遗产以维持他们的基本生活需要,这是理性被继承人可以推知的意思。其次,基于弱者的保护。即依靠被继承人扶养的人属"双缺乏人",且因被继承人的死亡而无法维持正常的生活条件。

二、权利性质争议

关于遗产酌分请求权的性质,学界有不同的观点:一是债权说;二是特殊性质权利说。

我国内地学者除部分坚持认为其权利性质为债权外,也有部分学者将其作为特殊性质的权利。如《继承法》第 14 条规定的是酌情分得遗产权,"这种权利的性质,既不同于继承权,也不同于受遗赠权,而是我国法定继承中的一种特殊性质的权利"①。其特殊性在于遗产酌给并不适用于遗嘱继承,只适用于法定继承。又由于主体的特殊性,致取得遗产的份额也不等。

我国台湾地区学者主张债权说。如有学者认为,"由遗产酌给曾受扶养之人者,为遗产债务,而与继承人的固有财产无涉"②。"遗产酌给请求权不是物权,而是债权,这一债权主要是因为被继承人生前因某种原因所应该负担的义务或者依据共同生活常理考虑对社会弱者的保护而生。"③

综合分析而言,遗产酌分请求权是一项独立的债权。即遗产酌分请求权并非支配权,而是针对遗产继承人的一项请求权。该请求权不具有物权属性,而是因法定的特定的事由而发生;又因其以被继承人的遗产为客体,又可称为遗产债权。④

三、权利主体辨析

关于权利主体的争议,主要集中在法定继承人是否可以享有遗产酌分请求权。依《继承法》第 14 条的规定,遗产酌分请求权的权利主体主要包含两类:一类是受扶养人,即对继承人以外的依靠被继承人扶养的既缺乏劳动能力又没有生活来源的人;另一类是扶养人,即继承人以外的对被继承人扶养较多的人。而何为"继承人以外的人"? 究竟是指具有继承权利的应召继承人还是法定继承人,学者们观点不同。

第一种观点认为,遗产酌分请求权,是指法定继承人以外的人因与被继承人之间生前形成了某种扶养关系,故其依法可以分得一定遗产的权利。但法定继承人不得享有遗产酌分请求权。

第二种观点认为,对于"继承人以外的人",不能机械地理解为法定继承人以外,而应解释为应召继承人以外。⑤ 如果根据我国《继承法》第 10 条的规定,在法定继承中,继承开始后,由第一顺序继承人继承,第二顺序继承人不继承。没有第一顺序继承人继承的,由第二顺序继承人继承。那么,尽了扶养义务的第二顺序继承人可能会因第一顺序继承人的存在而无法分得遗产。因而,肯定法定继承人也可享有遗产酌分请求权,有利于避免第二顺序继承人因第一顺序继承人的存在而消极推卸对被继承人的扶养义务,从而集中力量、调动积极因素实现对被继承人的扶养。即当法定继承人符合一定条件时也可享有遗产酌分请求权。

四、权利实现次序

权利实现次序,即遗产酌分请求权与法定继承权的实现次序。我国《继承法意见》第 31

---

① 刘春茂主编:《中国民法学·财产继承》,中国人民公安大学出版社 1990 年版,第 128 页。
② 陈棋炎、黄宗乐、郭振恭:《民法继承新论》,台湾三民书局 2010 年版,第 122 页。
③ 史尚宽:《继承法论》,中国政法大学出版社 2000 年版,第 171 页。
④ 蓝承烈、杨震主编:《继承法新论》,黑龙江教育出版社 1993 年版,第 121 页。
⑤ 蒋月:《婚姻家庭与继承法》,厦门大学出版社 2007 年版,第 331 页。

条规定:"依继承法第十四条规定可以分得给适当遗产的人,分给他们遗产时,按具体情况可多于或少于继承人。"由此可知,我国《继承法》关于遗产酌分请求权与法定继承权的实现次序并未作出明确的规定,学界观点也不同:

第一种观点认为,遗产酌分请求权优先于法定继承权。因为,遗产酌分请求权人与被继承人之间形成的事实扶养关系使得受扶养人与扶养人对被继承人的遗产享有债权,而债权优先于继承权。因此,遗产酌分请求权优先于法定继承权。即在遗产分割时,应从遗产中扣除酌分的遗产数额,而后继承人始得分割遗产。

第二种观点认为,法定继承权优先于遗产酌分请求权。遗产酌分请求权不得优先于继承人的权利,而应根据剩余遗产的数额、继承人及遗产酌分权人的生活状况、当地居民平均生活水平等情况,对其分配适当的遗产。

第三种观点认为,遗产酌分请求权和法定继承权可以同时存在,即以其同时进行为一般原则。

还有学者认为,对于遗产酌分请求权和法定继承权的优先性问题,需要依据具体情况加以分析,当出现特殊情况时,如继承人处于难以维持自己基本生活的境地时,继承权优先,其他情况下遗产酌分请求权优先。[①]

五、权利适用范围

遗产酌分请求权能否在遗嘱继承中适用,学者们有不同的观点:第一种观点认为,遗产酌分请求权应在法定继承中适用,在遗嘱继承中不得适用。第二种观点认为,遗产酌分请求权应该优先于遗嘱继承或遗赠。即"在遗产分割时,酌给遗产请求权可以参照附有一般优先权的债权,具有'法定遗赠'的效力,因此该请求权在遗产分割时优先于受遗赠权、继承权"[②]。根据《继承法》第14条的规定,遗产酌分请求权只能在法定继承中适用,不能在遗嘱继承中适用。遗产酌分请求权的享有,是基于对被继承人的真实意思的推定。即推定被继承人愿意将遗产的适当部分用于扶养。如果被继承人已有遗嘱,那么可以认为被继承人已经对自己的遗产作出分配,不存在推定问题。

六、事实扶养认定

如何理解被继承人与扶养人、受扶养人之间的"扶养关系",学界观点不一。即该扶养关系有无形式限制以及"扶养较多"如何认定,能否设置具体的量化标准等。

关于扶养形式,理论上普遍认为,生活上的扶助、经济上的供养、精神上的慰藉等都可以认定为扶养。即对于遗产酌分所要求的扶养关系,必须综合考量,不能以某种单一的扶养形式为准。偶然的一次生活扶助、临时性提供一定的经济帮助以及单纯的精神安抚,都不应构成事实上的扶养关系。单纯地提供经济上的帮助,如资助互不相识的贫困山区的儿童读书,不能认为其彼此构成了事实上的扶养关系。事实扶养关系,应该是被继承人与酌分请求权

① 郭明瑞、房绍坤、关涛:《继承法研究》,中国人民大学出版社2003年版,第161～162页;付翠英、王晓宇:《遗产酌给制度的性质、确立基础及其适用》,载《中国政法大学学报》2014年第6期;和丽军:《对遗产酌给请求权的反思与重构》,载《法治研究》2013年第10期。

② 陈棋炎、郭振恭、黄宗乐:《民法继承新论》,台湾三民书局2001年版,第136～137页。

人之间有着共同的生活环境,共同生活、共同居住、互相依倚。而对于"扶养较多"的认定,也不应受扶养时间长短的限定,应当以扶养的持续性来衡量。即只有一次性或者临时性的扶助,不应认定为"扶养较多"。①

有的学者认为,"扶养较多"应当从扶养的时间长度来判断,即认为"共同生活期间至少在五年以上,同居的亲朋可受酌给"②。我国台湾地区学者认为,只要是与被继承人生前同居的人,就可以请求召开亲属会议,决议酌给遗产。③ 当然,不能仅以时间长短来衡量是否酌分遗产。因为,酌分遗产的目的之一是在一定程度上补偿扶养人,如果规定具体时间未免过于苛刻。而法官在司法实务中也可根据具体情况来判断是否"扶养较多",并根据遗产数额结合扶养时间长短来衡量、确定酌分遗产的具体数额。

七、权利冲突平衡

如果遗产上同时存在继承、遗赠、债务清偿、遗产酌分,且遗产数额不能满足各项需要时,哪一项权利优先?我国继承法对此未作明确的规定,学者分歧较大。

观点一认为,遗产酌分的顺序应在遗产债权之后,与受遗赠人为同一顺序,按其数额比例分配遗产。

观点之二则认为,遗产酌分请求权是一种有优先权的债权,在处分遗产时,首先应当酌分遗产,其次是清偿债务,最后才是交付遗赠。我国台湾地区的多数学者认为,应在清偿债务之后,交付遗赠之前酌给遗产。按照台湾地区"民法"第1179条第2项的规定,债务清偿应先于遗赠物的交付,受遗赠人对扣除遗产债务后的遗产始有受遗赠的权利。受酌给遗产应为扶养义务之延长,该义务如不为法律上必为道义上所必须履行者,因此受遗赠顺序应于受酌给遗产之后。④ 如有学者提出,受酌给权利人获得相当的遗赠,因顺序在后而无法受酌给者,其不利之地位有违被继承人特为遗赠之意思,若受遗赠人未受遗赠,本有受酌给之权利者,其受偿顺序与受酌给遗产顺序相同较为合理。⑤

第六节　相关法律与司法解释

与《继承法》第14条有关的规定,主要集中在《继承法意见》中。具体规定如下:

第十九条:被收养人对养父母尽了赡养义务,同时又对生父母扶养较多的,除可依继承法第十条的规定继承养父母的遗产外,还可依继承法第十四条的规定分得生父母的适当的遗产。

第三十一条:依继承法第十四条规定可以分给适当遗产的人,分给他们遗产时,按具体情况可多于或少于继承人。

① 蒋月、何丽新:《婚姻家庭与继承法》,厦门大学出版社2002年版,第416页。
② 陈苇:《当代中国民众继承习惯调查实证研究:北京市、重庆市和山东省四地民众继承习惯调查报告》,群众出版社2008年版,第161页、第547页。
③ 黄碧芬:《民法·亲属继承》,书泉出版社2010年版,第320页。
④ 史尚宽:《继承法论》,中国政法大学出版社2000年版,第172页。
⑤ 林秀雄:《继承法讲义》,台湾元照出版有限公司2005年版,第94~95页。

第三十二条：依继承法第十四条规定可以分给适当遗产的人，在其依法取得被继承人遗产的权利受到侵犯时，本人有权以独立的诉讼主体资格向人民法院提起诉讼。但在遗产分割时，明知而未提出请求的，一般不予受理；不知而未提出请求，在二年以内起诉的，应予受理。

第三十三条：继承人有扶养能力和扶养条件，愿意尽扶养义务，但被继承人因有固定收入和劳动能力，明确表示不要求其扶养的，分配遗产时，一般不应因此而影响其继承份额。

第三十四条：有扶养能力和扶养条件的继承人虽然与被继承人共同生活，但对需要扶养的被继承人不尽扶养义务，分配遗产时，可以少分或不分。

第五十七条：遗产因无人继承收归国家或集体组织时，按继承法第十四条规定可以分给遗产的人提出取得遗产的要求，人民法院应视情况适当分给遗产。

第七节　比较法考察

自近现代以来，根据不同的利益需要，个别国家或地区的继承立法规定了遗产酌分请求权，以赋予扶养人、受扶养人以适当分得遗产的权利，缓解社会压力、保障社会稳定。虽然在当今继承立法中，赋予特定的人以遗产酌分请求权已渐成共识，但是各国或各地区对遗产酌分请求权的具体规定仍有所不同。当然，有些国家则以通过扩大继承人的范围、赋予继承人对特定财产的优先权或使用权等来维护相关继承人的生活需求或扶养需要。

一、亚洲地区的有关规定

我国台湾地区"民法"第 1149 条规定，被继承人生前继续扶养的人应由亲属会议酌给遗产。依此规定，与被继承人生前形成扶养关系的特定主体，享有遗产酌给请求权。

《日本民法典》第 958 条第 3 款规定，在法定公告期内，"如认为适当，家庭法院根据曾与被继承人共同生活的人、为被继承人治疗和护理有过付出的人及其他与被继承人有特别关系的人的请求，可以将清算后剩余继承财产的全部或部分给与此类人等"[1]。

二、欧陆地区的有关规定

《俄罗斯联邦民法典》是最早以扶养为根据将法定继承人范围扩展至非血缘、非婚姻关系的法典。该民法典规定，如果没有其他顺序的法定继承人，就由第八顺序的继承人（非血缘、非婚姻关系的扶养人）继承遗产，即在继承开始时没有劳动能力并且至少在被继承人死亡前一年内受被继承人扶养和与之共同生活的公民，自动成为第八顺序继承人继承遗产；在有其他法定继承人的情况下他们与参加继承的该顺序的继承人享有同等继承权。这些无劳动能力的受供养人参加相应顺序继承遗产时，不论遗嘱的内容如何，均应继承至少每一法定继承人应分得份额的一半。[2] 此规定是以继承人的身份来实现权益保护的。

《德国民法典》第 1969 条规定："继承人有义务在继承开始后最初 30 天里，在被继承人所做过的同样范围内，向在被继承人死亡时属于其家庭并受其扶养的被继承人家属给予扶

---

① 《最新日本民法》，渠涛编译，法律出版社 2006 年版，第 208 页。

② 《俄罗斯联邦民法典》，黄道秀译，北京大学出版社 2007 年版，第 397 页。

养费,并许可使用住房和家庭用具。"①《德国民法典》仅赋予接受扶养的人即被继承人扶养的家属以扶养费,且仅给予 30 天的扶养费。

《瑞士民法典》第 606 条规定,继承开始后可以给被继承人扶养的继承人一个月的生活费。

当然,上述规定与我国《继承法》第 14 条的规定,并不相同。但其规定对于丰富继承立法例,具有借鉴意义。

第八节　立法发展趋势

在继承法完善与《民法典·继承编》编纂的进程中,围绕遗产酌分请求权的制度体系设计及具体规范的完善,学界有不同的立法建议与学术主张。这些立法建议与学术思考,有助于厘清遗产酌分请求权的性质与功能,有助于该制度体系的完善。

一、遗产酌分请求权的性质

依《继承法》第 14 条的规定,遗产酌分请求权人之所以分得适当的遗产,是因为其与被继承人之间存在某种扶养关系,即在被继承人死亡后,要么出于对受扶养人的生活保障,要么出于对扶养人所为之扶养行为的报偿,而非出于继承。所以,将遗产酌分请求权定性为债权更为妥当。而以债权对其定性既利于达到照顾生存者生活急需的目的,也利于在实践中对遗产进行分配处理。②

我国《继承法》虽规定了法定继承权、遗嘱继承权、受遗赠权、遗产酌分请求权,但对上述权利的实现顺序并未予以明确规定。由于遗产酌分请求权的性质是债权,故依继承法理,其效力应优先于继承权、遗赠权。故有学者建议在《民法典·继承编》中应明确规定遗产酌分请求权的性质及效力。

二、遗产酌分请求权的主体

如何理解《继承法》第 14 条中的被继承人与扶养人或受扶养人之间的"扶养关系",即究竟是法定意义上的扶养关系,还是事实意义上的扶养关系?学界尚存争议。为此,有学者建议,应将扶养关系作广义理解。即无论是具有法定义务的扶养人,还是无法定义务的受扶养人,只要符合法定的条件,即可享有遗产酌分请求权。理由如下:一是对扶养人而言。即当有前一顺序的继承人继承遗产时,后一顺序的继承人则不能继承遗产。即便后一顺序的继承人履行了相应的扶养义务,其也属继承人以外的人。因而,只要其符合《继承法》第 14 条的规定,应享有遗产酌分请求权。二是对被扶养人而言。对被扶养人生前扶养较多的如属非继承人,包括有法定扶养义务的亲属以及无法定扶养义务的其他人,只要符合《继承法》第 14 条的规定,就应享有遗产酌给请求权。因而,有学者认为,采广义理解,对于指导司法实践有益,但需关注具体情形。因为,在实践中关于扶养关系的认定比较复杂;不同民族、不同地区都可能存在不同的扶养情况,很难在立法层面予以具体的规定,而通过司法解释或赋予

---

① 《德国民法典》,陈卫佐译,法律出版社 2006 年版,第 590 页。
② 和丽军:《对遗产酌给请求权的反思与重构》,载《法治研究》2013 年第 10 期。

法官自由裁量权,似更为可行且有效。当然,也有学者表示,应由立法予以明确规定,便于司法适用。

三、遗产酌分请求的数额

《继承法意见》第 31 条对《继承法》第 14 条"可以分给他们适当的遗产"进行了解释,即分给他们遗产时,按具体情况,可多于或少于继承人。对此,有学者提出,这样的解释意义不大。而问题的关键应是如何理解"适当"。适当,取决于扶养程度。对此,有观点认为,5 年以上共同生活,可以认为是扶养较多。也有观点认为,扶养较多的重点应在于不间断的扶养,而 5 年或许门槛过高,导致酌分不公平,无论是 3 年还是 5 年都会导致不公平。扶养不应只注重时间的连续,扶养的质量也同样举足轻重。例如,对被继承人冷落、责骂式的低质量的扶养,显然不能对被继承人产生精神安慰。另外,"共同生活"的身份关系对扶养不构成影响。例如,双方虽然以男女朋友身份共同生活,但是共同生活期间由于分别与他人结婚等原因中断,则不构成扶养;再如虽然彼此是堂兄妹关系,其依法断不能构成"夫妻关系"或任何"事实婚姻"关系,但是可构成"共同生活"的扶养,彼此可以酌情分得遗产。①

对"适当"的解释不能当然排除"全部"。我国台湾地区的"民法"认为,遗产酌给请求范围不得超过继承人应继份。有学者建议,"适当"应当不得超出应继份,也有学者建议,请求可超过但不可多于继承人应继份的 1/2。也有观点认为,遗产酌分请求范围的标准在于"扶养",如在"酌分"数额上设定最高限和相对范围,逻辑上不够恰当,因此,"适当"不排除"全部"。在我国近年的司法实践判例中,法院通常认为,被继承人"无子女,没有第一顺序的继承人,也没有第二顺序的继承人",或者"无其他法定继承人"时,对被继承人扶养较多的,可以取得全部遗产。为此,学者建议,在《民法典·继承编》中,应对该问题予以规范。

四、遗产酌分请求权的保护

有学者认为,当遗产酌分请求权人的行为能力欠缺时,应由其法定代理人代为行使该项权利。若不对此权利人进行保护,将会损害部分遗产酌分请求权人的合法利益。如法定代理人无正当事由而怠于行使遗产酌分请求权,并导致该项权利灭失,则应当负损害赔偿责任。

依《民法总则》及《继承法意见》第 32 条之规定,遗产酌分请求权的保护期间应当规定为 3 年。在遗产分割时,明知而未提出请求的,一般不予受理;不知而未提出请求,在 3 年内起诉的,应予受理。

此外,对于受扶养人而言,如果继承开始后到遗产分割时,受扶养人仍然无劳动能力又无生活来源,那么,其应享有遗产酌分请求权。相反,如果受扶养人具备了劳动能力或有了固定的生活来源,那么就不能享有遗产酌分请求权。对于扶养人而言,其可以在遗产继承开始后随时请求分割遗产。因为,法律应给予与其扶养行为对等的补偿和奖励,只有这样,法律才能进一步弘扬乐于助人、团结友爱的社会精神,维护社会稳定与和谐。②

---

① 李佳伦:《民法典编纂中遗产酌给请求权的制度重构》,载《法学评论》2017 年第 3 期。

② 袁翠清:《论我国遗产酌给请求权的立法现状及完善建议》,载《河南司法警官职业学院学报》2016 年第 2 期。

第九章
互谅互让、和睦团结原则评注

> ➡第十五条 继承人应当本着互谅互让、和睦团结的精神，协商处理继承问题。遗产分割的时间、办法和份额，由继承人协商确定。协商不成的，可以由人民调解委员会调解或者向人民法院提起诉讼。

《继承法》第15条是关于遗产分割的原则和程序的规定。继承法有着强烈的人身关系特征。因此，关于遗产分割，应当由当事人自愿达成协议，即能调解的尽量调解，以减少遗产分割时的各种纷争。

人民调解，是由人民调解委员会主持的双方当事人参加的调解活动。即通过调解人员的法律宣讲、耐心的思想工作，使当事人达成协议，从而解决纠纷的活动。人民调解不是当事人解决纠纷的必经程序或诉讼的前置程序。人民调解委员会在主持调解时，应当坚持自愿原则，当事人不愿调解或调解无法达成协议的，则不应当强制进行调解。经人民调解委员会主持调解并达成的协议不具有强制执行的效力，只具有合同的性质。

第一节　立法目的

继承制度与家庭制度紧密相联，也与社会经济基础密不可分。在我国社会主义经济条件下，继承关系的处理、遗产的分割，不仅体现出特定经济基础的要求，也体现出互谅互让、和睦团结的精神。

一、培育良性社会秩序

秩序，意味着关系的稳定性、结构的一致性、进程的连续性以及行为的可预测性。与秩序相对的是无序，无序意味着偶然性和任意性因素干扰着人们的社会生活。无序，将使人们相互之间的信任减少，不安全感增加。

在文明社会，消除无序、建立有序的手段通常是法律。但在长期的社会实践中，由于人们兴趣、嗜好、价值观念、精神追求以及生活方式的不同，很难存在令所有人满意的一体化的秩序。尽管如此，人们在社会生活中依然需要遵循社会法则，否则，就无法保证个人自由及个人权利的实现。因为，一方面，每个人都是社会整体的一部分，故每个人的自由都要受社会法则的制约；另一方面，每个人都有个性化的自由发展的需要，故秩序不可能整齐划一，也不可能固定不变。然而，某些人的自由与社会秩序所产生的矛盾并不是犯罪或群体性反抗社会，而是由于理想追求碰撞的结果，这样的纠纷就无法在法律的框架下得到解决。在某种程度上,秩序乃是个体间契约的结果,这些个体受其自利的利益之诱导而进入其契约关系中。[1] 因而,实现秩序的最好方式就是让人们通过协商交流,确立共同遵守的准则,以避免冲突的发生。[2]

我国继承法所确立的互谅互让、和睦团结的遗产处理原则,是我国社会主义市场经济建设的反映。因为,社会主义经济建设的成效,取决于人们为建设社会主义而积极劳动的高度自觉性,而调动人们的生产积极性,提高劳动生产率,与建立和巩固公民之间的互谅互让、和睦团结的家庭关系密切相联。

为了促进和巩固家庭关系,各继承人在遗产分割时,即应本着互谅互让、和睦团结的精神,协商处理有关继承问题。至于遗产分割的时间、办法和份额,可由继承人协商确定;协商不成的,可由人民调解委员会调解或者由人民法院调解或判决。

二、传承中华民族优良传统

互谅互让、和睦团结,是协商解决遗产继承问题的原则。其内涵主要表现在以下方面:

(一)补充遗产均等分配原则

互谅互让、和睦团结的原则,是对遗产均等分配原则的重要补充。即《继承法》第13条第1款规定:同一顺序继承人继承遗产的份额,一般应当均等。第5款规定:继承人协商同意的,也可以不均等。上述规定表明,在遗产继承时,各继承人应本着互让互谅、和睦团结的精神,协商分割遗产。具体分割遗产时,应关注如下环节:一是对生活有特殊困难的缺乏劳动能力或无劳动能力的继承人,应予以照顾。即在分配遗产时,可以适当多分。同时,对被继承人生前所欠的债务,也可以承担较少的清偿责任。二是对继承人以外的依靠被继承人扶养的缺乏劳动能力又无生活来源的人以及继承人以外的对被继承人扶养较多的人,可以酌分适当的遗产。如此规定,充分体现了互谅互助、和睦团结的遗产分配原则,从而延展和拓展了遗产均等分配原则。

(二)顺应民众的继承习惯

互谅互让、和睦团结的遗产分割原则,在我国民间适用较为普遍。如当父母一方死亡时,继承人往往不分割遗产。待父母双亡后,继承人才分割遗产。即民众大多要避免在"尸骨未寒"时分割遗产,至于遗产分割的时间、办法,由各继承人协商。民众的遗产处理习惯,体现了我国互谅互让、和睦团结的遗产分割的原则,展现了中华民族的传统和民俗。

第二节　法理基础

《继承法》第15条,在顺应继承习惯、弘扬继承传统的同时,有助于民众的意思自治,便于遗产的合理分割。

---

① [德]海因里希·罗门:《自然法的观念史和哲学》,姚中秋译,上海三联书店2007年版,第82页。
② 任江:《中国民法未成年人权益保障制度的现代修正》,载"一国两制"研究(澳门理工学院主办)2015年第4期。

一、协商解决纠纷

通过协商解决继承纠纷,其法理意义在于:首先,协商可以预防社会冲突,维护社会秩序。庞德认为,秩序的标志就是人的"合作本能"与"利己本能"之间的均衡状态。协商机制将这两种本能有效地结合在一起,可以预防社会冲突,维护社会秩序的健康发展。人们要实现自己的利益就必须同等地尊重他人的利益,否则自己的利益就不会得到他人的尊重。但是如何确保在尊重他人利益的同时使自己的利益也得到尊重,这就需要人们彼此之间增强信任感。信任感的增加可以减少纠纷的产生,而非信任感的积聚会减弱社会自我解决纠纷的能力,导致社会整体和谐程度的下降。协商是一种恢复信任关系的过程,这种旨在修复和建立信任的诸多过程,能够克服对抗制所鼓励的双方当事人之间的怀疑和敌意,从而将当事人引向解决彼此分歧的道路上。[①] 其次,协商可以培育内部的、宽容的、和谐的社会秩序。协商主张当事人在互相让步的基础上达成一致,即减少对立情绪,避免伤及当事人之间的情感。从生态学的角度来看,协商机制在于保持一种社会平衡,使当事人之间能够顺利维持和平、友好的关系,便于继续合作,减少当事人关系的破坏和未来商业机会的丧失。所谓社会秩序,在本质上便意味着个人的行动是由成功的预见所指导的,这也就是说人们不但可以有效地使用他们的知识,而且还能够极有信心地预见到他们能从其他人那里所获得的合作。[②]

（一）营造良好的民主政治环境

协商是一个平等交流的过程,任何一方都不能凌驾于另一方之上。要在协商中以最小的付出换取对手最大的妥协就必须积极向对方表达观点和理由,从而达到说服对方的目的。协商的价值在于:首先,协商会激发当事人在处理问题上的积极性,强化当事人的自治性,对于提升民众表达意见、参与决策、自我管理的能力具有积极的作用。其次,协商机制可以为实现民主法治创造良好环境,并为民众便利地接近现代民主政治场域提供充分的实践机遇。最后,协商可以促进社会共同体的凝聚力和自律能力,并有助于形成新的共同体规范和道德规范,从而推进民主自治,积极培育市民社会的形成和发展。

（二）反映和固化特定社会伦理

协商解决纠纷所达成的合意,往往是在当事人共同奉守的一定社会伦理作用下实现的。因此,协商合意往往反映了一定社会伦理规范的内容要求。所谓社会伦理,是指社会当中普遍存在的或在某一特定领域被信奉的道德准则、精神信仰或内心信念。它既可以表现为一种正义观念,也可能表现为一种道德要求,如宽容、和睦、仁爱、诚实信用以及对共同体、对社会和国家的忠诚和责任心等。社会伦理是多元、分散地存在的,不同的经历、职业、环境会产生不同的伦理规范。社会伦理没有具体的体系化描述,也没有权威的强制力,它可以是类似

---

①   Jethro K.Lieberman and James F.Henry, Lessons From the Alternative Dispute Resolution Movement, The University of Chicago Law Review, 1986,（Spring）, pp. 428-429.

②   邓正来:《哈耶克社会理论的研究——〈自由秩序原理代译序〉》,载邓正来:《规则·秩序·无知》,生活·读书·新知三联书店 2004 年版,第 78 页。

的切身经历与生活经验,也可能是贴近的情感体悟和知识占有。总之,它在社会主体中普遍而分散地存在着,既有交集又有分歧。正如哈贝马斯对语言共同体的描述一样:"一个语言共同体的成员在实践中必须从这样一点出发,即说话者和听话者对一个语法表达式是能够以同一方式来理解的。"①社会伦理就好比语法表达式,无形地存在着而且潜隐地影响着人们的交流与沟通,形成了促进社会运转和缓和社会矛盾的润滑剂。

　　协商解决纠纷机制通过对社会伦理内容的遵守还会进一步巩固该社会伦理。尊奉相同伦理规范的人们会在彼此之间形成一种相对和谐的社会关系,而尊奉不同社会伦理的人们则更容易产生分歧和纠纷。协商可以凝聚相同或近似社会伦理之下的当事人,促成他们实现和解。协商也可以促进不同社会伦理下当事人的交流和相互理解。而法律规则却无法发挥这样的功能,因为法律管得太多就会出现"太多的法律、太少的正义"的情况,当事人对法律的过度依存破坏了社会的道德基础。因而,法律在介入社会问题之前,应正视自己的局限性,给礼节或道德等自发性生活规范提供充分发展其作用的空间。②

　　(三)尊重当事人的意愿

　　对于遗产分割等问题,当事人有自由处分和选择解决方法的权利。如果当事人之间的和谐关系对于双方来讲显得格外重要的话,那么一切行为都将以能否巩固这种关系为标准。因而当事人更倾向于通过协商达成妥协,以维护彼此的和谐关系。③　即使协商没有达成既定的合意,彼此间的讨价还价也还可以释放压抑与不满,通过谈尽说清各自的感受、主张和理由而实现一定程度上的情绪宣泄。协商有时还可以产生反思与冷却纠纷的效果,使当事人重新衡量其各自的优劣,进而重新界定争议焦点或改变主张。协商如果变成了促进双方进行反省的契机,那么,它在维持和发展长期的相互关系上就发挥了积极的作用,这种反思可以为进一步解决纠纷理清思路。具体而言,协商的功能在于以下方面:

　　首先,协商的功能在于实现不同价值追求之间的沟通与了解,以便在相互妥协的基础上实现彼此异质价值追求的满足。故协商是实现人们异质价值追求的最适当方式。例如,当事人在纠纷解决中的价值追求有时并不完全公平与正义。那些以正义为标榜的纠纷处理方式未必一定能满足当事者的现实需求。如某些关系到伦理道德评价的纠纷,像泸州遗赠案,法律上的裁断并不能满足恢复家庭和谐的目的。而且这类案件所内含的隐私一旦泄漏,会影响当事者及其家人的声誉,产生负面的公众评价甚至会在单位组织内部造成不利影响,进而危及身份、地位和未来的事业。再比如一些像伤害、侮辱、诽谤、侵占等纠纷,一般来说得到经济上补偿的意愿胜于指望肇事方得到法办。尤其是当罪名是否最终成立还不能确定,受害人尚不能从法律裁决中得到一丝慰藉的时候更是如此。④

　　其次,协商的功能在于可以满足当事者之间运用各自"优势"资源进行利益交换,最终满足各方当事人的利己目的。相对于其他纠纷解纷机制,协商更能在满足利己目的的同时实

_____

　　①　[美]罗斯科·庞德:《法理学》(第一卷),余履雪译,法律出版社 2007 年版,第 10 页。

　　②　范愉:《非诉讼纠纷解决机制研究》,中国人民大学出版社 2000 年版,第 636 页。

　　③　[美]劳拉·纳德尔、哈里·F.托德:《人类学视野中的纠纷解决:材料、方法与理论框架》,徐昕译,载徐昕:《迈向社会和谐的纠纷解决》,中国检察出版社 2008 年版,第 219 页。

　　④　[美]唐·布莱克:《社会学视野中的司法》,郭星华等译,法律出版社 2002 年版,第 52 页。

现利益最大化。因此,协商更容易在当事人之间实现各自最期待的价值目标。

再次,协商的功能在于鼓励当事人在交涉的过程中将社会伦理具体化为伦理规范,从而影响和引导彼此的行为。而人们的交涉行为反过来又不断强化社会伦理,使社会伦理在协商中得到固化。

最后,协商的功能在于合理发展和壮大社会化解纠纷的能力。积极培育多元纠纷解决体系,是司法摆脱困境的重要手段。诉讼中心论的式微证明,对传统诉讼独大的一元化纠纷解决体系的改革,必然是司法体制改革所要关注的重要题域之一。

因而,在遗产分割和继承纠纷的解决进程中,贯彻互谅互让、和睦团结的原则,有助于继承权益的维护,更理性地解决继承问题。

二、缓解诉讼压力

(一)节约司法资源

社会依靠自身力量分流案件,是配合司法改革与协助司法摆脱困境的重要方式之一。协商机制对于分流社会纠纷、缓解其他纠纷解决机制(尤其是司法)的压力具有显著的效果。协商机制可以将部分争议不大、矛盾不激烈的社会纠纷在当事人内部解决,避免大量纠纷涌向司法机关。在缓解法院审理案件负担的同时,可使法院集中精力办理那些确有必要通过诉讼来解决的纠纷,为争议大、社会影响广、疑难复杂、关乎社会稳定的案件节约更多的司法资源,从而提高司法效率,促进司法资源的合理配置和司法资源的效益最大化。

协商可以在一定程度上提高诉讼效率。如果进入司法领域的纠纷经过了协商的预解,那么协商机制就可以再现争议事实,过滤和凸显争议焦点,从而避免法院因对问题的重复调查而浪费司法资源。如果在协商中已经就争议事实和解决方案达成部分共识,法院还可以据此决定能否适用简易程序以及在庭审中着重调查质证的争议焦点。

此外,协商所达成的关于纠纷解决的共识还可以成为司法机关作出合理裁判的参照,既体现了司法民主,又方便了法院着重对对立主张作出法律回应。法院在裁判文书中对争议焦点和对立意见进行权威性法律解析并对裁决理由和依据加以必要的阐释和论证,可以缓和当事人之间的对立情绪,引导当事人对司法裁决的接受和增加司法公信力。

(二)提高司法效率

纠纷解决中的效率,是指通过最科学的途径,以最少的人、财、物力在最短的时间内,最大限度地满足人们对公平、正义、自由和秩序的需要。以当事人自身的利益为出发点,注重成本—效益分析的思维方式,是当事人选择纠纷解决方式时遵循的基本理念。

成本高、耗时长、精力投入大的诉讼机制在解决纠纷中的表现越来越不尽如人意。一方面,协商没有固定的费用支出。协商是一种完全自治的纠纷解决方式,它不需要与某一固定的机构或场所发生关联,不需要向第三方支付费用。而且协商是一种双方互动的过程,在排拒第三方干预的同时,也将一些干扰性的社会因素过滤掉,比如身份、地位、财富等因素。协商是一种便利、快捷、低成本(甚至无成本)和符合实际的解纷方式,恰当的协商往往会得到"双赢"的结果。在很多场合,协商的合意甚至可以即时履行完毕,这种优势能够抵消当事人在利益上所作出的让步,换来更大的长远的利益。① 另一方面,充分的互动博弈是达成协商合意的必要过程,当事人均会尽最大的努力加强策略与技巧的运用,这会使双方在协商的结果上达致一种均衡状态,也就更容易达成一种利益均沾的结果。所以,有学者发出简单朴素的感慨:"谈判协商——以说服为目的的交流——是解决纠纷的好方法。"②

现代社会应当是文明、理性和法治的社会。在实践中,当事者以协商的方式取得的实际收益,往往要比诉诸法律所获取的收益更高,内心期冀的满足程度也会更强。在追求相同或近似价值目标的纠纷中,协商也较容易达成合意。因为受共同价值目标的影响,当事人在交流中加强互相的理解变得相对容易。在大量的社会纠纷中,"两级对立、不可调和"的争斗方式是与当代社会发展不相协调的权利实现方式。相比之下,"平等协商、合作共赢"的解纷方式强调的是对自己权利的维护与对他人权利的尊重,强调人们理性的宽容与互谅互让,强调在社会生活中通过相互合作实现互利与共荣。较之斗争方式,协商合作则是与当代社会发展趋势相一致的权利实现方式。

协商机制以对主体的最大尊重为出发点,基于纠纷解决的自主与自治,强调相互间的宽容与理解,注重对彼此的人文主义关怀以及加强团结与互助。协商机制有助于推动可容忍度之内的妥协和抑制主体利己需求的顽固性强调。而且对衍生于协商机制的协商精神予以大力弘扬与倡导,除了可以实现"争斗解纷"向"合作解纷"的转变,更有助于培养民众树立合作的解纷理念,从而为整个社会培育良好的解纷生态环境和促进当代社会成员互动合作格局的形成奠定坚实的思想基础。

基于上述分析,《继承法》第 15 条具有适用价值,且具有深厚的法理基础。贯彻该原则,对顺畅解决继承纠纷、合理分割遗产具有积极的推动作用。

第三节 历史沿革

从历史的角度来看,中华人民共和国成立以后至 1978 年改革开放之前,我国一直没有制定一部专门的《继承法》。有关继承关系的法律调整主要以 1950 年《婚姻法》的相关规定为依据。虽然在这一时期并没有形式上的继承法,但是由于马锡五审判方式的普遍推广,在处理很多继承纠纷时,往往或多或少地体现了互谅互让、和睦团结原则。

一、司法经验的总结

最高人民法院 1963 年 8 月第一次全国民事审判工作会议文件《关于贯彻执行民事政策几个问题的意见》规定:"处理继承纠纷,应根据宪法和婚姻法的规定,本着保护法定继承人的继承权,同时又提倡互相扶助和抚养的共产主义道德风尚。"该条规定,可视为《继承法》第 15 条的历史渊源。

在"文化大革命"期间,我国社会主义法制遭到破坏,公民的财产继承权益得不到重视和保护,继承法制建设也必然受挫。

---

① 范愉:《非诉讼纠纷解决机制研究》,中国人民大学出版社 2000 年版,第 168～170 页。

② [美]斯蒂芬·B.戈尔德堡、弗兰克 E·A.桑德、南茜·H.罗杰斯、塞拉·伦道夫·科尔:《纠纷解决——谈判、调解和其他机制》,蔡彦敏、曾宇、刘晶晶译,中国政法大学出版社 2004 年版,第 19 页。

1978年党的十一届三中全会以来,社会主义法制建设逐步恢复,有关部门在保护公民继承权方面做了许多工作。尤其是最高人民法院发布的相关司法解释,为公民继承权的保护和继承纠纷的解决提供了司法依据;同时,也为我国《继承法》的制定作了立法铺垫和经验总结。

1978年12月至1979年1月,最高人民法院召开第二次全国民事审判工作会议。这次会议是继第八次全国人民司法工作会议之后,在民事审判工作领域拨乱反正的一次会议。最高人民法院《关于贯彻执行民事政策法律若干问题的意见》和《人民法院审判民事案件程序制度的规定(试行)》,在会议上讨论通过后,作为民事审判工作在实体和程序两个方面的指导性文件,下发到各级人民法院。这次会议对促使民事审判工作逐步走上正规化的轨道,起到了积极的作用。

1979年2月最高人民法院《关于贯彻执行民事政策法律若干问题的意见》构成了当时我国继承法律规范的基本框架,初步形成我国继承制度的雏形,明确了人民法院处理遗产继承案件的原则和具体方法,对当时的司法审判工作具有重要的指导作用。

上述规定、意见,均基本延续了1963年所确立的在继承纠纷中提倡共产主义道德风尚的精神,这是由当时的时代特点所决定的。如该意见中再次指出:"人民法院审理继承案件,应根据宪法、婚姻法和有关政策法令的规定,保护继承人的合法继承权,教育公民自觉地履行扶养、赡养义务,提倡互相扶助、互相谦让的道德风尚。"

二、继承立法的前行

时代的发展,公民财富的持续增加,继承纠纷的显现,继承权益的保障,均推动着我国继承立法的前行。而将司法实践经验与民众长期坚守的道德风范融进继承立法,也是继承立法追求适用化、规范化、本土化的价值追求。

1985年4月10日,第六届全国人民代表大会第三次会议通过《继承法》,其第15条明确规定了处理继承问题的原则,即本着互谅互让、和睦团结的精神,协商处理继承问题。如协商不成,可以由人民调解委员会调解或向人民法院起诉。

《继承法》所倡导的互谅互让、和睦团结的精神,不但实现了司法实践经验、道德风范的法制化,而且成为《继承法》的基本原则之一。该原则既有助于引导民众协商处理继承问题,也有助于发挥人民调解委员会的调解功能,更有助于人民法院公允解决继承纠纷,维护民众的继承权益。

第四节　法条诠释

《继承法》第15条是倡导性的法律规范。而将互谅互让、团结和睦这一道德规范,上升为《继承法》的基本原则,既是发扬社会主义道德风尚、建设社会主义精神文明的要求,也是正确处理继承问题、巩固社会主义新型家庭关系的要求。因为,社会主义所倡导的人与人之间的关系,既不是严格的人身依附关系和等级关系,也不是赤裸裸的金钱关系,而是一种团结、友爱、平等、互助的新型关系。巩固和发展这种关系,是包括《继承法》在内的各种法律规范的应有目的。

一、内涵阐释

互谅互让、和睦团结的原则,主要表现在以下方面:

第一,遗产份额的确定,原则上均等;特殊情形,协商处理。在法定继承时,并非继承人必须平均分配遗产。共同继承人的应继份额原则上平等,但继承人协商同意的,遗产的分配也可以不均等;并且,在确定继承份额和分割遗产时,应当考虑继承人对被继承人所尽的义务、各继承人的生活需要、遗产效益的发挥以及照顾缺乏劳动能力又无生活来源的人等情况。

第二,遗产的实际分割,兼顾继承人的实际需要。即根据《继承法》第 29 条、《继承法意见》第 58 条的规定,在分割遗产时,尤其是分割遗产中的住房、生产资料和特定职业所需要的财产时,继承人应本着互谅互让、和睦团结的原则,依照有利于发挥遗产的使用效益和符合继承人的实际需要,兼顾各继承人的利益协商处理。[①]

第三,继承人的继承权受平等保护。如果继承人严重违反社会公德,实施有害于被继承人、其他继承人以及破坏社会主义家庭关系的违法行为,则会依法丧失继承权。

第四,允许继承人、受遗赠人放弃继承权、受遗赠权以实现对其他继承人的友爱、互助和团结。

第五,兼顾民间继承习惯。即"父母在无私产"。何时分割、如何分割遗产,由继承人协商处理。[②]

二、典型案例

广东省广州市中级人民法院

民　事　判　决　书

(2010)穗中法民一终字第 1613 号

上诉人(原审原告):罗某。

委托代理人:江国醒。

委托代理人:江咏琪,女,1988 年 4 月 15 日出生,汉族,朱广州市花都区花山镇东华村 7 对 31 号。

被上诉人(原审被告):刘某甲。

被上诉人(原审被告):刘某乙。

委托代理人:李意连。

原审第三人:刘某丙。

委托代理人:罗培新。

上诉人罗某为与被上诉人刘某甲、刘某乙、第三人刘某丙继承纠纷议案,不服(2009)花法民一初字第 2507 号民事判决,向本院提起上诉。本院依法组成合议庭审理了本案。现已审理终结。

原审查明:罗某的丈夫刘某于 2002 年因交通事故死亡,刘某甲是罗某丈夫刘某与

---

① 蓝承烈、杨震主编:《继承法新论》,黑龙江教育出版社 1993 年版,第 25 页。

② 蓝承烈、杨震主编:《继承法新论》,黑龙江教育出版社 1993 年版,第 25 页。

前妻所生儿子,刘某乙是罗某与刘某所生儿子、刘某丙是罗某与刘某所生女儿。2007年12月31日,罗某与刘某甲、刘某乙共同签订了一份《家庭协议书》,该协议书约定:刘某甲原有1.55亩田归刘某甲所有,刘某乙原有3.03亩田归刘某乙所有。刘某甲原住70平方米归刘某甲所有,刘某乙原住140平方米归刘某乙所有。新屋地140平方米,南北分开各70平方米,北向70平方米归刘某甲所有,南向70平方米归刘某乙所有。刘某乙补7000元现金给刘某甲,才可以在此基础上盖房……另罗某以后生活费、入院住院费,所有一切费用与刘某甲无关。罗某与刘某甲、刘某乙均在协议书上签名确认,刘某甲、刘某乙的叔叔刘某波作为见证人亦在协议上签了名。2009年8月27日,罗某以不清楚协议书的内容,该协议书侵犯了罗某的权益为由向原审法院提起诉讼,要求确认协议无效。

在诉讼中,罗某补充诉讼请求要求按继承法的规定重新划分遗产。

另查明,刘某丙对家庭协议的事情不知情。

原审法院认为:双方在自愿的基础上签订了《家庭协议书》,协议内容并无显失公平,且有第三人为见证人,属于双方对自己权益的自由处分,应予准许。罗某称其不清楚协议的内容,但无相应证据证明,且协议书上有罗某的亲笔签名,因此,对罗某的此说法原审法院不予采纳。《家庭协议书》对刘某的遗产及罗某自己的财产进行了分配与处分,双方在签订协议书时遗漏了刘某丙,但该协议书是罗某与刘某甲、刘某乙对各自权利的自由处分,并不涉及第三人。综上所述,原审法院确认双方签订的《家庭协议书》合法有效,双方应予遵守。为此,依照《中华人民共和国继承法》第15条,《中华人民共和国民法通则》第4条、第55条、第57条的规定,广州市花都区人民法院于2009年11月25日作出判决:驳回原告罗某的全部诉讼请求。案件受理费50元,由原告罗某承担。

判后,罗某不服原审判决,向本院提起上诉称:"一、原审法院仅对《家庭协议书》进行表面审查,并没有查明《家庭协议书》的成因。事实上,该协议书是由刘某妻子事先打印好交给罗某的,而且并没有向罗某说明内容,只是说签了就不再争吵,罗某当时急于盼望家人和睦,在缺乏对法律的认知能力的情况下,不加思索地签名,该《家庭协议书》是显失公平的。原审法院未查明即认定《家庭协议书》有效。二、刘某丙是刘某的女儿,至今没有放弃继承的书面文字,原审法院认为《家庭协议书》对刘某的遗产及罗某自己的财产进行分配,不涉及第三人,适用法律错误。"综上所述,请求法院判定:"1.撤销(2009)花法民一初字第2507号民事判决;2.确认《家庭协议书》无效,依法重新划分遗产;3.本案诉讼费用由刘某甲、刘某乙负担。"

刘某甲答辩称:《家庭协议书》的签订是双方的真实意思表示,也是在双方自愿的情况下签订的,罗某的上诉主张没有法律依据,请求法院予以驳回。

刘某乙答辩称:罗某在签订《家庭协议书》的时候处于糊涂状态,罗某认为签订《家庭协议书》后刘某乙与刘某甲就不会再吵架,才在《家庭协议书》上签字。故不同意原审判决,请求法院依法判决。

刘某丙答辩称不同意一审判决。

二审经审理,对一审查明的事实予以确认。

本院认为:罗某与刘某甲、刘某乙在2007年12月31日自愿签订《家庭协议书》,是罗某、刘某甲、刘某乙的真实意思表示,该协议书没有违反法律禁止的强制性规定,罗某在 2009 年 8 月 27 日向法院起诉主张该协议书无效,没有法律依据。在二审程序中,罗某上诉主张该协议显失公平。按民法通则的规定,双方签订协议的内容显失公平,其签订协议的行为属于可变更、可撤销的民事行为,但自行为成立时起超过一年才请求变更或撤销的,人民法院不予保护。罗某在本案中提起诉讼请求法律保护的时间显然已超过法律规定的保护期限。至于罗某上诉称一审判决对刘某丙继承权的处理不当问题,刘某丙是具有完全民事行为能力的自然人,刘某丙对一审判决没有提出上诉,罗某没有权利代替刘某丙行使民事权利。

综上所述,审查罗某的上诉主张不能成立,本院不予采纳。原审判决认定事实清楚,适用法律正确,处理恰当,本院予以维持。依照《中华人民共和国民事诉讼法》第153 条第(1)项的规定,判决如下:

驳回上诉,维持原判。

二审案件受理费 100 元,由罗某负担。

本判决为终审判决。

[裁判要旨]《继承法》第 15 条规定:"继承人应当本着互谅互让、和睦团结的精神,协商处理继承问题。遗产分割的时间、办法和份额,由继承人协商确定。协商不成的,可以由人民调解委员会调解或者向人民法院提起诉讼。"因此,继承人可以协商解决继承纠纷,本案中的双方在自愿的基础上签订了《家庭协议书》,协议内容并无显失公平,且有第三人为见证人,属于双方对自己权益的自由处分,应予准许。《家庭协议书》对刘某的遗产及罗某自己的财产进行了分配与处分,双方在签订协议书时遗漏了刘某丙,但该协议书是罗某与刘某甲、刘某乙对各自权利的自由处分,并不涉及第三人。综上所述,法院确认双方签订的《家庭协议书》合法有效,双方应予遵守。为此,依照《继承法》第 15 条,《民法通则》第 4 条、第 55 条、第 57 条的规定,驳回原告罗某的全部诉讼请求。

第五节　理论争鸣

继承原则的内在功能和外在功能,应为有机统一的整体。《继承法》第 15 条规定的继承原则,对于确立现代继承法的价值追求与制度完善路径,具有意义。

关于《继承法》第 15 条的规定,学者将其总结为《继承法》的基本原则,即"互谅互让、和睦团结的原则",并对该原则的具体内涵,进行了法理分析与法条诠释。但反对《继承法》存在该原则的学者认为,其第 15 条规定体现了家庭伦理道德的要求,是对遗产分割的倡导性规定,不具有法律强制力,并且此规定只涉及遗产分割问题,其适用范围不具有全局性,它只能是遗产分割的一项具体规定,而不能成为继承法原则。[①]

诚然,《继承法》第 15 条的规定,确立了该原则的适用范围:一是法定继承;二是遗产分割。司法实践中的典型案例表明,互谅互让、和睦团结,是协商处理继承纠纷的基本遵循。而贯彻"互谅互让、和睦团结"的原则,有助于减少继承纠纷的产生。尤其是在我国存在"父母在,无私产"的传统风俗的背景下,该原则的适用,既保障了老人老有所养,又更符合我国

---

① 　陈苇、宋豫:《中国大陆与港、澳、台继承法比较研究》,群众出版社 2007 年版,第 37 页。

的家族传统和家庭伦理,有利于维护互谅互让、和睦团结的家庭氛围,构建和谐家庭关系。①

第六节　相关法律与司法解释

与《继承法》第 15 条有关的规定,主要体现在《中华人民共和国人民调解法》中,其第 3 条对调解原则予以规定:"人民调解委员会调解民间纠纷,应当遵循下列原则:(一)在当事人自愿、平等的基础上进行调解;(二)不违背法律、法规和国家政策;(三)尊重当事人的权利,不得因调解而阻止当事人依法通过仲裁、行政、司法等途径维护自己的权利。"

《继承法》第 15 条的规定,集中体现了我国在社会主义初级阶段处理继承纠纷时的多元化解决特色,同时,提倡了人与人之间的团结友爱关系。

第七节　立法发展趋势

关于《继承法》第 15 条,学界也有不同的观点。如《民法典·继承编》是否应继续保留具有道德规范色彩的本条规定。围绕该争议,认知不一。

一、法律与道德的共性

国内学者通常把道德立法解析为:一国将一部分道德规则上升为具有国家意志的法律。例如,道德法律化,即立法者将一定的道德理念和道德规范或者道德原则借助于立法程序以法律的国家意志的形式表现出来并使之规范化、制度化。② 甚或在立法环节直接把道德要求和规范演化成法律要求和规范,形成道德的法律强化。③ 由此可见,道德立法就是立法机关将一定的道德规范、原则转化为法律制度的立法活动,目的是使内化的道德与外化的规则形成基本的一致,并以法律的约束力来规范行为及提高人们的道德水平。

道德立法之所以能够存在,是因为法律规范以道德底线的遵循为约束原点,并成为法律原则、立法目的与法律精神的一部分。因此,道德与法律之间的共同性是道德立法存在的基础,辅之以两者的规范结合作用,便形成了在内容上的相互渗透。尤其在婚姻家庭、继承、妇女、儿童、老人权益保障以及社会弱势群体的权利保障与救助方面,两者的结合更为紧密。在自然法思想里,"恶法非法论"的主张则以自然理性为标准,其朴素的原理即来自于正义;同样,现代法治所倡导的正义、善德、人权也是为人们所普遍接受的道德标准,所以道德立法能保障良法之治,防止恶法产生,从而为法治奠定基石。

良善的道德立法可以让道德与法律得到融通性的贯彻适用。然而,在符合社会共同道德基本判断的基础上,法律更强调权利保障和保障的实际效果,以及在追求权利的过程中产生的正义标准的确立。因而,只有以人权保障为宗旨的法律,才能获得社会主体的普遍认同和遵守,法治才能得以实现。

---

① 蓝承烈、杨震:《继承法新论》,黑龙江教育出版社 1997 年版,第 218 页。
② 范进学:《论道德法律化与法律道德化》,载《法学评论》1998 年第 2 期。
③ 马长山:《法治社会中的法与道德关系及其把握》,载《法学研究》1999 年第 1 期。

二、法律与道德的异性

法律与道德的区别就其调整方法而言,法律必须以公正、可以衡量的方式公开,以可以客观判定的依据来维护社会最基本的秩序与稳定,以执法、司法适用来体现价值与效力。因此,立法就必然考虑执法与司法的可行性和实践效果,执法与司法就必然以法律适用社会效果的最大化为追求目标。道德立法的目的是通过法律的强制力,增强人们的道德意识,推动道德在实践中的运行,遏制不道德的行为;将本是自律规范的道德变为他律,强行由国家保障这部分道德得以实现,其司法实践效果则成为道德立法的重要内生性问题。①

应该承认,法律与道德之间必须"以一定的比例来实现社会规范系统的功能优化"②,并非所有的道德都能够或适宜上升为法律。但就《继承法》第 15 条规定而言,尽管其规范内容确属倡导性规范,或者说是将社会主义道德规范直接转化为了法律,但本条的实践意义在于,其能够有效地将民间继承习惯纳入我国《继承法》的实际法源,将习惯与法律有机地结合。如"父母在,不分家"这一习惯,法律不可能直接规定;而父或母一方健在,其他继承人不得继承遗产,法律同样也不会规定。否则,就会侵犯法定继承人的继承权益。而对健在老人的财产与精神利益之保障,只能通过其子女间的互谅互让、和睦团结来实现。即通过本条规范,将互谅互让、和睦团结的继承习惯纳入《继承法》的实际法源中。因此,在我国《民法典·继承编》的编纂时,仍有必要保留本条规范,并将其明确界定为统领继承编的继承原则。③

---

① 谭丽:《道德立法的司法实践效果分析》,载《学习与探索》2015 年第 9 期。
② 孙信之:《道德立法的理性思考》,载《山东行政学院山东省经济管理干部学院学报》2003 年第 5 期。
③ 杨立新、杨震等:《〈中华人民共和国继承法〉修正草案建议稿》,载《河南财经政法大学学报》2012 年第 5 期。

参考文献

一、著作类

[1]刘春茂:《中国民法学·财产继承》,人民法院出版社 2008 年版。

[2]郭明瑞、房绍坤、关涛:《继承法研究》,中国人民大学出版社 2003 年版。

[3]陈苇:《当代中国民众继承习惯调查实证研究》,群众出版社 2008 年版。

[4]张玉敏:《继承法律制度研究》,法律出版社 1999 年版。

[5]法学教材编辑部:《外国民法资料选编》,法律出版社 1982 年版。

[6]赵秉志:《香港法律制度》,中国人民公安大学出版社 1997 年版。

[7]史尚宽:《继承法论》,中国政法大学出版社 2000 年版。

[8]李双元、温世扬:《比较民法学》,武汉大学出版社 1998 年版。

[9]赖廷谦:《婚姻与继承法学》,四川大学出版社 2004 年版。

[10]张玉敏:《继承法教程》,中国政法大学出版社 1998 年版。

[11]周安平:《性别与法律》,法律出版社 2007 年版。

[12]刘素萍:《继承法》,中国人民大学出版社 1988 年版。

[13]何勤华:《民国法学论文集粹》(第 3 卷),法律出版社 2004 年版。

[14]梁凤荣:《中国传统民法理念与规范》,郑州大学出版社 2003 年版。

[15]孔庆明、胡留元、孙季平编著:《中国民法史》,吉林人民出版社 1996 年版。

[16]徐静莉:《民初女性权利变化研究——以大理院婚姻、继承司法判例为中心》,法律出版社 2010 年版。

[17]朱勇主编:《中国民法近代化研究》,中国政法大学出版社 2006 年版。

[18]王歌雅:《中国近代的婚姻立法与婚俗改革》,法律出版社 2011 年版。

[19]谢振民:《中华民国立法史》,中国政法大学出版社 2000 年版。

[20]郭明瑞、房绍坤:《继承法》,法律出版社 2003 年第 2 版。

[21]王歌雅:《婚姻家庭继承法学》,中国人民大学出版社 2009 年版。

[22]王利明:《民法总则研究》,中国人民大学出版社 2003 年版。

[23]葛洪义:《探索与对话:法理学导论》,法律出版社 1996 年版。

[24]徐国栋:《民法基本原则解释》,中国政法大学出版社 1992 年版。

[25]黄茂荣:《法学方法与现代民法》,中国政法大学出版社 2001 年版。

[26]张文显:《二十世纪西方法哲学思潮研究》,法律出版社 1996 年版。

[27]马俊驹、余延满:《民法原论》,法律出版社 2007 年第 3 版。

[28]卓泽渊:《法理学》,法律出版社 1998 年版。

[29]陈明霞、黄列主编:《性别与法律研究该论》,中国社会科学出版社 2009 年版。

[30]何勤华、魏琼主编:《西方民法史》,北京大学出版社 2006 年版。

[31]王歌雅:《中国婚姻伦理嬗变研究》,中国社会科学出版社 2008 年版。

[32]《世界著名法典汉译丛书》编委会:《汉穆拉比法典》,法律出版社 2000 年版。

[33]龙卫球:《民法总论》,中国法制出版社 2002 年第 2 版。

[34]张岂之、陈国庆:《近代伦理思想的变迁》,中华书局 2000 年版。

[35]白凯:《中国的妇女与财产:960—1949》,上海书店出版社 2007 年版。

[36]梁惠锦:《妇女争取财产继承权的经过》,载《中国妇女史论集》(第六集),台湾稻乡出版社 2004 年版。

[37]张国刚:《中国家庭史·第五卷·民国时期》,广东人民出版社 2007 年版。

[38]韩延龙、常兆儒:《中国新民主主义革命时期根据地法制文献选编》(第四卷),中国社会科学出版社 1984 年版。

[39]林秀雄:《继承法讲义》,台湾元照出版有限公司 2005 年版。

[40]周枏:《罗马法原论(下册)》,商务印书馆 2005 年版。

[41]陈苇、宋豫:《中国大陆与港、澳、台继承法比较研究》,群众出版社 2007 年版。

[42]张俊浩:《民法学原理》,中国政法大学出版社 1991 年版。

[43]刘春茂:《中国民法学·财产继承》,法律出版社 1999 年版。

[44]蓝承烈、杨震:《继承法新论》,黑龙江教育出版社 1993 年版。

[45]房绍坤、郭明瑞、唐广良:《民法学原理(三)》,中国人民大学出版社 1999 年版。

[46]陈苇主编:《外国继承法比较与中国民法典继承编制定研究》,北京大学出版社 2011 年版。

[47]蒋月等译:《英国婚姻家庭制定法选集》,法律出版社 2008 年版。

[48]张玉敏:《中国继承法立法建议稿及立法理由》,人民出版社 2006 年版。

[49]费孝通:《乡土中国》,北京大学出版社 2012 年版。

[50]梁慧星:《中国民法典草案建议稿附理由(侵权行为编、继承编)》,法律出版社 2004 年版。

[51]杨振山:《罗马法、中国法与民法法典化》,中国政法大学出版社 1995 年版。

[52]马建兴:《丧服制度与传统法律文化》,知识产权出版社 2005 年版。

[53]王利明:《中国民法典学者建议稿及立法理由(人格权编·婚姻家庭编·继承编)》,法律出版社 2005 年版。

[54]周枏:《罗马法原论(下册)》,商务印书馆 1994 年版。

[55]刘耀东:《继承法修改中的疑难问题研究》,法律出版社 2014 年版。

[56]程维荣:《中国继承制度史》,东方出版中心 2006 年版。

[57]戴炎辉、戴东雄、戴瑀如:《继承法》,自刊 2010 年版。

[58]李宜琛:《现行继承法论》,商务印书馆 1947 年版。

[59]梁慧星:《中国民法典草案建议稿》,法律出版社 2011 年第 2 版。

[60]徐国栋:《绿色民法典草案》,社会科学文献出版社 2004 年版。

[61]彭诚信:《继承法》,吉林大学出版社 2007 年版。

[62]苏力:《法治及其本土资源》,政法大学出版社 2004 年版。

[63]陈苇:《婚姻家庭继承法学》,群众出版社 2012 年版。

[64]杨立新:《继承法修订入典之重点问题》,中国法制出版社2016年版。

[65]彭万林:《民法学》,中国政法大学出版社1994年版。

[66]王利明:《中国民法案例与学理研究·侵权行为篇、亲属继承篇》,法律出版社1998年版。

[67]余延满:《亲属法原论》,法律出版社2007年版。

[68]张平华、刘耀东:《继承法原理》,中国法制出版社2009年版。

[69]杨立新、朱呈义:《继承法专论》,高等教育出版社2006年版。

[70]侯放:《继承法比较研究》,澳门基金会1997年版。

[71]周旺生:《立法学》,法律出版社2009年版。

[72][英]安德鲁·伊沃比:《继承法基础》,武汉大学出版社2004年版。

[73]高留志:《抚养制度研究》,法律出版社2006年版。

[74]杨立新:《大清民律草案、民国民律草案》,吉林人民出版社2002年版。

[75]杨立新:《中国百年民法典汇编》,中国法制出版社2011年版。

[76]王卫国:《民法》,中国政法大学出版社2007年版。

[77]马骏驹、余延满:《民法原论》(下),法律出版社2001年第4版。

[78]郭明瑞、房绍坤:《继承法》,法律出版社2004年版。

[79]江平:《民法学》,中国政法大学出版社2007年版。

[80]房绍坤、范李瑛、张洪波:《婚姻家庭与继承法》,中国人民大学出版社2012年第3版。

[81]江平:《民法学》,中国政法大学出版社2011年第2版。

[82]杨与龄:《民法概要》,中国政法大学出版社2013年版。

[83]陈棋炎、黄宗乐、郭振恭:《民法继承新论》,台湾三民书局2010年版。

[84]蒋月:《婚姻家庭与继承法》,厦门大学出版社2007年版。

[85]蒋月、何丽新:《婚姻家庭与继承法》,厦门大学出版社2002年版。

[86]范愉:《非诉讼纠纷解决机制研究》,中国人民大学出版社2000年版。

[87][美]唐·布莱克:《社会学视野中的司法》,郭星华等译,法律出版社2002年版。

[88][美]斯蒂芬·B.戈尔德堡、弗兰克E·A.桑德、南茜·H.罗杰斯、塞拉·伦道夫·科尔:《纠纷解决——谈判、调解和其它机制》,蔡彦敏、曾宇、刘晶晶译,中国政法大学出版社2004年版。

[89][法]卢梭:《社会契约论》,商务印书馆1963年版。

[90][英]F.H.劳森、B.拉登:《财产法》,施天涛等译,中国大百科全书出版社1998年第2版。

[91][印]阿马蒂亚·森:《以自由看待发展》,任赜、于真译,中国人民大学出版社2002年版。

[92][意]彼得罗·彭梵得:《罗马法教科书》,黄风译,中国政法大学出版社2005年版。

[93][英]梅因:《古代法》,沈景一译,商务印书馆1959年版。

[94][德]卡尔·拉伦茨:《法学方法论》,陈爱娥译,商务印书馆2003年版。

[95][法]古郎士:《希腊罗马古代社会研究》,李玄伯译,中国政法大学出版社2005年版。

[96][加]大卫·切尔:《家庭的社会学》,彭铟旎译,中华书局2005年版。

[97][英]巴里·尼古拉斯:《罗马法概论》,黄风译,法律出版社2000年版。

[98][德]弗里德里希·卡尔·冯·萨维尼:《法律冲突与法律规则的地域与时间范围》,李双元、张茂、吕国民、郑远民、程卫东译,法律出版社1999年版。

[99][日]中川善之助、泉久雄:《相续法——法律学全集》,有斐阁2000年版。

[100][法]巴扎尔、安凡丹:《圣西门学说释义》,王永红、黄鸿森、李昭时译,商务印书馆2011年版。

[101][苏]B.C.安吉莫诺夫、K.A.格拉维:《苏维埃继承法》,李光谟、贾宝廉、潘同龙译,法律出版社1957年版。

[102][古罗马]盖尤斯:《法学阶梯》,黄风译,中国政法大学出版社2008年版。

[103][美]凯尔森:《法与国家的一般理论》,沈宗灵译,大百科全书出版社1996年版。

[104][德]海因里希·罗门:《自然法的观念史和哲学》,姚中秋译,上海三联书店2007年版。

[105][美]罗斯科·庞德:《法理学》(第一卷),余履雪译,法律出版社2007年版。

二、论文类

[1]郑立、曹守晔:《我国继承法权利与义务相一致原则》,载《法学杂志》1988年第6期。

[2]刘郎全:《我国女子取得财产继承权的经过》,载《妇女杂志》1931年3月,第17卷。

[3]王歌雅:《俄罗斯联邦继承法的私权守望与价值追求》,载《俄罗斯中亚东欧研究》2009年第5期。

[4]陈苇、杜江涌:《我国法定继承制度的立法构想》,载《现代法学》2002年第3期。

[5]张华贵、冉启玉:《论配偶继承权的法律保护》,载《西南政法大学学报》2005年第2期。

[6][荷兰]亚瑟·S.哈特坎普:《荷兰民法典的修订:1947—1992》,汤欣译,载《外国法译评》1998年第1期。

[7]李春茂、陈跃东:《配偶法定继承权的法律思考》,载《中央政法管理干部学院学报》1994年第5期。

[8]李红玲:《继承人范围两题》,载《法学》2002年第4期。

[9]张玉敏:《代位继承比较研究》,载《中央政法干部管理学院学报》1997年第3期。

[10]任江:《民法典视角下的继承原则重构——兼评杨立新、杨震〈中华人民共和国继承法〉修正草案建议稿》,载《北方法学》2014年第6期。

[11]王新宇:《近代女子财产继承权的解读与反思》,载《政法论坛》2011年第6期。

[12]尹田:《无财产即无人格——法国民法上广义财产理论的现代启示》,载《法学家》2004年第2期。

[13]任江:《论我国〈继承法〉遗产范围的重构——兼评杨立新、杨震教授版〈〈继承法〉修正草案建议稿〉遗产范围规制》,载《河南财经政法大学学报》2013年第5期。

[14]杨立新、杨震:《〈中华人民共和国继承法〉修正草案建议稿》,载《河南财经政法大学学报》2012年第5期。

[15]《本社呈送民法亲属继承两编意见书上中央政治会议》,载《法学季刊》南京三五学社1929年版。

[16]王歌雅:《俄罗斯联邦继承法的私权守望与价值追求》,载《俄罗斯中亚东欧研究》2009 年第 5 期。

[17]杨震、王歌雅:《继承权向所有权转化研究》,载《学习与探索》2002 年第 6 期。

[18]陈年冰:《规则、原则、程序》,载《法学》1997 年第 9 期。

[19]任江:《遗产税制度构建论纲》,载《理论与改革》2013 年第 4 期。

[20]熊吕茂、建红英:《李大钊与毛泽东的妇女解放思想之比较》,载《湖南第一师范学院学报》2006 年第 1 期。

[21]任江:《中国民法未成年人权益保障制度的现代修正》,载《"一国两制"研究》(澳门理工学院主办)2015 年第 4 期。

[22]巫昌祯:《略论女子财产继承权》,载《法学杂志》1984 年第 2 期。

[23]梅卓莘:《继承法对妇女继承权的保护》,载《政治与法律》1985 年第 4 期。

[24]浙江省高级人民法院研究室:《依法保护出嫁女的合法继承权——余姚县人民法院纠正一起民事错案》,载《人民司法》1985 年第 5 期。

[25]杜江涌:《论尊重习惯法原则在继承法中的贯彻》,载《内蒙古社会科学(汉文版)》,2005 年第 1 期。

[26]王歌雅:《论继承法的修正》,载《中国法学》2013 年第 6 期。

[27]罗蔚:《当代伦理学的新发展:女性伦理学评介》,载《伦理学》2005 年第 8 期。

[28]麻昌华:《论法的民族性与我国继承法的修改》,载《法学评论》2015 年第 1 期。

[29]郭明瑞:《完善法定继承制度三题》,载《法学家》2013 年第 4 期。

[30]杨立新、和丽军:《我国配偶法定继承的零顺序改革》,载《中州学刊》2013 年第 1 期。

[31]齐恩平、傅波:《论法定继承人范围和顺序的完善——以海峡两岸法定继承的对比分析为视角》,载《南华大学学报(社会科学版)》2014 年第 1 期。

[32]孙毅:《继承法修正中的理论变革与制度创新——对〈《继承法》修正草案建议稿〉的展开》,载《北方法学》2012 年第 5 期。

[33]郝艳梅:《代位继承制度比较与借鉴》,载《内蒙古经济管理干部学院学报》2002 年第 1 期。

[34]郭明瑞、张平华:《海峡两岸继承法比较研究》,载《当代法学》2004 年第 3 期。

[35]王海明:《论权利与义务的关系》,载《伦理学研究》2005 年第 6 期。

[36]郑立、曹守晔:《我国继承法权利与义务相一致原则》,载《法学杂志》1988 年第 6 期。

[37]梅卓莘:《我国继承法的基本原则》,载《中山大学学报(社会科学版)》1986 年第 2 期。

[38]任江:《论继承法的权利义务相一致原则》,载《黑龙江省政法管理干部学院学报》2013 年第 5 期。

[39]郑淑娜:《权利义务一致不是继承法的基本原则》,载《法学》1985 年第 11 期。

[40]侯国跃:《继承法原则体系的构建》,载《贵州师范大学学报(社会科学版)》2004 年第 5 期。

[41]杨震:《法价值实践观的理性选择》,载《苏州大学学报》2005 年第 5 期。

[42]王歌雅：《民法的精神与道德的基础》，载《学术交流》2005 年第 4 期。

[43]房绍坤：《关于修订继承法的三点建议》，载《法学论坛》2013 年第 2 期。

[44]朱纪诚：《论我国继承法的修订与完善》，载《濮阳职业技术学院学报》2015 年第 5 期。

[45]颜林：《中外法定继承人之继承人范围及其份额的比较法研究》，载《山西师大学报》2009 年第 6 期。

[46]任江、张小余：《子女姓名决定、变更权的实证分析与启示——实证主义路径下的我国首部民法立法解释评析》，载《河北法学》2015 年第 11 期。

[47]王光辉：《论我国〈继承法〉的修改及完善》，载《法学杂志》2009 年第 9 期。

[48]孙科峰、朱红英：《我国法定继承人的地位研究》，载《浙江工业大学学报》2008 年第 2 期。

[49]任江：《遗嘱执行人概念基本概念解析及其制度建构》，载《望江法学》法律出版社 2013 年版。

[50]陈苇、冉启玉：《完善我国法定继承人范围和顺序立法思考》，载《法学论坛》2013 年第 2 期。

[51]舒炼、余年凤：《试析丧偶儿媳、女婿对公、婆及岳父岳母遗产的继承权》，载《法学评论》1986 年第 2 期。

[52]范贤聪：《法定继承人范围与顺序之完善》，载《湖北警官学院学报》2015 年第 4 期。

[53]王利明：《中国民法典草案建议稿及说明》，中国法制出版社 2004 年版。

[54]郑帅旗：《论丧偶儿媳和丧偶女婿的法定继承权——兼评〈继承法〉第 12 条的规定》，载《学理论》2013 年第 18 期。

[55]刘野：《略论我国同一顺序法定继承人均等继承的有限原则》，载《法学研究》1986 年第 2 期。

[56]陈又遵：《论遗产分配原则》，载《内蒙古大学学报（哲学社会科学版）》，1984 年第 2 期。

[57]戴炎辉、戴东雄：《中国亲属法》，顺清文化事业有限公司 2002 年版。

[58]袁翠清：《论我国遗产酌给请求权的立法现状及完善建议》，载《河南司法警官职业学院学报》2016 年第 2 期。

[59]和丽军：《对遗产酌给请求权的反思与重构》，载《法治研究》2013 年第 10 期。

[60]申建平：《遗产酌分请求权刍议》，载《北方论丛》2002 年第 4 期。

[61]温卓文：《我国继承问题初探》，载《现代法学》1981 年第 2 期。

[62]李佳伦：《民法典编纂中遗产酌给请求权的制度重构》，载《法学评论》2017 年第 3 期。

[63]范进学：《论道德法律化与法律道德化》，载《法学评论》1998 年第 2 期。

[64]马长山：《法治社会中的法与道德关系及其把握》，载《法学研究》1999 年第 1 期。

[65]谭丽：《道德立法的司法实践效果分析》，载《学习与探索》2015 年第 9 期。

[66]孙信之：《道德立法的理性思考》，载《山东行政学院山东省经济管理干部学院学报》2003 年第 5 期。

三、外文类

[1]Arthul Haitkam，Towards united European eivil code，Kluwer Law International，edition.

[2]Eileen Spring，Law Land and Family：Aristocratic Inheritance in England，1300-1800，University of North Carolina Press，1993.

[3]Reed v. Reed-Significance，Notable Trials and Court Cases-1963 to 1972.

[4]Ken Mackie and Mark Burton，Outline of Succession（Second Edition），Sydney：Butterworths，2000..

[5]Jess Dukeminier and Stanley M. Johanson，Wills，Trusts and Estates（Sixth Edition），Beijing：Citic Publishing House，2003.

[6]L. T. Hobhouse，The Elements of Social Justice，Routledge Thoemmes Press，1993.

[7]John Rawls. A Theory of Justice.（Revised Edition），The Belknap Press of Harvard University Press Cambridge，Massachusetts，2000.

[8]C. H. Sherrin，R. C. Bonehill，The Law and Practice of Intestate Succession（Second Edition），London：Sweet & Maxwell，UK，1994.

[9]Jethro K. Lieberman and James F. Henry，Lessons From the Alternative Dispute Resolution Movement，The University of Chicago Law Review，1986，（Spring）.